马克思主义理论研究
和建设工程重点教材

教育学原理

（第二版）

《教育学原理》编写组

主　编　项贤明

副主编　冯建军　柳海民

主要成员（以姓氏笔画为序）

王嘉毅　孙　进　李雁冰　张乐天　陈旭远　林　丹

周兴国

本版修订组

主持人　项贤明

修订组成员（以姓氏笔画为序）

王嘉毅　冯建军　孙　进　李雁冰　张　晋　张乐天

陈旭远　林　丹　周兴国　柳海民

高等教育出版社·北京

图书在版编目（ＣＩＰ）数据

教育学原理／《教育学原理》编写组编. --2 版. --
北京:高等教育出版社,2025.7. --(马克思主义理
论研究和建设工程重点教材). --ISBN 978-7-04
-063459-4

Ⅰ. G40

中国国家版本馆 CIP 数据核字第 202484XK01 号

教育学原理
JIAOYUXUE YUANLI

责任编辑	路秋丽	封面设计	王 鹏	版式设计	于 婕	责任绘图	易斯翔
责任校对	刘丽娴	责任印制	刘弘远				

出版发行	高等教育出版社	网　　址	http://www.hep.edu.cn
社　　址	北京市西城区德外大街 4 号		http://www.hep.com.cn
邮政编码	100120	网上订购	http://www.hepmall.com.cn
印　　刷	唐山市润丰印务有限公司		http://www.hepmall.com
开　　本	787 mm×1092 mm　1/16		http://www.hepmall.cn
印　　张	23.75	版　　次	2019 年 1 月第 1 版
字　　数	440 千字		2025 年 7 月第 2 版
购书热线	010-58581118	印　　次	2025 年 9 月第 4 次印刷
咨询电话	400-810-0598	定　　价	45.00 元

物 料 号　63459-00

目　录

绪论　教育学及其发展

　　教育学是一门研究人的教育活动及其内在规律的科学。人类的教育活动是伴随着人的产生而产生的，但关于教育活动的理论的产生却是人类文明已经相当繁盛的春秋时期和古希腊时期的事情，教育学作为一门独立学科出现则已是 17 世纪的事情了。马克思主义哲学的产生，特别是马克思主义关于人的全面发展学说的提出，在理论基础和方法论方面为教育学研究提供了重要的科学基石。运用辩证唯物主义和历史唯物主义的思想方法研究教育现象，是我们真正获得对人的教育活动的科学认识的重要前提之一。

第一节　教育学及其研究对象

　　教育学以人的教育活动为研究对象。人们在现实社会生活中各种各样的教育活动构成了丰富多彩的教育现象。教育学运用各种科学的研究方法对人的教育活动展开分析研究，揭示其内在规律，指导人们更好地开展教育活动。作为人类社会中专门化程度较高的一种教育活动，现代学校教育自产生之日起就成为教育学最为重要、最受关注的特殊研究对象之一。

一、教育学和教育科学

　　教育科学是运用科学方法研究人的教育活动的诸多学科的总称，这些学科都以人类社会的教育活动为研究对象，分别从不同角度、不同层次和不同方面探索和揭示教育规律。教育学是教育科学体系中的基础学科，处于教育科学体系一级学科的地位，侧重探讨教育的基本规律、基本原理和基本方法。教育学从教育科学体系其他学科的研究中获得支持，同时也为其他学科提供教育学理论基础的支撑。

　　马克思主义哲学认为，规律是客观事物发展过程中的本质联系，它不以人的主观意志为转移，且具有普遍性，决定着客观事物发展的必然趋势。教育规律就是教育内部诸要素之间，以及教育与其他事物之间客观的、普遍的、本质的联系。教育学通过对教育活动进行科学的研究，逐步探索和发现教育规律，并通过一系列的概念、命题和论证等，从理论上阐述反映教育规律的基本原理，进而指导人类教育活动。

　　人类对教育规律的探索经历了一个漫长的发展过程：经过对教育现象的长期观察和实践，人们逐渐积累了在不同程度上反映着教育规律的教育经验，教育经验的不断丰富形成了教育思想，教育思想进一步理论化和体系化，并在研究方法上实现不断的科学化，最终形成了独立的教育学。

独立形态的教育学产生之后，经过一系列的学科交叉和分化发展，逐步形成了由一系列学科组成的学科群，这就是教育科学的学科体系。教育学是教育科学体系（见图 0-1）中的一级学科，在这个一级学科下面有一系列二级学科：有研究各级各类学校教育的，包括普通教育学[①]、职业教育学、高等教育学、学前教育学、特殊教育学等；有从不同学科和不同视角研究教育现象的，如教育哲学、教育心理学、教育史学、教育经济学、教育管理学、教育社会学、教育政治学、教育法学、教育人类学、教育伦理学、教育文化学、教育技术学、比较教育学等；有着重探讨教育研究及教育过程中具体方法和工具的，如教育统计学、教育测量学、教育评价学、教育研究方法等；还有从教育学内部逐步分化出研究教育活动不同环节和教育现象不同领域的一系列学科，如教学论、课程论、德育论等；有研究社会生活不同领域中教育现象的，如学校教育学、家庭教育学、社会教育学等。人类社会的教育现象在不断发展变化，教育科学的发展目前还没有达到成熟和稳定的阶段，其分化发展仍然比较活跃，教育学领域还有很多新兴学科在不断产生并加入教育科学的学科体系。

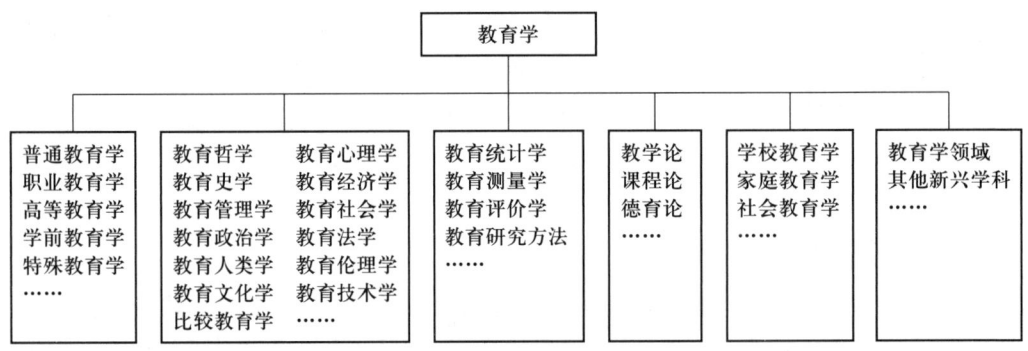

图 0-1 教育科学的学科体系示意图

项贤明：《作为科目、学科和科学的教育学》

我们学习的"教育学原理"这门课程，主要内容来源于教育学，是关于教育学的基本概念、核心理论和主要方法的一门课程。由于这门课程的主要目的是帮助未来的教育工作者（主体是中小学教师）提升教育学素养，所以，它更侧重中小学教育领域，其中很多内容

---

① 人们有时也用"普通教育学"来指代研究教育一般原理的"教育学"，特别是在教育科学分化发展尚不充分的历史时期，使用这种代称较多。但在这里，"普通教育学"指的是专门研究普通中小学教育的学科，是处于一级学科"教育学"之下的二级学科，与作为一级学科的研究教育一般原理的"教育学"相区别。

直接源自普通教育学。另外，本书在讲述我国的学校教育制度、课程改革等内容时不涉及港澳台地区。

教育学虽然建立在经验基础之上，但它既不是关于教育规律的主观臆测，也不是教育经验的简单汇编，更不是针对教育现象的情感抒发，而是在经历了理论化、系统化和科学化之后成为一门独立的科学。同其他科学一样，教育学讲求的是以科学事实为基础的理性和逻辑，这是它发现、揭示和论证真理的基本方式和基本路径。教育学在理性和逻辑的引导下，通过对人类社会中的教育现象进行科学的研究，经由客观观察和理性分析，进而提出假设并对假设进行合乎逻辑的证明或证伪等，以发现和揭示教育规律。教育学的研究对象是人的教育活动，而非任何其他主观想象。判断教育学的某一研究结论是否科学的依据仍然是人的教育活动，要看它是否能够解决实际的教育问题，或者解释实际教育问题的成因。包括教育学在内的所有教育科学所发现和揭示教育规律的结论，都应来自教育实践，并且最终要接受教育实践的检验。

人的教育活动总是有一定价值取向的。人们在教育活动过程中的各种价值取向，也是教育科学研究的重要对象。教育学要通过科学的研究手段，来分析和探究这些价值取向及其成因，揭示这些价值取向及其内在规律对教育活动的影响。需要注意的是，教育科学研究活动本身是客观的、中立的。当然，这并不是说教育学是价值无涉的，而是强调在教育科学研究活动过程中应避免主观主义和教条主义等错误倾向。教育规律是不以人的主观意志为转移的，因而在教育科学研究过程中，要本着马克思主义实事求是的原则，严格以科学的方法对人类教育活动，包括这些活动所包含的价值取向，进行以事实为依据的理性分析，努力排除研究者自身的主观影响，尽力保障教育规律的论证和描述的客观性、公正性和科学性。

二、教育学的研究对象

教育学的研究对象是人的教育活动，其中既包括具体个人的教育活动，也包括人类社会中的各种教育现象和教育问题，这些教育现象和教育问题实际上是人类群体的教育活动在社会生活中的具体表现形式。教育学从个体、群体、国家和民族，乃至全人类等不同层次，对人的教育活动展开研究，从而在微观、中观和宏观等不同层面描述人类社会中的教育现象，并揭示和探讨其中的基本规律、基本原理和基本方法，进而指导人们在不同层次上的教育活动。

作为教育学的研究对象，不同层次的教育活动都展现了教育现象的丰富性和复杂性。在个体层次上，教育学主要研究现实的个人的教育活动，即发生在社会生活中个人之间的、对人的发展能够产生积极或消极影响的社会活动，这些活动是具体的、活生生的，同时也是丰富多彩的、复杂多变的。在群体层次上，教育学主要研究人们集体的教授和学习等行为，分析研究这些行为背后的组织方式和权力结构等，探讨这些行为对人的发展产生影响的内在规律。在国家和民族层次上，教育学主要关注的是教育制度、教育政策、教育事业发展等，通过研究分析教育与政治、经济和文化等之间的关系，来探讨宏观和中观层面上的教育规律。全人类的教育活动是教育活动的终极层次，个体层次、群体层次、国家和民族层次上的教育活动，都是人类教育活动的具体表现形式，且它们最终的意义都在于促进人类的不断发展。教育学在群体层次、国家和民族层次上的研究具体要以对个体教育活动的观察和分析为基础，最终归结为对全人类的教育活动的研究。

生活在人类社会中的现实的、具体的、社会的个体，其教育活动，即马克思主义所说的"现实的个人"的教育活动，是教育学最具体、最基本的研究对象。没有现实的、个体的教育活动，也就无所谓其他层次的教育活动。马克思和恩格斯在《德意志意识形态》这一最早系统阐述唯物史观的著作中曾这样写道："我们的出发点是从事实际活动的人。"① "我们开始要谈的前提不是任意提出的，不是教条，而是一些只有在臆想中才能撇开的现实前提。这是一些现实的个人，是他们的活动和他们的物质生活条件，包括他们已有的和由他们自己的活动创造出来的物质生活条件。因此，这些前提可以用纯粹经验的方法来确认。"② 在个体层次上，教育活动是现实而具体的，因而可以在纯粹经验的基础上对其展开教育科学研究。在社会生活中，个体的教育活动往往十分复杂而且丰富多彩，存在于人类社会生活的各个领域。群体的、国家和民族的、全人类的教育活动，其现实的表现形式也只能是一个个现实的、个体的具体教育活动。因此，在一定意义上可以说，个体层次上的教育活动是教育学研究最具体、最基本的研究对象。

作为教育学的研究对象，人的教育活动是复杂的，甚至是充满矛盾的。人们从事教育活动的目的往往是多重的而非单一的，个体的、群体的、国家和民族的、全人类的教育活动，往往各有其目的。这些目的有时是统一的和协调的，有时可能是不协调的，甚至是相互冲突的。由于研究对象的这种特性，教育学在研究人的教育活动时，既不应该也不可能忽视其中存在的各类矛盾，而应以马克思主义辩证法的观点和方法来研究这些矛盾，分析这些矛盾之间对立统一和相互转化的关系，探讨其发展变化过程中的内在规律，进而找到科学有效的解决这些矛盾的方法。

作为教育学的研究对象，人的教育活动还包含着现实性和理想性的对立统一。从事教育活动的现实的个人都是具有主体性的人，因此其教育活动在具有历史性和现实性的同时还具有理想性。人的教育活动不仅包含对现实的适应，还包

---

① 《马克思恩格斯文集》第一卷，人民出版社 2009 年版，第 525 页。
② 《马克思恩格斯文集》第一卷，人民出版社 2009 年版，第 516、519 页。

含超越现实的因素和力量，体现着人的主观能动性。教育学在研究人的教育活动时，不应把目光简单地局限在当下的现实环境中，而应辩证地认识其中所包含的现实性和理想性之间的矛盾，在看到人的教育活动的现实性的同时，更要看到人在从事教育活动时的主观能动性和创造性。有些机械唯物主义的教育学说简单地把教育看成一部分人改变另外一部分人的活动，针对这种观点，马克思曾批评关于环境和教育起改变作用的唯物主义学说忘记了"环境是由人来改变的，而教育者本人一定是受教育的"，认为"环境的改变和人的活动或自我改变的一致，只能被看做是并合理地理解为革命的实践"。[①] 人是实践的主体，在改变环境的同时也改变了自身。人是教育活动的主体，教育学研究人的教育活动，应当时刻注意研究对象的这一特性，绝不能把教育活动这种研究对象仅简单地理解为某种环境的作用，更不能把教育理解为人对环境的被动适应。

由于世界观、社会地位、价值立场、知识和文化背景等的不同，不同个体和群体的教育活动也会表现出不同的特性。由于研究对象的这种丰富性和复杂性，教育学应当以人为中心，重视以全面的、联系的、历史的和发展的观点对作为教育活动主体的人进行研究。所谓以人为中心，就是在教育学研究过程中，必须防止只见活动不见人的错误倾向，要时刻关注作为教育活动主体的人。所谓全面的观点，就是在教育学的研究过程中，切不可把教育活动的主体片面化，不能只看人的某一方面。所谓联系的观点，就是不仅要看到人的不同方面，而且要把这些方面联系起来，把人当作一个整体而非割裂的部分来看待。这里所说的人，当然是马克思主义所强调的存在于社会关系中的人。教育学研究者要认识到人是社会的存在物，人的教育活动也总是带有其世界观、社会地位、价值立场、知识和文化背景等烙印。所谓历史的观点，是要求我们在认识和把握人的发展和教育的发展时，不能局限于一时一地，而应从历史过程的全局来看待。所谓发展的观点，就是要防止用片面的、静止的形而上学眼光看问题，要看到人总是处在发展变化之中的，教育也总是不断地发展变化着的，在认识和研究教育和人的发展问题时，一定要根据当时当地的实际情况，不可刻舟求剑，用一成不变的观点来认识和解决这些问题。

教育活动是一种社会现象，它在不同历史时期、不同地区、不同社会制度、不同文化背景下会表现出不同的特征。面对研究对象与人类社会历史文化等之间的紧密联系，教育学研究必须注意避免形而上学的、孤立的和僵化的思维，要运用马克思主义辩证法全面的、联系的、历史的和发展的观点看问题。运用这样的观点看问题，教育学研究者就应当谨慎对待某些号称放之四海而皆准的所谓教育规律，要认识到此时此地的教育规律，在彼时彼地并不一定适用，尤其是在对待

---

① 《马克思恩格斯文集》第一卷，人民出版社2009年版，第500页。

国际上某些教育经验时，更应注意这一点。学习借鉴国际先进教育经验，对我国的教育改革和发展有十分重要的积极意义，但我们也需要特别注意，切不可脱离当时的历史时期和国情民情，不可越过具体化和中国化的过程而生搬硬套这些经验。教育学在表述相应的教育规律时，也不能忘记它之所以有效的时空背景。

三、作为一种特殊研究对象的学校教育

教育学是在普遍意义上探讨教育现象及其基本规律的学科，但在不同的历史时期，其研究的侧重点往往有所不同。

广义的学校的历史可以追溯到公元前 2500 多年，而以班级授课制为基本特征的近现代意义上的学校是在 17 世纪的欧洲产生的，独立形态的教育学也伴随近现代学校教育而同时产生。这二者的滥觞，在时间上的契合，本身就提示了学校教育作为教育学研究对象的特殊性。这种特殊性主要表现在以下三个方面：第一，学校教育是教育学最主要的研究对象。教育学虽然也研究学校以外的教育现象，但它从产生至今的主要内容都是关于学校教育的。学校以外的家庭教育、社会教育等，在教育学全部内容中所占比例一直远低于学校教育。第二，在所有的研究对象中，教育学对学校教育的研究最为详细，也最为深入。对学校教育这一对象，教育学集中了其主要的力量加以研究，从不同的角度试图揭示潜藏在学校教育深层的各种特点、特性和规律。就目前实际情况而言，教育学对学校教育的认识和理解，也远远比对学校教育以外其他教育现象的认识和理解要深入得多，深刻得多。第三，学校教育是教育学研究诸对象中最为专门化、最为典型的一种。人们有时甚至会直接以"教育"来作为"学校教育"的简称。在英文里，schooling（学校教育）和 education（教育）虽可辨析出差异，但一般大众经常混用这两个词来指学校教育。在很多情况下，教育学正是通过对学校教育内在规律深入细致的分析研究来揭示存在于所有教育现象中的普遍规律，通过对学校教育基本原理的探讨来阐述教育的一般原理。

与教育学的其他研究对象（如家庭教育、社会教育等）相比，学校教育有一系列突出的重要特性。譬如，在教育活动的目的性、组织性和计划性方面，学校教育就表现得比其他教育现象要突出得多，这类特性既使得学校教育在知识教学等方面常常比其他教育现象有更高的效率，同时又使得学校教育在某些方面表现出相对的弱势。在研究学校教育这一特殊对象时，我们既要看到它的优势，又要看到它的劣势，从而更加深刻地认识和理解人类社会各种教育现象之间既互相补充和促进又不可随意相互替代的辩证关系。教育学要对学校教育在一定历史时期产生和存在的意义和价值形成辩证的认识，既不能因为学校教育在某些方面的突出优势而过度夸大它在人的发展中的作用，也不能由于学校教育在某些方面的

缺陷而否定它产生和存在的意义和价值。

　　作为教育学的一种特殊研究对象，学校教育既具有其他教育活动都具有的教育的一般属性，又具有其他教育活动所不具有的一系列特殊属性。教育学在对学校教育这一特殊教育活动进行研究时，应当辩证地看待其一般性和特殊性，一切都要联系具体情况，避免简单化和片面化。在对学校教育研究过程中发现的带有普遍性的一般教育规律，推广运用到学校以外的其他教育活动中时，需要特别注意每一种不同的教育活动都各有其特殊性。同样，在将一般教育规律运用于学校教育时，也要注意学校教育有不同于其他教育活动的特殊性。在人类社会中，每一种教育活动都各有其长短，也各有其特殊功用。教育学研究需要注意这两方面的辩证关系，切不可看到学校教育在某些方面具有较高效率就认为学校教育可以取代其他教育，也不能发现学校教育在某些方面存在缺陷就脱离现实地认为学校教育应立刻消亡。只有以辩证的方式来看待学校教育与其他教育活动之间的关系，在实际教育活动中扬长避短，才能更好地发挥包括学校教育在内的各种教育活动对人的发展的正向作用，尽量规避它们在某些方面的负向作用，从而更好地促进人的发展。

　　学校教育并非教育学唯一的研究对象。教育学要在普遍意义上探讨和阐述教育的一般规律和基本原理，因而它必须对人类社会的所有教育现象都有所观照。实际上，教育学对学校教育深入细致的研究，有利于加深对学校教育以外的其他教育现象的认识；教育学对其他教育活动的研究，也有利于加深对学校教育的理解和认识。然而，由于学校教育这一研究对象的特殊性，它在教育学诸多研究对象中占据着十分突出且重要的位置，所以，教育学初学者很容易误认为教育学就是一门研究学校教育的学科。这样的错误倾向往往会导致人们对教育现象研究的片面化，进而导致对教育现象的片面认识，特别是对教育概念的狭隘理解。人们对教育现象主观认识的片面化，又可能反过来影响人们的教育活动，从而对人自身的发展造成不良影响。在当代社会，这种现象集中表现为生活的非教育化和教育的非生活化，即教育日益退缩到学校领域而逐渐脱离人的生活，而人们在生活中的教育现象越来越陷入不自觉的无序状态。从理论的角度来看，这就是我们在教育学研究中未能采用马克思主义辩证法全面的、联系的、历史的和发展的眼光看问题所造成的消极后果之一。

第二节　教育学的发展历程

　　人类关于教育的学问，在总体上可以分为前学科时期、前科学时期和科学化时期三个发展阶段：关于教育现象的理论和思想在教育学作为一门独立的学科产生之前就产生了，有关教育的各种论述散见于哲学和其他学科的著述之中。教育学作为一门独立的学科，伴随着近现代学校教育产生于 17 世纪的欧洲。19 世纪初，在社会研究科学化的大背景下，教育学进入了科学化的发展时期；进入 20 世纪，教育学的科学化发展进入了一个新阶段，教育科学的学科群在学科交叉和分化发展中不断壮大，形成了一个由多学科组成的教育科学学科体系；在当前教育学发展的新时期，教育学的科学化发展表现出一系列时代特征。

一、前学科时期的教育思想

在前学科时期，教育学还没有成为一门独立的学科，但这并不意味着关于教育的思想就不存在。早在我国的先秦时期和西方的古希腊、古罗马时期，关于教育的理论和思想就已经十分丰富了。这些教育理论和思想日积月累，为后来教育学逐步发展成为一门独立的学科奠定了基础。

公元前 5 世纪中叶，智者作为最早的职业教师出现在古希腊，智者与苏格拉底（前 469—前 399）等哲人有关教育问题的辩论散见于他们的著述之中。在柏拉图（前 427—前 347）、亚里士多德（前 384—前 322）和西塞罗（前 106—前 43）等人的著述中，更是包含了许多关于教育的内容。在我国春秋战国时期的孔子（前 551—前 479）、孟子（约前 372—前 289）、荀子（约前 313—前 238）、墨子（约前 468—前 376）、老子（生卒年不详）等诸子百家的论著中，也有很多关于教育的论述。这些论述作为中外思想家之思想体系的组成部分，已经具有了相当强的理论性和系统性。这种理论性和系统性，在漫长的教育思想发展史中，随着人类教育思想的不断进步而日益增强。在文艺复兴时期的伊拉斯谟（约 1466—1536）、蒙田（1533—1592），宗教改革时期的加尔文（1509—1564）、路德（1483—1546）等人的著作中，关于教育的论述已经出现了专门化的端倪，专门列出了教育目的、教学原则、德育、体育、学制等问题，并进行了系统的理论探讨。教育学作为一门独立的学科，已经处于孕育的状态。

需要说明的是，教育思想的历史长河，源远流长，绵延不绝，甚至在教育学已形成独立学科并枝繁叶茂的今日，在教育学的系统知识之外，教育思想的繁花仍四处盛开。教育思想的理论化和系统化，以及人类教育活动的不断发展，直接促成了教育学的产生。在教育学成为一门独立的学科之后，这些教育思想既是滋养着教育学的理论源泉，同时又受到教育学研究的影响。教育学的每一次进步，都深刻地影响着人们对教育的认识和理解。教育学作为一门学科所提供的专门化的知识，是一种专业知识，较之一般的主观看法和想法，更加系统、全面、可靠。在实际工作中，要区别对待教育学关于教育现象的系统性知识和有关教育现象的各种主观的看法、零散的认识和理解，要看到这两种知识在指导教育实践时的不同水平、意义和价值。

二、前科学时期的教育学

在前科学时期，教育学作为一门独立的学科已经产生，但科学的思维方式和研究方法尚未广泛运用在教育学研究中。在前科学时期，构成教育学主要内容的是人们对教育现象提出的一系列相互联系且在逻辑上能够自洽的理论解释，但这些理论解释的科学性尚待验证。

对教育这种常见的社会现象，人们都会在社会生活中形成自己的看法、理解和认识，这些看法、理解和认识最初都是以自发的、经验性的常识而存在的。随着这些常识性教育经验不断积累，人们对教育的认识也不断深入，并通过进一步的抽象化和系统化，实现了从经验到理论的上升，进而逐步形成了教育学这一专门研究教育活动的独立学科。

1632 年，捷克教育家夸美纽斯（1592—1670）的《大教学论》捷克文本完稿①，学界通常视之为近现代独立形态的教育学的发端。在《大教学论》的"致意读者"中，夸美纽斯贬斥了教育领域那些"互不联系的、从肤浅的经验中拾来的方法"，认为这些教育方法都是"后验的"，而作为"把一切事物教给一切人们的全部艺术"的"大教学论"，则要试图"用先验的方式去证明这一切，就是从事物本身的不变的性质去证明"，这才是"能使人获得真实的知识、高尚的行谊和最深刻的虔信的艺术"。② 这些论述表明，夸美纽斯是要把人们对教育的认识从零散、肤浅的教育经验，提升为更加深刻、更加系统，进而更具有普遍意义的教育理论。在夸美纽斯之前，有关教育的论述多散见于思想家的各种著述之中，专门研究和论述教育的著述并不多见，而在他之后，专注于教育的理论著述日渐增多。教育学作为一门独立的学科不仅产生了，而且其内容也日益丰富起来。不过，这一时期的教育学仍处于前科学的发展阶段，关于教育现象各种理论的阐发采取的还是理性思辨和逻辑演绎的方式，科学的阐释和验证还没有成为教育学研究必要的构件和环节。

教育学自 17 世纪在欧洲产生之后，迅速散播到世界各地。夸美纽斯的《大教学论》捷克文本发表后被译成拉丁文，并和他的其他著述一起在多国流传开来，启发和引导着学校教育实践。他编写的学校教材《语言学入门》《世界图解》等被译成了英、法、德、意、俄等十多种文字，被许多国家的学校采用。1755 年，康德（1724—1804）获得硕士学位并进入哥尼斯堡大学任教。他不仅奠定了德国古典哲学的基础，还讲授了多门课程，内容包罗万象，其中就包括教育学课程。这是教育学进入大学课程较早的记录，说明当时教育学已经作为一门

---

① 《大教学论》的捷克文本完稿于 1632 年，在 1635—1638 年修订并译成拉丁文，1657 年作为夸美纽斯的《教育论著全集》第一卷公开发表。

② ［捷］夸美纽斯：《大教学论》，傅任敢译，人民教育出版社 2014 年版，第 1 页。

独立的学科进入了大学课程体系，在高等学术训练和专门人才培养中占据了一席之地。在康德提出在教育学领域应"理性"与"实验"并举的同一时期，瑞士教育家裴斯泰洛齐（1746—1827）在瑞士开办孤儿院和学校，进行了很多教育实验，并据此提出了很多关于教育目的、任务、原则和具体教学法等的教育学理论。这预示着教育学作为一门独立的学科即将迈入科学化的发展阶段。

需要特别注意的是，独立形态的教育学几乎是伴随着以班级授课制为基本特征的近现代学校教育的产生而产生的，它的主要内容也围绕着学校教育渐次展开并延伸至学校以外的其他教育现象，因而其优势和缺陷也无不与学校教育紧密联系在一起。面对巨变中的教育现象，教育学需要经历一次革命性的变革，才能适应人类社会教育现象的新发展，以及这些新发展对教育学提出的新要求，更好地解决教育实践中的新问题。

三、教育学的科学化发展

科学的教育学产生之后，教育学进入科学化时期。这一时期的教育学从理论、方法到研究活动都不断呈现出越来越突出的科学性。随着教育学理论的日益丰富，特别是伴随着经验自然科学的兴起并日益昌盛，以及社会科学的发轫和发展，教育学也在科学发展的大潮中逐步走上科学化的发展道路。经过知识的细化分类，以及研究和论证方法的科学化，关于教育的理论逐步发展成为关于教育的科学理论，即科学的教育学。

教育学的科学化过程，就是通过把对教育现象的解释建立在可验证的经验基础之上，从而追求关于教育现象的各种知识的可靠性，并将这些经过验证的知识组织成逻辑上有序且自洽的知识系统的历史过程。概念的严谨性、方法论的清晰性和结论的可验证性，是教育学发展进入科学阶段最重要的表征。康德的学生林克（1770—1811）整理了康德在哥尼斯堡大学讲授教育学的讲义等，于1803年出版了《康德论教育》，其中就提出了教育学成为一门科学的要求。在康德看来，教育学要成为一门科学，除了进行理性思辨和逻辑演绎外，通过实验来进行经验性的验证也是必要的。康德虽然指出了科学化的发展方向，但他的教育学仍然是关于教育的纯粹理性反思和逻辑演绎，所以还不能说教育学的科学化已经开始。

赫尔巴特（1776—1841）于1802年在哥廷根大学取得博士学位并获得教授备选资格，1805年开始在该校讲授哲学和教育学。他在1806年出版的《普通教育学》标志着教育学的发展进入了科学化时期，学术界一般也把这本书的出版作为现代意义上科学教育学的开端。

在《普通教育学》中，赫尔巴特明确地将教育学定性为一门科学，他说："教育学作为一门科学，是以实践哲学和心理学为基础的。前者说明教育的目的，后者说明教育的途径、手段与障碍。"① 赫尔巴特关于统觉的心理学，试图借助物理动力学和数学对人的心理机能进行分析，从而获得对人的心理事实的科学认识。他又把心理学引入教育学领域，试图以可靠的科学知识来解决实际的教育问题，以建立一门可以有效指导教育实践的科学。赫尔巴特关于教育学的性质、理论构成和方法论基础等的思想，被教育领域广泛接受，形成"赫尔巴特学派"，并在理论研究和实际教育教学过程中产生了"五段教学法"② 等实用性成果。这些理论研究和实践的成果，从不同方面标志着教育学作为一门独立形态的科学的产生和确立。作为一门科学的教育学的产生，为人类认识教育现象开启了一扇科学的大门，也为人类的教育活动奠定了科学认识的基础。

1809 年，赫尔巴特应聘进入哥尼斯堡大学讲授哲学和教育学，并在这里创立了世界上第一个教育科学研究所——赫尔巴特教育研究与师资训练所。在理论与实践并进的过程中，赫尔巴特为教育学的科学化发展开辟了道路。

19 世纪末 20 世纪初，儿童研究运动和实验教育学的兴起，为教育学的科学化提供了强有力的推动。美国心理学家桑代克（1874—1949）在哥伦比亚大学师范学院任教期间（1899—1940 年），在实验和调查研究的基础上发现了很多教育和学习规律，并据此阐述了一系列教育基本原理，创立了现代教育心理学，提出并实践了以精确的定量方法开展教育学研究。在这一时期，曾先后在芝加哥大学和哥伦比亚大学任教的美国哲学家、教育家杜威（1859—1952）关于教育的理论研究，以及与其联系密切的进步主义教育运动，在批判、继承卢梭（1712—1778）和赫尔巴特教育理论的基础上，不仅开启了教育学科学化发展的新局面，而且给了后来逐渐席卷整个世界的一次又一次的教育改革浪潮以巨大推动力。20 世纪初，我国的教育学研究也伴随着新式学校教育的兴起而迅速发展，产生了如陶行知（1891—1946）、陈鹤琴（1892—1982）等一批教育学家。教育学的科学化从此不再仅仅局限于一门学科，而是由众多学科组成的教育科学体系的不懈探索与进步。

在教育学的科学化发展时期，马克思和恩格斯站在辩证唯物主义和历史唯物主义的立场上，在批判圣西门（1760—1825）、傅立叶（1772—1837）和欧文（1771—1858）等空想社会主义教育理论的同时，把人的发展与人类社会历史的发展联系起来，阐发了关于教育的本质、人的个性和社会性的形成，以及人的全面发展等一系列重要的教育基本原理。在《关于费尔巴哈的提纲》这一重要论

---

① ［德］赫尔巴特：《普通教育学·普通教育学讲授纲要》，李其龙译，人民教育出版社 1989 年版，第 190 页。

② 赫尔巴特把教学过程分为明了、联想、系统、方法四个阶段，齐勒尔（1817—1882）和赖因（1847—1929）根据此理论制订出五个教学步骤，即预备、提示、联合、总结、应用。"五段教学法"在学校教育领域产生了十分广泛、深刻而长远的影响。

著中，马克思批判了空想社会主义者欧文等认为人是教育和环境的产物的错误理论，论证了人在教育活动中的主体地位，为教育学的科学化发展提供了极其重要的哲学基础。除了这些直接的教育理论阐述，马克思和恩格斯对教育学的科学化发展更重要的贡献是从科学理论和科学方法论方面提供重要指导。辩证唯物主义和历史唯物主义的理论和方法，特别是马克思主义关于人的全面发展学说，为科学认识教育现象提供了理论武器，为教育学的科学化发展提供了重要的哲学基础和思想指引。马克思主义教育学说从现实的人出发，去认识教育的本质和规律，把实现人类解放和人的自由全面发展作为教育发展的价值追求。辩证唯物主义和历史唯物主义的经典理论，为我们认识和把握教育活动及其规律，提供了科学的世界观和方法论，从而实现了教育思想的革命性变革。在西方国家，马克思主义以矛盾冲突来解释社会运动变化的理论，至今仍被批判教育学等理论用来分析和揭示社会教育制度的不合理。马克思主义经典作家关于教育的理论，经过苏联教育学家的系统阐述，并在教育实践中加以应用，形成了一个系统完整的马克思主义教育学理论体系。马克思主义教育学经由苏联传入我国后，在中国化的同时也获得了新的发展，并逐渐形成了一定的中国特色。

四、当代教育学的发展趋势

教育学作为一门学科的发展趋势是多方面、多领域、多维度的，因而是丰富的和复杂的，很难一言以蔽之。总体来说，教育学在当代依然处于科学化的发展时期，因此，科学化仍是教育学发展的根本趋势。同时，教育学的科学化发展在今天又表现出一系列时代特征。

第一，教育学研究呈现出与众多学科交叉发展的趋向。与此相联系，教育学的学科体系和研究方法论也变得更加丰富和多样。教育学研究的是人类教育活动及其对人的发展的影响，因此，很多与人相关的学科在一定程度上都与教育学存在着某种联系。教育现象与其他社会现象之间存在着紧密的联系，教育学由此也具有了与社会科学其他学科之间开展交叉研究的基本条件。在整个科学界都呈现出学科交叉发展的大背景下，随着教育科学自身的不断发展，教育学与其他相关学科之间的交叉研究也越来越多。在这一过程中，有的学科交叉研究给教育学带来了可以解释教育现象的新理论，有的则为进行教育学研究和分析教育现象提供了新的研究手段和方法，还有的则逐渐促成了教育学领域一些新兴学科的产生。所有这些，都从不同方面推动着教育学的学科体系不断分化和丰富。教育学对人类社会教育现象的解释能力和解决教育问题的能力，以及指导人们教育实践的能力，也都不断地得到提高。根据发展现状判断，在可预期的未来，学科交叉、分化发展和研究方法多样化等，仍然会是教育学发展的主要趋势。在教育学科群不断分化和丰富的同时，教育学对教育现象认识的碎片化问题也逐渐受到学术界的关注，在教育学一级学科的层次上加强对教育现象全面、综合、科学的理论研究的要求也日渐凸显。可以预见，在多学科交叉发展的滋养下，教育学的科学化发展有可能在将来获得长足的进步。

第二，教育学的研究视野突破学校教育的框架，向更加广阔的社会生活领域拓展，研究者越来越倾向于从整体上系统地、综合地、全面地认识人类教育活动。20 世纪 60 年代末和 70 年代初，以出生于奥地利而主要活动在美国和墨西哥的西方神学家、哲学家和社会学家伊里奇（1926—2002）为代表的一些西方学者掀起了一场反思和批判学校教育制度的思潮，史称"学校消亡论"。这一流派的某些观点虽然过于激进，但其对学校教育制度的很多反思和批判都是相当深刻的。与此同时，很多学者开始加强对学校教育以外其他教育领域的研究和探索，尝试在更加开阔的视野下研究和思考人类社会的教育问题，其中有代表性的著述就有朗格朗（1910—2003）的《终身教育引论》、富尔（1908—1988）担任联合国教科文组织国际教育发展委员会主席时组织编写的《学会生存——教育世界的今天和明天》等。他们提出的"终身教育""学会生存"等教育理念，自 20 世纪 70 年代以来，对全世界的教育发展产生了极其深刻而广泛的影响。在这样的大背景下，教育学研究也正在逐步改变从夸美纽斯、赫尔巴特以来主要集中研究学校教育的学科传统，转而越来越多地超越学校教育的时空，关注学校以外的教育现象，试图从整体上更好地认识和理解人类社会的教育现象。当然，这是一个十分复杂的学科视野拓展过程，短期内很难一蹴而就，只有通过相当长的一个历史时期的发展积累，才能实现从量变到质变的飞跃。

第三，教育学领域的理论与实际之间的联系更加紧密，并呈现出国际化、全球化和信息化等时代特征。理论联系实际是马克思主义的根本原则之一，是马克思主义认识论和辩证法对人类认识发展客观规律的重要表述。教育学的发展也印证了这一重要规律。实际上，从作为一门独立形态的学科开始，教育学就与教育实践之间存在着十分紧密的联系，但无论是在夸美纽斯那里还是在康德那里，理性思辨的地位都相对较高，先验的色彩较浓。进入科学化发展阶段之后，教育学对教育现象的认识越来越多地来自对具体教育实践的分析研究，同时对教育实践的指导能力也逐渐增强。世界各国的教育改革实践对教育学研究提出的新需要和新要求也日趋增加，教育学研究的理论价值和实践意义都日益彰显。同时，随着全球化发展进程的推进，世界各国教育实践之间的联系在逐步加强，教育学也越来越多地站在跨区域和全球的角度来研究、认识和阐述人类社会的教育现象。以联合国教科文组织为代表的一些国际组织展开的一系列国际教育研究及发表的一系列研究报告，都从国际的和全球的视角得出了许多对人类社会教育现象颇具价值的新认识。信息技术的兴起及其在教育领域的广泛应用，既助推了教育国际化和全球化的发展进程，也为这一发展进程增添了信息化的时代特征。日新月异的信息技术正在改变着人类的教育活动，大规模在线开放课程、翻转课堂、家庭学校等教育现象的出现，都离不开信息技术的支撑。教育实践的这种剧变，教育学理论与教育实践之间的密切联系，以及教育学理论视野的迅速拓展，都可能在将来引发教育学在科学化发展道路上取得巨大的进步。

第四，学习在教育学中受到更多的关注，教育学的理论重心正在从教授向学习转移。从夸美纽斯的《大教学论》开始，教育学的理论重心一直放在教授方法的运用和改进上，教学法占据了教育学的理论核心。在这种理论的指导下，世界各国在教育改革中往往以改进教师的教学活动作为落实教育改革最基本的路径。21世纪以来，随着信息技术在社会生活和教育教学过程中的大量应用，尤其是人工智能在诸多方面突飞猛进的发展，学生在教育活动中的主体地位日益凸显。在这样的历史条件下，学生的学习活动在教育学的理论视野中也变得越来越受关注，教育学理论体系中关于学习的研究内容也日益丰富。

在教育学与认知科学、神经科学等学科交叉发展的过程中，学习科学脱颖而出，在20世纪80年代成为一门新型交叉学科。进入21世纪后，学习科学更是获得迅速发展，对教育政策、课堂教学、教师培养、校外教育等产生了广泛而深刻的影响。尽管学习科学在教育科学体系中的学科地位还不十分明朗，但其作为教育学一个重要前沿领域方兴未艾。教育学的这一发展新趋势，从马克思主义辩证法的角度来看，实际上反映了人们对教育活动的认识在不断深化，集中表现为：作为教学过程中的主要矛盾，学习活动的重要意义和价值越来越为人们所认识。

教育学的这些主要发展趋势，表现在教育学的理论内容、研究活动、实践作用等方方面面。面对不断出现的教育学发展新成果，我们应当以马克思主义辩证法全面的、联系的、历史的和发展的观点来看待教育学的内容构成及发展变化，以开放的心态认识和接受教育学的各种新变化和新发展，共同推动教育学在科学化发展道路上向前迈进。

第三节　马克思主义教育理论的中国化发展

马克思主义于19世纪40年代在欧洲产生以后，迅速在世界传播开来。马克思主义教育理论也随之传遍世界，并在20世纪初期传入我国。中国共产党领导的中央苏区、抗日根据地和解放区教育的发展，为马克思主义教育理论与中国教育实践找到了最初的结合点。新中国成立后，具有中国特色的教育制度和学校教育体系建立并不断完善。同时，我国的马克思主义教育理论在吸收世界先进教育理论和教育经验的基础上，针对中国教育实际提出了一些独特的理论。在这一发展过程中，马克思主义教育理论与中国的具体教育实践相结合，在很多方面都形成了中国特色，成为指导我国教育实践的理论基础。这种有中国特色的马克思主义教育理论是马克思主义教育理论与我国教育实践相结合的产物，是中国特色社会主义理论体系的组成部分，是我国教育工作者在中国共产党的正确领导下进行教育理论探索和实践检验的思想结晶。

一、新民主主义革命时期的探索与实践

我国的西式学校教育是从西方传入的，最初主要是西方传教士在我国兴办西式学校教育。20 世纪初，我国官方的和民间的新式学校教育逐渐兴起。与西式学校教育在中国的发展相适应，西方的教育理论也被翻译介绍进来。1901 年，罗振玉（1866—1940）、王国维（1877—1927）主编的《教育世界》杂志在上海创刊。该杂志不仅刊登国内外的教育言论，还先后刊登了大量西方教育学译著。在这一时期，斯宾塞（1820—1903）的《教育论》、卢梭的《爱弥儿》，以及熊谷五郎（1869—1914）的《教育学》、富山房出版的《学校管理法问答》等众多教育论著先后在我国翻译出版。在西学东渐的大潮下，教育学这门产生于欧洲的学科伴随着 20 世纪的晨曦进入了中国。

几乎在教育学传入中国的同时，马克思主义也传入中国，并与中国共产党领导的中央苏区、抗日根据地和解放区教育实践相结合，产生了新民主主义教育思想。新民主主义教育思想、西方教育思想、国内资产阶级改良派的改良主义教育思想、国内资产阶级革命派的民主主义教育思想是当时中国社会的四种主要教育思想。1920 年起，《新青年》陆续刊出了《苏维埃的平民教育》《俄罗斯的教育状况》《革命的俄罗斯底学校和学生》《俄国底社会教育》等系列文章，介绍俄国革命及世界上第一个社会主义国家苏联的教育制度、教育理论和教育实践。在这一时期，陈独秀（1879—1942）、李大钊（1889—1927）、毛泽东（1893—1976）、恽代英（1895—1931）、杨贤江（1895—1931）等都开始用马克思主义来探讨教育理论，探寻中国教育发展的社会主义道路。

1920 年，陈独秀在致罗素先生的信中就明确提出："幸而我们中国此时才创造教育、工业在资本制度还未发达的时候，正好用社会主义来发展教育及工业，免得走欧、美、日本的错路。"[1] 他在《教育缺点》《新教育的精神》《新教育是什么》《教育界能不问政治吗》

陈独秀：《今日之教育方针》

---

[1] 《陈独秀文集》第二卷，人民出版社 2013 年版，第 82 页。

等文章中，旗帜鲜明地表达了对旧教育的批判和对"注重在改良社会，不专在造成个人的伟大"的新教育的倡导。李大钊在《劳动教育问题》中提出，民主的精神"不但在政治上要求普通选举，在经济上要求分配平均，在教育上、文学上也要求一个人人均等的机会，去应一般人知识的要求"①。他在《青年与农村》中介绍俄国革命，认为"要想把现代的新文明，从根底输入到社会里面，非把知识阶级与劳工阶级打成一气不可"②，因而号召青年人到农村去普及文化教育，以马克思主义的现代新文明去开启民智。恽代英在《学问与职业一贯论》《教育改造与社会改造》《学术与救国》《革命运动中的教育问题》等著述中，阐述了教育在社会改造中的重要作用，同时也批判了教育救国论夸大教育作用的观点。中国这些马克思主义的早期传播者，运用马克思主义的思想、观点和方法，从不同层面和不同角度阐述了中国教育面临的实际问题，探讨了中国教育的新道路。

杨贤江：《师范生应有的精神》

杨贤江是第一位在中国系统传播马克思主义教育理论的教育学家。他曾当过小学教师，后入浙江省立第一师范学校求学，毕业后到南京高等师范学校担任教职员，1922 年加入中国共产党。在参加革命工作的同时，他也在教育学理论研究上投入了很多精力，撰写和翻译了大量的著述。他翻译了恩格斯的《家庭、私有制和国家的起源》③、梅林（1846—1919）的《论历史唯物主义》和平克微支（又译为品克微之）（1884—1939）的《苏维埃共和国新教育》等著作，其代表性的两部著作《教育史 ABC》和《新教育大纲》在中国马克思主义教育理论发展史上具有十分重要的意义和价值。《教育史 ABC》是我国最早运用历史唯物主义观点和方法的教育史著作。在这本著作中，杨贤江以人类社会发展形态为线索来阐述教育发展的历史过程，认为教育史不仅要记录下教育发展的事实轨迹，而且要分析教育的意义、目的、思想和教育中的阶级关系的历史演变过程。1930 年，杨贤江的《新教育大纲》在上海出版，这是我国第一本比较系统全面地阐述马克思主义教育理论的著作。他明确以马克思主义的唯物史观为理论基础来分析教育在社会中的地位与作用，认为教育属于"观念形态的劳动领域之一"，因而是社会上层建筑，并且"教育这种上层建筑自是依据经济基础以成形，且跟随经

① 《李大钊全集》第二卷，人民出版社 2013 年版，第 408 页。
② 《李大钊全集》第二卷，人民出版社 2013 年版，第 422 页。
③ 当时的译名为《家族、私有财产及国家之起源》，署的笔名李膺杨。

济发展以变迁的"，有着其他上层建筑没有的一系列特性。① 学校是"赋予劳动力以特种的资格的地方"，教育"不像别的精神生产各有各的内容，而是以其他的各项精神生产的内容为内容的"。② 在《新教育大纲》中，杨贤江不仅根据马克思主义的唯物史观来论述教育的本质，而且对教育与劳动的关系、教育的效能、教育平等和教育权等重要的教育理论问题，也都作出了马克思主义的理论阐述。在论述学生时，《新教育大纲》明确表示是从政治立场来论述学生的，认为教育是具有政治性、阶级性的，因而学生应当参与社会政治是毋庸置疑的。杨贤江 1928 年发表在《教育杂志》上的《教育者之政治的使命》一文，强调教育与政治之间的紧密联系，认为教育在革命时期是夺取政权的斗争武器，在取得革命胜利后则是教导民众拥护和巩固新政权的工具。

毛泽东思想是马克思列宁主义在中国的创造性运用和发展，是被实践证明了的关于中国革命和建设的正确的理论原则和经验总结，实现了马克思主义中国化的第一次历史性飞跃。马克思主义教育思想同样集中体现在毛泽东的教育思想之中。毛泽东在 1914—1918 年求学于湖南第一师范学校时就开始关注教育问题。1917 年，他发表在《新青年》上的《体育之研究》一文，就论述了德智体"三育并重"、全面发展的教育思想，其中已经明显可见辩证法思想。毛泽东 1940 年 1 月 9 日在陕甘宁边区文化协会第一次代表大会上发表题为《新民主主义的政治与新民主主义的文化》的演讲（即后来的《新民主主义论》），全面阐述了新民主主义教育理论的基本内容，包括无产阶级社会主义文化教育思想和民族的、科学的、大众的教育等。他明确指出："现阶段上中国新的国民文化的内容，既不是资产阶级的文化专制主义，又不是单纯的无产阶级的社会主义，而是以无产阶级社会主义文化思想为领导的人民大众反帝反封建的新民主主义。"③ 他深入论述了新民主主义教育的重要特点：新民主主义教育以无产阶级社会主义文化教育思想作为指导思想；新民主主义教育是民族的教育，它反对帝国主义殖民的、奴化的教育；新民主主义教育是科学的教育，它反对封建迷信和形而上学思想，倡导实事求是、客观真理和理论联系实际的科学世界观与方法论；新民主主义教育是民主的、大众的教育，它为人民大众服务，要使人民大众享受普及的教育权利。毛泽东的《新民主主义论》是马克思主义教育理论与中国教育实践相结合的重要理论成果，是中国特色马克思主义教育理论的早期纲领性文献。1945 年，

---

① 《杨贤江教育文集》，中央教育科学研究所、厦门大学合编，教育科学出版社 1982 年版，第 417、534 页。
② 《杨贤江教育文集》，中央教育科学研究所、厦门大学合编，教育科学出版社 1982 年版，第 413、417—418 页。
③ 《毛泽东选集》第二卷，人民出版社 1991 年版，第 706 页。

毛泽东在《论联合政府》中再次重申了新民主主义教育思想，认为"中国国民文化和国民教育的宗旨，应当是新民主主义的；就是说，中国应当建立自己的民族的、科学的、人民大众的新文化和新教育"[①]。《新民主主义论》和《论联合政府》等关于新民主主义教育思想的论述，表达了对新中国的新文化和新教育的基本认识和总体设想。

从中国早期马克思主义教育理论著述中可以看出，中国的这些马克思主义教育理论的先驱们在介绍和传播马克思主义教育理论普遍原理的同时，也结合中国教育的实际，运用马克思主义教育理论来分析和探讨中国教育的发展道路，并且提出了一些针对中国教育的独特概念和理论，进行了很多理论创新和发展。这说明，马克思主义教育理论在传入中国之始，就已经与中国革命的教育实践紧密结合在一起了，其中国特色在那时就已初露端倪。

二、社会主义革命和建设时期的探索

1949 年，中华人民共和国成立，此后，为适应建设与发展的新形势，我国的教育在思想和理论上开始由新民主主义转向社会主义。在经历了对苏联教育学理论的学习和批判之后，我国的教育理论工作者在马克思列宁主义、毛泽东思想的指导下，开始了马克思主义教育理论的新探索。这一探索历程，既艰难曲折，也成果丰硕。

新中国成立初期，学习苏联教育经验和教育理论成为我国教育领域的新方向。1949 年 11 月，《人民日报》连载介绍苏联教育家凯洛夫（1893—1978）主编的《教育学》。当年 12 月召开的第一次全国教育工作会议也明确提出，学习苏联教育理论是建设新中国教育的方向。此后一个时期，大量苏联教育学著作被翻译介绍到我国，除了凯洛夫的《教育学》外，还有奥戈罗德尼科夫（1900—1978）和史姆比辽夫的《教育学》，叶希波夫（1894—1967）和冈查洛夫的《教育学》，马卡连柯（1888—1939）的《马卡连柯教育论文选》，等等。凯洛夫的《教育学》对当时中国的教育理论和教育实践影响最大。这些苏联教育学著作的引进，在普及马克思主义教育理论方面起到了重要作用，对我国教育理论和教育实践产生了深刻而长远的影响。但是，凯洛夫的《教育学》的理论缺陷也很明显，他忽视了学生在教育活动中的能动性，对学生的个性发展也重视不够。他提出的培养"全面发展"、能"担当任何职业"的共产主义社会成员的思想，在当时也明显存在着脱离实际的空想色彩。随着我国教育实践经验的不断丰富，苏联教育学理论不适应我国教育实际的问题日益凸显。随着中苏关系的急剧变化，到

[①] 《毛泽东选集》第三卷，人民出版社 1991 年版，第 1083 页。

20世纪60年代初期，以凯洛夫教育学理论为代表的苏联教育理论变成批判的对象，甚至被斥为冒牌的马克思主义教育理论。我国的马克思主义教育理论开始了艰难的独立探索历程。

1956年，毛泽东在《论十大关系》中强调学习马克思主义理论一定要与中国实际相结合，明确提出要以苏联在建设社会主义过程中的缺点和错误为鉴，独立探索符合中国实际情况的社会主义建设道路。教育界在这一时期开始对苏联的某些经验，特别是对学习苏联经验导致的教育管理体制权力过于集中，统得过死，限制了业务部门和地方管理教育事业的积极性等问题，进行了反思和批判。1957年，毛泽东在《关于正确处理人民内部矛盾的问题》一文中明确提出了社会主义教育方针："我们的教育方针，应该使受教育者在德育、智育、体育几方面都得到发展，成为有社会主义觉悟的有文化的劳动者。"① 这一教育方针把马克思主义关于人的全面发展的理论贯彻到我国的教育目的之中，是马克思主义理论与中国社会主义教育实践相结合的产物，是马克思主义教育理论中国化的重要理论成果。

在这一历史时期，我国教育学者借鉴苏联教育学的基本理论或基本框架，结合中国教育发展的实际情况，以及教育学研究和教学的实际需要，编写了大量教育学教材、讲义和论著，对我国当时的教育工作的一些实践经验进行了理论总结，对苏联教育理论展开了反思和批判，并就一系列重要的教育理论问题展开了讨论，提出了"全面发展和因材施教相结合"等一些有中国特色的新理论。在此背景下，我国教育学界也开始探讨马克思主义教育学的中国化问题，并提出了联系实际发展中国自己的教育学的初步设想。教育部1954年颁布的《初级师范学校教育学教学大纲（草案）》就明确提出："新中国的教育学是研究如何对新生一代进行社会主义教育的科学。它是马克思列宁主义教育学说与中国教育实践相结合的产物。"从此，苏联的教育学理论已不再是我国教育学者不可逾越的教条。

1958年，随着"大跃进"运动的开展，我国教育领域也相应展开"教育革命"。中共中央、国务院于1958年9月发布《关于教育工作的指示》，提出"党的教育工作方针，是教育为无产阶级的政治服务，教育与生产劳动结合"。在这一教育方针的指导下，一场教育革命在全国展开。这场教育革命在推动教育工作方面，特别是在提高教学水平和扫除文盲等工作中，取得了不小的成绩，但也出现了政治运动冲击正常教育秩序的倾向。1960年，面对严重的经济困难，中共中央制定了指导全国各项工作的"调整、巩固、充实、提高"八字

---

① 《毛泽东文集》第七卷，人民出版社1999年版，第226页。

方针，教育界也开始总结经验教训，先后颁布了全日制小学、全日制中学和教育部直属高等学校的暂行工作条例，试图通过加强制度建设来推进教育事业正常发展。1966 年 5 月，"文化大革命"爆发，全国各级各类学校教育系统很快陷入混乱和瘫痪的状态。此后的十年间，我国社会主义教育事业受到冲击，遭受了巨大损失。

在社会主义革命和建设时期，我们在探索马克思主义教育理论与中国教育实际相结合的过程中，既取得了重要的成果，也有深刻的经验教训。十年"文化大革命"的惨痛教训，更是必须汲取的。

三、改革开放和社会主义现代化建设新时期的教育理论

1976 年 10 月"文化大革命"结束以后，特别是 1978 年改革开放以来，我国教育学界在解放思想的大背景下，就马克思主义教育学的一系列重要基本理论问题展开了广泛讨论。随着改革开放的不断深入，世界上许多国家的教育理论也被介绍到中国，我国教育学界与国际同行的交流与合作日益增多，马克思主义教育学的理论发展形成了开阔的国际视野。与此同时，我国丰富多彩的教育改革实践又为马克思主义教育学在中国的发展提供了充足的实践基础，教育学界密切联系我国教育改革实际的理论探索与创新与日俱增，马克思主义教育学的中国特色初步形成。

"文化大革命"结束后，教育界开始了拨乱反正。1978 年，邓小平在全国教育工作会议上重申了毛泽东在《关于正确处理人民内部矛盾的问题》中提出的社会主义教育方针。1983 年，邓小平为北京景山学校题词："教育要面向现代化，面向世界，面向未来。""三个面向"成为我国改革开放和社会主义现代化建设新时期教育发展的战略方针，为我国教育改革和发展指明了方向。1985 年，《中共中央关于教育体制改革的决定》颁布，明确了教育的目的在于培养高素质的劳动者，提高整个民族的素质。从这一年开始，我国教育界掀起了一轮又一轮大规模的教育改革浪潮。1986 年，我国颁布并施行了《中华人民共和国义务教育法》，开始实施九年义务教育。2002 年，江泽民在党的十六大报告中提出了全面建设小康社会的奋斗目标，要形成比较完善的现代国民教育体系，基本普及高中阶段教育，形成全民学习、终身学习的学习型社会。2011 年，我国政府宣布全面完成普及九年义务教育的历史任务。这一时期，教育的战略地位也得到了重新确立和重视。1995 年，中共中央、国务院颁布《关于加速科学技术进步的决定》，提出了实施"科教兴国"的战略，把教育发展和科技进步提升为国家发展和民族振兴的重要战略。1999 年，中共中央、国务院颁布《关于深化教育改革全面

《中共中央关于教育体制改革的决定》

推进素质教育的决定》，明确将提高国民素质作为教育的根本宗旨。2007 年，胡锦涛在党的十七大报告中又提出了"教育是民族振兴的基石，教育公平是社会公平的重要基础"的科学论断。2010 年，国务院常务会议审议并通过了《国家中长期教育改革和发展规划纲要（2010—2020 年）》，提出到 2020 年基本实现教育现代化，基本形成学习型社会，进入人力资源强国行列。改革开放以来的教育改革和发展的伟大实践，为我国马克思主义教育学的理论研究提供了思想源泉和创新动力。

在改革开放和社会主义现代化建设新时期，我国教育学者就教育的起源、教育的本质、教育的规律和教育的社会功能等一系列马克思主义教育学的基本理论问题展开了讨论。1978 年，随着拨乱反正和改革开放的逐步展开，我国教育理论界就教育的本质问题进行了一次广泛的讨论。学者们就"教育属于上层建筑还是属于生产力""教育是一种生产实践还是一种精神实践""人的社会化和个性化在教育过程中的关系""教育是不是一种产业"等我国教育发展面对的重要理论问题展开讨论。这场讨论在一定程度上澄清了一些重要理论问题，对开阔思路和解放思想起到了一定的积极作用。对教育本质的讨论又引发了关于教育规律的讨论。我国教育学者围绕"教育规律的概念""教育规律与教育经验、教育原则等的关系""教育规律的分类"等基本理论问题进行了比较深入的研讨。这反映了我国教育学界对马克思主义教育学一些基本理论问题的认识在不断加深。与教育本质和教育规律的问题相联系，我国教育学者在改革开放之后对有关教育功能的理论问题也展开了讨论，特别是对教育在促进经济增长和科学技术进步方面的重要功能进行了探讨。20 世纪 80 年代初，我国教育学者展开了一场关于教育起源理论的大讨论。在讨论过程中，我国教育学者提出了"教育起源于有智慧的劳动""教育起源于古猿的教育""教育起源于生产劳动的需要""教育起源于人与人之间的交往"等众多新的解释。这些新解释尽管在理论上仍然存在着这样或那样的缺陷，也没有出现得到学术界普遍认可的某种新理论，但在探索和发展马克思主义教育学方面仍然具有重要的理论价值。

在这一历史时期，在我国教育理论工作者就马克思主义教育学的一些基本理论问题展开研讨的同时，我国教育实践工作者也尝试以马克思主义教育理论为指导，在办学实践中开展了一系列教育改革试验，如成功教育、和谐教育、愉快教育、主体性教育等。教育行政部门还通过设立教育综合改革试验区等措施来推动相关教育改革。这些教育实践领域的探索，也在验证理论、发现问题、分析问题成因和推动理论创新等方面，对马克思主义教育学的理论发展起到了重要的促进作用。

在改革开放和社会主义现代化建设新时期，我国教育理论发展的一大特点就是国际交流的迅速增加和教育理论的异彩纷呈。随着解放思想和改革开放的不断深入，我国教育学界与国际同行的交流日益频繁而便捷，随之而来的就是西方各种流派的教育理论大量传入中国，与此同时，我国教育学界的教育理论著述也大量增加，各种不同的理论、思想和观点空前活跃，教育分支学科迅速发展，教育学的学科体系更加丰富。对中国特色马克思主义教育理论发展而言，这样的局面可以说是机遇和挑战并存。一方面，多姿多彩的理论局面，为我们理论联系实际，在教育改革和发展的实践过程中认识和解决中国教育的实际问题，发展中国特色马克思主义教育理论，提供了丰富的营养；另一方面，在吸收世界各国先进教育经验和教育理论成果的同时，为了避免偏离中国特色马克思主义教育理论的思想路线，我们也要面对大量辨析理论和澄清思想的任务。总体来说，思想解放和改革开放是促进中国特色马克思主义理论发展的重要积极因素。只要我们坚持马克思主义的基本原则，很多理论都可以从不同角度转化成马克思主义教育理论发展和创新的营养。例如，复杂性理论的传入和运用，明显提升了我们对教育现象的系统性和复杂性的认识，启发我们更多地运用马克思主义辩证法的普遍联系和发展变化的观点来分析和认识教育问题。

四、新时代中国特色社会主义教育理论

2012 年 11 月，党的十八大召开，中国特色社会主义进入新时代。面对百年未有之大变局，以习近平同志为核心的党中央统筹中华民族伟大复兴战略，领导全党和全国人民坚定推进中国特色社会主义建设，提出了一系列重要的新理念新思想新战略。进入新时代，中国特色的马克思主义教育理论也在不断进行新的探索和发展。新时代中国特色社会主义教育理论，是在党领导人民实现第一个百年奋斗目标、正在进军第二个百年奋斗目标的进程中承前启后、继往开来的理论，开辟了马克思主义中国化时代化教育理论的新境界，为基本确立中国特色社会主义教育制度体系的主体框架提供了重要支撑。

进入新时代，党对社会主义教育事业发展的基本规律有了更加全面而深刻的认识。习近平关于教育的系列重要论述，站在以中国式现代化全面推进强国建设、民族复兴伟业的战略全局高度，高瞻远瞩、内容丰富，涵盖教育各领域、各方面，为新时代中国特色社会主义教育理论奠定了极为重要的基础。2018 年 9月，习近平在全国教育大会上系统总结了推进我国教育改革发展的"九个坚持"，即坚持党对教育事业的全面领导，坚持把立德树人作为根本任务，坚持优先发展教育事业，坚持社会主义办学方向，坚持扎根中国大地办教育，坚持以人民为中心发展教育，坚持深化教育改革创新，坚持把服务中华民族伟大复兴作为教育的重要使命，坚持把教师队伍建设作为基础工作。这"九个坚持"纲领性地表达了党对新时代中国特色社会主义教育事业的基本认识、总体部署和根本

要求，是马克思主义理论与中国特色社会主义建设具体实践相结合、与中国特色社会主义教育事业的具体实践相结合的重要理论成果。

进入新时代，立德树人被确立为教育的根本任务。在马克思主义教育学关于人的全面发展的学说和德智体美劳"五育并举"的理论中，德育一直被置于十分重要的地位。党的十八大报告明确提出："把立德树人作为教育的根本任务，培养德智体美全面发展的社会主义建设者和接班人。"教育在实现中华民族伟大复兴的中国梦过程中的基础性、先导性、全局性的地位和作用，被提到了一个新高度。2018 年 5 月，习近平在同北京大学师生座谈时指出："'才者，德之资也；德者，才之帅也。'人才培养一定是育人和育才相统一的过程，而育人是本。人无德不立，育人的根本在于立德。"① 这一论述，以辩证唯物主义和历史唯物主义为理论基础，结合中华优秀传统文化和当代中国教育改革发展的伟大实践，科学地阐述了教育过程中育人和育才之间的辩证关系，为立德树人作为教育的根本任务作了最好的理论阐释。

进入新时代，智育依然是人的全面发展教育的重要组成部分，是我国实施教育强国、科技强国、人才强国的有力驱动。创新人才培养的问题在教育领域被提升到了一个新高度。教育界兴起了一轮关于拔尖创新人才选拔和培养问题的大讨论，并开展了中学生科技创新后备人才培养计划（简称"中学生英才计划"）、基础学科拔尖学生培养计划 2.0（简称"拔尖计划 2.0"）和基础学科招生改革试点（简称"强基计划"）等一系列教育改革实践。很多学者围绕拔尖创新人才培养问题展开研究，教育部和地方教育行政部门积极推进相关教育改革和教育实验。2020 年 9 月，习近平在主持召开科学家座谈会时强调"人才是第一资源"。2021 年 3 月，习近平在《求是》杂志发表文章，提出"创新是第一动力"。2022 年 10 月，习近平在党的二十大报告中提出，"教育、科技、人才是全面建设社会主义现代化国家的基础性、战略性支撑"，强调必须坚持"科技是第一生产力、人才是第一资源、创新是第一动力"的新思想。② 2023 年 5 月 29 日，习近平在中共二十届中央政治局第五次集体学习时的讲话中提出了"世界强国无一不是教育强国，教育始终是强国兴起的关键因素"的科学论断，认为"建设教育强国，是全面建成社会主义现代化强国的战略先导，是实现高水平科技自立自强的重要支撑，是促进全体人民共同富裕的有效途径，是以中国式现代化全面

---

① 习近平：《在北京大学师生座谈会上的讲话》，人民出版社 2018 年版，第 7 页。

② 习近平：《高举中国特色社会主义伟大旗帜 为全面建设社会主义现代化国家而团结奋斗——在中国共产党第二十次全国代表大会上的报告（2022 年 10 月 16 日）》，人民出版社 2022 年版，第 33 页。本书中有多处引用党的二十大报告，后面不再一一用脚注标注出处。

推进中华民族伟大复兴的基础工程"。① 2024 年 7 月 18 日，党的二十届三中全会通过的《中共中央关于进一步全面深化改革、推进中国式现代化的决定》，又作出了"教育、科技、人才是中国式现代化的基础性、战略性支撑"的科学判断，并提出要统筹推进教育科技人才体制机制一体改革。2024 年 9 月，习近平在全国教育大会上发表重要讲话，再次强调"教育是强国建设、民族复兴之基"，将教育明确置于强国建设和民族复兴重要基础的地位。根据新华社北京 2025 年 1 月电，中共中央、国务院印发了《教育强国建设规划纲要（2024—2035 年）》，对加快建设教育强国作了战略部署。随着相关教育研究和改革实验的不断深入，相信我们能够在这一领域获得更多的科学认识，取得更多的马克思主义教育学的理论新成果。

进入新时代，青少年的身体素质问题也得到了高度重视。2018 年 9 月，习近平在全国教育大会上号召"全社会都关心青少年身体素质"，并提出"树立健康第一的教育理念"。② 2023 年 5 月，习近平在北京育英学校考察时又特别强调"提高人的健康素质，青少年是黄金期。这个阶段，长身体是第一位的，身体好了，才能为今后一生的学习工作打好基础"，他要求"学校要把体育老师配齐配好，家庭、学校、社会等各方面都要为少年儿童增强体魄创造条件"。③习近平还特别引述毛泽东关于重视体育的论述："毛泽东同志说，青少年要文明其精神，野蛮其体魄。"④ 这体现了马克思主义教育理论在中国特色社会主义办学实践中不断发展的统一性和连续性。

进入新时代，在有些时候、有些地方曾经重视不够的美育工作也重新得到了重视。2018 年 8 月，习近平在给中央美术学院老教授的回信中指出：美术教育"对塑造美好心灵具有重要作用"，"加强美育工作，很有必要"。2018 年 9 月，习近平在全国教育大会上强调："美是纯洁道德、丰富精神的重要源泉。""要全面加强和改进学校美育，配齐配好美育教师，坚持以美育人、以文化人，提高学生审美和人文素养。"⑤ 美育作为马克思主义关于人的全面发展的教育的重要组成部分，在教育工作中的重要地位再次得到确立。

劳动教育在马克思主义教育理论体系中一直具有特别重要的地位。进入新时代，劳动教育的重要性再次被提到了一个新高度。2018 年 9 月，习近平在全国教育大会上强调把劳动教育纳入社会主义建设者和接班人的要求之中。2019 年 11

---

① 习近平：《论教育》，中央文献出版社 2024 年版，第 228 页。
② 习近平：《论教育》，中央文献出版社 2024 年版，第 11—12 页。
③ 习近平：《论教育》，中央文献出版社 2024 年版，第 235 页。
④ 习近平：《论教育》，中央文献出版社 2024 年版，第 12 页。
⑤ 习近平：《论教育》，中央文献出版社 2024 年版，第 12 页。

月，习近平主持召开中央全面深化改革委员会第十一次会议并发表重要讲话，强调劳动教育是中国特色社会主义教育制度的重要内容，要把劳动教育纳入人才培养全过程，贯通大中小学各学段，贯穿家庭、学校、社会各方面。2023 年 5 月，习近平在北京育英学校考察时强调："引导孩子们从小树立劳动观念，培养劳动习惯，提高劳动能力，有利于他们更好地学习知识。"这些重要论述，不仅将劳动教育视作中国特色社会主义教育制度的重要内容，认为应当将其贯穿教育的全过程，而且指出了劳动教育对智育等其他方面教育的重要促进作用，揭示了德智体美劳"五育"之间有机统一的辩证关系，以及劳动教育在马克思主义教育理论体系中的特殊地位。

进入新时代，教育公平更是备受重视，我国确立了以优质均衡促进教育公平的新思路，提出了以教育公平促进社会公平正义的新理念。2013 年 11 月，习近平在党的十八届三中全会上提出"必须坚持以人民为中心的工作导向"。2015 年 10 月，党的十八届五中全会审议通过的《中共中央关于制定国民经济和社会发展第十三个五年规划的建议》首次提出"以人民为中心的发展思想"。2016 年教师节前夕，习近平在北京市八一学校看望慰问师生时强调："教育公平是社会公平的重要基础，要不断促进教育发展成果更多更公平惠及全体人民，以教育公平促进社会公平正义。"党的二十大报告明确提出："坚持以人民为中心发展教育，加快建设高质量教育体系，发展素质教育，促进教育公平。"这些关于教育公平的重要论述，一方面提出了要以高质量的教育体系，在更高水平上实现新时代中国特色社会主义的教育公平；另一方面又将教育公平的重要性提到了促进社会公平正义的新高度。

新时代中国特色社会主义的马克思主义教育学，关于教育现代化也不断产生了一系列新理念新思想新战略。2015 年 10 月，习近平在党的十八届五中全会第二次全体会议上提到了"中国式现代化"。根据新华社北京 2019 年 2 月电，中共中央、国务院印发的《中国教育现代化 2035》提出，到 2035 年，总体实现教育现代化，迈入教育强国行列。2021 年 7 月，习近平在庆祝中国共产党成立 100 周年大会上发表讲话，认为中国共产党"创造了中国式现代化新道路，创造了人类文明新形态"。2023 年 5 月 29 日，习近平在中共二十届中央政治局第五次集体学习时的讲话中提出，要"以教育理念、体系、制度、内容、方法、治理现代化为基本路径，以支撑引领中国式现代化为核心功能"，对教育现代化的基本路径作了全面阐述。2023 年 6 月，习近平在文化传承发展座谈会上强调指出："在五千多年中华文明深厚基础上开辟和发展中国特色社会主义，把马克思主义基本原理同中国具体实际、同中华优秀传统文化相结合是必由之路。"2024 年 9 月，习近平在全国教育大会上指出，我们要建成中国特色社会主义教育强国，"为以中国式现代化全面推进强国建设、民族复兴伟业提供有力支撑"。《教育强国建设规划纲要（2024—2035 年）》提出，加快建设具有强大思政引领力、人才竞争力、科技支撑力、民生保障力、社会协同力、国际影响力的中国特色社会主义教育强国。这一系列重要论述，在新的思想高度上对我国教育现代化的基础、内涵、方向和路径进行了科学的阐述，我国社会主义教育事业在现代化道路上不断向前发展。

进入新时代，党和国家提出了一系列重要的教育理念和教育思想。这些教育理念和教育思想，既是马克思主义理论与中国教育实践相结合的理论成果，又是我们建构中国教育学自主知识体系的理论基础和思想指南。它们与中华优秀传统教育思想一道，为中国教育学自主知识体系的建立和发展提供着丰富的精神滋养。

当今世界正在经历百年未有之大变局，随着信息技术和人工智能的迅速发展与广泛应用，人类社会的生产方式也在悄然发生深刻的变革，教育正面临着前所未有的重大挑战。我国教育改革和发展进入了一个十分重要的历史时期，一系列新的教育问题有待进行系统深入的研究。只要立足我国教育改革和发展的实际，面对依法治教、教育公平、课程改革、教育创新等我国当代教育改革和发展中遇到的问题，运用马克思主义基本理论和思想方法，借鉴世界先进教育经验和教育理论，独立进行马克思主义教育理论探讨和教育科学研究，我们就一定能够继续推动中国特色马克思主义教育理论不断向前发展。

第四节　学习和研究教育学的指导思想

党的二十大报告指出："马克思主义是我们立党立国、兴党兴国的根本指导思想。"我们在马克思主义指导下学习和研究教育学，要运用辩证唯物主义和历史唯物主义的思想方法，结合我国教育改革和发展的具体实践，与时俱进，开拓创新，以不断创新的马克思主义教育理论来解释和解决我国教育改革和发展过程中遇到的新情况和新问题，推动中国特色的马克思主义教育理论在新时代的新发展。

在学习和研究教育学的过程中，我们要时刻注意运用马克思主义基本理论和思想方法来指导我们理解相关的教育理论和教育现象，尤其要注意以下几点：

第一，马克思主义作为一种科学的世界观和方法论，是我们所学习和研究的教育学最根本的理论基础。我们所学习和研究的教育理论，是中国特色马克思主义教育理论。马克思主义理论是指导我们认识普遍存在于人类社会之中的教育现象，阐释教育基本概念和基本理论，揭示人类教育活动基本规律的重要思想原则和理论基础。我们对于各种教育问题的理论论述，对于全部教育基本概念的建立和阐释，对于所有教育发展规律的揭示和确证，对于指导具体教育实践的一切思想和方法的概括和表达，都必须从马克思主义的基本立场出发，运用马克思主义的科学世界观来认识和回答教育实践提出的理论问题。马克思主义为我们提供的理论基础，是我们认识一切教育现象及其内在规律的科学保障。因此，我们在学习和研究教育学原理的时候，同样也要以马克思主义为指导，始终把马克思主义作为学习和研究教育学原理最基本的理论基础。

第二，辩证唯物主义和历史唯物主义是我们认识教育问题最基本的思想方法，是指导我们推进教育改革和发展实践最重要的科学理论。从思想方法的角度来说，运用辩证唯物主义的思想方法学习和研究教育学原理，可以使我们在认识教育现象及其内在规律的过程中，用全面的和联系的眼光看问题，避免出现片面的和割裂的偏向；运用历史唯物主义的思想方法学习和研究教育学原理，可以使我们从历史的和发展的角度来认识人类社会现实的教育现象，把一时一地的教育现象放到整个历史大背景中，联系过去和未来，把握当下的教育现象，避免犯孤立和僵化的错误。从社会实践的理论指导来说，马克思主义的科学社会主义理论关于社会主义的本质、特性、发展规律的理论体系与实践模式，是中国特色社会主义伟大实践最重要的理论指导。教育改革和发展实践是建设中国特色社会主义伟大实践的一部分。因此，这种科学理论也是我们在马克思主义教育学原理中阐述教育方针、教育目的、教育活动的原则和教育教学方法等的重要科学理论依据。

第三，马克思主义理论是我们在中国教育改革和发展实践中解决实际教育问题，并在此基础上提出新的教育学理论的重要行动指南。党的二十大报告指出："坚持和发展马克思主义，必须同中国具体实际相结合。"马克思主义基本原理与中国具体实际相结合，是科学地认识中国特色社会主义建设过程中各种问题的基本途径和重要原则，这是在革命和建设实践过程中得到证明的。在中国的教育改革和发展的具体实践中，我们同样要把马克思主义理论贯穿在整个实践及其指导思想的始终，自觉地将马克思主义理论与中国特色社会主义教育具体实践结合起来，在运用马克思主义科学理论指导教育实践的同时，推动中国特色马克思主义教育理论的不断创新和发展。

第四，将马克思主义基本原理与我国教育改革和发展的实践相结合，与中华优秀传统教育思想相结合，是我们立足中国教育实际学习和研究教育学的重要思想方法。习近平在庆祝中国共产党成立100周年大会上明确提出"把马克思主义基本原理同中国具体实际相结合、同中华优秀传统文化相结合"，这是对马克思主义中国化的丰富和拓展。我们在学习和研究教育学的过程中，也应当努力将马克思主义基本原理与我国教育改革和发展的实践结合起来，与中华优秀传统教育思想结合起来，立足我国教育实际，在全球视野下来认识和解决教育理论和教育实践中的各种问题。唯有通过"两个结合",我们才能真正理解中国特色马克思主义教育理论的科学内涵,真正对中国特色社会主义伟大实践中的教育现象和教育问题形成更加深刻、更加科学的认识,提出符合我国教育改革和发展实际需要的解决方案,不断创造出马克思主义教育学新理论和新思想,为丰富人类教育学理论和思想作出我们的新贡献。

第五,在具体教育实践过程中,马克思主义是指导我们认识学生身心发展规律,并运用对这类规律的认识来正确开展教育活动、成功促进学生身心发展的重要科学指南。马克思主义是马克思、恩格斯在吸收人类关于自然科学、社会科学和思维科学一切优秀成果的基础上,结合各国革命和建设的具体实践,创立并不断发展起来的科学理论体系。认识人类思维的产生和发展规律、个人发展与社会发展之间的辩证关系、知识作为人类一种主观认识的形成与客观世界之间的关系、教育在人类文明发展中的作用等各种教育理论问题,离不开马克思主义理论的科学指导。同样,我们在运用这些科学原理从事具体的教育实践时,也应当始终以马克思主义理论为指导,并且在实践过程中不断深化对人类社会教育现象及其规律的科学认识。

马克思主义指导我国教育理论的新发展,既体现在教育理论探索和教育研究过程中,也贯穿于所有的具体教育实践活动之中。我们只有始终在马克思主义理论的指导下,一切从实际出发,理论密切联系实际,才能保证教育学作为一门科学健康地发展。也只有这样的教育学,才能真正在具体的教育实践活动中有效地发挥指导作用。

我们不仅要学习和掌握马克思主义教育学理论,在实际教育工作中灵活运用马克思主义教育学理论,还要在当代中国教育改革和发展的实践中不断进行马克思主义教育学的理论创新,努力推动中国特色马克思主义教育理论不断发展。只有这样,马克思主义教育学才能在正确有效地指导具体教育实践的过程中永葆科学的魅力,并在具体的教育实践过程中不断焕发出科学理论应有的盎然生机与活力。

总而言之,只要我们运用马克思主义基本理论和思想方法,立足中国教育改革和发展的实际,立足中华优秀传统教育思想,始终坚持将立德树人作为教育的根本任务,面对教育公平、教育创新、课程改革等当代中国教育改革和发展中的相关问题,同时借鉴世界先进教育经验和教育理论,独立进行马克思主义的教育理论探索和教育科学研究,就一定能够继续推动中国特色马克思主义教育理论的不断发展。

思考题

一、名词解释题

教育学　教育科学

二、简答题

1. 教育学的研究对象是什么？

2. 教育学的发展历程及主要发展趋势有哪些？

3. 进入新时代，指导我国教育改革和发展的基本理念有哪些新发展？

三、论述题

结合教育学的科学化发展和我国教育改革的实际，试述如何推进中国特色马克思主义教育学的学科发展和理论创新。

四、材料分析题

作为现代社会科学分支之一的教育学，其边界之所以如此模糊，关键原因之一就是它以"学校"这一时空框架，而不是以其研究对象，即教育现象自身存在的时空框架来界定其学科边界的。造成这种状况的重要原因，是教育学伴随着近现代学校教育的产生发展而产生发展的学科历史。众所周知，"教育学，作为一种对教育和教学的理论研究，其历史是和师范学院的历史，在法国尤其与培养小学教师的师范学校的历史十分紧密地联系在一起"①。因此，从这门学问产生那天起，学校，而非充斥着教育现象的人类社会，就成了它研究教育现象的时空框架。正是这种时空框架的错位，导致了教育学一方面将自身大量的研究对象排斥在自己的研究视野之外，另一方面又将存在于学校时空框架之中本应属于其他学科的研究任务收入囊中，以至于造成了学科边界的模糊不清。②

阅读上面这段话，试从特殊性和普遍性辩证关系的角度，论述学校教育只能作为教育学一个特殊研究对象而非全部研究对象。

---

① 瞿葆奎主编：《教育学文集·教育与教育学》，人民教育出版社 1993 年版，第 335 页。

② 项贤明：《教育学的逻辑：探寻教育学的科学化发展路径》，中国人民大学出版社 2021 年版，第 58 页。

第一章　教育及其本质

教育学作为一门研究人类教育活动及其内在规律的科学，需将明确教育本质——"教育是什么"作为其必然的认识起点。教育作为一种与人类社会共始终的社会现象和活动，拥有极其漫长的历史。我们要更好地理解"教育是什么"，就需要了解教育的起源与发展脉络。只有多一分回望，才能多一分智慧。本章将在回顾教育发展历程的基础上，探讨教育的基本内涵，并进一步阐明教育的要素与形态。

第一节　教育的产生与发展

教育是人类最古老的社会活动之一，它伴随着人类社会的产生而产生，并在人类社会的发展过程中不断演变。这种演变既是教育实践的演进，又是教育思想的丰富。我们要认清教育的本质，就不能不探寻教育产生的源头。

一、教育的起源

教育的起源问题，一直是教育学、历史学、人类学等各门学科的学者共同关注的问题。然而，由于对教育起源的研究缺乏直接的史料，对这一问题的认识，只能借助间接的佐证材料，如考古发掘的文物、古代的传说等，进行逻辑推理。研究者从不同角度提出的各种观点，可谓仁者见仁，智者见智。比较典型的观点有生物起源论、心理起源论和劳动起源论。其中，劳动起源论是马克思主义教育理论对教育起源的正确解释。

（一）生物起源论

生物起源论者认为，人类教育起源于动物界中各类动物的生存本能活动，其主要代表人物有法国的勒图尔诺（1831—1902）、英国的沛西·能（1870—1944）等。他们通过对各种动物生活的观察发现，动物世界中存在各种示范和模仿，认为教育是一种生物现象，教育活动是按生物学规律进行的本能传授活动。

勒图尔诺在其所著的《动物界的教育》中提出：动物尤其是略为高等的动物，完全同人一样，生来就有一种由遗传而得到的潜在的教育，其效果见诸个体的发展过程。[①] 他认为："从观察得到的、互相有联系的许多事实已无可争辩地

---

① 瞿葆奎主编：《教育学文集·教育与教育学》，人民教育出版社1993年版，第158页。

向我证实：兽类教育和人类教育在根本上有同样的基础；由人强加的人为的教育，可以动摇甚至改变动物的被称为本能的倾向，并反复教它们具有一些新的倾向；为取得这一结果，通常只要让年幼动物反复地练习并恰当地利用奖惩也就够了。"① 按照这一观点，人类进行的教育与动物的教育差别不大，教育就是基于生物生存与繁衍的天性本能而产生的。

沛西·能在 1923 年不列颠协会教育科学组大会的演说《人民的教育》中指出："教育从它的起源来说，是一个生物学的过程，不仅一切人类社会有教育，不管这个社会如何原始，甚至在高等动物中也有低级形式的教育。"教育是"扎根于本能的不可避免的行为"，"生物的冲动是教育的主要动力"。② 他认为，教育是与种族需要、种族生活相适应的、与生俱来的本能。

生物起源论强调教育是人类和动物共有的本能行为，但它抹杀了人与动物的区别，否认了教育的社会性质，忽略了教育是人类社会特有的有意识、有目的的活动这一根本特性，因而是不科学的。

（二）心理起源论

心理起源论者认为，教育起源于儿童对成年人的无意识模仿，其主要代表人物是美国教育家孟禄（1869—1947）。他从心理学角度探讨教育起源，对生物起源论进行了批驳。根据原始社会没有学校、没有教师、没有教材的史实，孟禄推断教育起源于儿童对成年人的无意识模仿。

孟禄在《教育史教科书》第一章中指出，"原始社会以最简单的形式展现它的教育，然而教育的过程在这早期阶段，也具有教育在高度发展阶段所展现出来的所有基本特征"，但原始社会的教育"使用的方法从头至尾都是简单的、无意识的模仿"。③ 他这样描述原始社会的教育方法："除了在偶尔的情况下和在最高的阶段，原始人从来没有达到有意识的教育过程。即使就给予的训练而言，至多仅仅指明要做的事情和做事情的过程，而没有试图作解释或阐明，绝大部分纯粹是无意识的模仿。儿童仅仅是通过观察和使用'尝试—成功'的方法学习如何用弓箭射击，如何加工被杀死的动物，如何烹饪，如何编织，如何制作陶器。重复地模仿，成功地使失败越来越少，这给予了原始时代儿童在技艺方面所获得的全部东西。"④ 也就是说，孟禄认为，儿童对成年人的无意识模仿，既是教育的本质，又是教育最初的形式和手段。

---

① 瞿葆奎主编：《教育学文集·教育与教育学》，人民教育出版社 1993 年版，第 177 页。
② 转引自［英］沛西·能：《教育原理》第 2 版，王承绪、赵端瑛译，人民教育出版社 2005 年版，"沛西·能其人其书"第 36 页。
③ 瞿葆奎主编：《教育学文集·教育与教育学》，人民教育出版社 1993 年版，第 178、179 页。
④ 瞿葆奎主编：《教育学文集·教育与教育学》，人民教育出版社 1993 年版，第 186—187 页。

根据心理学的研究，模仿分为有意识模仿和无意识模仿。其中，有意识模仿是人类独有的一种学习方式。但是孟禄把教育全部归为无意识状态下产生的模仿行为，夸大了模仿在教育中的地位和作用，忽视了人是有意识的存在物这一本质规定，从根本上抹杀了教育的有意识性，否定了人的社会性，把人类社会有意识地提升人格的活动等同于动物的无意识模仿。因而，这种观点是错误的。

（三）劳动起源论

劳动起源论者在批判生物起源论、心理起源论的基础上，运用马克思主义唯物史观对教育的起源进行了分析，认为教育是一种社会现象，教育起源于劳动，起源于劳动过程中人的生产需要和发展需要的辩证统一。这是苏联当时一些教育史学家和教育学家以及我国目前多数学者认同的学术主张。

劳动起源论的直接理论依据和方法论基础是恩格斯的著作《劳动在从猿到人转变过程中的作用》，其主要观点可以概括为：第一，人类教育起源于生产劳动或以生产劳动保证自身生存的社会需要；第二，教育是人类特有的一种社会活动；第三，教育起源于劳动是以人类语言和思维的发展为条件的；第四，教育从产生之日起，其职能就是传递劳动过程中形成与积淀的社会生产和生活经验；第五，教育范畴是历史性与阶级性的统一。

劳动起源论是关于人类教育起源的正确主张，其正确性与合理性源于马克思主义唯物史观。恩格斯说："劳动是从制造工具开始的。"[1] 在人类社会的最初形态——原始社会里，所谓社会需要主要是物质生活资料的生产需要。马克思说："任何一个民族，如果停止劳动，不用说一年，就是几个星期，也要灭亡……"[2] 这句话清楚地表明了劳动是人类社会赖以存在和发展的基础。人对物质生活资料的获取，依靠的不是动物式的本能，而是人类独有的全新形式——劳动。人类劳动与动物本能完全不同：人类劳动的根本标志是制造工具；人类劳动是一种有目的、有计划的自觉行为；人类劳动从一开始就是在一定的社会关系中进行的，是一种社会性的活动；人类劳动不是对自然界消极被动的适应，而是对自然界的主动探索和积极改造。劳动把人从动物界中提升出来，促使人猿揖别的最终完成。为此，恩格斯指出："劳动是整个人类生活的第一个基本条件，而且达到这样的程度，以致我们在某种意义上不得不说：劳动创造了人本身。"[3]

劳动促使人产生了语言和思维，为人类生活和生产经验的传递创造了条件。语言是从劳动中并和劳动一起产生的。人类在劳动过程中需要互相帮助、互相协

---

① 《马克思恩格斯文集》第九卷，人民出版社 2009 年版，第 555 页。
② 《马克思恩格斯文集》第十卷，人民出版社 2009 年版，第 289 页。
③ 《马克思恩格斯文集》第九卷，人民出版社 2009 年版，第 550 页。

作、传递信息和交流经验，彼此间达到了非说话不可的地步，由此产生了交际的工具——语言。思维和语言的发生过程与劳动紧密联系在一起。由于劳动使人类的体质不断得到改善和发展，作为思维的器官，大脑的容量不断扩大，结构也愈加复杂。经过相当长时间的进化，人类在劳动过程中，从偶然采集石块发展到有意识地选择石料并将其加工成工具，这一过程既是劳动过程的开始，也是思维产生与发展的过程。

教育就是伴随人类生产劳动的产生而产生的，推动人类教育起源的直接动因是人类在劳动过程中传递生产经验和生活经验的实际社会需要。

在教育的起源问题上，除上述三种经典的主张外，20 世纪 80 年代以后出现的学术主张还有人生发展说、前身起源说、社会化影响说、交往起源说等，这里不再一一介绍。各种学说之间互相驳难，虽难以达成统一，但它们深化了对教育起源的认识，为我们提供了更多值得深思的视角，对进一步研究教育的起源问题同样具有重要价值。

二、教育发展的历史进程

任何事物都有一个产生、发展的过程，教育也不例外。教育自产生至今，一直与学习相伴相生，历经了原始社会、古代社会、近现代社会等多个不同的历史阶段。由于不同历史阶段生产方式和社会文化存在差异，教育也呈现出不同的性质和特征。

（一）原始社会的教育

原始社会是人类历史上最初的社会形态，也是一个漫长的历史阶段。它存在了数百万年之久。那时，人类还不能正确认识种种自然现象和社会现象，生产力水平低下，没有剩余产品，没有私有制，没有剥削。原始社会的这种社会状况和生活方式，决定了原始社会的教育具有以下特征：

1. 原始社会的教育没有阶级性

没有剥削，人人参加生产劳动，平均分配劳动成果，这就决定了原始社会的教育没有阶级性。原始社会对年轻一代的照管和教育是氏族的事情，所有儿童都接受同样的教育，教育是平等的、普及的，只是根据年龄、性别不同进行不同的教育而已，如男孩以学习狩猎、农耕、渔牧为主，女孩以学习采集、家务、纺织为主。

2. 原始社会的教育主要是为生产劳动服务的

原始社会的生产力水平低下，为了满足基本的生存需求，人们不得不把精力集中于生产劳动。这就决定了教育活动紧紧围绕生产劳动，以传授与学习制造和使用生产工具的技能以及从事渔猎、农耕、采集和原始手工业劳动等的经验为主要内容。

3. 原始社会的教育是在整个社会生产和生活中进行的

原始社会的教育还没有从社会生产和生活中分化出来，还没有成为一种专门的活动，而是同生产实践以及其他社会活动紧密融合在一起的，是在生产实践和宗教、艺术等活动中进行的。

4. 原始社会的教育手段是极端原始的

受生产力发展水平的限制，原始社会既没有成熟的文字和书籍，也没有专门的学校和教师。因此，原始社会的教育手段极其原始和贫乏，教育主要以口头形式表达，在实际生产和生活中进行。

到了原始社会晚期，生产力水平有所提高，思想文化得以进步，教育活动也随之进入新的状态，主要表现为：教育目的更加明确，教育任务就是把青少年一代培养成合格的氏族成员；教育内容更加丰富，除了学习纺织和编织、烧制陶器等方面的生产技术外，还要熟悉氏族内部的信仰和风俗习惯，并进行军事训练等；教育形式更加多样化，教育活动除在社会生活实践中进行外，还通过谚语、歌谣、故事、神话等多种形式进行。

（二）古代社会的教育

古代社会包括奴隶社会和封建社会两种社会形态。与原始社会相比，这两种社会形态的生产力水平有了巨大的进步，并出现了社会阶级的划分，教育也获得了极大的发展并完全为统治阶级所把持。虽然奴隶社会和封建社会的生产力水平和政治经济状况各不相同，但它们具有相同的剥削阶级社会形态、类似的落后生产工具、手工操作的劳动方式、自给自足的自然经济形态，这使得这两种社会形态的教育存在一些共同的特征。

1. 出现了专门的教育机构和专职的教育人员

伴随着生产力的发展和社会分工，古代社会出现了专门进行教育活动的场所——学校，以及专门从事教育活动的人员。学校的产生标志着教育步入了历史发展的新阶段。一般认为，在原始社会末期就有了学校的萌芽，但是，作为独立存在的社会活动部门，学校是在奴隶社会才出现的。学校是专门的教育场所，需要有比较固定的场地，专职的教育人员，专心学习的教育对象，较丰富系统的教学内容，有计划、有组织的教育活动，从而使教育不再依存于生活过程之内，而分化成可独立存在的社会活动。进入奴隶社会，这些物质和条件才具备。在人类社会发展史中，古巴比伦、古埃及、古印度等国家先于古希腊、古罗马产生了人类最早的学校。"古代东方各国的学校最初是在奴隶社会形成时期产生的。"[①] 在我国，根据古籍记载，在虞舜时代就有了"庠"这种机构，但"庠"主要是一

---

① ［苏联］麦丁斯基：《世界教育史》上册，叶文雄译，五十年代出版社 1952 年版，第 6 页。

种带有教育性质的养老机构，还不能算作学校。《孟子·滕文公上》记载："夏曰校，殷曰序，周曰庠。"夏、商、周已有"校""序""庠"等专门的施教机构，商代和西周时期又出现了"学""瞽宗""辟雍""泮宫"等教育机构。学校的出现标志着人类正规教育制度的建立，使教育从一般的生产和生活过程中分化出来，成为一种独立存在的社会活动形式，极大地推动了教育的发展。

2. 教育对象有了鲜明的阶级性与严格的等级性

由于阶级的产生，学校一开始就被剥削阶级垄断，成为阶级统治的工具。统治阶级把控着教育权，学校成为培养奴隶主阶级和封建统治阶级所需人才的专门场所，劳动人民被剥夺了接受学校教育的权利，学校教育具有鲜明的阶级性。在我国，夏、商、周三代的文教政策为"学在官府"，只有奴隶主及其子弟才能享受学校教育。在西方，古希腊斯巴达和雅典的学校专为贵族阶级而设，古埃及的宫廷学校只收王子、王孙和贵族子弟入学。劳动人民子弟被排斥在学校大门之外，只能在生产和生活中通过长者和师傅的言传身教，接受自然形态的教育。到了封建社会，各国教育在阶级性的基础上又加上了鲜明的等级性，如统治阶级子弟也要按家庭出身、父兄官职高低进入不同等级的学校。学校的等级与出仕授官、权力分配等紧紧联系在一起。

3. 教育内容逐渐丰富且与生产劳动相分离

随着文字的发明和典籍的不断积累，有关天文、几何、算术、医学以及工程建筑等方面的专门知识逐渐丰富并形成独立的学科，还产生了文法学、发音学、音韵学等。在神庙学校，除了教授普通的知识，如文字书写、语言、计算、几何、天文等学科的初步知识外，还传授神学、巫术、占星术、法律、医学、建筑、数学、历法等比较高深、专门的学科知识。可以说，这些知识的出现极大地丰富了学校的教育内容。学校将这些知识作为教育的主要内容也就使教育逐渐脱离了生产劳动与社会实践。我国奴隶社会学校教育的主要内容是"六艺"，即礼、乐、射、御、书、数。"礼"是礼仪制度和道德规范；"乐"是音乐、诗歌和舞蹈；"射"是射箭；"御"是驾车；"书"是文字读写；"数"是算法。我国封建社会学校教育的主要内容是"四书""五经"，与生产劳动没有直接关系。在欧洲，中世纪教会学校的教学内容是"七艺"。所谓"七艺"，包括智者派创立的"三艺"和柏拉图创立的"四艺"，前者指文法、修辞学、辩证法，后者指算术、几何学、天文学和音乐。不难看出，学校教育与直接的生产劳动相分离是古代教育的一大特点。

4. 教育方法较多崇尚死记硬背与体罚

古代的学校教育把学习书本知识视为教育的主要内容，轻视学习与实践的结合，倡行闭门读书，"两耳不闻窗外事，一心只读圣贤书"（《增广贤文》）。在教育方法上，中国的大教育家孔子践行其主张的"不愤不启，不悱不发"（《论语·述而》），西方的苏格拉底奉行其提出的"产婆术"，但更多的教书先生缺乏多样的教学方法，要求学生死记硬背书本知识。学校纪律严苛，体罚盛行。

5. 官学与私学并行的教育体制

古代的学校教育分为官学和私学，如宫廷学校就是由国家主办用以培养官吏的官学，私学则是由民间个人创办的学习机构。在中国，私学兴办于春秋，孔子即私学创办人之一。官学和私学相互补充、相互影响，共同构成了古代社会的教育体系。

6. 教学组织形式主要是个别施教或集体个别施教

在古代社会，教学组织形式是个别施教或集体个别施教，还未形成系统的集体施教的教学组织形式。一个教师教几个或十几个学生，学生不分年级，教学内容各不相同。这种形式适应了当时低下的生产力发展水平的要求。中国古代的官学和私学大都采取这种教学组织形式，西方的宫廷学校、职官学校等亦是如此。

（三）近现代社会的教育

人类社会经过两百多年手工工场的发展，逐渐开始用机器生产代替手工生产，这标志着人类由古代社会进入近代社会。近代社会的教育是以资本主义社会为主体的教育。1917 年十月革命的成功，开创了人类社会发展的新格局，标志着人类进入现代社会。现代社会是资本主义教育与社会主义教育并存的时代。因为资本主义社会与社会主义社会是两种社会制度不同的社会，这两种教育存在着明显的差别；但又因两种社会机器大工业生产的社会发展基础相似，这两种教育有很多相同的特点。与古代社会的教育相比，近现代社会的教育主要呈现出以下特征：

1. 培养全面发展的人由理想走向实践

教育的最高目的就是培养全面发展的人。从古希腊亚里士多德最早系统论证人的和谐发展理论以来，培养全面发展的人就成为教育的理想。但由于社会生产力水平和社会制度的制约，在相当长的时间里，培养全面发展的人只能是教育的美好期盼。在资本主义大工业兴起后，无论是社会生产领域还是社会工作部门，对人的素质都有着全面的要求。在马克思主义诞生后，马克思和恩格斯对人的全面发展进行了科学的论证，逐渐使全面发展由理想走向实践。社会主义社会是一种与资本主义社会性质完全不同的社会形态，我国作为社会主义国家，把马克思主义作为立党立国的根本指导思想，把培养全面发展的人作为教育的最终目标，在各级各类教育中都要求贯彻德智体美劳全面发展的教育方针。用人单位在考核、录用人员时把德智体美劳全面发展作为基本的标准，也促进了个人向全面发展的方向努力。社会制度、教育目的、生产一线、工作部门等对人才素质要求的协同统一，使得培养全面发展的人正由理想走向实践。

2. 教育与生产劳动相结合日趋密切

早在百余年前，马克思就把教育与生产劳动相结合视为造就全面发展的人的唯一途径。近现代社会的发展历史已证明，实现教育与生产劳动相结合是促进人的全面发展、推动社会发展进步的必然选择。与古代学校教育脱离生产劳动不同，近现代以来，教育在世界各国被置于先行发展的地位，主要是由于教育与生产劳动密切关联。现代化工业大生产要求劳动者必须具有一定程度的科学文化素质，具有科学知识和技术的劳动者经过国民教育学校的培养后进入生产部门。随着后继工业革命的不断发生和发展，教育越来越成为国家政府的事务。美国经济学家舒尔茨（1902—1998）的"人力资本"理论成为世界各国建立国民教育制度、保障普及教育和义务教育的重要理论支撑。

3. 教育普及制度化，教育实施法制化和民主化

随着生产力的发展和科学技术的进步，社会对劳动者的要求越来越高。为了提高劳动生产效率，提高劳动者的科学文化素质势在必行。于是一些国家开始普及义务教育，教育对象逐步扩大。世界上最早实施义务教育的国家是德国，早在1619年，德意志魏玛邦就公布了学校法令，规定父母应送6—12岁的儿童入学，否则政府将强迫其履行义务。19世纪中叶以后，各个先行的资本主义国家纷纷把普及教育纳入法制轨道，教育普及逐渐制度化，如1852年美国马萨诸塞州的《义务教育法》，1870年英国的《初等教育法》，1872年日本的《学制令》，1881年法国的《费里教育法》等。正是这些具有强制性质的法律的颁布和实施，使得教育普及得以保障。我国于1986年颁布了《中华人民共和国义务教育法》，开始实施九年义务教育制度。世界各国在现代化过程中普及教育的共同做法是：通过法律规定实行免费的义务教育。教育的法制化可谓是现代教育的重要标志。

现代教育的显著发展特征之一表现为教育的民主化。普及教育虽然在启动的阶段是以强迫的方式推进的，但是随着义务教育年限的延长和民主精神的深入人心，教育的义务观逐渐转变为权利观。进入20世纪，"教育机会均等"表现为人人都有入学的机会。时至今日，很多国家不但中小学教育得到了普及，而且高等教育也实现了大众化和普及化。各级各类教育之间的界限也被打破，"教育机会均等"已经不再满足于人人可以上学。教育民主化要求的是平等、高质量的教育和适合个体个性特征的教育。教育民主化追求趋向个人学习权益的保障和终身学习的实现。人们不仅追求入学机会的平等，还要求教育过程的自由和教育结果的高质量。

4. 教育形式、手段多样化

现代社会在致力于教育普及的同时，也在不断发展新的教育形式，满足不同

学习者的需要。首先，在教学组织形式上，班级授课制得到广泛应用，成为教学的基本组织形式，大大提高了教学效率。其次，在教育方法上，教学从以灌输式的知识教学为主转变为以启发式教学为主，如采用发现法、问题教学法等，创立了一整套较为完整和科学的教学方法体系。最后，在教学手段上，随着科学技术的发展，幻灯、广播、电影、电视、录音、录像以及计算机辅助教学、互联网学习等技术手段被应用于教育教学，教学手段不断多元化。

5. 人文教育与科学教育携手并进

世界各国的古代教育以人文教育①为主，教育的目的在于满足心灵享受和陶冶情操，培养新一代的统治者。在现代社会，由于科学技术在生产中的广泛应用，科学教育②开始上升到主导地位，以发展学生认识与改造物质世界的能力为目的，通过开发人的智力，促进社会物质财富增长和社会发展。

20世纪50年代以来，人们逐渐认识到，科学技术的应用在促进社会发展的同时也带来了环境污染、生态失衡等许多负面效应，这促使现代教育开始追求人文教育与科学教育的结合，人文教育与科学教育开始携手并进。通过人文教育，现代教育帮助学生发展认识和处理人与自然、人与社会、人与人（包括自己和他人）之间的关系的能力，并引导学生的行为向合人道、合规律、合人类共同利益的方向发展。通过科学教育，现代教育要求学生系统地掌握科学知识、综合技术和有关的专门技术，进行动手和实践能力训练，培养学生追求真理、探索创新、献身科学、为人类造福的科学精神。

6. 教育日益显示出开放性和整体性

古代的学校教育是个封闭的教育系统，与外界社会相隔离，而现代教育则突破了学校之墙，打破了学校是教育唯一场所的限制，出现了许多教育补充形式或新形式，如夜校、函授教育、远程教育等。现代教育的开放性不仅表现为制度上和组织形式上逐步突破封闭性，而且表现为课程内容、教学方法、教育途径等方面也不再是封闭的，不再局限于课堂内教师传授固定的、已有的真理和知识，还提倡发现学习和创造性学习，把课堂教学和课外活动以及广阔的生活天地联系起

---

① 人文教育通常有三种不同的含义：其一是特指欧洲文艺复兴时期的人文主义教育，亦称"人道主义教育"；其二是人文学科教育，指以人文学科为基本内容的教育，……至19世纪，人文学科逐渐演变为与自然科学并立的一门知识领域；其三是指关于人的教育，或以人为本的教育。（顾明远主编：《中国教育大百科全书》第三卷，上海教育出版社2012年版，第1519页。）本书此处为第二种含义。

② 科学教育通常也有三种含义：其一专指自然科学教育，即数学、物理、化学和生物学等纯理科教育，与人文学科教育相对；其二是广义的科学技术教育（科技教育）；其三特指中小学自然科学教育课程。（顾明远主编：《中国教育大百科全书》第二卷，上海教育出版社2012年版，第1188页。）本书此处为第二种含义。

来。在开放的和信息化的社会中，学生接受教育的渠道大大拓宽，大众传播媒介、丰富多彩的课外校外活动、同龄人团体、邻里和亲朋关系等以不同的方式从不同的角度开阔着青少年的视野，影响着他们的世界观、人生观、价值观、兴趣和个性发展，成为重要的教育途径。

现代教育作为一个系统，其整体性也越来越强。在纵向上，这种整体性表现为大学、中学、小学、幼儿园各个学段之间一体化。过去，各个学段各自为政，独立运行，给学生入学和学校适应带来了很多障碍。今天，无论是课程设计、教育教学内容组织、教育教学活动安排，还是招生宣传、入学教育等，都强调各学段之间的有机衔接和顺利过渡。在横向上，这种整体性表现为各类教育之间和各区域教育之间的协同化。进入 21 世纪以来，教育的全球化使得各国教育之间的相互影响日益广泛，相互学习与借鉴已成常态。追求教育的优质发展使得各类教育的改革实践越来越走向均衡和公平，不能顾此失彼。教育的整体性要求教育改革秉持系统化的思想方法，对教育发展的不同学段、不同类别、不同区域进行系统的、整体的、长远的设计，以求得教育发展的整体优化效果。

三、当代世界教育发展趋势

随着社会的发展，当代教育除了具备现代教育的一些特征，从世界范围来看，还体现出全民化、现代化、国际化、终身化、信息化等发展趋势。

（一）教育全民化

教育全民化是指人人都享有平等的受教育的权利，必须接受一定程度的教育。全民教育是为了应对全球大量儿童失学、成年文盲比例高、教育质量低下和教育不平等等严峻挑战而发起的。它以联合国儿童基金会、联合国教科文组织等机构于1990 年在泰国宗迪恩召开的世界全民教育大会上通过的《世界全民教育宣言》为标志，很快成为当今世界教育领域具有广泛影响力的思潮之一，同时也是 20 世纪90 年代以来全球最具力度的普及教育运动。《世界全民教育宣言》要求保障每个人——无论是儿童、青年还是成人，都应该获益于旨在满足其基本学习需要的受教育机会，并提出通过提供广泛的学习机会以促进教育和整个社会的平等。

2000 年世界教育论坛在塞内加尔首都达喀尔举行，164 个国家的政府承诺实行全民教育。会议制定了《达喀尔行动纲领》，提出到 2015 年前全民教育要达成的六项目标，即扩大和改善综合幼儿保育工作、普及九年义务基础教育、满足青少年和成人的学习需求、扫盲率提高 50%、两性公平与平等、提高基础教育质量等。之后，各国均为实现全民教育六项目标而努力，并取得了巨大成就，但目标实现的进程比较缓慢。2015 年世界教育论坛在韩国仁川举行，会议总结了"全民教育目标"、与教育相关的"千年发展目标"所取得的进展和依然存在的挑战，在此基础上制定了《2030年教育行动框架》，将"确保全纳、平等、优质的教育，促进全民终身学习"作为全民教育发展的总目标，并将其细化为七项具体目标。2021年10月，联合国教科文组织面向全球发布了《共同重新构想我们的未来：一种新的教育社会契约》，提出要"确保人们终身接受优质教育的权利，强化公共行动和共同利益"。"这种重新构想，必须建立在一系列宽泛的原则上，强调人权基础的作用，包括包容与公平、合作、团结和共同责任与相互关联性。"国际社会做出的这些重要决定，体现了各国对全球教育发展的共同愿景，也彰显着世界教育发展的全民化这一趋势。

（二）教育现代化

教育现代化即教育将社会现代化的理念和要求逐渐现实化的过程，包括教育观念、教育内容、教育体制机制、教育手段方法、教育管理和教师素质等方面的现代化。社会现代化指人们利用近现代的科学技术全面改造自己生存的物质条件和精神条件的社会变迁过程。社会现代化的发展在改变社会物质生活资料生产的同时，也在改变着人们的价值观念、思想意识以及生活方式等。社会现代化需要由具有现代意识、现代技术和现代素质的人去设计和施行，而教育是提高人的现代化的强有力的影响因素。为此，世界众多国家都把实现教育现代化作为本国社会现代化发展进程的重要组成部分。

我国是个"后发型"国家，在推进教育现代化的行动上呈现着后起直追、蓬勃向上的良好态势。1983年，邓小平提出"教育要面向现代化，面向世界，面向未来"，成为指导中国教育改革和发展的重要思想和指针之一。时至今日，我们已经向教育现代化的目标前进了一大步。2010年颁布的《国家中长期教育改革和发展规划纲要（2010—2020年）》将"基本实现教育现代化"作为我国教育发展的战略目标之一。中国特色社会主义进入新时代后，我国经济社会发展进入了新阶段，对教育提出了更高的要求，人们对优质教育的期盼更加殷切，教育事业改革发展的任务更加艰巨。2017年，党的十九大报告提出：建设教育强国是中华民族伟大复兴的基础工程，必须把教育事业放在优先位置，深化教育改革，加快教育现代化，办好人民满意的教育。根据新华社北京2019年2月电，中共中央、国务院印发了《中国教育现代化2035》，这是我国第一个以教育现代化为主题的中长期战略规划。《中国教育现代化2035》提出推进教育现代化的基本理念是：更加注重以德为先，更加注重全面发展，更加注重面向人人，更加注重终身学习，更加注重因材施教，更加注重知行合一，更加注重融合发展，更加注重共建共享。总体目标是：到2035年，总体实现教育现代化，迈入教育强国行列，推动我国成为学习大国、人力资源强国和人才强国，为到本世纪中叶建成富强民主文明和谐美丽的社会主义现代化国家奠定坚实基础。

教育既要为全面实现中国式现代化服务，自身也要在这个过程中实现现代化。2022 年，党的二十大报告强调："教育、科技、人才是全面建设社会主义现代化国家的基础性、战略性支撑。""我们要坚持教育优先发展、科技自立自强、人才引领驱动，加快建设教育强国、科技强国、人才强国，坚持为党育人、为国育才，全面提高人才自主培养质量，着力造就拔尖创新人才，聚天下英才而用之。""全面贯彻党的教育方针，落实立德树人根本任务，培养德智体美劳全面发展的社会主义建设者和接班人。坚持以人民为中心发展教育，加快建设高质量教育体系，发展素质教育，促进教育公平。"党的二十大报告是推进我国教育现代化的一个纲领性文件，赋予了教育现代化新的内涵特征、历史使命与发展路径，引领着我国的各级各类教育走向教育现代化的新阶段，为世界创造着教育现代化的中国经验、中国智慧和中国方案。中共中央、国务院印发的《教育强国建设规划纲要（2024—2035 年）》明确，到 2035 年，教育现代化总体实现。

（三）教育国际化

教育国际化是当今世界教育发展的一大趋势。教育国际化，即以国际的视野和全球认同的方式，构建教育发展和运行的完整体系和管理制度。自 20 世纪中叶以来，随着科技的迅猛发展、国际政治格局的变化，国家或地区之间无论是在物质、信息方面还是在资金、知识、人员等方面的交流都日益频繁，特别是经济全球化、贸易国际化突出了培养国际通用人才的重要性，要求教育应该从态度、情感、知识、技能等方面培养受教育者从小就为一个国际化的时代做准备。此外，教育还应帮助人们认识和解决威胁人类生存的国际问题，如和平问题、环境问题、道德问题等。教育国际化的一个重要体现是留学生人数的增长。同时，一些国家纷纷建立国际学校，开设国际课程，并采用先进的教学模式，旨在培养能在未来的国际事务中大显身手的人才。追求教育的国际化成为世界教育发展的一个显著趋势。但是，对于发展中国家来说，教育国际化是一把"双刃剑"，在教育国际化这一进程中，发展中国家要学会掌握和运用好国际规则，努力做到趋利避害，同时建立、健全自身的法律法规，保持应有的独立，使教育国际化的正面效应得到最大限度的发挥，同时将负面影响降到最低。

（四）教育终身化

终身教育是贯穿人一生中各个年龄阶段的教育。从纵向上看，指教育贯穿人的一生，而不只局限于儿童和青少年阶段；从横向上看，指通过各类教育资源的整合，形成开放的教育体系。[1]"教育终身化"实际上也就是"学习终身化"。终身学习的理念，自古有之，如我国一直倡导的"活到老，学到老"和日本的

---

[1]　吴遵民主编：《终身教育研究手册》，上海教育出版社 2019 年版，第 5 页。

"修业一生"，均蕴含着终身学习的理念。

终身教育成为一种指导理念、实践方针和科学体系，始于 20 世纪 60 年代。1965 年，在联合国教科文组织召开的第三届成人教育国际促进会议上，法国成人教育专家朗格朗以"终身教育"为题作了报告。1970 年，他在该报告的基础上出版了《终身教育引论》一书，系统阐述了他的终身教育理念。到 20 世纪 90 年代，这种教育理念真正受到国际社会的普遍关注，联合国教科文组织、经济合作与发展组织及其他组织不断就终身教育或终身学习发布报告或出版图书、召开会议。联合国教科文组织于 1996 年出版了《教育——财富蕴藏其中》报告书，强调终身学习对人类个体和社会发展的重要作用。经济合作与发展组织于同年发表了《全民终身学习》报告书，强调终身学习应与生活及工作结合。国际劳工局于 2000 年发表了《21 世纪的终身学习》报告书。国际社会的共同努力，使这一教育理念逐步发展成在当代世界极具影响力的教育思潮。

与此同时，世界各国积极践行终身教育或终身学习理念。日本在 1990 年颁布了《终身学习振兴法》，把构建终身学习体系纳入国家发展战略之中，努力建设"终身学习社会"；韩国在 1999 年颁布了《终身教育法》，并在 2007 年对其进行了修订；英国在 1998 年发布了《终身学习：全民新学习文化》报告；加拿大在 2001 年颁布了《关于终身学习的国家政策》等。我国于 1995 年通过的《中华人民共和国教育法》提出要建立和完善终身教育体系；2004 年，教育部发布的《2003—2007 年教育振兴行动计划》再次提出，鼓励人们通过多种形式和渠道参与终身学习；2010 年，《国家中长期教育改革和发展纲要（2010—2020 年）》强调要搭建终身学习"立交桥"；根据新华社 2019 年 2 月电，中共中央、国务院印发的《中国教育现代化 2035》中，把"构建服务全民的终身学习体系"作为我国面向教育现代化的十大战略任务之一；2022 年，党的二十大报告提出"建设全民终身学习的学习型社会、学习型大国"，把创建"学习型社会"提升到"建设学习型大国"的时代高度；中共中央、国务院印发的《教育强国建设规划纲要（2024—2035 年）》明确，到 2035 年，学习型社会全面形成。

目前，各国的终身教育或终身学习逐步向立体化、体系化、法制化的方向发展，包括学校教育、家庭教育和社会教育在内的所有教育资源呈现整合趋势。面对这样的发展动向，国际社会对终身教育已达成如下基本共识：第一，终身教育是以政府为主导、学习者为主体的自由、自主与自助的教育和学习活动；第二，终身教育应践行给予公民学习权保障的理念，坚持公益性和公平性原则；第三，终身教育从理念转化为实践的基本目标是构建终身教育体系，而实现这一理想的基本途径是搭建连接各种教育形态的"立交桥"，并有机整合各项教育资源；第四，终身教育的终极目标是创建学习型社会，提高人的精神教养和健全人格，以完善人性为宗旨。

（五）教育信息化

以计算机和互联网为代表的信息技术推动人类社会进入信息时代，引起了人类生活方式的巨大变革。它已经在一定程度上改变了人类的教育方式和学习方式，未来甚至有可能引发颠覆性的教育革命。教育信息化就是在教育领域全面深入地运用现代信息技术来提升教育现代化水平的过程，其技术特点是数字化、网络化、智能化和多媒体化，基本特征是开放、共享、交互、协作。教育信息化的发展，带来了教育形式和学习方式的重大变革，对传统的教育思想、观念、模式、内容和方法产生了巨大冲击。近年来，越来越多的学校采取了让学生通过移动终端设备进行一对一数字化学习的方案。移动终端的普及、无线互联网的改善，让教育实现了通过技术连接课堂内外，连接过去与现在，联通全球的教育资源，并将学习分析、大数据分析渗入各个教学环节之中，从而根据不同的学科演化出不一样的教学方式和学习方式，出现了慕课、翻转课堂等新型教学模式，使教育手段逐渐趋向智能化。随着人工智能技术的发展，教育信息化发展进入智能化新阶段，智能化成为未来教育发展的重要趋势。

第二节　教育的基本内涵

"教育"，无论是作为我们日常生活中的一个常见词语，还是作为教育学中最为重要的一个基本概念，其内涵都十分丰富。深刻地认识和理解"教育"的基本内涵，是我们学习和研究教育学的重要基础和基本任务之一。

一、教育的词源与词义

（一）中文的"教育"词源与词义

对词语进行深入理解的一条重要途径是对该词进行词源考察，对"教育"一词的理解也不例外。在中国古代主要使用"教"和"育"两个单字解释教育的含义。"教"字早期的甲骨文为"𡥈"，左边的"爻"表示被教者，右边的"攴"表示手持木棒的教育者，其象形

学习的词源与词义

意义明显。稍晚的甲骨文在"爻"下加了代表孩子的"子"。也有人说，"爻"是构成《易经》中八卦，即占卜的基本符号，代表所教的内容。《说文解字》称："教，上所施，下所效也。"《中庸》称："修道之谓教。"

中国古代典籍中有许多关于"教"的论述,在不同的语境中,语义不同。概括起来,主要有下列几种:①

其一,教育。《孟子·梁惠王上》:"谨庠序之教,申之以孝悌之义。"唐韩愈《祭十二郎文》:"当求数顷之田于伊颍之上,以待余年。教吾子与汝子幸其成;长吾女与汝女待其嫁。如此而已。"清章学诚《文史通义·原学上》:"教也者,教人自知适当其可之准,非教之舍己而从我也。"

其二,教导;指点。汉司马迁《报任少卿书》:"教以慎于接物,推贤进士为务。"宋王安石《答司马谏议书》:"昨日蒙教,窃以为与君实游处相好之日久,而议事每不合,所操之术多异故也。"清蒲松龄《聊斋志异·促织》:"成反复自念,得无教我猎虫所耶?"

其三,告诉。《吕氏春秋·贵公》:"此大事也,愿仲父之教寡人也。"高诱注:"教犹告也。"唐韩愈《柳州罗池庙碑》:"于是老少相教语,莫违侯令。"

其四,教练;训练。《论语·子路》:"以不教民战,是谓弃之。"何晏集解引马融曰:"言用不习之民,使之攻战,必破败,是谓弃之。"《吕氏春秋·简选》:"统率士民,欲其教也。"高诱注:"教,习也。"宋苏轼《教战守策》:"天下果未能去兵,则其一旦将以不教之民而驱之战。"

其五,政教;教化。《商君书·更法》:"前世不同教,何古之法?"唐韩愈《原道》:"今也,举夷狄之法,而加之先王之教之上,几何其不胥而为夷也。"清纪昀《阅微草堂笔记·滦阳消夏录二》:"圣人之立教,欲人为善而已。"

其六,通"效",相仿。《韩非子·难势》:"尧教于隶属而民不听,至于南面而王天下,令则行,禁则止。"陈奇猷集释:"教,借为效……尧教于隶属而民不听,谓尧与隶属相仿则民不听其令也。"

以上六种语义,均是"教"的去声(jiào)用法,"教"的另外一种发音是平声(jiāo),解释为:把知识或技能传授给人。《左传·襄公三十一年》:"教其不知,而恤其不足。"《玉台新咏·古诗〈为焦仲卿妻作〉》:"十三教汝织,十四能裁衣。"唐韩愈《曹成王碑》:"王亲教之搏力、勾卒、嬴越之法。"②

"育"字由"毓"字演化而来,其金文为"𣱥",其左侧为"母"字,本义为成熟女人,右侧为倒子(头朝下)居"㐬"之上,为母体分娩之意,从整个字形来看,表示孕妇将婴儿从母体分娩出来。"育"字篆书为"𠙹",其上部为倒子,意为不顺不孝之子。《说文解字》称:"育,养子使作善也。"在中国古代典

---

① 罗竹风主编:《汉语大词典》第五卷,汉语大词典出版社1990年版,第444—445页。有改动。
② 罗竹风主编:《汉语大词典》第五卷,汉语大词典出版社1990年版,第445页。

籍中，与"教"字的意义相关联，"育"字的词义主要有四种:①

其一，生育。《易·渐》:"妇孕不育，失其道也。"宋吴曾《能改斋漫录·记事二》:"虞部员外郎张咸，其妾孕五岁而不育。"明陈继儒《珍珠船》卷一:"供奉官郭垣，在母胎余年不育。"

其二，抚养。《诗·小雅·蓼莪》:"拊我畜我，长我育我。"郑玄笺:"育，覆育也。"《文选·张华〈鹪鹩赋〉》:"育翩翾之陋体兮，无玄黄以自贵。"刘良注:"育，养也。"唐韩愈《处士卢君墓志铭》:"母夫人既终，育幼弟与归宗之妹。"清侯方域《太常公家传》:"又三岁，父赠侍郎公卒，育于伯瑀。"

其三，培养；教育。汉匡衡《祷高祖孝文孝武庙文》:"思育休烈，以章祖宗之盛功。"唐韩愈《顺宗实录五》:"恩翔春风，仁育群品。"王德安《严师》诗:"三十年心血育英才，芬芳桃李满天下。"

其四，生长；成长。《礼记·中庸》:"致中和，天地位焉，万物育焉。"朱熹集注:"育者，遂其生也。"《孟子·滕文公上》:"后稷教民稼穑，树艺五谷；五谷熟而民人育。"

从目前可见的古籍中，"教"和"育"连用的情形极少，通常只用一个字来表述人类培养人的现象和活动。最早把"教"和"育"合成一个词使用的是孟子。《孟子·尽心上》载:"君子有三乐，而王天下不与存焉。父母俱存，兄弟无故，一乐也。仰不愧于天，俯不怍于人，二乐也。得天下英才而教育之，三乐也。"在该语境中，"教"和"育"合成一个词，取"教"和"育"两词共有的词义，即培养人的事情或活动。当西方近代教育思想和教育制度传入我国时，西方注重教的话语体系与我国传统注重学的话语体系是相互抵触的，我国教育学的话语方式发生了从"以学为本"到"以教为本"的巨大变化。1902 年，"教育"一词开始成为汉语系统中的一个常用词，我国出现了以"教育"为题的专论。

（二）西文的"教育"词源与词义

在西方，"教育"一词的英文是 education，德文是 Erziehung。它们均源自拉丁文 educare，这个词由 e 和 ducare 构成，e 指从某个地方出来，ducare 指引导，二者合起来就是引导或启发之意。从词源上说，西文的"教育"一词含有"内发"之意，强调教育是一种顺其自然的活动，旨在把自然人所固有的或潜在的素质自内而外地引发出来，成为现实的发展状态。

西文的"教育"一词，大致可以归纳出以下 11 种含义:（1）教育、教学工作；（2）培养、教养；（3）训练、教导；（4）教育程度、教育水平；（5）正规学校教育；（6）受到的教育；（7）通过教育所获得的知识、学识、学问、才能、

---

① 罗竹风主编:《汉语大词典》第六卷，汉语大词典出版社 1990 年版，第 1186 页。有改动。

才智等；（8）教育学、教授法；（9）通过学校、学院或大学等教育机构的学习而使人的智力得以发展的过程；（10）连接工作或研究与教学的一般领域；（11）抚养、养育。

二、教育的概念

什么是教育？古今中外众多教育家从不同角度对此做过解释。回顾和分析这些解释，有助于我们准确地理解教育的基本含义。

（一）中外教育家对教育的界定

1. 我国教育家对教育的界定

我国古代儒家经典《中庸》载："天命之谓性，率性之谓道，修道之谓教。"春秋战国末期教育名篇《学记》称："教也者，长善而救其失者也。"战国时期荀子提出："以善先人者谓之教。"（《荀子·修身》）可见，我国古代教育家所论教育基本都聚焦于道、德、善，都指向人之德性及其向善的方向的引导和教化。

近代以来，我国教育逐渐与西学接轨。1922 年，蔡元培（1868—1940）任北京大学校长时，在《教育独立议》一文中指出："教育是帮助被教育的人，给他能发展自己的能力，完成他的人格，于人类文化上能尽一分子的责任；不是把被教育的人，造成一种特别器具，给抱有他种目的的人去应用的。"[①] 杨贤江从教育起源的角度，提出教育是"帮助人营社会生活的一种手段"。他说："这所谓生活，一方面是衣食住的充分获得，他方面是知识才能的自由发展；还有，这种生活是集体的社会的，决不是孤立的个人的；所以教育的定义应是社会所需要的劳动领域之一，是给与社会的劳动力以一种特殊的资格的。""自有人生，便有教育。因为自有人生，便有实际生活的需要。"[②] 综上，我国近代之后对教育的认识发生了巨大变化，将教育作为人类社会独立的社会活动来解析。

2. 外国教育家对教育的界定

古希腊思想家苏格拉底认为，人天生是有区别的，但不管这种区别有多大，教育都能"使人得到改进"。

亚里士多德认为，教育形成人的理性，从而使天性、习惯和理性协调统一。他把人的灵魂分成三种——植物性灵魂、动物性灵魂和理性灵魂，认为只有使其他两种灵魂归到理性灵魂的领导下和谐共存，人才能成为人。

---

① 《蔡元培教育论著选》，高平叔编，人民教育出版社 2011 年版，第 394 页。
② 《杨贤江教育文集》，中央教育科学研究所、厦门大学合编，教育科学出版社 1982 年版，第 414 页。

柏拉图在"观念天赋论""心灵回忆说"的基础上认为，教育过程就是理智控制欲望的过程。在这个过程中，教育者要做的就是通过一定的方式帮助儿童提升智力水平，唤醒儿童知晓知识的意识状态。

捷克教育家夸美纽斯提出，人经过教育所要达成的境地是"适当地吸取了学问、德行和虔信之后，能够有益地利用此生，并且好好地预备来生"①。

法国社会学家涂尔干（1858—1917）指出："教育是年长的几代人对社会生活方面尚未成熟的几代人所施加的影响。其目的在于使儿童的身体、智力和道德状况都得到某些激励与发展，以适应政治社会在总体上对儿童的要求，并适应儿童将来所处的特定环境的要求。"②

英国教育家斯宾塞认为，教育是"为我们的完满生活作准备"③，给各种情况下的各个方面的行为以正确指导：如何修身；如何养性；如何处事；如何立家；如何尽公民的义务；如何利用资源来增进福利；如何善用我们的才能。总之，教育就是指导我们如何去经营完满的生活。

美国教育家杜威提出：教育是生活的过程，是生长，"是经验的改造或改组。这种改造或改组，既能增加经验的意义，又能提高后来经验进程的能力"④。

这些关于教育的界定，为我们理解教育的定义提供了难得的认识阶梯。

（二）教育的定义

对于什么是教育，苏联教育家巴班斯基（1927—1987）认为："教育是老一代向新一代传递社会历史经验的过程，其目的在于培养他们参加生活和从事为保证社会进一步发展所必需的劳动。"⑤ 美国学者法兰肯纳（1908—1994）认为，教育可以指一个活动或过程，也可以指一门学科。"作为一个活动或过程，教育可能是正式的或非正式的，私人的或公共的，个人的或社会的，但是，它总是在于用一定的方法培养各种倾向（能力、技能、知识、信仰、态度、价值以及品格特性）。作为一门学科，教育是根据关于它的目的、方法、效果、形式、历史、费用、价值以及对社会的关系提出的一些问题来研究这个活动或事业的。"⑥

《中国大百科全书·教育卷》从广义和狭义两个角度对教育进行了界定：

———————————

① ［捷］夸美纽斯：《大教学论》，傅任敢译，教育科学出版社 2014 年版，第 33 页。

② ［法］埃米尔·涂尔干：《教育及其性质与作用》，张人杰译，《外国教育资料》1987 年第 6 期，第 1—12 页。

③ 《斯宾塞教育论著选》，胡毅、王承绪译，人民教育出版社 2005 年版，第 11 页。

④ ［美］约翰·杜威：《民主主义与教育》第 2 版，王承绪译，人民教育出版社 2001 年版，第 87 页。

⑤ ［苏］Ю·К 巴班斯基主编：《教育学》，李子卓等译，人民教育出版社 1986 年版，第 7 页。

⑥ ［美］W. K. 法兰肯纳：《关于教育哲学的一般看法》，张家祥译，《全球教育展望》1981 年第 2 期，第 62—65 页。

"从广义上说，凡是增进人们的知识和技能，影响人们的思想品德的活动，都是教育。狭义的教育，主要指学校教育，其含义是教育者根据一定社会（或阶级）的要求，有目的、有计划、有组织地对受教育者的身心施加影响，把他们培养成为一定社会（或阶级）所需要的人的活动。"[1]

很多教育理论工作者认为，为了说明问题有同一的立脚点，我们有必要把教育的概念分为广义的教育与狭义的教育。广义的教育是自有人类以来就已产生的教育，这种教育存在于各种生产和生活的活动之中。其定义一般为：教育是人类社会特有的一种社会现象，是培养人的一种社会活动。广泛地说，凡是有目的地增进人的知识和技能，影响人的思想品德的活动，不管是有组织的还是无组织的，系统的还是零碎的，都是教育。狭义的教育则是人类社会发展到一定历史阶段的产物，专指教育活动逐渐从其他社会活动中分离出来，诞生了专门进行人才培养的机构——学校和伴随着学校的出现而同时产生的人才培养的专门过程。狭义的教育（即学校教育）可以定义为：教育是教育者根据一定社会的要求和年轻一代身心发展的规律，对受教育者所进行的一种有目的、有计划、有组织地培养思想品德，传授知识和技能，发展智力和体力的社会实践活动，通过这种活动把受教育者培养成德智体美劳全面发展的、为一定社会所需要的人。

三、教育的本质

教育的本质要解决教育是什么的问题。具体地说，就是要阐明教育自身的根本特性，以使教育能与其他事物区别开来。古往今来，中外教育家对这个问题的回答不同，由此也就出现了对教育本质这一问题的不同看法。

（一）学术界关于"教育本质"的争论

顾明远：《对教育本质的新认识》

20世纪50年代初，苏联教育界展开了一场关于教育本质的讨论，最后由《苏维埃教育学》杂志总结，提出"教育是上层建筑"的观点。受特定历史时期的影响，我国教育理论界在新中国成立初期的一段时间内基本上接受了"教育是上层建筑"这一结论。1978年，于光远（1915—2013）在《学术研究》上发表了《重视培养人的研究》一文，率先对教育的上层建筑说提出了质疑，引发了关于教育本质问题的热烈讨论，并产生了许多新的观点。概括说来，在这场关于教育本质的探讨中，主要有上层建筑说、生产力说、双重属性说、多质说和特殊范畴说五种观点。介绍这些观点的目的，主要是让大家了解这场关于教育本质的学术讨论

---

[1]　《中国大百科全书·教育卷》，中国大百科全书出版社2002年版，第1页。

的情况及出现的主要学术主张。

1. 上层建筑说

"教育是上层建筑"这种教育本质观被称为传统派的本质观，其基本观点是：社会存在决定社会意识，在社会存在中，生产关系是社会生活中最基本和最原始的关系，它对整个社会生活，特别是对社会意识具有制约作用，教育属于精神生活，它是由经济基础决定的。这表现为：经济基础的性质决定了教育的性质，经济基础的变化决定了教育的变化；上层建筑有阶级性，教育也有阶级性；教育与生产关系的联系是直接的，与生产力的联系是间接的；教育通过培养人为社会服务，是一种属于意识形态范围的活动。因此，教育是上层建筑。上层建筑说的理论基点，是马克思在《〈政治经济学批判〉序言》中所确立的原理："这些生产关系的总和构成社会的经济结构，即有法律的和政治的上层建筑竖立其上并有一定的社会意识形式与之相适应的现实基础。物质生活的生产方式制约着整个社会生活、政治生活和精神生活的过程。不是人们的意识决定人们的存在，相反，是人们的社会存在决定人们的意识。"[1]

2. 生产力说

与上层建筑说相比，"教育是生产力"可以称为现代派的教育本质观，体现了人们对教育本质认识的进步和发展。该学说认为：教育是生产劳动，教育与社会生产之间存在着本质的客观的联系；教育既生产现实的劳动力，又生产科学技术；教育通过传递生产劳动经验，实现人的劳动能力再生产，而劳动者是整个生产过程中起决定性的因素，因此教育是社会再生产的必要条件，是社会发展和延续的手段；教育的产品是使未来劳动者掌握现代生产的知识和技术，从而直接提高劳动生产率；用于教育的投资是一种生产性投资。因此，教育是生产力。教育本质的生产力说来源于马克思的社会再生产理论和生产劳动理论。马克思认为社会再生产中包括了劳动力的再生产，劳动力再生产中又包含了教育和训练。

3. 双重属性说

上层建筑说与生产力说各自所蕴含的无法自圆其说的悖论，以及两者论争的僵持不下，诱发了双重属性说。该学说认为，教育本来具有上层建筑和生产力的双重性质，从来就有两种社会职能：一种是传授一定生产关系所要求的社会思想意识，具有明显的阶级性；另一种是传授与一定生产力发展水平相适应的劳动经验和生产知识，为发展生产力服务。所以，教育本质既不能简单地归为生产力，也不能完全归为上层建筑，它具有双重属性。该学说的主要观点有：教育一部分属于上层建筑，一部分属于生产力，但整体说来，不能说教育就是上层建筑，或

---

[1] 《马克思恩格斯文集》第二卷，人民出版社 2009 年版，第 591 页。

主要属于生产力。教育既属于上层建筑，又属于生产力。

从双重属性说所持的观点来看，这一学说对教育的上层建筑说与生产力说具有折中、调和的色彩，但它并未能解决上层建筑说与生产力说论争中久悬的疑问。

4. 多质说

多质说（或多属性说、多因素说）认为，教育是一种复杂的社会现象，教育本质也应是多质的、多层次的。教育具有多种因素和多种属性，每一种因素都不是可有可无的，而是教育这个整体中的有机组成部分或方面，各自不能单独决定教育的本质，而是共同决定教育的本质。教育的本质是教育的社会性、生产性、阶级性、科学性、艺术性等各种属性的统一。社会结构包括上层建筑、生产关系（经济基础）和生产力三个方面，每一方面都是以人为主体的，因而教育作为培养人的活动，不仅与人的成长发展有着直接联系，而且与上层建筑、生产关系（经济基础）和生产力有着直接联系。另外，从教育的发展历程看，最初教育没有与社会生产过程相分离，它具有社会性和生产性，到了阶级社会它又具有阶级性。所以教育具有多种性质，教育的本质便是多种性质的统一。

5. 特殊范畴说

持特殊范畴说观点的学者主张，对于教育这一复杂的社会现象，不能简单地把它归为上层建筑、生产关系或生产力的某一方面，而只能独立出来，作为一个专门的、特殊的范畴来加以研究。他们把教育当作一个特殊的范畴，力图从教育本身的质的规定性，从教育不同于其他社会现象的特点，从教育的内部矛盾入手来揭示它的本质。特殊范畴说关于教育的本质的基本看法有：教育的本质是有目的地培养人的社会实践；教育的本质是传授知识或传递社会经验的工具；教育的本质是促进个体的社会化。该说法力图突破人们已有的社会基本结构的观念，不纠结教育属于什么，对我们不无启示意义。

（二）教育的"质"的规定性

什么是本质？从哲学上讲，事物的本质就是关于该事物的质的规定性，是决定该事物区别于他事物的根本特性。教育本质是相对于教育现象而言的，是对教育现象的理性抽象。古往今来，教育的外部表现纷繁复杂，多种多样。但变化了的只是教育的外在表现形式，其内在的、同一的、普遍的东西则是永恒不变的。如果我们能够透过这些变化多端的外部现象，探寻出潜藏其中同一的、普遍的、稳定的东西，便是找到了教育的本质，找到了决定教育活动与其他社会实践活动根本区别的"质"的规定性。

综观中外教育史，关于教育的众多界说，尽管表述各异，但都存在一个根本的共同点，那就是都把教育看作培养人的活动，其目的在于促使个体社会化，促使受教育者的身心得到发展，在品德、知识与技能等方面都能适应社会的需要。这也是人类从古至今纷繁复杂的各类教育现象中同一的、普遍的、稳定的，且又是与其他社会活动相区别的根本点。因此，教育的"质"的规定性是有目的、有计划、有组织地培养人的社会实践活动，即根据一定社会需要而进行的培养人的活动或培养人的过程。简言之，教育是培养人的活动。

1. 培养人明确了教育活动与其他社会实践活动的区别

人类的社会实践活动涉及方方面面，有从事物质生活资料生产的工业、农业、林业、牧业、渔业，等等；有进行精神生活资料生产的文学、艺术、科学、宗教，等等。在这里，教育活动与其他社会实践活动的根本区别是什么？我们可以根据"属+种差"的定义方法，对教育的"质"进行探寻。

教育作为培养人的活动，它的"属"是"活动"。在人类社会中存在着多种多样的活动，如：社会生产是人们创造物质财富和精神财富以满足物质文化生活需要的活动；科学研究是为了增进知识以及利用这些知识去发明新的技术而进行的系统的创造性活动；医疗保健是医师或药师为了改善病人的生命质量而进行的与治疗或保健相关的活动；艺术鉴赏是人们在接触艺术作品的过程中产生的审美享受和审美评价活动；等等。因此，作为多种社会实践活动的形式之一，教育的"属"同人类社会中的其他社会实践活动是没有区别的。

教育与上述所列活动的"种差"在于它培养人。教育是通过培养人的活动来作用于社会的，它的特定功能或基本职能是：通过对人类已有文明的传授，促使受教育者从知之较少到知之较多，从智力的沉睡状态进入激活状态，使其静态的潜能发展为动态的能力，最终成为一个合格的社会成员。也就是说，教育通过自身特定的形式——教学，特定的活动场所——学校，特定的活动人员——教师，来进行培养人的活动，即育人为本。

2. 培养人确证了教育的存在特性

教育活动是有意识的以人为直接对象的社会活动，它不同于其他以物质产品或精神产品的生产为直接对象的社会生产活动，也不同于其他有意识的以人为直接对象的活动：教育是以对人的身心发展产生影响为直接目标的。这样就把教育活动与以保护人的身心健康、抵御疾病对人的身心危害的医疗活动，以及以满足人的各种需要为目标的社会服务活动区别开来了。

教育是人类特有的传递经验的形式。其他社会活动也能够影响人、陶冶人，或多或少地影响人的身心发展，但它们对人的发展作用不如教育那样直接和显著，只有教育这种功能特殊的活动，才能更快、更好地完成对人的品德、知识与技能等的社会化塑造。当然，其他社会实践活动也都有各自的功能特殊性，这也是它们相互区别的根本原因。

3. 培养人是教育的主体活动

教育活动通过培养人而作用于社会，使得社会能够更好地延续和发展。它的具体过程是一部分人以某种特定的影响作用于另一部分人的身心。它的直接目的是使人的身心发生预期的发展变化，获得预期要求的品质和特征。以影响人的身心发展为直接目标的教育活动与其他社会实践活动的区别不仅在于各自占主导地位的活动内容的不同，并由此区分了各自不同的本质，而且由其本质决定的活动的具体形式也是不同的。教育作为有意识地培养人的活动，其活动的具体形式也处处体现着它的本质，体现着它与其他社会实践活动的区别。

教育的本质与教育的目的是紧密关联的。教育的本质在于培养人，紧接着的一个重要问题就是教育要培养什么样的人。习近平曾多次论述教育要培养什么样的人的问题，他明确指出，"古今中外，关于教育和办学，思想流派繁多，理论观点各异，但在教育必须培养社会发展所需要的人这一点上是有共识的"，"每个国家都是按照自己的政治要求来培养人的"，"我国社会主义教育就是要培养社会主义建设者和接班人"。① 关于培养什么样的人的问题，我们将在第四章关于教育目的的论述中进一步展开讨论。

第三节　教育的要素与形态

教育的构成十分复杂，其形态也多种多样。认识教育的基本要素与主要形态，对我们更加深入地学习教育理论、全面深刻地认识教育现象十分重要。

一、教育的基本要素

教育作为促进人类发展的社会实践活动，是一个受社会环境影响的相对独立的社会系统。教育的基本要素主要包括教育者、学习者、教育内容和教育手段。

（一）教育者——教育活动中教的主体

教育者是专职从事教育活动的人。教育有广义和狭义之分，从广义教育的角度来看，每一个能够增进他人知识和技能、影响他人思想品德的人都可以是教育者。在日常生产和生活中，每个人都会通过各种途径接受他人的态度、知识、技能及思想品德产生的影响。在这个意义上，可以说父母是一个人最早的教育者，也可以说自己身边的人都是教育者，"三人行，必有我师焉"（《论语·述而》）。从狭义的教育即学校教育的角度来看，教育者主要指那些拥有教师职业身份的

---

① 习近平：《在北京大学师生座谈会上的讲话》，人民出版社 2018 年版，第5—6页。

人。对于"教育者"这个概念，既应当从身份或职业的方面来把握，也应该从素质或资质的方面来把握。"教育者"不仅是对从事教育职业的人的总称，更是对其内在态度和外在行为的一种规定。"教育者"是一种资格，是那些能够根据个体身心发展和社会发展状况及趋势，在人的发展中起引导、促进、规范作用的人。

教育是教育者有目的、有计划、有组织地向受教育者传递生产经验和社会生活经验，使其身心得到发展的活动。因此，教育者是教育活动的主导者，是构成教育活动的支撑性要素。

（二）学习者——教育活动中学的主体

学习者是指在各种教育活动中以学习为基本任务的人，既包括在各级各类学校中学习的儿童、少年和青年，也包括在各种形式的成人教育组织中学习的成年人。学习者是教育的对象，是教育过程中学习和发展的主体。教育是因为人有学习和发展的需要而产生的，教育活动如果没有学习者因学习需要而引发的主体意识和积极参与，就不会获得实质性的教育效果，所以，学习者是构成教育活动的驱动性要素，离开了学习者，教育活动的发生和展开都是没有意义的。

人们通常把学习者称为"受教育者"，这里使用"学习者"主要是考虑到当代教育的形态多样化，教育活动的中心已经日益突出对学习过程的关注和服务，尤其是终身教育的发展使得教育对象的范围扩展到成年人乃至整个社会。在终身教育时代，教育者的形象已经远远超出具体的人的范围，与之对应的"受教育者"日益多样和不确定。用"学习者"代替"受教育者"，在思维方式和语言风格上可以消除人们对教育机构机械刻板、简单对应、封闭循环的印象。学习者不是被动接受教育者所施加的身心影响的人，而是有着不同个性特征、思想意识、兴趣爱好、认知风格和习惯偏好的个体，其在教育活动中以一种高度个性化的状态生活着。对于教育者而言，他所面对的也不是简单的"受教育者"，他需要对参与其所主导的教育活动的人有充分的了解，并尽可能地结合每个人的特点给予指导和帮助。

（三）教育内容——教育活动中师生共同认识的客体

教育内容是基于一定社会生产力特别是科学技术的发展水平，根据教育目的而选择的向学习者讲解的思想和观点、传授的知识和技能、培养的行为和习惯的总和。教育内容在学校教育中的主要表现形式是课程内容和教材。

教育内容的组成丰富多彩。从其涉及的范围来说，它包括人类社会各个领域的知识、经验和技能、技巧；从其价值来说，它具有发展人的品德、智慧、体力、审美能力和劳动能力的重要作用；从其表现形态来说，它有物质的、符号的、精神的、行为的等不同类型。因此，我们不能把教育内容与学校的课程内容等同起来，也不能把教育内容等同于教材。实际上，课程内容和教材包含在教育内容之中，教育内容的内涵远比课程内容和教材丰富得多。

教育内容是联系教育者和学习者的中介。作为一种特殊的中介形式，教育内容把教育者和学习者联系起来，通过教育内容难度的自然延伸，使学习者由不知到知、由知之较少到知之较多、由继承到发展、由个体认识水平上升到人类认识水平，最终把人类的过去和未来联系起来，达到教育的目的。

最佳的教育内容是目的性与对象性的统一。教育内容作为联系教育者和学习者的中介，能否解决教育过程中的基本矛盾，关键在于其本身的选编是否科学。制约教育内容选编科学性的因素主要有两个方面：一是一定社会发展的要求。对于国家来说，这种发展的要求主要通过教育目的表现出来，这种要求包括素质的全面性和内容本身的先进性与逻辑性。二是个体身心的发展规律，而它本身既有共性又有个性。因此，教育者要根据学习者的实际情况，安排教育的内容和进程，选择教育内容的难度，确定教育内容的分量，发掘教育内容的价值，最终达到目的性与对象性的统一。

（四）教育手段——教育活动的基本条件

教育手段是教育者将教育内容传授给学习者所借助的各种形式和条件的总和，它主要包括物质手段和精神手段。

物质手段主要是指进行教育活动时所需要的一切物质条件，包括教育的活动场所和设施、教育媒体以及教育辅助手段等。教育的活动场所和设施在学校中主要是指校舍、教室、操场、实验室、教育实践基地等场所以及这些场所内部的设备、装置。教育媒体是指教育活动中在教育者与学习者之间传递信息的工具。教育媒体是教育内容的载体，也是教育活动中其他信息的载体。同样的教育内容，可以使用不同的教育媒体。教育媒体包括多种形式，从最简单的实物、口头语言到图片、印刷品、录音带、录像带、教育卫星、教育网络平台、多媒体教学设备等。教育媒体的形式随着人类科学技术的发展以及教育活动的日趋普及化、个性化而越来越丰富多彩和综合化。随着教育媒体的发展，教育活动的组织形式、方法、效果等都会发生变化。教育辅助手段包括黑板、粉笔和话筒等。

精神手段主要指进行教育活动时所运用的各种非实质性手段，包括教育方法、教育途径。教育方法包括教育者的教法和学习者的学法。就教育者的教法而言，有语言的方法、直观的方法和实践的方法；就学习者的学法而言，有接受式学习、发现式学习、探究式学习、项目式学习等多种类别。教育途径是教育者施加教育影响的渠道、路径和方式。学校教育活动的基本途径是教学，辅助途径有课外活动、社会实践活动、咨询辅导等。

从以上对教育的基本要素的分析中可以看出，教育者、学习者、教育内容和教育手段是开展教育活动必不可少的要素。其中，教育者和学习者是影响教育活动成效的决定性因素。教育者在教育活动中必须认真分析和研究三个客体：学习者、教育内容和教育手段。他的任务是将既定的教育内容通过一定的教育手段传授给学习者。学习者认识的客体主要是教育内容，他的任务是在教育者的指导下，学习和掌握既定的教育内容，也就是将外在的客体转化为内在的精神财富。

在教育的四个基本要素中，教育者与学习者之间的关系是最基本的关系，在教育活动中主要表现为教与学的关系。教与学之间的矛盾是教育活动的基本矛盾。教育者代表社会所提出的教育要求与学习者的身心发展水平之间的差距，是推动学习者身心发展的基本动力。

二、教育的主要形态

形态即形式或状态，指事物存在的样貌，或在一定条件下的表现形式。教育形态是指由教育者、学习者、教育内容和教育手段四个基本要素构成的教育系统在不同时空背景下的变化形式。依据教育活动的规范程度、教育现象在时空中存在的形态和教育活动的存在范围等，教育可以有不同的分类。

（一）正规教育与非正规教育

根据教育活动的规范程度，教育可以分为正规教育与非正规教育。

1. 正规教育

对于什么是正规教育，《教育大辞典》将其解释为"指有目的、有组织、有计划、有固定机构与场所，有专职教学人员，对学生进行系统的文化科学知识和思想品德的训练和培养的教育。一般指纳入学制系统的学校教育"[1]。《新编中国大百科全书》将正规教育界定为，"在国家颁布的学制系统中有明确的地位、比较固定的办学任务、培养目标、修业年限、课程标准，经考试合格发给国家承认的学历文凭或专业合格证书的教育。这类教育组织要经国家有关部门批准，才能设立"[2]。《教育大百科全书》则将其解释为，"依照外在、确定、均衡的空间、时间和材料形式，教师和学生都规定了合格标准，精心而系统地传授知识、技能与观点（重点是知识），典型的例证是学校教育方式"[3]。《国际教育标准分类法（2011）》指出："正规教育系指通过公共组织和公认的私人团体进行的有制度、有目的、有计划的教育，它们的总和构成一个国家的正规教育系统。"[4] 正规教

---

[1] 顾明远主编：《教育大辞典（增订合编本）》下，上海教育出版社 1998 年版，第 2006 页。

[2] 黄勇、张景丽、金昌海主编：《新编中国大百科全书》（A 卷·经济教育），延边大学出版社 2005 年版，第 167 页。

[3] ［荷］A. 图季曼主编：《教育大百科全书·成人教育》（上），李家永等译，西南师范大学出版社 2011 年版，第 58 页。

[4] 《国际教育标准分类法（2011）》，联合国教科文组织统计研究所 2013 年版，第 36 条，第 11 页。

育主要由学前教育和各级各类学历教育构成，应经过相关的国家教育部门或等同机构的认可。

综上，虽然不同文献对正规教育的定义不尽相同，但都认为：正规教育是指由国家教育部门认可的教育机构（学校）所提供的有目的、有组织、有计划、由专职人员承担的，以促进学习者的身心发展为直接目标的全面系统的训练和培养活动。正规教育有一定的入学条件和规定的毕业标准，其特点是统一性、连续性、标准化和制度化。正规教育是在学校产生之后出现的，包括当今教育中的各级各类教育。今天我们所谈的种种教育改革，多是指这种正规教育。

2. 非正规教育

非正规教育，是由美国学者菲利普·库姆斯（1915—2006）在 20 世纪六七十年代提出的一个概念。他认为，非正规教育是"业已建立的正规体制以外的有组织的教育活动——或独立操作，或作为某一广义活动的一个重要特征——即试图为某些相同的学习者和学习目的服务"①。《教育大辞典》认为，"非正规教育与正规教育相区别，非正规教育为失去学校教育的人提供学习机会，参与直接同劳动、工作相联系的、内容广泛的学习活动。教学目的具有实用性和直接性，并与国家发展要求和个人的学习需要相一致。它是有组织的，但不是充分制度化的；是系统的，但不是完全常规化的。基本上是在校外进行，其内容、方法、形式比正规教育具有较少的正规性，较多的灵活性。它由各种经济的、社会的和政治的机构负责实施"②。《中国教育大百科全书》则认为，非正规教育是"在正规教育系统外进行的有组织、有计划的教育活动。即国家教育行政部门统一学制要求范围（初等教育、中等教育、高等教育）以外的各类教育活动，如扫盲、文化技术培训、政治学习、业务训练、专题讲座、岗位培训和继续教育等。与'正规教育'相对。非正规教育的特点：是有组织的活动，但未充分制度化，一般不需注册，不发文凭，不授学位；是系统教育，但未完全常规化。教育宗旨是满足人们不断变化发展的、各种各样的学习需求。教育目标、课程设置、教学内容、学习时间、入学条件等均由办学单位根据需要自行确定。教育对象可以不分年龄、性别、工作岗位、以前所受教育程度等，以不同学习需求的学习者为特定群体，以需要解决的共同问题为内容，使学习者不断学习新的知识和技能，在专业领域内跟上时代的最新发展"③。《国际教育标准分类法（2011）》指出："非正规教育，和正规教育一样（而并非非正式的、顺带的或无约束的学习），系指通过教

① ［瑞典］T. 胡森、［德］T. N. 波斯尔思韦特主编：《国际教育百科全书》第六卷，李进主编，贵州教育出版社 1990 年版，第 390—391 页。
② 顾明远主编：《教育大辞典（增订合编本）》上，上海教育出版社 1998 年版，第 354 页。
③ 顾明远主编：《中国教育大百科全书》第一卷，上海教育出版社 2012 年版，第 306—307 页。

育提供者进行的有制度、有目的、有计划的教育。非正规教育的突出特点是在个人一生学习的过程中对正规教育的追加、替代和/或补充。其提供的目的通常是保障所有人受教育的权利。它顾及各种年龄的人，但无须采用连续的路径结构；可能持续时间短和/或强度低；通常以短课程、研讨班或讲座的形式提供。非正规教育多数提供不被相关国家或地方教育当局公认为正式或等同于正式资格证书的资格证书，或者根本就没有资格证书。"① 根据各国的情况，非正规教育可以包括为成人和青年扫盲、失学儿童提供的教育，以及有关生活技能、工作技能和社会或文化发展的课程。②

可见，非正规教育与正规教育的相似之处是精心而系统地传授知识、观点和技能，但其教育的重点是技能。非正规教育与正规教育的区别在于它一般结构松散，时间上不固定，目标更直接，组织较分散，易于因地制宜地实施。非正规教育比较灵活，具有许多不同的发起者、管理者和资金来源，几乎包括所有政府部门和各类非政府机构。非正规教育能够满足个体的学习需求，满足社会均衡和发展的需要，是终身学习的支柱，是 21 世纪教育的重要组成部分，在学习型社会中起重要作用。在全球化背景下，非正规教育以其灵活性对社会发展迅速做出反应，已构成了判断一个社会或国家经济发展水平的有效"晴雨表"。

正规教育与非正规教育二者合称为正式教育，除此之外，还有非正式教育。非正式教育是"在日常生活、工作中进行的不具有结构性或组织性的自主、偶发性学习活动。如与家人或邻里自主交谈，在工作岗位和市场里进行的讨论，在图书馆、博物馆进行的读书或参观、考察，以及在一定场合进行的娱乐活动等"③。非正式教育的特点是自主、灵活、范围广、时间长，弥补了正规教育和非正规教育的不足。随着社会经济的发展、科技的进步，正规教育、非正规教育与非正式教育一起构成终身教育的体系。

（二）实体教育与虚拟教育

根据教育现象在时空中存在的形态，教育可以分为实体教育和虚拟教育。

1. 实体教育

实体教育是指在一个现实的空间里，根据现实空间里的要求来规范人们行为的一种教育。"实"与"虚"相对，"实体"，即真实、客观存在的具体空间。因而，实体教育就是具备承担教育者角色的人在具体的现实环境中对那些有学习需

① 《国际教育标准分类法（2011）》，联合国教科文组织统计研究所 2013 年版，第 39 条，第 11 页。有改动。

② 《国际教育标准分类法（2011）》，联合国教科文组织统计研究所 2013 年版，第 40 条，第 11 页。

③ 顾明远主编：《中国教育大百科全书》第一卷，上海教育出版社 2012 年版，第 307 页。

要的人的身心施加适当的影响的活动。可以说，自教育产生以来至信息化社会前的所有教育都是实体教育。实体教育是为了更好地区分伴随着网络等信息技术而出现的新兴教育形式而提出的。

在实体教育中，教师与学生在真实的空间里面对面地交流。教师在教学时所运用的语言、展现的形体动作、设计的板书等都会对学生产生影响。在师生面对面的互动中，教师的治学态度、处事原则、世界观、人生观、价值观等也会对学生产生潜移默化的影响。教师以自身的人格魅力，在传授知识的同时，为学生树立了学习的榜样。这些方面是虚拟教育无法代替的。在虚拟环境中，人与人直接交往的机会急剧减少，学习者面对的是学习终端机器，或教师上课的画面，人与人之间的关系呈现为一种虚拟的教学现实。

虽然实体教育具有自己的优势和特色，但是，在当今社会，它的缺陷也逐渐暴露出来。随着学习型社会的形成，人们已不再满足于仅仅在青少年时期接受学校教育，而是需要终身接受教育。在这种情况下，对于那些由于工作原因而不能亲自到真实环境中接受教育的人来说，虚拟教育的作用和优势就大大超过了实体教育。此外，实体教育要求学生规规矩矩地坐在教室里，认真地参与教师按照固定的教学计划而实施的教学活动，很难照顾到学生的个体差异，学生学习的积极性和主动性受到一定限制。

2. 虚拟教育

"虚拟教育"这一概念的提出，与现代信息科学技术的发展是分不开的。以多媒体和互联网为代表的现代信息技术，正以惊人的速度改变着人们的生活方式和学习方式，并导致教育越来越走向网络化、虚拟化、国际化、个性化，从而带给我们一个非常重要的虚拟空间，虚拟教育就是在这样的背景下产生的。它是一种与传统的教育形式相区别的新型教育形式。对于什么是虚拟教育，目前人们有不同的认识。有人认为虚拟教育指任何一种发生在虚拟现实或虚拟教室中的学习过程；也有人认为虚拟教育指通过互联网提供的教育服务，如网络课程、网上辅导、网上训练及职业发展和指导等；还有人认为虚拟教育是信息和通信技术在教育实践活动中的应用。虚拟教育意味着教学活动可以在很大程度上脱离物理空间的限制，是以电子技术、信息技术以及网络空间为媒介而展开的一种教育形态。它与实体教育刚好相对，教育教学过程发生的场所是一系列虚拟化的教育环境，包括虚拟教室、虚拟实验室、虚拟校园、虚拟学习社区、虚拟训练场、虚拟图书馆等。虚拟教育中的信息传递可以不受时间和地点的限制，学习内容可以回放，可以采用交互的方式进行学习，学生可以自主安排学习进度。

从上面的分析可以看出，虚拟教育的缺陷就是实体教育的优越性之所在，而虚拟教育的优势就是实体教育的局限性之所在，所以虚拟教育与实体教育应该有机结合，只有实现两者优势互补，才能给人类的教育带来新的活力和新的希望。实体教育优良的学习环境、浓郁的学习氛围、融洽的师生关系、亲密的同学感情，是虚拟教育不能实现的。在信息化社会，仅有实体教育，或仅有虚拟教育，都是不可取的，这两种教育方式将相互渗透、融合发展。

（三）社会教育、家庭教育和学校教育

从教育活动的存在范围看，教育可以分为社会教育、家庭教育和学校教育三种类型。这种分法最早见于苏联的一些教育学著作中，一直沿用至今。

1. 社会教育

作为一种教育形态，社会教育是伴随人类社会的产生而产生的，原始社会人们定期举行的各种宗教仪式或者各种礼仪活动，都具有社会教育的意义。社会教育有广义和狭义两种界定。广义的社会教育指一切社会生活影响个人身心发展的教育，它实际包括了家庭教育和学校教育——将所有的教育形态都包含在内。狭义的社会教育指学校教育以外的一切文化教育机构对青少年、儿童和成人进行的各种教育活动。[①] 依据从事社会教育的机构的不同，社会教育可以分为职业组织教育、文化组织教育、社区教育。职业组织教育是各种各样的职业部门所从事的职业技能训练等；文化组织教育主要由文化机构，如少年宫、图书馆、博物馆等来承担；社区教育由社区机构承担，是社区机构间的一种横向联系与协调。社会教育具有自愿性和自主性、伸缩性和灵活性、持久性和巩固性等特点。

2. 家庭教育

家庭教育是家庭成员之间的相互影响与教育，通常指父母或其他年长者对儿女辈进行的教育。[②] 我国自古以来就重视家庭教育，"孟母择邻""岳母刺字"等典故广为流传。我国古代有关家庭教育的文献也非常丰富，如南北朝颜之推所著的《颜氏家训》、唐代无名氏撰写的《太公家教》、宋代司马光所作的《家范》，等等。为了发扬中华民族重视家庭教育的优良传统，引导全社会注重家庭、家教、家风，增进家庭幸福与社会和谐，培养德智体美劳全面发展的社会主义建设者和接班人，我国于 2021 年颁布的《中华人民共和国家庭教育促进法》指出："家庭教育以立德树人为根本任务，培育和践行社会主义核心价值观，弘扬中华民族优秀传统文化、革命文化、社会主义先进文化，促进未成年人健康成长。"

家庭教育是整个教育事业的重要组成部分。与学校教育、社会教育相比，家庭教育具有以下特点：第一，奠基性。在 0—6 岁智力发展的关键时期，儿童主要在家庭中度过，父母是子女第一位自然的、时间最长的"教师"。父母及其他

---

① 《中国大百科全书·教育卷》，中国大百科全书出版社 1985 年版，第 313 页。

② 顾明远：《教育大辞典（增订合编本）》上，上海教育出版社 1998 年版，第 667 页。

家庭成员的思想、品行、性格、习惯的潜移默化影响，为儿童一生的发展奠定基础。第二，感染性。父母子女的天然亲情，息息相通，"同言而信，信其所亲"，有独特的相互感染教育作用。第三，针对性。父母与子女朝夕相处，"知子莫若父"，可以准确地针对子女存在的问题和个性特点因材施教；子女也可对父母的脾气秉性进行帮助。第四，长期性。与学校、社会教育相比，家庭教育更具有持久性、连续性，有利于子女形成良好的品德和习惯。第五，灵活性。家庭教育面向个体成员，可以结合日常生活活动随机进行，内容具体，方法灵活，富有时效。第六，社会性。家庭是社会的细胞，家庭教育深受社会影响，同时也影响社会。[①]

3. 学校教育

学校教育即社会通过学校对学习者的身心所施加的一种有目的、有计划、有组织的影响，以使学习者发生预期变化的活动。学校教育作为一种独立的教育形态，具有四个特点：第一，较强的目的性、系统性和组织性。学校教育有特定的教育目的、明确的教育方向、专门的组织机构和职能部门，具有严格的组织纪律性。第二，较强的可控性。学校教育是有目的、有计划、有组织地进行的，其教育途径、教育手段和教育媒介都受到一定部门和教育者的控制和掌握。第三，教育的专业性。学校教育是由专门的机构和经过专业训练的专职人员承担的，学校的任务是专门培养人，这些人是取得入学资格的学习者。第四，教育时空的集中性和效率性。课程设置、教材的编写都立足于浓缩人类文明的精华，专职教师运用科学合理的方法进行知识的传授，这些都使得学习者能在相对短的时间里高效率地掌握一定的道德观念及文化知识，从而表现出比非正规教育更高的效率。学校教育正是由于这些特征，才成为一种主导性的现代教育形态。

思考题

一、名词解释题

教育　劳动起源论　正规教育　非正规教育　实体教育　虚拟教育　家庭教育　社会教育　学校教育

二、简答题

1. 简述古代教育的特征。

2. 简述近现代教育的特征。

3. 简述教育的基本要素。

---

① 顾明远：《教育大辞典（增订合编本）》上，上海教育出版社 1998 年版，第 667 页。

三、论述题

1. 结合新的时代发展形势和各国教育实践，谈谈你对世界教育发展趋势的认识。

2. 谈谈你对教育的本质的理解和主张。

四、材料分析题

顾明远曾在《教育要回归本质，坚持核心教育价值观》一文中写道：我国是由共产党领导的社会主义国家，我们的教育应该为社会主义建设服务，培养德智体美劳全面发展的社会主义的建设者和接班人。立德树人是教育的根本任务。当前的任务是要提高教育质量，促进教育公平，使每一个孩子都能享有公平而有质量的教育。但在当前我国教育实践中，从 20 世纪 80 年代开始，由于社会上收入有差异、学校发展不均衡，为了追求升学率，出现了"应试教育"的弊端。教育竞争日趋激烈，学生课业负担过重，影响了学生的身体健康，忽视了思想道德教育，扭曲了教育的本质。现在大家又在喊"回到教育的本原"。

请结合材料思考：教育的本质究竟是什么？

第二章 教育与社会发展

教育不仅是一种社会现象，而且是一个不断生成的社会系统。教育与社会发展之间存在着广泛、复杂和内在的相互关系。教育与社会发展的关系是教育学的基本问题之一。探讨教育与社会发展的关系就是探讨教育与社会各构成要素之间的相互关系，即彼此之间的作用与反作用，它既要研究社会发展对教育的影响，又要研究教育对社会发展的影响。一方面，教育作为一种社会现象，其演进过程本身就是社会发展过程的一部分，它的产生、发展会受到社会发展的影响；另一方面，教育作为一种培养人的社会实践活动，具有多方面的社会功能，会对社会发展起到巨大的推动和促进作用。因此，我们不能离开社会发展对教育的影响来孤立地谈论教育，也不能离开教育的社会功能去认识教育及教育活动。

第一节 社会发展对教育的影响

社会发展对教育的影响表现为教育与社会发展密切相关，并受其制约。《辞海》对"社会"的界定是"以一定的物质生产活动为基础而相互联系的人类生活共同体"。在一定意义上，社会是人们交互作用的产物，生产关系的总和构成

吴康宁：《学校究竟是什么——重申学校的社会属性》

所谓的社会关系和处于一定历史发展阶段、具有独特特征的社会。实际上，教育产生和发展的过程不是孤立、空洞和自我依赖的，而是会受到社会发展的重要影响。教育从来都不是按照自身特殊规律"与世无涉"地自我运动与发展的，而必须立足当时社会发展的现状及趋势获得可能的发展。社会通过教育过程和教育活动向学习者传递一定的文化知识和思想意识，目的就是使学习者能够成为社会所需要的人。从本质上说，教育过程就是使学习者逐步适应社会发展要求的过程。教育的产生、发展，教育的性质、宗旨和目的，甚至教育的内容、方法、手段，均取决于社会发展的要求。正因如此，社会发展的要求必然会影响教育发展的进程。

一、生产力对教育的影响

恩格斯说过："一切社会变迁和政治变革的终极原因，不应当到人们的头脑中，到人们对永恒的真理和正义的日益增进的认识中去寻找，而应当到生产方式

和交换方式的变更中去寻找；不应当到有关时代的哲学中去寻找，而应当到有关时代的经济中去寻找。"① 这意味着，"物质生活的生产方式制约着整个社会生活、政治生活和精神生活的过程"②。无疑，物质资料的生产是人类社会存在和发展的前提。在物质资料的生产中，生产力是最活跃、最革命的因素，它的变化发展影响着生产关系，也对教育发展产生着巨大影响。教育的进步和发展越来越离不开经济发展，尤其是生产力的发展，主要是因为"现代教育也把经济与生产作为它的基本'市场'，它所培养的人才，首先并且是大量的投入于经济和生产领域，为此，它从经济和生产的发展中获得其基本动力——需求的动力"③。具体来说，生产力对教育发展的影响主要表现在四个方面。

（一）生产力发展水平影响教育发展的规模和速度

任何社会办教育必须以一定的人力、物力和财力等物质条件为基础，必须以现实生产力发展水平所能提供的物质条件为前提，而社会发展能够给教育提供的物质基础是由生产力发展水平决定的。一定社会的生产力发展水平决定着社会剩余劳动产品的多少、自由劳动时间的多少，而剩余劳动产品、自由劳动时间的多少又直接关系到社会财富的积累和允许多少人脱离或暂时脱离物质生产过程。生产力发展在给教育提供一定物质基础的同时，对教育发展的规模和速度产生影响。生产力发展水平直接影响一个国家在教育经费方面的支付能力，而教育经费的支付能力直接影响校舍建设、仪器设备、教材建设、师资待遇和教师培养等多方面的教育条件，从而成为影响教育发展规模和速度的主要因素。教育经费的支付能力不仅体现在教育经费的绝对数值上，也体现在国内生产总值中教育经费支出所占的比例上。一般来说，生产力发展水平较高的国家，公共教育经费在整个国内生产总值中所占的比例较高，反之则较低。一般而言，教育发展的规模和速度与社会生产力发展水平呈正相关，教育发展不能超越生产力发展可能达到的限度，只有生产力发展了，教育才有可能发展。

（二）生产力发展水平影响教育目的

教育的首要问题是培养什么人的问题。生产力发展水平之所以影响教育目的，主要是因为社会生产力水平和方式决定了劳动力的规格，进而就决定了教育所培养的人的规格。"个人是什么样的，这取决于他们进行生产的物质条件。"④例如，在奴隶社会和封建社会，由于生产力发展水平落后，劳动者并不需要经过学校教育的专门培养和训练。一般来说，那时学校的教育目的是培养脱离生产的

---

① 《马克思恩格斯文集》第三卷，人民出版社 2009 年版，第 547 页。
② 《马克思恩格斯文集》第二卷，人民出版社 2009 年版，第 591 页。
③ 鲁洁主编：《教育社会学》，人民教育出版社 2001 年版，第 51 页。
④ 《马克思恩格斯文集》第一卷，人民出版社 2009 年版，第 520 页。

统治人才。到了近代资本主义大工业社会，简单劳动被复杂劳动替代，新的生产力发展要求对劳动者提出了新挑战，劳动者必须通过学校教育的专门培养和训练才能胜任工作。因此，学校教育目的发生了质变，除了培养一般性的统治人才之外，更为重要的是培养有文化的工人和专业技术人才。而在社会主义国家，不仅强调要提高人的文化素质与专业技术，而且强调人自身的全面发展，并且更加注重人与社会协调发展的辩证统一。如我国将"培养德智体美劳全面发展的社会主义建设者和接班人"作为教育方针。从本质上来说，生产力的发展过程是人的素质不断提高、潜能被不断发掘的过程。生产力发展在客观上要求教育能够培养出适应其发展需要的人，要求他们能够掌握与生产力发展相适应的知识和技能，具有与之相适应的素质。那么，生产力发展对人的这种要求也就必定带来教育在人才培养质量和规格上的变化。生产力发展要求教育能够满足由于劳动分工带来的对不同层次、不同类型的劳动者的需要。为此，教育就必须依照生产力发展带来的劳动分工结构变化来确定教育目的，培养与生产力发展水平相适应的不同质量和规格的人才。

（三）生产力发展水平影响课程设置及内容选择

生产力发展促进科学技术的发展与更新，也必然会影响学校课程设置及内容选择。从教育发展的历史来看，由于时代不同，生产力和科技发展水平不同，学校课程设置及内容选择也各不相同。在古代社会，由于生产力极不发达、科技水平低下，尤其是科技并未实现与生产结合，因而学校教学内容极为贫乏，以社会典章制度和简单读写常识为主，所设置的课程门类多为哲学、政治等人文学科以及语言、文字等工具课程。到了近代社会以后，在算术、几何、天文学等传统课程的基础上，代数学、三角学、植物学、动物学、物理学、化学等相继进入课程。究其原因，除了政治、经济、制度和文化等因素的发展变化外，古代社会学校课程设置与当时落后的、自给自足的生产力发展水平息息相关。近代以来，学校课程的发展与生产力的迅猛发展水平是一致的。在古代社会，由于生产力发展速度缓慢、水平较低，直接从事生产的劳动者不需要经过专门的教育和训练，学校也不承担培养劳动者的任务。随着生产力发展水平的提高，到了近代社会以后，较为完备的学科门类形成了，迅猛提高的生产力发展水平对人才培养提出了新要求，教育目的也随之改变。值得一提的是，在数字时代，加大数字化教育资源的共享共建，不断丰富科学教育模式，日益成为重要趋势。世界各国都在主动调整和创新科学教育的内涵、方法、政策和措施，培养青少年学生崇尚科学精神，树立科学观念，掌握科学方法，形成科学思维。2022 年 3 月 16 日，教育部、中国科学院举行会商会议，研讨深化科学教育有关工作，提出要鼓励政治立场坚定、学术专业造诣精深、实践经验丰富的院士和科学家参与教材编写，并构建一批重点突出、体系完善、能力导向的基础学科核心课程、教材和实验。2023 年 5 月 29 日，习近平在中共二十届中央政治局第五次集体学习时的讲话中明确指出："要进一步加强科学教育、工程教育，加强拔尖创新人才自主培养，为解决我国关键核心技术'卡脖子'问题提供人才支撑。"① 由此可见，课程设置及内容选择是以生产力发展水平为基础和前提的。

（四）生产力发展水平影响教育手段及组织形式

学校在物资设备、教学实验仪器、组织管理过程中所使用的工具和技术，都是一定生产工具和科学技术在教育领域的应用，它反映了生产力发展水平。例如，理化实验、幻灯片、电影乃至多媒体的演示教学等，无不与生产力发展水平的不断提高息息相关。特别是现代科学技术的发展为教育提供了更多的有效平台，没有现代科技支撑，就不会有多种形式的在线教育跨越时空阻隔，将优质教育资源投放到每个村落更是"天方夜谭"。

此外，教学组织形式的演变也与生产力发展水平相关。在古代社会，个别教学是主要的教学组织形式；到了近现代社会，班级授课制成为基本的教学组织形式；20 世纪中后叶以来，个别化教学呈现出良好的发展势头。这些变化无不与生产力发展水平的变化直接相关。换言之，它们都是生产力发展的必然要求，与社会物质生产和科学技术发展密不可分。

二、政治对教育的影响

政治对教育不但有着直接的制约作用，而且，这种制约作用波及教育的一切方面。② 教育的核心与本质是培养人，而培养什么样政治方向和思想意识的人，是由这一社会的政治制度所决定的。一般而言，在阶级社会里，掌握生产资料的阶级一定要通过政治组织机构、法律制度、思想意识以及其他行政手段来控制教育，对教育的性质、目的、制度、内容乃至方法、手段等给予一定影响，使其能够更好地为本阶级利益服务。"教育作为一项社会事业，深受政治的制约，任何社会的教育都体现着该社会的政治特征。"③ 具体来说，政治对教育的影响主要体现在四个方面。

（一）政治制度决定教育的性质

一定社会的教育具有什么性质，是由这个社会的政治制度直接决定的。教育发展的历史证明，有什么样的社会关系和政治制度，就有什么样的教育。例

---

① 习近平：《论教育》，中央文献出版社 2024 年版，第 231 页。
② 叶澜：《教育概论》，人民教育出版社 2006 年版，第 143 页。
③ 鲁洁主编：《教育社会学》，人民教育出版社 2001 年版，第 93 页。

如，欧洲古代中世纪教育的神学性是由宗教僧侣对教育的垄断决定的，近代资本主义教育的阶级性是由资本主义物质生活方式所决定的。这是马克思和恩格斯在《共产党宣言》中所揭示的教育的普遍特征。列宁根据俄国当时的实际情况也指出，俄国教育的等级性完全是由俄国社会的封建等级制度决定的。资产阶级的社会关系性质决定了学校完全会变成资产阶级统治的工具。因此，教育的社会性质主要取决于政治制度的性质。同时，社会关系和政治制度的发展变化也直接决定了教育的发展与变革。当新的社会关系、政治制度代替旧的社会关系、政治制度时，就必然产生与之相适应的新教育。因此，阶级社会的教育都反映了统治阶级的需要。教育从属于一定的社会关系和政治制度，成为社会统治的一种重要工具。

（二）政治制度影响教育目的

教育目的作为指导和支配整个教育过程的"魂"，是教育实践活动的出发点和归宿。在一定的社会中，教育目的是政治制度对教育所提出的要求的集中体现，它直接反映统治阶级的利益和需要。因而，在政治制度不同的社会里便有着不同的教育目的。在阶级社会中，占统治地位的阶级为了确保教育能够培养出他们所需要的人才，总是利用所掌握的国家机器直接控制教育，为教育确定规格标准、选择教育内容、提出道德要求等，使教育为特定的社会制度服务。具体来说，占统治地位的阶级主要通过如下方式实现对教育目的的影响：一是利用其拥有的立法权，颁布一系列教育法律、政策和规章，借此将教育部门执行教育目的合法化；二是利用其拥有的组织人事权控制教育部门人员的教育行为，使之符合教育目的的要求；三是利用经济手段控制教育发展的方向。古今中外，每个国家都是按照自己的政治要求来培养人的。例如，我国是中国共产党领导的社会主义国家，这就决定了我们的教育必须把培养德智体美劳全面发展的社会主义建设者和接班人作为根本任务，培养一代又一代拥护中国共产党和我国社会主义制度、立志为中国特色社会主义奋斗终身的有用人才。

（三）政治制度影响教育领导权和受教育权

教育领导权和受教育权是判断和确定教育性质最主要的标志。首先，政治上的统治者同时也是教育上的统治者，统治阶级依靠其掌握的政治经济权力掌握了教育领导权。统治阶级对教育的控制是通过国家机器实现的，他们通过国家政权颁布教育法律、政策和规章，规定办学宗旨、方针，以强制手段监督执行，并通过任命教育机构的领导人等有效手段掌握教育领导权。同时，统治阶级还通过控制教育经费直接决定教育发展的规模和速度，通过以主流指导思想来编写或审定教科书、教学参考书和各种课外读物等，保证在思想上占据教育领导地位。其次，受教育权亦是由政治制度决定的，即由国家政权的法律规定。例如，谁有接受学校教育的权利，谁没有接受学校教育的权利，谁有接受什么样的学校教育的权利，学校教育以什么内容和方法来培养人等，都是由一定的政治制度决定的。

（四）政治制度对教育管理体制有着重要影响

教育管理体制直接受制于社会关系和政治制度。在教育发展历史上，不同的社会关系和政治制度历来决定着不同的教育管理体制。例如，法国、日本高度中央集权的政治制度决定了学校管理体制的集中统一；美国地方分权的政治制度决定了美国的教育分权制，各州有权根据各州实际颁布各种教育法规，而不是由联邦统一管理。我国强调发挥中央和地方两方面的积极性，因而在教育管理体制上实行大政方针上的集中统一、具体实施上的地方分级管理，既有中央集中，又有地方灵活性。这些都是不同社会关系和政治制度在教育管理体制中的具体反映。

三、人口对教育的影响

按照马克思主义的观点，人口是一个具有许多规定和关系的丰富的群体。《辞海》对"人口"的界定是"生活在特定社会制度、特定地域内的人的总和"。人口是人类社会存在和发展的基础，也是社会生态基础的重要组成部分。从整体上看，人类生产分为物质再生产和人口再生产两大类。所谓物质再生产，是指处于一定社会关系的人在生产劳动过程中借助生产工具不断地从自然中获得其生存所必需的物质生活资料。所谓人口再生产，是指以物质再生产为前提和基础，通过一定形式的婚姻制度所进行的人类自身繁衍。就人类自身的再生产来看，它是生活在一定时空内的人口繁衍、代代延续的过程。这个过程既包括人口数量的再生产，也包括人口质量的再生产，以及在此过程中形成的人口结构。因此，一般而言，人口数量、人口质量和人口结构影响着社会发展的速度，人口对教育的影响也主要表现在这三个方面。

（一）人口数量对教育的影响

1. 人口数量影响教育发展的规模和速度

一定数量的人口是构成教育事业及其活动的前提和基础，尤其是适龄人口数量直接影响教育发展的规模和速度。从学理上来说，人类社会的人口增长主要有三种类型：第一种是由高出生率和高死亡率构成的人口低增长；第二种是由高出生率和低死亡率构成的人口高增长；第三种是由低出生率和低死亡率构成的人口低增长。第一种类型的人口增长在现代社会已经很少发生。第二种类型的人口增长对教育发展的规模和速度影响较大且不稳定，情况比较复杂，但总体上表现为随着人口的高增长，必然要求不断扩大教育规模、提升发展速度，以满足人口的教育需要。第三种类型的人口增长，对教育规模和发展速度方面的影响较为稳定，只要有适度的经济力量支持，教育就能很好地满足人口接受教育的需要。值得关注的是，近年来，人口发展还出现了第四种类型，即由低出生率和高死亡率构成的人口负增长。这种类型在一些国家已经长期存在。2022 年末，我国人口比上年末减少 85 万人，首次出现负增长。2024 年末，全国人口 140828 万人，比上年末减少 139 万人。2024 年全年出生人口 954 万人，人口出生率为 6.77‰，人口自然增长率为 -0.99‰。[①] 人口负增长给教育带来的影响和变化是非常直接的。一方面，入学人数减少可以使人均教育经费紧张、教育资源不足、师资匮乏、教育设施建设压力较大等问题得到一定程度的缓解；另一方面，人口负增长作为我国社会发展中出现的一个新现象，在区域、城乡之间存在较大差异，对各教育阶段也将带来不同影响；此外，在学人数减少看似减轻了学生的竞争压力，但也强化了家长对教育质量、孩子发展的要求。

2. 人口增长速度影响教育发展战略目标的实现和战略重点的选择

教育发展战略目标是教育在一个较长时期内关于全局发展的奋斗目标，而教育预期要达到的未来发展的总要求和总水平受到诸多因素影响，其中，人口增长速度是一个重要因素。在一个时期内，在其他各方面条件都具备的情况下，若人口增长过快，就必然要求教育规模有较大和较快发展，教育发展战略目标的实现难度也必然随之提高。教育发展的战略重点是指在教育发展过程中对于实现战略目标具有关键作用的环节和部分。教育发展战略重点的选择不仅应依据经济、社会及教育自身发展的法则和需要，而且应考虑人口因素。例如，在人口增长速度比较快的地区，教育发展应以扩大规模、增加数量为战略重点；而在人口增长速度较为平缓且经济发展又比较好的地区，教育发展则应以提高教育质量为战略重点。因此，人口增长速度对于教育发展战略目标的实现和战略重点的选择具有影响作用。

（二）人口质量对教育的影响

人口质量对教育的影响主要包括直接影响和间接影响两个方面。

1. 人口质量对教育的直接影响

人口质量对教育的直接影响是指入学者已有的水平对教育质量的影响。衡量教育质量高低的重要起点是教育对象的基本发展水平。也就是说，入学者具备的基础知识、能力水平、综合素养等直接决定着学校教育质量的发展速度和主导方向。学校教育质量不仅取决于教育者一方，还与受教育者的初始水平有关。入学

---

① 数据来源：国家统计局网站，2025 年 2 月 28 日。

者的基础发展水平较高，学校教育便可获得较高的发展起点；入学者的基础发展水平较低，学校教育便只能从较低的起点出发。但是，我们也不能忽视一个重要问题，即我们不能生硬地为了获得一个较高的学校教育发展起点，而在"幼小衔接"过程中增强"学前教育小学化"倾向。

2. 人口质量对教育的间接影响

人口质量对教育的间接影响是指年长一代人口质量影响新生一代人口质量，从而影响以新生一代为教育对象的学校教育质量。例如，在人口质量、文化素质普遍提高的今天，父母和祖父母的受教育程度高，家庭的养育观念、育儿水平往往也会得到提升，家庭与学校在教育方面也更易形成良性互动与合作，从而间接地为学校教育提供正向支持。这种间接影响往往是丰富的、综合的和多方面的。习近平指出："办好教育事业，家庭、学校、政府、社会都有责任……家庭是人生的第一所学校，家长是孩子的第一任老师，要给孩子讲好'人生第一课'，帮助扣好人生第一粒扣子。"[①] 总之，从多元主体协同育人的角度来看，学校教育质量与社会、家庭对学校的期望、支持与协作程度有关，即与现有社会的人口质量有关。2024 年，教育部等十七部门联合印发的《家校社协同育人"教联体"工作方案》指出，"教联体"是以中小学生健康快乐成长为目标、以学校为圆心、以区域为主体、以资源为纽带，促进家校社有效协同的一种工作方式。文件提出，力争到 2025 年，50% 的县建立"教联体"，到 2027 年所有县全面建立"教联体"。

（三）人口结构对教育的影响

1. 人口年龄结构影响教育发展

不同的人口年龄结构对教育发展提出的要求是不同的。一般来说，有什么样的人口年龄结构，就会有什么样的教育结构与之相适应。例如，在人口的年龄结构中，如果学龄前儿童数量多，幼儿园的数量就会被优先考虑；如果学龄人口的基数多、比例大，基础教育在整个教育体系中的比例就必然会提高；如果成年人口比例大，教育体系也会重视高等教育、继续教育、职业培训等方面。

2. 人口就业结构影响教育发展

人口就业结构取决于一定地区的生产力发展水平，特别是产业结构和技术结构，但它又必然会对教育发展产生影响。例如，如果生产力发展水平低，大多数劳动者集中在传统农业和传统制造业就业，此时的教育发展水平必然十分有限，教育的类型结构也相对单一。如果产业结构和技术结构中的科技含量加大，劳动

---

① 《习近平关于注重家庭家教家风建设论述摘编》，中共中央党史和文献研究院编，中央文献出版社 2001 年版，第 69 页。

人口流向高新技术产业，就必然会促进教育发展水平不断提升，教育环境不断改善，教育的类型和结构也必然呈现多样化的特点。

四、文化对教育的影响

文化是人类劳动实践的产物，而教育作为一种特殊的劳动实践形式，在人类文化发展过程中起着重要作用，负责传递人类所创造的精神财富，并使这些精神财富转化为个人财富。因此，文化和教育具有不可分割的必然联系。同时，文化对教育的影响也非常明显，一国教育之所以区别于他国教育，文化差异是其中一个重要原因。具体来说，文化对教育的影响主要体现在三个方面。

（一）文化观念影响教育观念

文化观念是长期生活在同一文化环境中的人们逐渐形成的对自然、社会和人本身比较一致的观点和信念。教育观念是存在于人们头脑中的对教育现象和教育问题的认识、观点和看法。事实上，教育观念是文化观念在教育领域的反映。具体来说，文化观念对教育观念的影响主要表现在两个方面。一是文化观念影响人们对教育的态度和行为。例如，同样处在工业化历史进程中，日本、德国等具有大工业意识的国家十分重视发展教育，重视人口素质的提高对社会高质量发展的重要作用；而英国等相对传统和保守的国家则把社会发展归于政治制度的作用，而对教育的作用重视不够。二是文化观念影响教育思想的产生和发展。任何教育家的教育思想都是在一定社会文化背景中孕育的，是对社会文化观念的反映。例如，我国近代教育史上黄炎培的职业教育思想、陶行知的生活教育思想，都是他们所处时代社会需要的集中反映。西方教育史上夸美纽斯、卢梭、裴斯泰洛齐的"自然教育"原则，则是对资产阶级上升时期要求"肯定人性、削弱神性"的社会潮流的反映。

（二）文化类型影响教育目标

文化类型不同，教育目标也不同。任何社会的教育目标都是社会统治阶级利益的集中体现，是统治阶级主观意志的产物。人的意志和决断取决于人的需要和价值取向。所以，教育目标中的主观成分越多，受文化的影响就越大。例如，中国古代社会的主流文化是以儒学为核心的"伦理型"文化，这种文化将"崇善"作为最高范畴，强调的教育目的是"在明明德，在亲民，在止于至善"（《大学》），在人才规格上强调"贤者"与"君子"的培养。古希腊文化则将"爱智慧"作为最高范畴，注重通过知识学习达到对真理的认识，强调对演说家的培养。

（三）文化传统影响教育内容和教育方法

文化传统是贯穿一个民族和国家各个历史阶段的各类文化的核心精神，是现实文化价值体系中由传统文化特质构成的文化价值成分。文化传统包括民族创造力表现形态、共同心理素质、特有思维方式及行为方式、特有价值观念等，一般通过民族心理素质、思维方式和风俗习惯等多方面体现出来。文化传统对教育内容和教育方法的影响主要体现在两个方面。第一，文化传统影响教育内容。文化传统典型地反映了一定民族文化的特定内涵。不同民族积淀成不同的民族文化传统，不同民族文化传统又塑造了不同的教育。例如，欧洲中世纪占统治地位的文化是宗教文化，知识的主导形态是基督教神学知识，因此，中世纪大学的教学内容以神学知识为主。到了文艺复兴时期，古希腊、古罗马文化的价值被重新发现，学校的教学内容则以世俗性知识为主。此外，同一文化时代，不同国家受不同文化影响，教育内容的差异也普遍存在。我国古代社会长期重农抑商，鼓励人们追求仕途，这导致教育内容主要以"四书""五经"为主，很少涉及自然科学和生产知识；英国一向崇尚人文精神，直至今日古典人文课程仍占较大比例。第二，文化传统影响教育方法。例如，我国传统文化强调"读书百遍，其义自见"和"听君一席话，胜读十年书"，即读书和聆听先生教诲是获得知识、增长才干的最佳途径。这反映到教育方法上，就是学校把教师的系统讲授看作获取知识的最佳途径，把读书看成获得真知的唯一源泉，故而倡导"多教多得、少教少得、不教不得"的理念。有研究者也曾指出，东西方文化传统对其国人的学习模式与教育方法有着深刻的影响，西方的学习模式偏重"心智取向"，而东方的学习模式偏重"美德取向"。[①] 前者更加强调学习的知识所得，视学习主要为心智的发展，目的在于探索和理解外在世界且强调动手实践与亲身体验；而后者更加强调学习的道德向度，视学习为自我道德与社会和谐的日臻完善，其目的是修身养性、齐家治国平天下。总体来看，我国的文化传统倡导因材施教、启发诱导，温故知新、学思并重，循序渐进、由博返约，长善救失、教学相长，言传身教、尊师爱生等教学思想，它们无时无刻不在影响着教育方法的选择。

第二节　教育对社会发展的促进功能

教育功能是教育活动、教育系统对个体、社会发展所产生的各种实际作用和影响。这种作用和影响可能是正向的促进，也可能是负向的阻碍。根据作用对象不同，教育功能可分为教育的个体功能和教育的社会功能两大类。教育的社会功能是指教育在与社会的相互关系中所表现出来的能力。教育主要是通过

---

① 李瑾：《文化溯源：东方与西方的学习理念》，张孝耘译，华东师范大学出版社 2015 年版，代序第 2 页。

培养人来实现其社会功能的，教育的这一根本性特征使教育的社会功能具有间接性、隐含性、潜在性、迟效性、超前性等特点。需要指出的是，教育对社会发展的促进功能是有限度的。教育的社会功能大小除了取决于教育自身，还受到社会各种条件的影响。换言之，教育只能在社会发展允许和需要的范围内发挥其社会功能。本节将系统阐述教育对社会发展的促进功能。具体来说，教育对社会发展的促进功能主要表现为教育对经济、政治、人口、文化等社会子系统具有正向作用。

一、教育的经济功能

教育的经济功能是指教育所具有的促进经济发展的功能。教育可以通过创造新科学知识和生产力，通过创新科学技术，促进生产力的发展，从而推动社会经济的进步。生产力的发展推动或制约着教育发展，而教育对于生产力的发展也起着巨大的促进作用。教育对经济发展的促进功能在当代社会越发凸显。随着科学技术的迅猛发展和当代经济发展中科技含量的大幅提高，当代经济增长方式已由依靠物质、资金、资源的粗放型增长模式转变为依靠技术、知识和人力资本的集约型增长模式。经济增长模式的转变，日益彰显了教育的重要性。具体来说，教育的经济功能主要体现在以下三个方面：

（一）提高劳动者素质

教育是培养人的社会活动，而在生产力三要素中，人是最关键、最能动的因素。1960 年，美国经济学家、诺贝尔经济学奖获得者西奥多·舒尔茨以《人力资本投资》为题的演讲，使"人力资本"成为当今经济学、教育理论中的重要概念。人力资本是指体现在人身上的资本，是对生产者进行教育、培训等产生的支出及其在接受教育时的机会成本等的总和，以人的劳动能力的高低和可使用程度作为衡量依据。舒尔茨提出了人力资本收益测算法，强调了教育及教育投资对国民经济增长的贡献率，将教育作为促进经济增长、发展社会经济的重要支撑点。

马克思曾指出："劳动生产力是由多种情况决定的，其中包括：工人的平均熟练程度，科学的发展水平和它在工艺上应用的程度，生产过程的社会结合，生产资料的规模和效能，以及自然条件。"[①] 这五个因素或多或少都与人有关。教育担负着培养人、培养劳动力的主要任务，是社会再生产的重要条件，也是经济增长的重要条件，在经济发展中具有举足轻重的作用。

首先，教育能够把可能的劳动力转化为现实的劳动力。劳动能力是劳动者体

---

① 《马克思恩格斯文集》第五卷，人民出版社 2009 年版，第 53 页。

力和智力的总和，但它不是自然形成的，而是通过教育得以形成，并适应一定的生产劳动需要。当人还不具有任何生产劳动知识和技能时，他只拥有自然力，是一种可能的劳动力。这种可能的劳动力要转化为现实的劳动力，就需要接受教育。因此，马克思说，"教育会生产劳动能力"①，"为改变一般人的本性，使它获得一定劳动部门的技能和技巧，成为发达的和专门的劳动力，就要有一定的教育或训练"②。

其次，教育能够改变劳动能力的形态，提高劳动者的生产能力。劳动能力的形成是通过教育和培养实现的，而已经形成的劳动力要随着生产发展发生适应性转变，也必须通过教育来完成。教育不仅能形成劳动能力，而且能使劳动能力的形态发生改变，把一般性劳动者转变为专业性劳动者，把较低水平的劳动者转变为较高水平的劳动者，把一种形态的劳动者转变为另一种形态的劳动者，把单维度的劳动者转变为多维度的劳动者。也就是说，教育能使劳动者提高对劳动过程的理解程度和劳动技能、技巧的熟练程度，从而提高工作效率。

最后，教育规模的扩大能够增加合格劳动者和高素质劳动者的供给。例如，2024 年，我国高等教育在学总规模达到 4846.00 万人，毛入学率达到 60.80%。③我国高等教育已进入普及化阶段，在我国高等教育规模扩大的同时，也同样为社会生产输送了大批合格的劳动者和高素质人才。党的十八大以来，我国教育整体快速发展，人才总供给能力显著增强，人才国际竞争力明显提高，为实施创新驱动发展战略等国家重大发展战略提供了坚实的人才支撑，推进了科技创新和文化繁荣，为经济发展、社会进步、民生改善作出了重大贡献。

总之，教育能使劳动者提高学习知识和技能的能力，缩短学习新技术或掌握新工种所需的时间，提高创新意识和创新能力，提高加强生产管理的愿望与能力。

（二）推动科技发展

不容忽视的是，学校，特别是高等学校，不仅是传授知识的教育机构，承担着科学知识再生产的任务，也是从事科学研究的重要基地，担负着创造新科学知识和生产力的重要使命。科学研究，一方面可以生产出新科学知识，发挥精神生产方面的作用；另一方面也可以形成科学—技术—生产体系，在实验室里研制创造出许多新的生产工艺，直接参与物质生产过程，从而形成新质生产力，发挥推进生产力发展的重要功能。

①　《马克思恩格斯全集》第三十三卷，人民出版社 2004 年版，第 249 页。
②　《马克思恩格斯文集》第五卷，人民出版社 2009 年版，第 200 页。
③　数据来源：中华人民共和国教育部政府门户网站，2025 年 6 月 11 日。

学校应该是教学与科研的统一体。一方面，通过教学，学校教育可以实现高效率的科学知识再生产，完成培养人的光荣任务和使命。由学校教育过程实现的这种科学知识再生产既是一种无限的、永恒的再生产，又是一种高效率的再生产。诚如马克思所说，"再生产科学所必要的劳动时间，同最初生产科学所需要的劳动时间是无法相比的，例如学生在一小时内就能学会二项式定理"①。只要人类社会存在一天，只要人类需要进行劳动力的培养和训练，需要对年轻一代进行知识武装、智力开发、能力培养、思维发展，需要向全体社会成员进行科学知识普及，就需要通过教育进行科学文化知识传播，把已经形成的科学理论传授给新一代，让新一代掌握和继承。科学知识的一次传授过程便是一次再生产过程。这种再生产也是一种扩大再生产，因为由教育所实现的这种知识传授，可以使原来为少数人所掌握的科学知识为更多的人所了解，从而不断扩大传播范围，形成辐射效应。只要人类社会发展下去，这种再生产便将永远进行下去。另一方面，通过科学研究，学校教育也能创造新科学知识和新生产力。高等学校重视人才梯队建设，拥有一流的专家资源，形成了良好的专业结构，有条件进行一些高水平研究。通过承担科研课题、技术革新，高等学校不仅可以创造发明新的生产工具、生产工艺，而且也可以发现新的科学规律，建立新的科学理论。同时，教育还可以通过培养各类人才，研发科学技术成果，推动经济产业结构优化升级。有研究表明，高等教育人力资本和产业结构优化升级之间存在显著关系，这种关系表现为高等教育人力资本对产业结构优化升级有显著的促进作用。②

可见，教育在推动科技发展、促进科学进步的过程中发挥着十分重要且明显的作用。《中共中央关于进一步全面深化改革、推进中国式现代化的决定》指出：教育、科技、人才是中国式现代化的基础性、战略性支撑。必须深入实施科教兴国战略、人才强国战略、创新驱动发展战略，统筹推进教育科技人才体制机制一体改革，健全新型举国体制，提升国家创新体系整体效能。

（三）提高劳动生产率

教育在体力劳动与脑力劳动比例流变过程中，起到了重要的调节作用。生产阶段越高阶，需要脑力劳动参与、需要教育对以脑力劳动为主的生产阶段介入的可能性就越大。一般而言，在初级机械化生产阶段，生产中体力劳动与脑力劳动的比例是 $9:1$；在中等机械化生产阶段，这个比例是 $6:4$；在自动化生产阶段，这个比例是 $1:9$。许多国家的经济发展经验也已表明，采用先进生产工具和提高

---

① 《马克思恩格斯全集》第三十七卷，人民出版社 2019 年版，第 268 页。
② 何菊莲、李军、赵丹：《高等教育人力资本促进产业结构优化升级的实证研究》，《教育与经济》2013 年第 2 期，第 48—55 页。

劳动者素质，对于提高劳动生产率具有重要作用。有研究证明，一个受过初等教育的工人可以使劳动生产率提高 30%；而一个熟练工人进修一年可以提高劳动生产率 1.6 倍。[①] 总之，教育能够通过自身的独有功能提高劳动力的劳动熟练程度，进而提高劳动生产率，最终促进经济增长和发展。

二、教育的政治功能

政治是一种复杂的社会现象，它建立在一定经济基础之上，属于上层建筑范畴。政治的本义是城邦公民参与的统治和管理活动，特别是对公共事务的管理。但在阶级社会中，政治最为鲜明的特征是阶级性。只有在阶级被彻底消灭的社会里，政治才能回归到无阶级性的、单纯的"对公共事务的管理"这一应然状态。一般来说，政治的表现形态分为三种：一是政治的管理、机构形态，即国家的政治制度、法律制度和各级政府机构、各个党派等；二是政治的活动形态，即各阶段、各党派所进行的各种活动；三是政治的观念形态，即反映政权、政党、各阶级利益的路线、方针、政策以及与之相关的理论与学说。

教育的政治功能主要表现为一个社会的统治阶级通过教育把符合他们需要的社会主流政治思想渗透、灌输给受教育者，从而维护本阶级的统治地位和利益。教育无疑是培养能够从事现代社会政治生活的合格公民的基本手段。作为一种政治工具，教育在影响社会政治生活、维护社会稳定、促进社会发展等方面都起到了不容忽视的重要作用。具体来说，教育的政治功能主要体现在以下四个方面：

（一）维护社会政治稳定

作为一种复杂的社会实践活动，教育的首要政治功能是维护社会政治稳定。《礼记·学记》中就曾明确提出，"古之王者，建国君民，教学为先"，这就充分表明教育是"化民成俗"的重要途径，是治国安邦的关键，而这正是教育的基本政治功能所在。从社会历史发展进程来看，即便是通过法治手段实现对社会的政治控制，也是借助教育的力量达成的，因为法的控制在本质上也是通过法治思想的教化得以实现的。在此意义上，自古以来，任何国家或政权都无一例外以教育作为维系社会政治稳定的基本途径。教育维护社会政治稳定主要通过培养具有一定政治素质的社会公民、宣传统治阶级思想或社会主流思想、制造一定的社会舆论等方式来实现。

（二）培养社会政治人才

人不仅是生产力的重要因素，而且是社会政治发展中的重要一员。作为培养

[①]　鲁洁主编：《教育社会学》，人民教育出版社 2001 年版，第 55—56 页。

人的重要方式和有效工具，教育通过培养具有一定政治态度、思想意识的人，在维护和巩固一定的政治制度中发挥积极作用。这种运用教育力量培养年轻一代具有某种政治意识形态的过程，被称为政治社会化的过程。这个过程旨在使个体融入社会政治生活，这对于稳定社会制度、提高公民参与政治的水平、营造有利于政治发展的社会环境均具有积极意义。在阶级社会里，无论哪个时代、哪个国家，掌握政权的阶级总是利用手中的权力掌握和支配教育的优先权，利用占统治地位的思想和道德去培养年轻一代，以使他们具备统治阶级所需要的思想品德、知识与技能，同时形成国家和政府所要求的世界观、人生观、价值观。我国是社会主义国家，人民是国家的主人，教育要培养德智体美劳全面发展的社会主义建设者和接班人。这就体现了教育是通过培养一定社会所需要的合格公民和政治人才来实现它的政治功能的。应该看到，在社会管理高度专业化的趋势下，通过教育培养大批具有专业化水平的政治和社会管理人才，已经成为现代教育的重要功能之一。

（三）提高社会政治文明水平

一般来说，教育是通过传播思想、制造舆论来影响社会政治生活的。教育，特别是学校教育，历来是知识分子和青少年群体集中的领域，他们思想敏锐，有见解、有学识，是新思想、新文化的发源地。此外，教育者和受教育者的言论、行动、讲演、文章，学校的教材、书刊等，也能起到宣传思想、制造舆论、动员民众、影响政治生活的作用。在现代社会，教育发挥着弘扬社会政治、思想、道德及文化领域中的正面因素，抑制与抵御腐朽、落后等消极因素，进而提高社会政治文明水平的作用。一个国家的政治文明水平，取决于该国的政体，但同时也与公民的文化素质、教育水平密切相关。一个国家的教育普及程度越高，公民素质也就越高，公民就具有越强的公民意识，越能认识到政治文明的价值并推崇政治文明的措施，越能在政治生活和社会生活中正确行使权利，积极承担相应义务。因此，教育的发展和全体公民素质的不断提高，是推进政治文明水平不断提升的重要前提和有力保证。

（四）促进社会政治变革

教育促进社会政治变革主要体现在三个方面：第一，教育的普及化是现代社会政治变革的重要标志，同时也是推进它的重要力量。教育普及化表明政治的平等与开放，教育普及化水平的不断提高将有力推动社会政治的变革与进步。第二，教育通过传播先进思想和弘扬优良道德来促进社会政治变革。教育能动的主导作用在于它能弘扬社会政治、思想、道德及文化领域中的正面因素，从而推进社会政治的变革，提高社会的先进化水平。第三，政治民主化是现代社会政治发展的必然趋势，而这依赖教育的发展和推动。民主意识和民主观念的养成只有通过教育才能实现。所以，教育水平的提高是实现社会政治民主化的重要前提和基础。

三、教育的人口功能

教育的人口功能是指教育对调控人口数量、调整人口结构、改善人口质量和提高全民素质具有直接的促进作用。人口是社会存在的生态基础，其数量与质量在不同社会发展阶段作用不一。当社会发展处于较为落后的状态时，经济发展所需要的人以体力劳动为主，因此社会关注人口数量；当社会发展处于较为先进的状态时，经济发展所需要的人以脑力劳动为主，社会势必强调人口质量。教育是提高人口质量的根本途径，在调控人口数量、调整人口结构、提高人口素质等方面具有重要作用。由此，全民受教育程度和水平也就成为衡量一个国家现代化水平的重要指标。具体来说，教育的人口功能主要体现在以下四个方面：

（一）教育是调控人口数量的重要手段

调控人口数量的手段有很多，发展教育是其中一种十分重要的手段，而且是一种能够长久起作用的手段。一些人口学家研究后得出结论：国民受教育程度越高，人口出生率越低。一项在拉丁美洲进行的调查表明：有工作的女性的生育率低于家庭妇女的生育率，有专业知识的女性的生育率低于一般女性的生育率，受过中等程度教育的女性所生育的婴儿的死亡率低于文盲女性所生育的婴儿的死亡率。我国的一些调查资料也反映出同样的倾向，即人口的平均受教育程度越高，人口出生率越低，反之亦然。一系列研究表明，不同的受教育程度导致了不同的生育观：受教育程度较低的群体或个人倾向于不加节制地、高数量地生育；受教育程度较高的群体或个人倾向于有节制地、比较合理地生育，并且更加注重子女的教育。

国家可以通过教育有目的地影响育龄人群的生育观念，从而间接地实现对人口数量的调节，使人口增长与经济发展等社会因素相协调。国家会根据经济发展的需要来调整人口政策，教育在其中可以发挥重要作用。在经济发展需要减缓人口增长的情况下，教育的普及和全民教育水平的提高，促进育龄人群理性地、有节制地生育，无疑可以很好地发挥抑制人口增长的功能。在经济发展需要提高生育率的情况下，全民教育水平的提高，特别是育龄女性教育水平的提高，可以降低婴儿的死亡率。同时，教育还可以通过提高人口的质量，更好地将人口资源转化为经济发展需要的有效人力资源，使同样数量的人口增长在经济发展中发挥更大的促进作用。

教育供给、教育成本以及相关教育政策，都会直接影响育龄人群的生育观念。在教育供给不足、教育成本提高的情况下，越是重视子女教育的人群往往越不愿意生育。良好的教育供给，可以使育龄人群对未来子女教育有良好预期，从而促进人口增长。如果国家通过相应的政策来扩大教育供给，降低教育成本，那么，无疑有利于提高育龄人群的生育愿望。

同时，社会就业在教育方面的要求，也会直接影响家庭在子女教育投入方面的成本预期，进而影响育龄人群的生育策略选择。就业中过高的教育门槛，意味着家庭在子女教育上必须有更大的投入，因而会降低育龄人群的生育愿望。如果国家运用政策手段适当调整社会就业的基本教育要求，避免就业过程中对教育的过高要求，就可以减轻育龄人群在子女教育投入方面的心理压力，从而刺激他们的生育愿望。

由此可见，教育具有调控人口数量的社会功能。为了更有效地发挥这一功能，国家不仅要普遍提高社会民众的文化水平，而且应对成人和青少年进行专门的人口教育。对成人的教育可通过大众传播媒介进行，使其懂得人口数量与国家发展、家庭幸福的关系，懂得怎样实现优生优育。对青少年的教育主要通过学校来实现，可在学校相关课程（如道德与法治、地理、生物学、心理健康教育等）中增设有关人口教育的内容，引导学生理解人口变化、人口状况、人口发展与基本生活质量等方面的相互关系。

（二）教育是提高人口素质的重要途径

人口素质由人口的身体素质、科学文化素质和思想品德素质等方面构成，它们都与教育息息相关。第一，教育可以提高人口的身体素质。身体素质是指人的身体健康状况和大脑功能状况。它取决于两个因素：一是先天遗传；二是后天营养、保健和锻炼。一般来说，受过较高水平教育的人，都能掌握优生学和遗传学的知识，懂得近亲结婚以及各类遗传病对新生一代的危害，能有意识地注意女性孕期的保健卫生，尽量减少因用药不慎、疲劳过度、神经紧张等对胎儿带来的不利影响，从而大大减少先天性残疾儿童的出生。第二，教育对人口科学文化素质的影响更为明显和直接。在一定意义上，人口科学文化素质的高低主要取决于教育的水平和状况。世界各国通常使用下列指标来衡量人口的科学文化素质：文盲率或识字率、义务教育普及程度和提高程度、就业人口的平均受教育年限、每万人中的科技人员数量等。显然，这些衡量指标的实现程度，都与教育的发展水平息息相关。第三，人口思想品德素质的形成也依赖教育。可以说，有什么样的教育环境，就会培养出什么品质的人。科学文化素质较高、文化氛围较浓的家庭环境，以及良好的、健全的学校教育和社会教育的环境，对提高人口思想品德素质的作用是不可低估的。

（三）教育可使人口结构趋于合理

人口结构包括人口的自然结构和人口的社会结构。自然结构是指人口的年龄、性别等方面的比例，社会结构是指人口的阶级、文化、职业、地域、民族等方面的比例。所谓人口结构的合理化就是指人口结构有利于社会生产和人口的自然平衡。首先，教育可使人口性别结构趋于合理。受过一定教育的人更容易形成科学的生育观，摆脱"重男轻女"传统思想的束缚，从而降低女胎流产率，进而调整新生儿的性别结构。其次，教育可使人口的城乡结构趋于合理。人口的城乡结构实际上就是城镇人口的比例。城镇人口比例的大小是衡量一个国家经济发展水平，特别是工业发展水平高低的重要标志。新中国成立以来，随着社会主义经济建设的不断发展和进步，我国城镇人口比例不断上升，2024 年已达到 67%，超过全球平均水平，但仍低于主要发达国家水平。我们要加快从农业大国、工业大国向农业强国、工业强国转变，就要大力发展教育，不断提高人口素质。

（四）教育有利于人口流动和迁移

人口流动和迁移是指人口从一个地点向另一个地点的迁居活动。合理的人口流动和迁移，对适应生产力发展，促进资源开发，促进地区间文化技术交流、合作与发展等都有积极意义。影响人口流动和迁移的因素有很多，其中教育的影响比较重要且越发显著。具体来说，教育有利于人口流动和迁移主要表现在两个方面：第一，受过较好教育的人更容易远距离流动和迁移。受过较好教育的人不易受本土观念束缚，他们更想到最适合自己、最能发挥自己才能的地方去生活和工作。另外，由于迁入城市大多是以资本密集型和知识密集型产业或是第二、第三产业为经济主体的城市，这就决定了迁入这些城市的人大多具有一定的专业技术水平。第二，教育本身具有人口流动和迁移功能。现代学校，特别是现代高等学校，如同一个人才集散地，把各地区的人才聚集起来加以培养，然后根据社会发展需要、学习者志愿和特长，再把他们输送出去，从而实现人才跨区域流动。这种由教育本身所实现的人口流动和迁移，最显著的优点在于可使各地区有计划地输入经过专门训练的科研人员、专业人员、技术人员和熟练工人，有利于各地区的经济增长和社会发展。

四、教育的文化功能

教育是在文化生态中存活的，但教育并不是一个可有可无的仅仅为社会文化所决定、支配和控制的被动要素。作为人类的创造物，文化具有多种表现形式，主要包括物质文化、制度文化和精神文化等。在一定意义上，文化创造的过程本身就是教育的过程。教育的文化功能是指教育具有促进文化延续和发展的功能。具体来说，教育的文化功能主要表现在以下四个方面：

（一）教育促进文化传承

人类文化的传承大体有两种途径：一是以物的载体为手段实现的延续，例如名胜古迹、实物保存、语言符号等，即通过物质或借助物质载体将精神文化客观化、物质化；二是以人作为载体实现延续，即通过人的活动形式、心理行为方式等保存文化。文化的这两种传承途径都与人的学习和理解有关，离不开对人的教育过程。自教育从人类的其他活动中分化出来成为一种独立的社会实践活动以来，它就承担了文化传承的任务。教育是实现文化传承的重要途径。学校教育在文化传承过程中具有系统性、集中性、高效性和普及性等特征，成为文化传承最基本、最重要的途径。教育通过对人类文化的选择和整理，使之成为与学生发展相一致的力量——教育内容与教育方法，从而传递给年轻一代，实现文化的代际延续。例如，教育部于 2017 年发布的《中小学德育工作指南》中强调：开展家国情怀教育、社会关爱教育和人格修养教育，传承发展中华优秀传统文化，大力弘扬核心思想理念、中华传统美德、中华人文精神，引导学生了解中华优秀传统文化的历史渊源、发展脉络、精神内涵，增强文化自觉和文化自信。这正是通过教育对中华优秀传统文化进行保存和传承的有效方式。当然，教育要发挥其文化传递功能，必须使教育系统向整个社会文化开放，要让新的知识、新的科学成就、新的道德规范等，不断进入教育的传递过程中，而现代文化的可传递性、可传播性的趋向，也使这种开放具有了可能。[①]

（二）教育促进文化选择

文化选择是文化变迁和文化发展过程中产生的一种重要的文化现象，主要表现为对某种文化的自动吸取或排斥。必须看到，文化选择对文化变迁和文化发展具有重要作用，如果不能发展传统文化中的积极要素、抛弃其中的消极成分，文化发展的生命力就会枯竭。文化构成了教育活动的背景和内容，但并非所有人类文化都能进入教育活动。文化选择以社会发展的需要为基点，只有符合真、善、美标准的文化，才有可能进入教育活动。这意味着，教育需要对文化进行选择与整理。教育的文化选择功能不仅涉及文化自身的进步与发展，而且将在很大程度上影响社会的进步与发展。教育虽然是文化传递的手段，但教育又不等同于文化传递，它不是对所有的文化进行传递，而是有所选择地进行文化传递。教育的文化选择通常遵循两个标准：一是它要与主流文化相一致，即教育所选择的是具有一定社会价值的文化，一般是社会主流文化；二是它要符合人的身心发展规律，即教育过程中所选择的文化要有可能为学生所接受，有利于满足他们陶冶品行、增长知识、增强体质等全面发展的需要。据此，教育的文化选择功能表现为"吸取"和"排斥"的持续过程，往往表现为文化的系统化、条理化、规范化的过程。教育通过不断选择、反思、批判和扬长避短，使文化成为更有助于人类社会

---

① 鲁洁主编：《教育社会学》，人民教育出版社 2001 年版，第 154 页。

健康发展的有益力量。

2023 年 5 月 29 日，习近平在中共二十届中央政治局第五次集体学习时的讲话中强调："要积极参与全球教育治理，大力推进'留学中国'品牌建设，讲好中国故事、传播中国经验、发出中国声音，增强我国教育的国际影响力和话语权。要坚持扩大教育对外开放不动摇。深入贯彻总体国家安全观，把牢教育对外开放正确方向和安全底线。"① 这就要求我们扩大教育对外开放的同时，又强调要努力增强我国教育的国际影响力和话语权，要积极发挥好教育的文化选择功能，促进中国教育和中华文化发展相得益彰。

（三）教育促进文化交流

文化是一定时期、特定地域人们的共同创造物，具有时代性和地域性。各个民族、各个国家或地区都有自己的文化特质。但随着社会发展，特别是在日新月异的科学技术的影响下，文化的时代性、地域性已被打破，文化的开放性是大势所趋，这使文化在空间上的传播和交流成为一种必然。文化交流是指在一定社会价值体系下，不同文化之间相互影响、吸收和融合的过程。正如习近平指出的那样，"教育是国家发展进步的重要推动力，也是促进各国人民交流合作的重要纽带"②，教育在文化交流中发挥着十分重要的作用。具体来看，教育的文化交流功能主要体现在两个方面。第一，教育是文化交流的前提和动力。应该看到，教育过程本身就是一种文化传播过程，这种文化传播过程因其独具特点而有利于形成文化共享。这是因为，教育过程本身的文化传播过程是通过教育者这一媒介实现的。事实上，教育不仅使文化共享成为一种可能，为文化交流提供必要前提，而且有助于人们认识自然、社会、自身及不同文化。例如，"一带一路"倡议提出以来，教育对文化交流发挥了重要作用，不仅带动了精神文明的发展，而且促进了民心相通。这种浓厚兴趣和强烈愿望是文化交流过程中不可或缺的心理动力。第二，教育是文化交流的重要途径。一般而言，教育的文化交流功能主要通过两种途径得以实现：一是以教育活动本身为交流手段，例如，互派留学生、学者进行学术交流等；二是通过教育过程本身对不同文化内容的学习、选择、融合和创造等方式实现文化交流。在这些途径中，教育的文化交流充分体现出层次性、选择性和系统性等特征。

（四）教育促进文化创新

交流是文化的生命力所在，而事实上，文化交流本身也是一个综合创造、开拓创新的过程，绝不可能只是简单的复制和模仿。教育的文化交流功能本身就表

---

① 习近平：《论教育》，中央文献出版社 2024 年版，第 232 页。
② 习近平：《论教育》，中央文献出版社 2024 年版，第 100 页。

明它具有文化创新功能，即通过教育使各文化要素不断得以丰富和发展，创造新文化。教育的文化创新功能的实现要以文化的传承、选择和交流等功能为前提，其主要途径有两个：一是教育本身固有的文化选择、批判功能使文化创新成为可能；二是教育自身通过其活动创造新文化。依照知识社会学理论，教师在课堂上不会像录音机一样叙述有关内容，而是要根据自身素质对教学内容进行再加工和再创造，从而不断丰富和完善教学内容。需要强调的是，教育的文化创新功能在一定程度上与高等教育紧密相关。换言之，文化创新是高等教育的特殊功能之一。高等学校具有不同于其他社会组织系统的内部结构，其基本组成主要来源于各领域专家、学者和研究人员等，这些人员肩负着教学和科研的双重任务，既是知识传播者，又是知识创新者。同时，作为各种学术思想和价值观念汇聚的中心，高等学校自身的学术传统也有利于文化创新。

第三节　教育在社会主义现代化建设中的地位与作用

把教育作为社会主义现代化建设中的战略重点，既符合社会主义现代化建设的客观规律，也是教育为社会主义现代化建设服务的必然要求，更是社会发展的必然选择。教育在社会主义现代化建设中具有突出的促进作用，这是因为，科学技术是第一生产力，科技进步靠人才，人才培养靠教育。教育作为提高人口质量的最佳途径，是提高劳动生产率的重要因素，更是建设社会主义物质文明和精神文明的重要内容和手段。在我国社会主义现代化建设过程中，尤其是改革开放之后，教育在社会主义现代化建设中的重要地位和重大作用越发凸显。

一、教育必须为社会主义现代化建设服务

教育是社会主义现代化建设的基础，对提高人民综合素质，促进人的全面发展，增强中华民族凝聚力、创造力、竞争力具有重要作用。教育兴则国家兴，教育强则国家强。坚持把优先发展教育事业作为推动党和国家各项事业发展的重要先手棋，突出教育的基础性、先导性、全局性地位和作用，对加快教育现代化、为中国式现代化建设贡献教育力量具有重大意义。因此，教育现代化理应成为重要的奋斗目标，即教育要在观念变革、内容调整、条件设备、管理水平、教师素质等方面积极适应社会主义现代化建设对其提出的需求和挑战。事实上，党的历次重大报告已经明确指出教育的重要地位和作用。

党和国家高度重视教育事业的发展，在党的十二大报告、十三大报告、十四大报告中相继提出："要将教育和科学作为我国经济发展的战略重点。""百年大

计，教育为本。必须坚持把发展教育事业放在突出的战略位置，加强智力开发。"
"我们必须把教育摆在优先发展的战略地位，努力提高全民族的思想道德和科学
文化水平，这是实现我国现代化的根本大计。"可以说，在这一时期，党和国家
越发意识到教育是提高劳动者素质、实现中国现代化的重要先手棋。

在党的十五大报告、十六大报告、十七大报告中都将教育摆在优先发展的战
略地位。党的十五大报告提出："实施科教兴国战略和可持续发展战略。""要切
实把教育摆在优先发展的战略地位。"党的十六大报告提出："教育是发展科学
技术和培养人才的基础，在现代化建设中具有先导性全局性作用。"党的十七大
报告提出："优先发展教育，建设人力资源强国。""教育是民族振兴的基石，教
育公平是社会公平的重要基础。要全面贯彻党的教育方针，坚持育人为本、德育
为先，实施素质教育，提高教育现代化水平，培养德智体美全面发展的社会主义
建设者和接班人，办好人民满意的教育。"

党的十八大报告强调："努力办好人民满意的教育。""教育是民族振兴和社
会进步的基石。要坚持教育优先发展，全面贯彻党的教育方针，坚持教育为社会
主义现代化建设服务、为人民服务，把立德树人作为教育的根本任务，培养德智
体美全面发展的社会主义建设者和接班人。"

党的十九大报告强调："优先发展教育事业。""建设教育强国是中华民族伟
大复兴的基础工程，必须把教育事业放在优先位置，深化教育改革，加快教育现
代化，办好人民满意的教育。要全面贯彻党的教育方针，落实立德树人根本任
务，发展素质教育，推进教育公平，培养德智体美全面发展的社会主义建设者和
接班人。"

不难看出，这些报告都充分肯定了教育在社会主义现代化建设中的地位和作
用。从将教育作为经济发展的战略重点，到"把发展教育事业放在突出的战略位
置"，到"把教育摆在优先发展的战略地位"，到"教育具有先导性全局性作
用"，再到"优先发展教育事业"，这些表述的变化实质上也反映了教育的地位
和作用的显著提升。

特别值得关注的是，党的二十大报告强调："教育、科技、人才是全面建设
社会主义现代化国家的基础性、战略性支撑。"同时，党的二十大报告也从系统
观的角度深刻表达了教育在中国式现代化进程中的更高价值和重大功能。具体来
说，就是办好人民满意的教育。教育作为国之大计、党之大计，培养什么人、怎
样培养人、为谁培养人是教育的根本问题。"教育为社会主义现代化建设服务"
主要体现在以下方面：一是全面贯彻党的教育方针，落实立德树人根本任务，培
养德智体美劳全面发展的社会主义建设者和接班人。二是坚持以人民为中心发展
教育，加快建设高质量教育体系，发展素质教育，促进教育公平。三是加快义务

教育优质均衡发展和城乡一体化，优化区域教育资源配置，强化学前教育、特殊教育普惠发展，坚持高中阶段学校多样化发展，完善覆盖全学段学生资助体系。四是统筹职业教育、高等教育、继续教育协同创新，推进职普融通、产教融合、科教融汇，优化职业教育类型定位。五是加强基础学科、新兴学科、交叉学科建设，加快建设中国特色、世界一流的大学和优势学科。六是引导规范民办教育发展。七是加大国家通用语言文字推广力度。八是深化教育领域综合改革，加强教材建设和管理，完善学校管理和教育评价体系，健全学校家庭社会育人机制。九是加强师德师风建设，培养高素质教师队伍，弘扬尊师重教社会风尚。十是推进教育数字化，建设全民终身学习的学习型社会、学习型大国。

二、科教兴国是一项基本国策

现代学校教育制度兴起的历史背景之一是现代科学技术的兴起。在既存的各种教育形态中，学校教育在科学知识教学中的专业性和高效性是最为突出的。如今，学校教育已成为科学技术进步的重要前提和基础，发挥好学校教育在科学技术知识传授和推动科技进步过程中的重要作用，对国家发展和民族振兴有着十分重要的战略意义。

党和政府历来重视教育发展的问题，党的十五大报告中写入了"科教兴国战略"："科学技术是第一生产力，科技进步是经济发展的决定性因素"，"把加速科技进步放在经济社会发展的关键地位，使经济建设真正转到依靠科技进步和提高劳动者素质的轨道上来"，"深化科技和教育体制改革，促进科技、教育同经济的结合"。"科教兴国"是指全面落实科学技术是第一生产力的思想，坚持教育为本，把科技和教育摆在经济、社会发展的重要位置，增强国家的科技实力及向现实生产力转化的能力，提高全民族的科技文化素质，加速实现国家的繁荣强盛。党的十五大强调了社会主义文化建设，即报告中指出的"建设有中国特色社会主义的文化，就是以马克思主义为指导，以培育有理想、有道德、有文化、有纪律的公民为目标，发展面向现代化、面向世界、面向未来的，民族的科学的大众的社会主义文化"。"发展教育和科学，是文化建设的基础工程。培养同现代化要求相适应的数以亿计高素质的劳动者和数以千万计的专门人才，发挥我国巨大人力资源的优势，关系二十一世纪社会主义事业的全局。要切实把教育摆在优先发展的战略地位。"党的十九大报告明确提出："从现在到二〇二〇年，是全面建成小康社会决胜期。"要按照党的十六大、十七大、十八大提出的全面建成小康社会的各项要求，紧扣我国主要矛盾变化，统筹推进经济建设、政治建设、文化建设、社会建设、生态文明建设，坚定实施科教兴国、人才强国等战略。这些认识和论断都充分体现了教育在整个国民经济社会建设及发展过程中的重要地位和作用。

党的二十大报告再次指出要"实施科教兴国战略，强化现代化建设人才支撑"。教育、科技、人才是全面建设社会主义现代化国家的基础性、战略性支撑。必须坚持科技是第一生产力、人才是第一资源、创新是第一动力，深入实施科教兴国战略、人才强国战略、创新驱动发展战略，开辟发展新领域新赛道，不断塑造发展新动能新优势。我们要坚持教育优先发展、科技自立自强、人才引领驱动，加快建设教育强国、科技强国、人才强国，坚持为党育人、为国育才，全面提高人才自主培养质量，着力造就拔尖创新人才，聚天下英才而用之。

三、教育是民族振兴的基石

党和政府一直重视教育在民族振兴大业中的重要基础作用。党的十八大报告强调要努力办好人民满意的教育，具体指出："教育是民族振兴和社会进步的基石。要坚持教育优先发展，全面贯彻党的教育方针，坚持教育为社会主义现代化建设服务、为人民服务，把立德树人作为教育的根本任务，培养德智体美全面发展的社会主义建设者和接班人。全面实施素质教育，深化教育领域综合改革，着力提高教育质量，培养学生社会责任感、创新精神、实践能力。办好学前教育，均衡发展九年义务教育，基本普及高中阶段教育，加快发展现代职业教育，推动高等教育内涵式发展，积极发展继续教育，完善终身教育体系，建设学习型社会。大力促进教育公平，合理配置教育资源，重点向农村、边远、贫困、民族地区倾斜，支持特殊教育，提高家庭经济困难学生资助水平，积极推动农民工子女平等接受教育，让每个孩子都能成为有用之才。鼓励引导社会力量兴办教育。加强教师队伍建设，提高师德水平和业务能力，增强教师教书育人的荣誉感和责任感。"

党的十八大以来，习近平在很多讲话中都强调了教育事业对于国家发展的重要性。例如，习近平在同各界优秀青年代表座谈时谈道："历史和现实都告诉我们，青年一代有理想、有担当，国家就有前途，民族就有希望，实现我们的发展目标就有源源不断的强大力量……中国梦是历史的、现实的，也是未来的……中国梦是国家的、民族的，也是每一个中国人的……中国梦是我们的，更是你们青年一代的。中华民族伟大复兴终将在广大青年的接力奋斗中变为现实。"习近平在主持中共十八届中共中央政治局第十二次集体学习时指出："提高国家文化软实力，关系'两个一百年'奋斗目标和中华民族伟大复兴中国梦的实现。"习近平在党的十九大报告中再次强调："青年兴则国家兴，青年强则国家强。"因此，教育作为国家发展的智力支撑和人才保障，对国家文化软实力的提升作用至关重要，关乎中国梦能否顺利实现。教育梦是实现中国梦的必要条件，也是其目标之一。若要实现中华民族伟大复兴的中国梦，优先发展教育、实施科教兴国和人才强国战略是必选的根本路径。

党的二十大报告将教育、科技、人才整合阐述，进一步彰显了教育作为民族振兴基石的重要地位。具体来说，就是要深入实施人才强国战略。培养造就大批德才兼备的高素质人才，是国家和民族长远发展大计。功以才成，业由才广。坚持党管人才原则，坚持尊重劳动、尊重知识、尊重人才、尊重创造，实施更加积极、更加开放、更加有效的人才政策，引导广大人才爱党报国、敬业奉献、服务人民。完善人才战略布局，坚持各方面人才一起抓，建设规模宏大、结构合理、素质优良的人才队伍。加快建设世界重要人才中心和创新高地，促进人才区域合理布局和协调发展，着力形成人才国际竞争的比较优势。加快建设国家战略人才力量，努力培养造就更多大师、战略科学家、一流科技领军人才和创新团队、青年科技人才、卓越工程师、大国工匠、高技能人才。加强人才国际交流，用好用活各类人才。深化人才发展体制机制改革，真心爱才、悉心育才、倾心引才、精心用才，求贤若渴，不拘一格，把各方面优秀人才集聚到党和人民事业中来。

值得关注的是，2023年5月29日，习近平在中共二十届中央政治局第五次集体学习时的讲话中强调要"培养担当民族复兴大任的时代新人"。"培养什么人、怎样培养人、为谁培养人是教育的根本问题，也是建设教育强国的核心课题。我们建设教育强国的目的，就是培养一代又一代德智体美劳全面发展的社会主义建设者和接班人，培养一代又一代在社会主义现代化建设中可堪大用、能担重任的栋梁之才，确保党的事业和社会主义现代化强国建设后继有人。""纵观人类历史，教育兴则国家兴，教育强则国家强。世界强国无一不是教育强国，教育始终是强国兴起的关键因素。建设教育强国，是全面建成社会主义现代化强国的战略先导，是实现高水平科技自立自强的重要支撑，是促进全体人民共同富裕的有效途径，是以中国式现代化全面推进中华民族伟大复兴的基础工程。"[①] 也就是说，建设教育强国是全党全社会的共同任务。

思考题

一、名词解释题

教育功能　教育的经济功能　教育的人口功能

二、简答题

1. 教育有哪些政治功能？

---

① 习近平：《论教育》，中央文献出版社2024年版，第228—230页。

2. 教育有哪些文化功能?

三、论述题

教育是如何受社会发展影响的?

四、材料分析题

教育现代化必须支撑国家发展。当今中国最鲜明的时代主题,就是实现"两个一百年"奋斗目标、实现中华民族伟大复兴的中国梦。广大学生恰逢其时,人生的黄金时期同建设社会主义现代化强国奋斗目标的实现完全吻合,将全过程参与完成这一伟大历史进程,乃人生之大幸,因此,教育的历史使命和责任重大。社会逐步由工业化阶段进入后工业、知识经济阶段,教育逐步从精英阶段发展到大众化和普及化阶段,各国也都逐步形成了与本国经济社会相适应的教育结构体系,教育与社会的匹配程度越高,国家发展就越健康。新一轮产业革命蓄势待发,科技发展前景将远超现时的认知,人工智能等重大技术创新将重构经济产业业态,经济增长模式由传统要素和投入驱动向创新驱动深度转型,面向未来不变的就是变化本身,创新创造创业成为发展的关键。教育发展还需要面向国家发展的重大战略,着力解决影响经济社会发展的重大关键问题,加强教育与主体功能区的深度融合,加强教育的扶贫扶智扶志工作,以信息化推进教育现代化,积极推动人工智能赋能教育发展。一代人有一代人的长征,一代人有一代人的担当,把小我融入大我,才能作出这代人的历史贡献。①

请结合教育的政治功能的基本观点分析上面的材料。

---

① 学习时报编辑部编:《以教育现代化助力强国建设》,人民出版社 2020 年版,第 3—4 页。

第三章　教育与人的发展

作为一种社会现象，教育受经济、政治、文化、人口等社会要素的影响，并作用于这些社会要素。教育与社会发展的关系，是教育的外部关系，构成了教育的外部规律。教育是培养人的社会活动，教育对社会各要素的影响是通过培养人来实现的。培养人、促进人的发展是教育的内在规定。因此，教育与人的发展，反映了教育的内部关系，构成了教育的内部规律。

人是教育的对象，培养人是教育的目的。这里的"人"，是指受教育者个体，是具体的、具有鲜活生命的人，而不是指受教育者群体，更不是一般的、抽象意义上的人。人是教育的对象，教育就要遵循人的发展的特点、规律；培养人是教育的目的，教育就需要有效地促进人的发展。

本章将围绕教育与人的发展的关系，揭示影响人的发展的因素以及教育的独特价值，阐明教育促进个体发展的功能及其实现条件。

第一节　人　的　发　展

教育以影响人的发展为直接目的。什么是人的发展？人的发展有哪些特征？影响人的发展的因素有哪些？教育在人的发展中起什么作用？这些都是我们必须回答的问题。只有了解人的发展特征，教育才能遵照人的发展规律，有效发挥其积极作用。

一、人的发展的内涵及特征

（一）人的发展的内涵

教育面向的是个体的人。个体的人千差万别，但在人性上具有共同性。人性是人区别于其他动物的类特性。人性虽然是个体人的共同性，但没有抽象的人性，人性都需要体现在个体身上。离开了个体，人性缺乏载体，也就无从体现。在共同性上，人性包括自然性和社会性。自然性是人作为生命有机体的自然本能，是人的生理和心理的特点与功能；社会性是社会成员参与、适应个人之间或群体之间关系的必然倾向和本质属性。自然性和社会性密切联系。没有自然性，社会性发展就缺少生物基础；没有社会性，人的自然性就等同于动物的本能。自然性和社会性是人性的两个方面，它们相互交叉、相互制约，共同构成完整的人性。

人性的共同性体现在个体上，表现为人的生理与心理的特征。所以，就个体而言，人的发展包括身体和心理两个方面。身体的发展指向个体身体素质的发展和生理机能的完善；心理的发展指向个体认知、情感、意志、个性等方面的发展和完善。虽然个体发展可以分为身体、心理两个方面，但它们又是相互交织的有机整体。从过程来看，个体发展是一个人从胚胎到生命结束所发生的一切变化。综合个体发展的内容和过程，个体发展是指个体随着年龄的增长，身体和心理各自内部及其整体性结构所发生的不断变化的过程，尤其是指积极、正向的变化。学校教育阶段指向个体身体成长、心理成熟的积极变化。

（二）人的发展的特征

人的发展的特征，主要表现为整体性、顺序性、阶段性、差异性、不平衡性和互补性。遵循人的发展的规律，与人的发展相适应，有效地促进人的发展，是教育的基本规律之一。

1. 身心发展的整体性

人的发展可以分为身体和心理两个方面。身体和心理虽然性质不同，但它们作为人的生命的组成部分，是密切联系的，是一个有机整体。一方面，人的生理活动是心理活动的物质基础，人的心理活动依赖生理活动；另一方面，心理是大脑对客观现实的主观反应，人的心理状态对生理的结构、机能具有能动的反作用。人的发展的整体性不只表现为身体和心理两个方面的协调发展，还表现在身体和心理各自内部的全面发展。就身体而言，包括身体形态、身体机能、体能（运动能力）等方面的全面发展。就心理而言，包括认知、情感、价值观、社会性等方面的全面发展。教育促进人的发展，就是要促进人的身心内部的全面的、整体的发展。

2. 身心发展的顺序性

大自然是有顺序的，人的身心发展作为生命的自然成长也是有顺序的，而且这一顺序是不可逆的。身心发展的顺序性表现为个体生命的发展是一个由低级到高级、由简单到复杂、由量变到质变的过程。例如，身体的发展由头部、躯干向四肢发展，由中心向边缘发展，由骨骼向肌肉发展。心理机能的发展遵循从简单到复杂、从低级到高级的发展顺序。例如，从无意注意到有意注意，从机械记忆到意义记忆，从形象思维到抽象思维，从喜怒哀乐等情绪到道德感、理智感、美感等情感。这种顺序是自然发生、不可逆的。外部的力量，只能影响发展的速度，不能改变发展的顺序。

遵循人的身心发展的顺序性，教育必须做到循序渐进、螺旋上升、逐步完善。人的身心发展的顺序性，决定了教育不能超越相应的发展阶段。例如，"揠苗助长"的教育就违背了人的身心发展的顺序性。人的身心发展的顺序性并不意味着教育只能在身心成熟之后亦步亦趋。教育在遵循人的身心发展的顺序性的基础上，可以最大限度地促进人的发展，加快人的发展速度，提升人的发展水平。

3. 身心发展的阶段性

人的身心发展是一个持续终身的过程，在这个过程中，既有量的积累，也有质的变化。量的积累达到一定阶段，产生质的变化，使身心发展进入一个新的阶段。我们通常把人的一生分为胎儿期、婴儿期、幼儿期、童年期、少年期、青年期、中年期、老年期等，每个时期代表身心发展的不同阶段。阶段性是身心发展的年龄特征，是个体在身心发展的某个阶段所表现出来的典型的、一般的、本质的特征。这些特征不是该阶段某个人所特有的，而是普遍的、总体的特征，是该阶段的人所共有的，反映这一年龄阶段区别于其他年龄阶段的特征。处于身心发展的不同阶段，个体发展的速度和侧重点不同，面临的矛盾和发展任务也不同。

人的身心发展的阶段性要求教育必须根据每个阶段身心发展的不同特征，制订不同的教育目标，选择不同的教育内容，采用不同的教育方法，使之符合该阶段的年龄特征。教育不能"凌节而施"，把小学生当作中学生，把儿童当作成人。因为他们的身心发展阶段不同，心智发展水平和对事物的认知和理解也有差异。中学生能够理解的，小学生不一定能够理解；成人能够理解的，儿童不一定能够理解。因此，在教育中，要根据不同学段学生的身心特点，选择适当的教育手段和措施，使学生易于接受。

4. 身心发展的差异性

身心发展的差异性是指每个个体都是一个独特的生命体，其身心发展的状况具有独特性。人的身心发展的差异性，既有群体层面的差异，也有个体层面的差异。就群体层面而言，不同文化背景、不同阶层、不同性别的儿童，其身心发展具有差异性。就个体层面而言，差异性是其重要特征。如同世界上没有两片完全相同的树叶一样，也不会有两个完全相同的人。人与人之间的差异，既来自生理的遗传，也来自后天的影响与教育。即便是双胞胎，因后天生活环境和教育的不同，在兴趣、爱好、个性发展上也会表现出一定的差异性。

遵循人的身心发展的差异性，教育要适合每个人，做到因材施教、长善救失，最大限度地促进每个人的发展。身心发展的差异性反对把人看作抽象的人，反对实施划一性教育。身心发展的差异性，意味着每个人都是一个独特个体，教育要适合每个人的发展，打造适合每个人的教育，"使人成为他自己，'变成他自己'"①。

5. 身心发展的不平衡性

所谓身心发展的不平衡性，是指身心发展在速度快慢和发展时间早晚上的不

---

① 联合国教科文组织国际教育发展委员会编著：《学会生存——教育世界的今天和明天》，华东师范大学比较教育研究所译，教育科学出版社1996年版，第14页。

一致性。身心发展的不平衡性，有多个方面的体现：第一，就身心发展的总体而言，发展的进程不是匀速的，在不同阶段出现不同的高峰期，如幼儿期、儿童期、青春期是身心不同方面发展的高峰期。第二，身心发展的不同方面的发展速度是不均衡的。在身体发展方面，有的在早期发展速度较快，后期则发展较慢，如神经系统的发展就是先快后慢；有的是早期发展较慢，后期则发展较快，如生殖系统的发展就是先慢后快。在心理发展方面，感知系统最先发展，思维系统次之，最后发展的是高级情感系统。第三，身心同一方面的发展，时间是不一致的，速度是不均衡的。例如，就身高而言，人的一生有两个高峰期，一个是出生后的第一年，另一个是青春发育期，这两个阶段身高增长的速度远远快于其他阶段。

针对身心发展的不平衡性，教育要抓住身心发展的关键期。身心发展的关键期是指身心发展对一些刺激比较敏感，是容易获得某种行为或技能的发展时期。在关键期，人的发展受到适当的刺激，身心比较容易得到发展，而过了关键期，尽管还可以获得这些发展，但相对比较困难。

6. 身心发展的互补性

人的身心发展尽管可以分为身体和心理两个方面，身体和心理各自内部还可分为更多的要素，但这些要素组成的是一个有机的统一体，当其中一个要素缺失或不完善时，其他要素可以发挥补充作用，从而形成一个互补的整体。人的身心发展的互补性主要表现为两个方面：第一，身体机能和心理的互补。人之所以区别于动物，是因为人能够有意识地支配自己的生命活动。当一个人身体某方面的机能受损后，可以通过意识和精神力量的调节，以坚强的意志克服身体的缺陷，创造完满的人生，身残志坚的人往往就是如此。相反，若一个人的心理承受能力太弱，或者缺乏坚强的意志，即便是身体健全，遇到困难也可能意志消沉、精神萎靡。可见，心理是身心发展的动力调节系统，既可能发挥积极的作用，弥补身体机能的受损，也可能使人走向消沉，影响一个人的发展成就。关键是怎样激发心理发展的动力，发挥其对身心发展的积极调动作用。第二，身心发展的互补性还表现在身体某一机能丧失之后，可以通过其他方面机能的超常发展得到补偿。例如，盲人的听觉、触觉通常比健全人更为发达，就是通过发达的听觉和触觉弥补视觉的不足，从而达到与生活环境的协调，满足其生活的需要。

利用身心发展的互补性原理，鼓舞学生的士气，培养学生的自信心和坚强的意志品质，是教育的重要任务。

二、影响人的发展的主要因素

影响人的身心发展有两因素论、三因素说、多因素说、综合因素论、两层次三因素论、动静因素论等多种观点。尽管影响人的发展的具体因素不同，但总的来说，人的身心发展是多因素共同影响的结果，具有复杂性。就复杂性来说，身心发展既有连续的一面，又有非连续的一面。影响人的身心发展连续性的因素

影响人的身心发展因素的不同观点

具有相对稳定性，可以预期；影响人的身心发展的非连续性因素，则具有很大的偶然性，难以预期。也就是说，人的发展是包括预期的和非预期的多因素共同作用的结果。这些因素难以一一列举，大致可以归为三类：第一类是个体自身的因素；第二类是外部环境因素；第三类是实践活动。这三类因素对人的发展的影响不是孤立的，实践活动把个体自身的因素与外部因素联系起来。把其中任何一个因素孤立出来，如"遗传决定论""环境决定论""教育万能论"，都是不成立的。遗传、环境、教育都只是诸多因素中的一个，它们只有和其他因素相互配合，才能共同促进人的身心发展。

（一）影响人的发展的个体自身的因素

个体自身的因素，既是个体自身的构成，也是个体发展的基础。在这类因素中，既有先天的因素，也有后天的因素。先天的因素指遗传和成熟等个体自然发生的因素，后天的因素指个体在发展中已经获得的知识、经验、能力，已经达到的发展水平和个体发展的动力。先天的因素在个体发展的早期和身体的发展中起主要作用。随着个体发展逐步趋于成熟，后天的因素，尤其是个体自我意识和主观能动性，对个体发展的影响越来越明显，作用也越来越大。

1. 遗传因素对个体发展的影响

遗传因素是先天继承下来的、与生俱来的解剖生理特征，如机体的结构、形态、感官和神经系统类型，等等。遗传赋予了生物体第一要件，构成了个体发展的原始起点。只有在遗传的基础上，个体才可能有其他方面的发展。

遗传因素对个体发展的影响，主要表现为：遗传赋予了人的自然生命，为人的发展提供了生理基础。没有遗传提供的生理基础，人的发展就缺少相应的物质条件。但是对于身心发展正常的人而言，遗传因素只提供了发展的可能性，不起决定作用。"遗传决定论"的错误就在于它夸大了遗传在人的发展中的作用，它甚至被别有用心的人所利用，演化为"血统论""成分论"，破坏了人与人之间的平等。

就个体而言，遗传因素是有差异的，这种差异也影响到个体后天的发展。一个先天禀赋优异的学生，再加上后天的努力，能够发展得更快些，更完善些。相反，对于一个先天智障儿童来说，不管提供多好的环境和条件，其发展还是会受到一定的限制。因此，我们既要看到遗传对个体发展的影响，又不能盲目扩大这

种影响；要优生优育，利用良好的遗传因素，为个体的发展提供有利条件。

大脑是影响个体先天素质的重要因素。大脑由左、右大脑半球组成，两半球间由横行的神经纤维相联系。大脑是中枢神经中最大和最复杂的结构。大脑是调节机体功能的器官，也是意识、精神、语言、学习、记忆和智能等高级神经活动的物质基础。认知神经科学研究者运用功能性磁共振成像技术从大脑结构、大脑的神经效能等方面来寻找导致人类智力个体差异的原因。遗传因素可能通过影响各皮层的灰白质总体积来影响智力。① 随着脑科学和认知神经科学的发展，越来越多的研究成果揭示了大脑的工作机制及其对个体的影响。教育者要基于脑科学和认知神经科学的研究成果，为学习者提供适宜的刺激和材料，促使大脑发生可塑性的变化。②

2. 成熟对个体发展的影响

人的身心发展，尤其是低级生理、心理机能的发展，是受遗传因素控制的自发的成熟过程。所谓成熟，就是个体生理机能和心理机能在遗传因素的控制下自然生长，从而达到比较完备状态的过程。生理的成熟状态是第二性征的出现，心理的成熟状态是有独立的意识和自我判断能力。成熟是个体发展的机制和模式，人与人之间的差异只表现为成熟时间的差异，有的早些，有的晚些，但都必然要走向成熟。就个体身心发展而言，生理的成熟要先于心理的成熟。

美国心理学家格塞尔（1880—1961）是成熟决定论者，他以同卵双生子的爬梯子实验证明了成熟对个体发展起决定作用。他以 46 周发展水平相近的同卵双生子 A 和 B 为被试，进行爬梯子的实验。其中 A 每天做 10 分钟的爬梯子训练，B 不做训练，A 训练的时间为 6 周，然后测试，A 的成绩为 26 秒，B 的成绩为 45 秒，A 的成绩优于 B 的成绩。但在 A 训练 6 周后，即第 52 周时，对 A 和未受训练的 B 同时进行 2 周的爬梯子训练；到第 54 周时，发现 A 和 B 都只用了 10 秒就完成了爬梯子的任务，没有什么差别。格塞尔据此认为，在第 46 周儿童发展未成熟的时候，训练的效果不大；在第 52 周儿童发展成熟的时候，训练起来就事半功倍。据此，他认为，成熟对个体的发展起决定作用。

成熟是个体身心发展的过程，个体发展在成熟过程中表现出顺序性、阶段性等特征。顺序性规定了个体身心发展的基本路线，阶段性规定了个体身心发展在不同阶段的特征。教育要循序渐进，并适应不同年龄阶段学生身心发展的特征，就必须以身心发展的成熟为基础。也就是说，当身心发展没有达到一定的成熟水

---

① 周加仙：《教育神经科学引论》，华东师范大学出版社 2009 年版，第 54 页。

② 王亚鹏、董奇：《基于脑的教育：神经科学研究对教育的启示》，《教育研究》2010 年第 11 期，第 42—46 页。

平或发展阶段时，教育的作用是微小的，或者是费力的。只有当身心发展达到一定的成熟水平或发展阶段时，教育才是可能的，才能起到事半功倍的效果。在心理学家看来，早于或迟于这个成熟水平或发展阶段，教育都难以有效、高效。这意味着教育要以个体发展的成熟为基础，但这并不意味着教育只跟随在成熟后面，对个体的发展"无能为力"。因为成熟只是个体发展的基础性条件，而且多局限于身心的低级机能的发展，不等于个体发展的全部。教育要以身心的自然成熟为基础，促进身心高级机能的发展。所以，成熟对个体发展有影响，但不能夸大其作用，不能走向"成熟决定论"，更不能否认教育对个体发展的促进和提升作用。

3. 后天获得性素质对个体发展的影响

随着个体年龄的增长，遗传因素和成熟对个体发展的影响逐渐减弱，身心发展成熟之后，先天因素的作用就微乎其微了。在先天因素的基础上获得的后天素质对个体发展的影响会越来越大。所谓后天获得性素质，是个体在先天因素的基础上，受后天环境和教育的影响形成的身心素质，包括身体生长发育的水平和健康状况，个体积累的知识、经验、能力、情意、行为特征和社会倾向性等。这些因素既是前期发展的结果，又是后期发展的基础。个体已有的知识水平构成了他进一步掌握知识的基础，深厚的知识基础有利于个体的再发展；相反，个体的知识基础太薄弱则不利于他的发展。个体已经形成的情感、态度、价值观和社会倾向性，直接影响他对己、对人、对事、对物的态度，影响他的行为选择，进而形成新的情感、态度、价值观和社会倾向性。人的知识、经验、能力和心理发展到一定水平后，就能够运用已有的知识、经验和能力，解决问题，创造新的事物。所以，个体后天获得的发展状况，直接影响着他的进一步发展，为他的进一步发展奠定基础。因为发展是连续的，个体的发展总是建立在已有基础上的，是量的积累和不断超越，并走向质变和完善。没有足够的、充分的量的积累，不可能实现质变和超越。

4. 自我意识和主观能动性对个体发展的影响

人不同于动物，不仅在于人是自然界的一部分，是社会的动物，具有自然性和社会性，后天可以获得知识、智慧、情意等，而且在于人是有意识的类存在物。马克思指出："一个种的整体特性、种的类特性就在于生命活动的性质，而自由的有意识的活动恰恰就是人的类特性。""动物和自己的生命活动是直接同一的。动物不把自己同自己的生命活动区别开来。它就是自己的生命活动。人则使自己的生命活动本身变成自己意志的和自己意识的对象。他具有有意识的生命活动。这不是人与之直接融为一体的那种规定性。有意识的生命活动把人同动物的生命活动直接区别开来。正是由于这一点，人才是类存在物。或者说，正因为人是类存在物，他才是有意识的存在物，就是说，他自己的生活对他来说是对象。"①

正是人的意识和自我意识，使人的发展表现出主观能动性。毛泽东指出："思想等等是主观的东西，做或行动是主观见之于客观的东西，都是人类特殊的能动性。这种能动性，我们名之曰'自觉的能动性'，是人之所以区别于物的特点。"② 主观能动性是个体发展的自我意识和自我追求，是不断超越自我的意志和精神，是个体发展中积极能动的动力系统。主观能动性代表了个体想发展、要发展的主观性，主观性转化为外在的行为，使得行为不是盲目的、自发的，而是人有意识努力的结果。

在个体自身的因素中，自我意识和主观能动性是最高层次的内在因素。如果说先天的因素和后天获得性素质提供了个体发展的自然基础和社会基础的话，那么主观能动性就为个体的发展提供了内部动力，而动力是个体发展的源泉。一个具有自我发展意识和主观能动性的人，一定会明确发展方向，充分利用发展的资源，寻找发展的空间和可能的突破。更进一步说，个体的发展既要依赖自然的和社会的基础，又要超越自然的和社会的限制，使发展成为一种自由、自觉的活动，体现客体规律和主体需要的双重尺度，成为合规律与合目的的统一。

人所面对的世界，既有外部的客观世界，也有自我的主观世界。主观能动性使个体既成为改造外部客观世界的主体，又成为自我改造的主体。作为改造外部客观世界的主体，人在面对外部不利环境时，能够发挥主观能动性，克服困难，积极改造世界，而不是被外部环境所压垮。"出淤泥而不染"（周敦颐《爱莲说》）就是人的主观能动性的体现。而人是自我改造的主体，意味着人的发展不为外力所驱动、所支配，而是自我发展、自我建构、自我超越。主观能动性为人自身的发展创造条件，同时，勾画自己未来的发展目标和愿景，为实现目标不懈进取。教育固然要传授知识，发展能力，培育人格，更要激发个体发展的自我意识和主观能动性，唤醒生命发展的自觉性，赋予个体不懈发展的动力。

（二）影响人的发展的外部环境因素

恩格斯指出："归根到底，自然和历史——这是我们在其中生存、活动并表现自己的那个环境的两个组成部分。"③ 恩格斯所说的"自然"和"历史"，就是我们赖以生活的自然环境和社会环境。在这里，恩格斯不仅说明了环境的两个组成部分，而且说明了环境的特质——"在其中生存、活动并表现自己"。也就是说，环境是客观存在的外部世界。对于个体来说，只有生存在其中，并在其中

---

① 《马克思恩格斯文集》第一卷，人民出版社 2009 年版，第 162 页。
② 《毛泽东选集》第二卷，人民出版社 1991 年版，第 477 页。
③ 《马克思恩格斯全集》第三十九卷，人民出版社 1974 年版，第 64 页。

活动和表现的环境，才能够成为人的环境。可见，环境不是外在于人的纯粹的客观世界，而是人参与其中创造和建构的世界。人在与自然、政治、经济相互作用中，创造和建构了环境，环境体现了人在其中的意志，也形塑着人的发展。

环境泛指个体生活于其中，影响其身心发展的一切外部因素。按性质来分，环境可分为自然环境和社会环境。自然环境是人所赖以生存的自然条件，包括地理位置、气候条件等，影响人身体的发育、自然的特征，乃至性格的形成。例如，东北人的豪爽、西北人的粗犷、南方人的细腻，等等。社会环境是个体通过交往所形成的社会关系，包括政治、经济、文化、习俗以及与个体发展相关的其他社会关系，影响个体的社会性发展。例如，新中国成立前后社会环境的差异，改革开放前后社会环境的差异，都影响了人的思想意识、道德观念和行为方式等。

按范围不同，环境可分为大环境和小环境。大环境是指个体所处的总体自然环境与社会环境，如某一国家、某一地区，乃至全球环境。小环境是指与个体直接发生联系的自然环境和社会环境，如家庭、学校、社区。一个人童年和少年时生活范围较小，更多的是受小环境影响。随着年龄增长，个体长大成人，生活空间扩大，社会流动频繁，加之社会通信、交往手段丰富和便利，大环境对人的影响越来越大。大环境对人的影响，不只是影响某个人，而是影响一代人、一个群体。对于个体而言，小环境的影响更为直接。在同一个国家、同一个地区，个体生活的大环境相差不大，人之所以会千差万别，与其生活的小环境有关。一个人的力量有限，很难改变大环境，但小环境会随着他的活动和选择而改变。孟母三迁的例子，说的就是家庭居住的小环境对孟子成长的影响。当然，随着个体年龄的增长，小环境也在不断变化，从家庭到学校，再到工作单位，不同时段的小环境对个体的发展产生不同的影响。

在小环境中，家庭是一个非常重要的因素。因为家庭不仅是个体出生后最早接触的环境，而且是接触机会最多、最频繁、最直接的环境。"家庭是人生的第一所学校，家长是孩子的第一任老师。"[1] 家庭结构的类型（如大家庭、核心家庭、单亲家庭、寄养家庭）和家庭气氛、父母的教养方式、家庭子女的多少等都会对儿童人格的形成起重要的作用。尤其是家长的素质、人格、举止言谈、生活方式、教育态度等，会有意或无意地对儿童的思想观念、行为准则以及行为习惯的形成等产生重要的影响。正因为家庭对儿童的成长具有奠基性作用，因此，不能把家庭教育视为可有可无，或者放任自流，而要重视家庭建设，注重家庭、注

---

[1]　习近平：《论教育》，中央文献出版社 2024 年版，第 24 页。

重家教、注重家风，"要给孩子讲好'人生第一课'，帮助扣好人生第一粒扣子"[①]。

人不能离开世界，也不能离开环境。环境为人的发展提供了外部资源。人的发展是通过对环境资源的获取和利用，把环境资源转化为人自身的要素而实现的。正如马克思所说："人创造环境，同样，环境也创造人。"[②] 环境对人的发展的影响主要表现在以下三个方面：

1. 环境为人的发展提供条件和可能性

人作为一个自然生物体，离不开自然环境；作为一个社会人，离不开社会环境。环境不是外在于人的，而是人参与其中创造和建构的。环境为人的发展提供外部资源和条件，缺少这些外部资源和条件，人的正常发展就会受到影响。狼孩的例子就是一个很好的证明。具有正常人类遗传因素的孩子，因为到了狼的生活环境中，脱离了人正常的生活环境，就具有了狼的习性，而不具有正常人的特征。狼孩只有回到人的生活环境中，人性才能逐步得以部分恢复。

环境是影响个体发展的外部因素，但环境不能决定人的发展。行为主义是一种倾向于"环境决定论"的心理学流派，它以"刺激—反应"的模式来解释人的行为和心理，把人作为被动的个体，人的行为由外界刺激决定，其发展也是由其所处的环境决定的。"环境决定论"只看到环境对人的作用，而忽视了人对环境的态度和人在自身发展中的能动作用。环境能否对人的发展起作用，取决于人对待环境的态度。只有被人所选择并参与其中的环境，才能转化为人的发展因素，对人的发展起影响作用。在这个意义上，环境只能为人的发展提供外部条件和发展的可能性。

2. 环境对人的发展有自觉的和自发的、积极的和消极的影响

我们生活的一切外部条件都是环境。我们可以控制其中的一部分，比如，可以通过控制家庭教育和学校教育的环境，使之对人的发展产生自觉的影响。但有些环境，尤其是大的社会环境，我们无法控制，但它们也可能对人的发展产生影响。因这些环境无法控制，它们对人的发展的影响是自发的。

从环境影响的性质看，良好的环境对人的发展起积极的作用；不良的环境对人的发展起消极的作用。中小学教育中存在着"5+2＝0"的不良现象，即5天的学校教育的积极影响，被周末2天的社会消极影响所抵消，教育效果为零。所以，我们要重视对社会不良环境的治理，为学生健康成长营造良好的环境。教育作为有意识的培养人的活动，不仅要塑造良好的教育环境，而且要引导人们抵制

---

①　习近平：《论教育》，中央文献出版社2024年版，第24页。

②　《马克思恩格斯文集》第一卷，人民出版社2009年版，第545页。

和消除不良的社会环境，为儿童的发展提供良好的外部条件，促进他们的身心健康发展。

3. 环境对人的发展的影响具有个体差异性，也与个体的发展水平有关

环境对人的发展有影响，但其影响有着较大的个体差异性。有的人"染于苍则苍，染于黄则黄"（《墨子·所染》），受环境影响较大；有的人则"出淤泥而不染"（周敦颐《爱莲说》），受环境影响较小。有的人在逆境中一蹶不振；有的人则在逆境中发愤图强。有的人沉溺于优越的环境，消解了奋斗的意志，碌碌无为；有的人则能利用优越的环境所提供的良好条件和资源，如鱼得水，成就卓著。这说明，环境对人的影响取决于个体自身，尤其是取决于个体对待环境的态度。因此，对于教育而言，不仅要重视环境的塑造，更要重视人的自我意识和主观能动性的激发，培养人在环境面前积极的态度。

人生活在环境中，自然要受环境的影响，但在人生的不同阶段，环境对人的影响作用的大小、人对待环境的方式也不同。一般来说，幼年、童年，乃至少年阶段，个体受小环境影响较大，个体利用环境的能力较弱，环境更多的是对人的一种限制。随着年龄增长，个体真正进入社会后，大的环境尤其是社会环境、文化传统等对人的影响不断增强，而且人能够主动改造环境，有效地利用环境，使环境转化为人的发展资源，为人的发展所用。总体来说，环境对人的影响，随着主体自我意识的形成和自觉能动性的提升而相对减弱，影响的性质也由限制逐渐转向被更有效地利用。

（三）实践活动对人的发展的影响

个体自身因素和外部环境因素，都只是影响人的发展的可能性因素。这些可能性因素要转化为现实性因素并对人的发展真正产生影响，必须通过实践活动。实践是"人能动地改造世界的社会性的物质活动"，是"人为了解决自身需要与客观世界的矛盾而进行的活动"。[①] 实践活动把个体自身因素和外部环境因素结合起来，并通过对外部环境因素的消化和利用，转化为个体自身新的因素，实现人的发展。没有实践活动，内外两种因素就不可能结合，也不可能实现人的发展。在这个意义上，实践活动是个体发展的现实力量，是个体发展从可能状态转化为现实状态的决定性因素。

实践活动不仅使个体发展的可能性转化为现实性，而且实践也是人的生存方式。人依赖实践而存在，实践创造了人本身。正如马克思所说："个人怎样表现自己的生命，他们自己就是怎样。因此，他们是什么样的，这同他们的生产是一

---

① 《马克思主义哲学》编写组：《马克思主义哲学》第二版，高等教育出版社、人民出版社 2020 年版，第 75、76 页。

致的——既和他们生产什么一致，又和他们怎样生产一致。"① 人在实践中，结成了双重的关系：一是人与自然的关系，表现为人对自然的改造；二是人在改造自然中结成的人与人之间的关系。前者是人作用于自然的物质实践活动，后者是人与人之间交往的社会实践活动。物质实践活动不仅满足人的物质生活需要，而且是社会实践关系的基础。社会实践活动创造了人的社会关系，形成了人的社会性本质。

实践活动是人对自然、对社会的能动活动，不是人的本能活动，也不是自然界的客观运动。实践活动体现着人的自主性、能动性、创造性。在这个意义上，实践活动就是"生命实践"活动，它是"内含生命活动的、个体亲历的实践性活动"②。所以，实践活动虽然指向外部的自然和社会，但其内部却蕴含着个体的生理和心理的活动，个体的身心因实践活动而发展。

不同类型的实践活动，影响着人的发展的不同方面。总体来说，实践活动对人的发展的作用主要表现在以下三个方面：

1. 人通过实践活动得以发展

人的发展的机制是什么？瑞士心理学家皮亚杰（1896—1980）的《发生认识论原理》揭示了认识的机制："认识既不是起因于一个有自我意识的主体，也不是起因于业已形成的（从主体的角度来看）、会把自己烙印在主体之上的客体；认识起因于主客体之间的相互作用，这种作用发生在主体和客体之间的中途，因而同时既包含着主体又包含着客体……"③ 这种能够将主体和客体结合起来的中介就是实践活动。不仅人的认识是通过实践活动实现的，人的心理发展也是通过实践活动实现的。苏联心理学家维果茨基（1896—1934）、列昂节夫（1903—1979）等人通过研究得出结论：人的心理发展是在其完成某种活动的过程中实现的，即人在活动过程中对社会历史文化经验的掌握促进了人的发展。从机制上看，实践活动两端连接着人与客观世界。在实践活动中，既有人对物的改造，也有物对人的影响。前者使主体人的意志、力量转化在客体物身上，创造出了一个属人的对象世界；后者使客体物的特性转化为对人的素质要求，成为人的生命结构的因素或人的本质力量的因素。也就是说，实践活动使人在改造世界中也改造了人自身。

2. 实践活动使人的潜在的、可能的因素转化为现实性的因素

人的素质不会自动生成，需要借助外部世界，但外部世界也不会自动转化为

---

① 《马克思恩格斯文集》第一卷，人民出版社 2009 年版，第 520 页。

② 叶澜：《教育概论》，人民教育出版社 2006 年版，第 211 页。

③ ［瑞士］皮亚杰：《发生认识论原理》，王宪钿等译，商务印书馆 2017 年版，第 21—22 页。

人的素质。人需要利用外部世界的资源，并转化为自己的需要。人与外部世界相互作用的过程就是实践活动。只有通过实践活动，人的内部因素和外部世界才能发生联系，相互作用，实现静态因素动态化、可能因素现实化，使潜在的、可能的因素转化为现实性的因素，实现人的发展。实践活动是人的潜能的"转换器"，也是新的潜能的"再生器"。通过不断的实践活动，人的潜能与现实不断转换，实现人的发展。

3. 实践活动对人的发展的有效影响取决于活动的组织程度和人的自觉性

在一般意义上，实践活动能够影响人的发展，但这种影响是自发的、盲目的。有效地影响人的发展，需要对实践活动进行组织，使实践活动成为一种有目的的活动。有目的的活动比自发的活动对个体的发展的影响更明显、更有效。怎样设计有效的实践活动目标？按照维果茨基的"最近发展区"理论，实践活动对个体发展的作用取决于它对个体提出的要求与个体现有的发展水平之间的差距，差距过大或过小，都不利于实践活动对个体发展的作用。有效的实践活动所提出的目标必须落在"最近发展区"内，建立在个体原有的知识建构之上。

实践活动是否能够真正成为个体发展的有效力量，还与个体参与实践活动的积极性、自觉性有关。被迫参与的活动，或者为别人支配的活动，对个体发展的影响，就没有自主、积极参与的活动影响大。所以，我们不仅要承认实践活动对个体发展的影响，而且要研究什么样的实践活动能够有效地促进个体的发展，提高实践活动的自主程度及其对个体的发展效应。

三、学校教育与人的发展

（一）学校教育的特殊性

在上述影响人的发展因素中没有提及学校教育，这并不意味着学校教育在影响人的发展中不重要，而是因为学校教育不是与个体自身的因素、外部环境因素与实践活动并列的单一因素。学校教育有目的、有计划，是特殊的主体在特殊的环境中进行的特殊活动。

1. 学校教育主体的特殊性

学校由专门从事教育教学活动的教师和学生组成。教师作为专业的教育人员，具有从事教育教学的道德、人格和知识、能力，负有教育学生的责任和任务。学生是处于人生某一阶段的儿童，是发展中的人，他们不仅具有可塑性，而且有发展的强烈愿望，在发展的过程中需要得到教师的指导。学校教育是由担当教育责任的教师和具有发展愿望的学生共同参与的活动。

2. 学校教育环境的特殊性

学校教育环境与一般的环境不同。一般的环境是自发的，而学校教育环境是围绕着教育目的和学生的发展专门设计的，具有极大的人为性和教育性。学校有完备的教学条件、系统的教育内容、合理的教学计划、浓郁的文化氛围，弥漫着文化和道德的气息，包含着具有教育意义的环境，这些都是能够促进学生发展的有意义的教育资源。

3. 学校教育教学活动的特殊性

学校教育是通过教育教学活动影响学生发展的。教育教学活动具有明确的目的性、计划性和组织性。教师在先进教育理念的指导下，围绕着教育目的和教学目标，通过选择合适的教学内容，采用恰当的教学方法，实施有效的教育教学活动，在专门的时空中对学生施加系统的影响，促进学生有效发展。

（二）学校教育在个体发展中的独特价值

学校教育是特殊主体在特殊环境中进行的特殊活动，这决定了学校教育在个体的发展中具有独特的价值，对个体的发展具有自觉的引导作用。

康德说："人只有通过教育才能成为人。"[1] 教育是成"人"的必要条件。教育人类学的研究也表明，教育是人的未特性化的需要，人是需要教育的生物。[2]但他们所说的教育，是宽泛意义上社会生活中的教育，而不是狭义的学校教育。学校是一定历史阶段的产物，人类发展早期没有学校，但有教育。一个人可能没有进过学校，但不等于没有受过教育。古代社会如此，即便今天，这种状况依然存在。但总体来看，近代以来，随着义务教育的普及，受教育成为人的基本权利，每个人都必须接受一定年限的学校教育，学校教育在人的发展中具有独特的价值。这种独特价值主要表现在以下四个方面：

1. 学校教育引导个体发展的方向，为个体发展作出符合社会要求的规范

与一般的环境影响相比，学校教育独特的价值在于引导个体发展的方向。一般环境对个体发展的影响是自发的，但教育是有目的的活动，它围绕个体的发展，有目的、有计划地组织教育教学活动，引导个体朝着预定的方向发展。同样是教育教学活动，与家庭教育相比，学校教育代表社会为个体的发展提出社会性规范要求，个体必须按照这种规范性要求，认同社会的主流价值观，形成符合社会要求的品质，成为符合社会要求的人。

2. 学校教育加速个体的发展，促进个体又好又快地发展

人作为生命个体，在社会生活中同样能够得到成长，但这种成长可能更多的是一种自然成长，是一种自发成长。学校教育要遵循生命的自然成长规律，正如《中庸》所说，"天命之谓性，率性之谓道，修道之谓教"。但这并不意味着教育

---

① ［德］伊曼努尔·康德：《论教育学》，赵鹏、何兆武译，上海人民出版社 2005 年版，第 5 页。

② ［德］O. F. 博尔诺夫：《教育人类学》，李其龙等译，华东师范大学出版社 1999 年版，第 36 页。

只能跟随在生命的自然发展之后。学校教育的价值就是要在遵循生命发展规律的基础上，以一种科学有效的方式，提升个体发展的速度，缩短实现发展目标的时间，使个体能够在有限的时间内又好又快地发展，为生命的发展赢得时间和速度，使人在有限的生命中获得最好的发展。

3. 学校教育能够开发个体的特殊才能和发展个性

教育面对的是具体的人，而人是有差异的，这种差异表现在个体的特殊才能和个性方面。真正的教育是适合每个人的教育，是一种因人而异的个性化教育。我们之所以需要学校教育，就是希望学校教育能够根据每个学生不同的发展需要，进行个性化的设计，为他们的发展提供最适合的教育内容、教育方式，开发他们的特殊才能，促进他们的个性发展。

4. 学校教育唤醒生命的自觉意识，为个体生命发展奠基

人不可能一辈子接受学校教育，即便是在终身教育时代，学校教育也只是人生旅程中的一段。学校教育不能只为人生某一段负责，而要为整个人生负责，使其终身受益。这就要求学校教育必须为个体生命发展奠基，即便离开了学校，个体依然能够自觉地发展。学校教育传授的是基础性知识，基础性知识具有普遍性和迁移性，对个体的进一步发展具有基础性价值。此外，学校教育不仅传授知识、发展能力，而且唤醒生命自觉，赋予个体生命主动发展的意识，提高个体的自我教育能力，使个体的发展成为生命的自觉行为。

（三）正确看待学校教育在人的发展中的作用

关于学校教育在人的发展中的作用，存在两种极端的看法：一种是教育无能论，另一种是教育万能论。

教育无能论认为，教育不能促进人的发展。持这种观点的人多是先定论者和预定论者。前者认为人的素质是天赋的，教育无法改变，而只能顺应人的自然本性。古希腊的柏拉图、德国的叔本华（1788—1860）、英国的高尔顿（1822—1911）、美国的霍尔（1844—1924）都持这一观点。后者认为人的发展是神意的安排，在出生前就由神预定，教育所起的作用微小。[1]

教育万能论是指 17、18 世纪理性主义者把教育的作用夸大到可以决定社会，否定遗传素质差异对人的发展产生影响的教育观点。法国爱尔维修（1715—1771）是教育万能论的代表人物。他在《论人的理智能力及其教育》中，反对天赋观念，认为人的天赋是平等的，遗传素质不存在差别，人是环境和教育的产物，人的性格、气质和精神都是教育的结果。[2]

---

[1]　杜成宪、郑金洲编著：《大辞海·教育卷》，上海辞书出版社 2014 年版，第 24 页。
[2]　杜成宪、郑金洲编著：《大辞海·教育卷》，上海辞书出版社 2014 年版，第 24 页。

教育无能论否认教育在人的发展中的作用，教育万能论夸大教育在人的发展中的作用，都是不科学的认识。正确地看待学校教育在人的发展中的作用，一方面，要看到学校教育在人的发展中的作用，尤其是在促进人的自觉发展中的积极作用；另一方面，又要看到人的发展受多种因素的影响，学校教育在人的发展中具有局限性。因此，学校教育在人的发展中的作用，既不能否定，也不能夸大。

第二节　教育促进个体发展的功能

教育的个体发展功能是教育对个体发展的积极影响和作用。教育作为培养人的社会实践活动，以促进人的发展为直接目标。教育通过培养人、培养社会所需要的人，间接地促进社会的发展。因此，教育促进个体发展的功能是教育的本体功能，教育促进社会发展的功能是教育的派生功能或工具功能。教育必须通过培养社会需要的人对社会发生作用，发挥教育的社会功能。

生活中的每一个人，既是社会的一员，要符合社会的要求，又是一个与众不同的人，是一个独特的个体。人作为社会成员，具备社会身份，就必须社会化；人作为独特的个体，必须个性化。教育促进个体的发展，包括两个方面的功能：一是促使个体社会化，二是促使个体个性化。社会化是社会对个体的共同要求，个性化是个体独特的发展需求，二者在相互张力中实现个体发展的统一。教育只有完成这两个方面的功能，才能造就一个既合社会要求又具个性的人。

一、教育促进个体社会化的功能

（一）个体社会化的含义

儿童成长就是不断适应社会要求、参与社会生活、履行社会角色的过程，是自然人转变为社会人的过程。完全的自然人只存在于母体中，婴儿一出生，就要学习适应社会，开启个体社会化的征程。人是一种社会性动物，不可能离开其他人而生存，因此，人必须通过社会化而成为人，社会性是人的本质属性。这就是马克思所说的："人的本质不是单个人所固有的抽象物，在其现实性上，它是一切社会关系的总和。"[1]

正因为社会性是人的本质属性，所以，人的发展要社会化。人的社会化，是个体在社会生活中，通过社会交往活动，学习和掌握知识、技能、语言、社会价值观和行为规范等，适应社会要求，参与社会活动，创造社会新生活的过程。例

---

[1] 《马克思恩格斯文集》第一卷，人民出版社 2009 年版，第 505 页。

如，格特·比斯塔（1957— ）认为教育的功能之一是社会化，即把个体嵌入当前的社会行动和存在方式之中，使教育成为特定社会、文化和政治秩序的一部分。[①] 总之，社会化就是个体在生活中学习社会规范、承担社会角色、成为社会成员的过程，也就是个体通过社会规范的内化，从"自然人"转变为"社会人"的过程。

社会化有很多内容，主要涉及政治社会化、道德社会化、法律社会化、职业社会化、性别角色社会化等。社会化的过程是学习和内化社会规范的过程。个体通过学习和掌握政治、道德、法律、职业和性别角色的规范，成为符合政治、道德、法律、职业和性别要求的社会角色。角色是一个人的社会担当。一个人一生要担当很多角色，而且角色会不断变化。孩子有孩子的角色要求；学生有学生的角色要求；工作后承担岗位上的某个角色，有相应的岗位角色要求；为人父母有做父母的角色要求；即便到了退休年龄，适应退休生活，从工作状态转为休闲状态，也需要再次社会化。因此，个体社会化是持续终身的过程。人生活在社会中，就需要不断地适应社会，不断地社会化。

（二）影响个体社会化的因素

影响个体社会化的因素很多，如家庭、学校、同伴群体、大众传媒、职业组织、社区，等等。不同年龄阶段，影响个体社会化的主导因素不同。例如，婴幼儿阶段以家庭为主，青少年阶段以学校为主，成年阶段以职业或工作为主，退休后以社区和家庭为主。

学校作为青少年生活的主要场所，对青少年的社会化起着重要的作用。法国社会学家涂尔干认为，"教育是年轻一代系统地社会化的过程"[②]。尽管促进个体社会化的因素不只有学校教育，但学校教育在促进青少年个体社会化中发挥着主导作用。这是因为学校教育代表社会，尤其是代表社会主流价值观对青少年提出要求，为青少年的发展提供社会性规范，培养社会所需要的合格成员。教师是社会的代言人，代表社会对学生提出要求，进行有效的规范引导。教育内容，尤其是学校正式的课程，作为一种法定课程和文化，代表着统治阶级或人民的利益和价值观。因此，学校教育具有鲜明的社会性，学校是青少年社会化的重要场所。

（三）教育促进个体社会化的表现

教育把一个"自然人"转变为"社会人"，就是促进个体社会化的过程。教

---

① ［荷］格特·比斯塔：《测量时代的好教育：伦理、政治和民主的维度》，张立平、韩亚菲译，北京师范大学出版社 2019 年版，第 21 页。

② ［法］爱弥尔·涂尔干：《道德教育》，陈光金、沈杰、朱谐汉译，上海人民出版社 2001 年版，第 309 页。

育促进个体社会化的功能主要表现在使个体形成社会价值观、完善自我观念、掌握社会技能和塑造社会角色四个方面。

1. 形成社会价值观

社会是人与人的集合，但人与人聚集在一起，可能是松散的联合体，并不必然构成社会。社会必须具有凝聚力，而凝聚力来自社会价值观。社会价值观是一个社会、国家和民族中所存在的、为其成员所共同认可的理想和信念。对于一个社会、国家和民族来说，社会价值观是精神支柱，对其社会成员具有一种精神聚合的作用，同时，为社会成员的行为指明方向。

教育促进个体社会化，首先，要使个体学习和掌握社会价值观，尤其是社会的核心价值观，并将其内化，形成个体的社会意识，成为个体确定行为目标和行为方式的导向。教育就是根据社会需要，对个体学习和掌握社会价值观的过程予以积极引导，培育和践行社会价值观。在我国，教育就是要引导学生广泛践行社会主义核心价值观，使其成为德智体美劳全面发展的社会主义建设者和接班人。

其次，要使个体学习和掌握社会规范，将之内化为自己的行为准则，做出符合社会规范的行为。社会规范是社会价值观在社会成员行为中的体现，是用以调整、控制、规约人们行为的准则。社会规范有正式和非正式之分，正式的社会规范表现为社会的道德、法律、规章、制度、纪律等，非正式的社会规范表现为社会的习俗、传统、民风、风尚等。个体在社会中生活，必然受社会规范的制约。社会规范作为外部的客观存在，必须为个体所认同，内化为个体的社会价值观，并在社会生活中表现出来。总之，社会价值观和社会规范的形成都是人的社会性的重要内容，教育必须引导学生学习和掌握社会价值观，尤其是社会核心价值观和公民道德规范，使学生形成符合社会要求的行为习惯，实现个体的政治社会化和道德社会化。

2. 完善自我观念

一个人怎样认识自我，会对他在社会生活中的角色定位和采取的社会行为产生重要的影响。培养和塑造自我观念，对个体社会化非常重要，而且因为人是社会的建构者，所以个体的自我观念也是社会发展的基础。

个体的自我观念有两个方面：一是人对自我的认识，尤其是对自己个性和独特性的认识；二是对自我与他人、社会相互关系的认识。前者使个体保持一个独立的自我，成为一个有个性的人；后者使个体从他人、社会中获得自我，使个人发展与社会要求相统一，成为一个负责任的社会中的我。这两个方面虽有矛盾，但又在矛盾中实现统一。孤立地强调某个方面，都不是对个体自我观念的正确认识。个体能否正确地认识自我观念的两个方面，并且处理好这两个方面的关系，是需要教育进行引导的。促进个体正确处理好个人与社会的关系，成为社会中的一员，是教育促进个体完善自我观念的重要任务。

3. 掌握社会技能

生活在社会中的人，必须具有一定的社会技能。社会技能是人生存的基本条件，也是人生活和工作的基本支撑。社会技能包括基本的生存技能和职业技能两个方面。基本的生存技能，包括衣食住行的技能，用以维持一个人基本的社会生存。在所有的生物中，人是本能最不成熟的生物，人类学家将人的自然未成熟性称为人的"未特性化"，也就是人的未完成性。人的这种未完成性为人的发展留下了空间，需要通过教育来弥补。教育可以使一个人掌握基本的生存技能，具备基本的生存能力，适应环境的要求和社会生活。职业技能即谋生的技能。人是社会生活的创造者，儿童期依赖父母生活，成年后则需要自己创造价值，需要自我谋生，这就需要掌握一定的职业技能。在传统社会，当技术水平较低时，家庭承担着传授职业技能的职责；在现代社会，随着职业的技术要求越来越高，职业技能的掌握必须依靠专门的教育。马克思指出："为改变一般人的本性，使它获得一定劳动部门的技能和技巧，成为发达的和专门的劳动力，就要有一定的教育或训练。"[1] 这种教育不完全是职业教育。职业教育固然直接传授专门的职业技能，但大工业生产"用那种把不同社会职能当做互相交替的活动方式的全面发展的个人，来代替只是承担一种社会局部职能的局部个人"[2]。现代社会职业的流动性、职能的更迭，使人的全面发展显得尤为必要。普通教育虽不直接传授职业技能，但它促进人的全面发展，为人适应大工业生产的全面流动奠定了基础。科学家爱因斯坦（1879—1955）也指出，"青年人在离开学校时，是作为一个和谐的人，而不是作为一个专家"，"发展独立思考和独立判断的一般能力，应当始终放在首位，而不应当把获得专业知识放在首位"。[3]

4. 塑造社会角色

社会化的最终结果是培养出符合社会要求的社会成员，让他们在社会生活中担当一定的角色，创造价值，为社会发展服务。角色本指演员在戏剧中所扮演的人物。社会学借用这个概念，意指每个人都在社会上担当一定的社会角色。社会角色是指个体在特定的社会关系中的身份及由此而规定的行为规范和行为模式的总和。具体地说，社会角色就是个人在特定的社会环境中的社会身份和社会地位，并按照一定的社会期望，运用一定权利来履行相应社会职责的行为。它规定一个人活动的特定范围和与人的地位相适应的权利、义务与行为规范，是社会对

① 《马克思恩格斯文集》第五卷，人民出版社 2009 年版，第 200 页。
② 《马克思恩格斯文集》第九卷，人民出版社 2009 年版，第 312 页。
③ 《爱因斯坦文集》第三卷，许良英、赵中立、张宣三编译，商务印书馆 2017 年版，第 174 页。

一个处于特定地位的人的行为期待。

个人在社会生活中扮演着各种各样的角色，在家庭中，可能是儿女，可能是父母，可能是兄弟姐妹；在学校里，可能是教师，可能是学生，可能是同学；在社会中，可能是同事，可能是上级，可能是邻居，可能是朋友。每一个角色都有其相应的行为规范，按照规范行动，才能真正承担其角色。例如，学生应该以学习为主，遵守学校纪律，认真学习，积极完成作业，等等，这样才符合人们对学生的角色期待。因为不同的社会角色具有不同的社会规范，决定了角色必须通过学习获得，这种学习不只是课堂中的知识学习，更重要的是在社会生活中、在交往中、在角色扮演中的学习。一个人在生活中可能会担任多种角色，这些角色之间可能会发生某种冲突，教育必须教会学生合理地进行角色协调，避免角色冲突。

二、教育促进个体个性化的功能

（一）个体个性化的含义

社会化是社会对人的共性要求。一个民族的人，一个国家的人，一个时代的人，一个行业的人，其社会化的要求都是相同的。例如，我们都是中国人，我们都是生活在 21 世纪的中国人，我们都是 21 世纪的中国大学生，因此，社会对我们有着中国人、21 世纪的中国人、21 世纪的中国大学生的共同规范和行为要求，这些规范和行为要求具有民族性、时代性和群体性。但社会化并不必然导致同质化，不可能造就完全相同的人，因为每个人的遗传因素不同，生活环境和所受教育不同，所参与的实践活动不同。加之个体具有主观能动性，即便对同样的影响，个体的认识和反应也不相同。因此，人在社会化中虽然形成了社会性的共同要求，但也使人与人之间个体的差异性显现出来，显示出人的独特性。也就是说，个体社会化并不排斥个体个性化，而且个体社会化的过程本身就是社会要求在个体身上显现的过程，每个人的个性都是个体社会化过程中的差异性。

个性化固然要发展人的个性，但不能等同于心理学意义上的"个性"发展。心理学的个性特指一个人独特的、稳定的和本质的心理倾向和心理特征的总和，如能力、气质、性格、兴趣、爱好、动机、志向、价值观等。个体个性化并不局限于个体的心理特征，教育学把每个人都看作独一无二的个体，个性化是指个体的独特性和差异性。怎样使一个人在社会化基础上成为独特的个体，是个性化的核心。与社会化的求同不一样，个性化是一个尊重差异的求异过程，它反映的不是对社会的适应，而是在适应社会基础上的发展、变革和创造。因此，个体个性化，就是在人的共同社会性的基础上，发挥人的自主性和能动性，充分把人的差异性和独特性彰显出来，实现个体我与社会我的统一、生命的个体价值与社会价值的统一。

（二）教育促进个体个性化的表现

围绕个体个性化的任务，教育促进个体个性化的功能主要表现在唤醒人的生命自觉、尊重个体的差异性和独特性、促进个性和创造性的发展三个方面。

1. 唤醒人的生命自觉

马克思指出："有意识的生命活动把人同动物的生命活动直接区别开来。"[①]人能够有意识地支配自己的生命活动，是一个自觉的生命体，具有自主性和能动性。所谓自主性，是人作为主体对待客体所表现出来的积极的、能动的特性。人所面对的客体有两类：一类是外部的客观世界，另一类是人自身。人作为主体，要积极改造外部世界，同时，也要改造自我，获得新的自我。"自主和自由一样，有两个尺度。第一个尺度描述个体的客观状况、生活环境，是指相对于外部强迫和外部控制的独立、自由，自决和自己支配生活的权利与可能。第二个尺度是对主观现实而言，是指能够合理利用自己的选择权利，有明确目标，坚韧不拔和有进取心。"[②]人对外部世界和内部世界的改造是统一的，对外部世界的改造是对内部世界的改造的资源和条件，人正是通过对外部资源的获取和吸收，来获得自我发展的资源和改造自身的。自主性使人在对待外部世界和自身时表现出能动性。能动性是人特有的认识世界、改造世界的能力，以及在认识世界、改造世界中所具有的精神状态，如决心、意志力和进取心。正是人的自主性和能动性，使人成为一个自我发展和生命自觉的主体。

如果没有生命的自觉，没有人的自主性和能动性，人的发展就会陷入被动的社会制约之中，人就成为同质化的社会工具，而不是一个独特的"我"。人的自主性、能动性是个体个性化的前提。没有个体的自主性、能动性，就不可能有人的个性化。自主性、能动性虽是人的特性，但它不是与生俱来的，而是通过后天的实践获得的。教育在唤醒人的自主性和能动性方面发挥重要的作用。对于个体发展而言，教育不仅传授知识、发展能力，更唤醒个体发展的主体意识，增强个体发展的能动性，使个体发展的过程成为个体自我提升的过程，唤醒个体生命的自觉。教育要传授知识，但传授知识不是教育的全部目的，还要把知识转化为促进个体自我发展的能力，使其成为滋养个体发展的能量。灌输式的教育，不可能唤醒和激发人的自主性、能动性，这就需要主体教育，给学生以主动探索、自主支配的时间和机会，把发展的主动权还给学生，让学生自主学习、探究学习，激

---

① 《马克思恩格斯文集》第一卷，人民出版社 2009 年版，第 162 页。

② ［苏］伊·谢·科恩：《自我论：个人与个人自我意识》，佟景韩、范国恩、许宏治译，生活·读书·新知三联书店 1986 年版，第 407 页。

发生命的自觉，促进生命创造性的发展。所以，叶澜教授指出，教育就在于"育生命自觉"①。

2. 尊重个体的差异性和独特性

人与人之间是有差异的，而且差异是绝对的。这种差异，首先来自遗传。不同的遗传因素塑造了个体不同的生物特性。虽然这些生物特性不能决定人未来发展的方向和成就，但它为人的个体发展、个性差异提供了物质基础，打上了生命底色。以这样的生物学个体差异为基础，人的发展取决于后天的环境、教育和实践活动等方面的影响。个体由于生活环境和实践活动的不同，后天发展的途径、方式及结果都会表现出较大的差异，即便是同卵双生子也是如此。这种个体发展的差异性，既有生物学的自然影响，也有社会生活的自发影响。这种自发影响可能出现有利于个体个性化的一面，也可能出现有碍于个体个性化的另一面。

教育作为有目的地促进人的发展的社会实践活动，需要依据每个学生的个别差异进行。真正的教育，是适合每个人的个性化教育、差异化教育，而不是大一统的划一性教育。划一性教育假定所有学生是没有差异的，以统一的教育内容、统一的教育进度、统一的教育方式面对所有学生，泯灭了学生的个别差异和独特性。教育必须改变这种"目中无人"和"千人一面"的现象，根据每个人的特性和发展的不同要求，创造适合每个人的教育环境，设计适合每个人的课程，采取适合每个人的教育方式，发展每个人的个性。这样的教育未必是回到古代的个别教学，在班级授课制的集体教学中，可以通过改革教学形式，实施走班制、分层教学、分类指导，增加选修课，开发校本课程等，因材施教，为每个学生找到最适合自己的发展资源和发展方式，充分发挥每个学生的潜能，让每个学生都成为最好的自己。

3. 促进个性和创造性的发展

个体个性化的最终结果是促进人的个性发展。教育要发展人的个性，首先是要唤起人的自主性和能动性，尊重并适应个体差异性和独特性，同时，针对个体差异性和独特性，实施特色化、个性化的教育。对个人发展而言，学生更乐意接受适合自己优势潜能和兴趣爱好的学习方式，因此，学校必须为学生的优势潜能和兴趣爱好的发展提供合适的教育，允许他们选择适合自己的教育，推进学校的特色化和多元化发展，为学生的个性化选择提供条件。

创造性是人的个性的核心品质，是个体在创造活动中所表现出的自主、独特、与众不同的心理倾向。个性不是说与别人不同的话，做与别人不同的事，这些不同的话、不同的事能否成为个性，取决于它是否具有价值，是否能够成为一

---

① 叶澜：《"生命·实践"教育的信条》，《光明日报》2017年2月21日。

种创造性活动。创造是人生产新颖、独特、有价值的产品的活动。创造性不仅是自我意识的独特表现，同时其所表达的观点、所具有的行为都要新颖、有价值。胡言乱语尽管是独特的，但不具备创造性，因为它没有产生出新颖的、有价值的产品。创造性不是自发的，而是需要有意识地培养的。创造性的培养就是要激发人的好奇心与求知欲，培养人的创新意识和创新精神，教人以创造的方法，发展人的创造能力，特别是创造性想象和批判性思维的能力，以及善于进行变革和解决问题的能力。创造性的培养不是某种心理品质的培养，不能通过某种专门的创造性（思维）课程来完成，"人是在创造活动中并通过创造活动来完善他自己的"[①]。也就是说，人只有在创造性教育中，通过创造活动，才能促进创造性生长。保守的教育活动，无法培养人的创造性，反而会压抑人的创造性。

三、个体社会化和个体个性化的关系

教育具有促进个体社会化和个体个性化的功能，正确认识个体社会化和个体个性化的关系，既要看到二者对立的一面，又要看到二者统一的一面。

个体社会化和个体个性化的对立主要表现在三个方面：第一，基点不同。个体社会化基于社会的需要，反映的是社会对人的要求，代表的是社会利益；个体个性化基于个体自身的发展，反映的是个体自身发展的独特需要，代表的是个人的利益。第二，目的指向不同。个体社会化发展的是人的社会性和共性，个体个性化发展的是人的个性和独特性。第三，人与社会的关系不同。个体社会化反映的是人对社会的适应，体现的是社会对人的制约关系；个体个性化按照人自身的发展需要，发展个体的社会批判能力，反映的是人对社会的变革与超越。在不同的社会，个体社会化和个体个性化对立的程度、性质不同。在古代社会，在"人的依赖关系"状态下，社会完全压制个人，个人没有独立性。在近代社会，在18世纪"孤立的个人"时代和资本主义的"市民社会"中，重视"以物的依赖性为基础的人的独立性"[②]，解放个人和个性。资本主义私有制使个人与社会对立起来，社会主义公有制使个人的利益与社会的利益相统一，保证了个人发展与社会要求的统一。

个体社会化和个体个性化的统一主要表现在四个方面：第一，它们是人的发展的两个必要方面。社会性和个性是人的发展不可分割的两个方面，个体社会化和个体个性化也是促进人的发展不可或缺的两个方面。单一的社会化或单一的个

---

① 联合国教科文组织国际教育发展委员会编著：《学会生存——教育世界的今天和明天》，华东师范大学比较教育研究所译，教育科学出版社1996年版，第188页。
② 《马克思恩格斯全集》第三十卷，人民出版社1995年版，第107页。

性化，都不可能造就一个真正的人。第二，二者在社会实践活动中实现统一。虽然指向不同、目的不同，但个体社会化和个体个性化不是孤立的，二者统一于社会实践活动中。社会实践活动既有社会对个体的客观要求，实现个体的社会化，又有个体对社会要求的主观建构，实现个体的个性化。因此，社会实践活动既造就了人共同的社会性，又塑造了人独特的个性，是社会性和个性有机统一的过程。第三，人类社会发展的最终目的，是实现社会要求和个性发展的完美统一。在历史发展的不同阶段，人与社会存在不同性质的矛盾，导致了个体社会化和个体个性化之间的矛盾。这种矛盾是生产力发展不充分、社会民主不完善的结果。马克思、恩格斯论述了共产主义社会每个人的自由发展与一切人的自由发展的关系："代替那存在着阶级和阶级对立的资产阶级旧社会的，将是这样一个联合体，在那里，每个人的自由发展是一切人的自由发展的条件。"[①] 个人自由发展的实现，以社会的发展即"自由人联合体"的形成为前提。只有在"自由人联合体"中，个人才能获得全面发展的条件和可能。这就是说，共产主义作为人类社会的理想，最终将实现社会要求与个人发展的完美统一。第四，新时代中国特色社会主义要求以中国式现代化促进社会进步和人的全面发展。党的二十大报告指出，中国式现代化是人口规模巨大的现代化，是全体人民共同富裕的现代化，是物质文明和精神文明相协调的现代化，是人与自然和谐共生的现代化，是走和平发展道路的现代化。而所有这一切的实现，关键是人的现代化。人的现代化，既是中国式现代化的动力，也是中国式现代化的目的。推进中国式现代化建设，必须坚持以人民为中心，促进人的全面发展，把实现人民对美好生活的向往作为现代化建设的出发点和落脚点，不断增进全体人民的获得感、幸福感，最终实现人的现代化和自由全面发展。

第三节　教育促进个体发展的条件

　　教育促进个体的发展，就是要实现个体社会化和个体个性化的统一。但并非所有的教育都能够促进个体社会化和个体个性化的统一，有的教育反而有损于个体社会化和个体个性化的统一，或造成二者的对立，以社会化的要求压制人的个性化发展。这种对个体发展消极的阻碍作用，就是教育对个体发展的负功能。例如，划一性的教育、陈腐的传统教育思想和落后的教学方法，都压制人的自主性、独特性、差异性，压抑人的创造精神，泯灭人的个性，都属于教育对

---

① 《马克思恩格斯文集》第二卷，人民出版社 2009 年版，第 53 页。

个体发展的负功能。所以，教育要发挥促进个体发展的功能，必须正确地认识和把握促进个体发展的条件，在遵循这些基本条件的前提下，实施适合每个人的教育。

教育要实现促进个体发展的功能，首先，要坚持"育人为本"；其次，要发挥学生的主体作用；最后，要发展素质教育。

一、坚持"育人为本"

鲁洁：《教育的原点：育人》

教育活动与政治活动、经济活动的不同，在于教育是育人的活动。育人是教育的本质，也是教育的独特价值所在。为此，我们必须确立"育人为本"的理念，坚持教育为了人的发展，以促进人的发展为根本要求。

理解"育人为本"的内涵和精神实质，需要把握以下三个方面：

（一）以人为出发点

教育的出发点是人，还是社会？这是一个有争议的问题。社会本位论者把社会作为教育的出发点，个人本位论者把个人作为教育的出发点。但无论是社会本位论，还是个人本位论，它们都割裂了个人与社会的关系，都不符合马克思主义的观点。马克思主义认为，社会和人是统一的：人是社会的人，人的本质是社会关系的总和；社会是人的社会，社会是人的存在形式；社会不能离开人，人也不能离开社会，人与社会相互决定、互为条件。马克思把人视为历史的"剧中人"，又把人视为历史的"剧作者"。作为历史的"剧中人"，历史塑造着"人"；作为历史的"剧作者"，人创造着历史。虽然人与社会相互作用、相互规定，但相对于社会而言，人是一个更根本的因素。人是社会历史的主体，历史是人的创造物。

既然社会是人的社会，历史是人的历史，那么，要推动社会发展，首先必须着眼于人的发展。人的发展是社会发展的目的。马克思主义对人的认识不同于个人本位论，个人本位论抛开了社会对人的制约性，是一种抽象的人性观。马克思主义既看到了社会对人制约的一面，又看到了人创造社会的一面。对于个体来说，前者使人作为社会的产物，适应社会的要求；后者使人按照自己的意志，改造社会，彰显个性的一面。因此，马克思主义所说的人，是社会性和个性统一的人。

教育作为培养人的社会实践活动，意味着教育必须直面人的存在、促进人的发展。人是教育的出发点，促进人的发展是教育的归宿。这是教育的本质所在，也是教育促进个体发展的基本条件。首先，人是教育的出发点。教育的直接目的是满足个体生命发展的需要，促进人的自由而全面的发展是教育的最高目的。其次，培养人是教育的根本职能。教育促进社会发展的功能，只能通过培养人来实现，而不是像政治、经济等社会子系统一样，对社会发挥直接作用。最后，教育培养的是社会历史的创造者，而不是适应社会的客体。人作为社会的客体，只思考社会需要什么样的人，什么样的教育适合社会的需要，这是一种适应性的教育。人作为社会历史的创造者，需要思考什么样的社会能够适应人的发展需要，什么样的教育能够满足人的发展需要。教育通过培养社会历史的主体引领社会发展，创造新的社会，这是一种超越性的教育。

（二）以促进人的发展为根本

确立人是教育的出发点，使教育的中心由社会要求转向人的发展，但培养什么人、怎样培养人、为谁培养人，依然是需要进一步思考和回答的根本问题。因为对"人"的不同理解往往会形成不同的教育价值取向和实践追求。例如，有的教育以人为目的，注重人的全面而自由的发展，可以称为人本教育；有的教育则把人作为工具，以人为手段，塑造人的工具价值，可以称为工具式教育。

工具式教育并不是从人出发，也没有把人作为目的，只是把人作为满足社会要求的工具和手段。这种教育，虽然也在发展人，但强调教育的工具价值，忽视教育在培养人、促进人的发展方面的本体价值。它强调人的社会化共性的一面，忽视甚至压抑人的个性化独特的一面。培养的人缺乏个性、独立人格和创造活力，只是作为社会工具，被动地适应社会的要求，而不是作为社会历史的主体，去改造和超越现实，推动社会的发展。工具式教育强调教育为社会发展服务，忘记了社会发展的根本目的是人的发展，结果本末倒置，把手段当成目的。这种教育只把人培养成社会工具，为既定的社会服务，不知道社会更要为人服务，而且首先要为培养人、发展人服务。人的教育，应该把人作为目的，全面扩展人的价值，提高人的整体素质，促进人的全面发展。

尽管在社会中，每个人都承担一定的社会角色，成为社会的一员，但这并不意味着人必须成为社会的工具。在人与社会的关系中，人是主体，人在创造社会关系中，形成人自身，满足人的发展需要。所以，教育促进人的社会化，使人成为某一社会角色，但不能只局限于此，否则，教育就陷入了狭隘的世俗主义、功利主义之中，满足于眼前的需求，忽视人自身的长远发展。人的全面发展是人承担某一社会角色的前提。教育首先使人成为人，然后，才能使人在社会生活中承担某种角色。联合国教科文组织国际教育发展委员会主席埃德加·富尔指出："人类发展的目的在于使人日臻完善；使他的人格丰富多彩，表达方式复杂多样；使他作为一个人，作为一个家庭和社会的成员，作为一个公民和生产者、技术发明者和有创造性的理想家，来承担各种不同的责任。"① 联合国教科文组织在《教育——财富蕴藏其中》中再次强调："教育不仅仅是为了给经济界提供人才：它不是把人作为经济工具而是作为发展的目的加以对待的。使每个人的潜在的才干和能力得到充分发展，这既符合教育的从根本上来说是人道主义的使命，又符合应成为任何教育政策指导原则的公正的需要，也符合既尊重人文环境和自然环境又尊重传统和文化多样性的内源发展的真正需要。"② 因此，育人为本的实质，就是坚持以人的全面进步和发展为本，把人作为社会的主体和中心，在社会发展中满足人的需要，提升人的品质，促进人的全面发展。

（三）以"育人为本"为教育工作的根本要求

党的十七大把科学发展观写入了党章，党的十八大又把科学发展观确立为党的指导思想。科学发展观的第一要义是发展，核心是以人为本，根本方法是统筹兼顾。以科学发展观为指导，党的十七大提出了教育改革必须坚持"育人为本，德育为先"。党的十八大深化"育人为本"的教育理念，提出"把立德树人作为教育的根本任务，培养德智体美全面发展的社会主义建设者和接班人"。党的十九大再次明确提出："要全面贯彻党的教育方针，落实立德树人根本任务，发展素质教育，推进教育公平，培养德智体美全面发展的社会主义建设者和接班人。"党的二十大指出："培养什么人、怎样培养人、为谁培养人是教育的根本问题。育人的根本在于立德。全面贯彻党的教育方针，落实立德树人根本任务，培养德智体美劳全面发展的社会主义建设者和接班人。""育人为本"不是空洞的理念，它旨在落实立德树人的根本任务，坚持全面发展，能力为重，发展素质教育，健全全员育人、全过程育人、全方位育人的体制机制，培养德智体美劳全面发展的社会主义建设者和接班人，它回答了我国教育"培养什么人、怎样培养人、为谁培养人"的根本问题，为今后的教育改革指明了发展方向。

坚持"育人为本"，就是要使教育面向每一个学生，关心每个学生，促进每个学生生动活泼地主动发展；坚持尊重个性和承认差别，办好适合每个学生成长需要的个性化和特色化教育，为每个不同家庭背景、不同智力水平、不同性格和志向的学生提供与之相匹配的学习和成才机会，让每个学生都有人生出彩的机会。

教育为了每个人的发展，也就是为人民谋福祉。因此，育人为本，不仅要以个体发展为本，而且要以人民为本，以满足人民群众的需要为本，特别是要满足人民群众渴望接受公平而有质量的教育的需要，切实保障人民群众及其子女接

---

① 联合国教科文组织国际教育发展委员会编著：《学会生存——教育世界的今天和明天》，华东师范大学比较教育研究所译，教育科学出版社 1996 年版，"呈送报告"部分第 2 页。

② 联合国教科文组织国际 21 世纪教育委员会编著：《教育——财富蕴藏其中》，联合国教科文组织总部中文科译，教育科学出版社 1996 年版，第 70 页。

受良好教育的权益，推进教育公平，促进教育优质均衡发展，努力办好让人民满意的教育，办好让人民满意的学校，让教育发展的成果惠及全体人民。

二、发挥学生的主体作用

从教育活动的要求看，教师在教育活动中起主导作用，学生是教育活动的主体。学生是教育活动的主体有两个方面的含义：第一，学生是发展的主体。教育促进人的发展，而人的发展是自己的发展，是他人所不能替代的，是自主的发展。虽然人的发展借助教育，教育可以加速和引导人的发展方向，但教育必须遵循人的发展规律，必须把人作为发展的主体。这是教育促进人的发展的一个基本要求。第二，学生是教育活动的主体。马克思认为，"人的类特性恰恰就是自由的自觉的活动"①。人只能在自由的自觉的活动中得到发展，在由他人所支配的活动中，个体不可能得到发展。因此，在教育过程中，学生是活动的主体，是自我教育、自我发展的主体。这是落实素质教育，促进学生生动活泼地主动发展的前提。

传统的教育观念，把教师作为教育的主体，把学生作为教育的客体，教育就是教师对学生施加影响的过程。这种教育观念无视学生发展的主体地位，也无视学生在教育活动中的主体性。巴西教育学家保罗·弗莱雷（1921—1997）在《被压迫者教育学》中详细描述了这种状况的一些表现：（1）教师教，学生被教；（2）教师无所不知，学生一无所知；（3）教师思考，学生被考虑；（4）教师讲，学生听——温顺地听；（5）教师制订纪律，学生遵守纪律；（6）教师做出选择并将选择强加于学生，学生唯命是从；（7）教师做出行动，学生则幻想通过教师的行动而行动；（8）教师选择学习内容，学生（没人征求其意见）适应学习内容；（9）教师把自己作为学生自由的对立面而建立起来的专业权威与知识权威混为一谈；（10）教师是学习过程的主体，而学生只纯粹是客体。② 上述这些表现已经成为传统教育的常态，制约了学生主动的发展，使培养出的学生缺乏活力，缺乏创造力，唯唯诺诺，难以成为社会发展的主体。

改变传统教育，必须改变"学生是客体"的观念，树立"学生是主体"的观念。这就要求在教育过程中确立学生的主体地位，通过学生的主体活动，发展学生的主体性。

（一）确立学生在教育活动中的主体地位

教育主体是教育活动中具有自主性与能动性的存在者，是教育活动中人的因

---

① 《马克思恩格斯全集》第四十二卷，人民出版社 1979 年版，第 96 页。
② ［巴西］保罗·弗莱雷：《被压迫者教育学》，顾建新、赵友华、何曙荣译，华东师范大学出版社 2001 年版，第 25—26 页。

素。教育活动中人的因素有两个：教师和学生。关于教师和学生谁是教育活动的主体，一度存在着争论。如前所述，传统教育把学生作为客体，20 世纪 80 年代，我国教育者提出学生既是教育的客体又是教育的主体，引发了教育过程中教师和学生主客体地位的大讨论，先后出现了"教师单一主体论""学生单一主体论""教师与学生双主体论""教师主导与学生主体"等多种不同的认识，尽管这些认识存在着差异，但越来越多的学者都认识到学生在教育过程中的主体地位。教育过程不是教师对学生进行灌输和强迫改变的过程，而是教师引导学生自主发展、自我建构的过程。教师不能把学生作为被动的客体施加影响，作为接受知识的容器灌输，只能把学生作为发展的主体、学习的主体。教师的作用是为学生的发展提供资源，调动学生学习的积极性，引导学生独立学习、自主发展。联合国教科文组织国际教育发展委员会在《学会生存——教育世界的今天和明天》报告中深刻地指出："未来的学校必须把教育的对象变成自己教育自己的主体，受教育的人必须成为教育他自己的人；别人的教育必须成为这个人自己的教育。"① 教育要确立学生在教育过程中的主体地位，把学生真正当主体，防止教师不当地发挥"主导"作用，使学生处于"被导"的地位，剥夺学生发展的主动权。教育是教师引导与学生自主建构的结合，教师既要放手学生，让他们自主发展，又要做好引导工作，充分调动他们发展的主动性和自觉性，同时，也要防止学生的发展偏离社会发展的要求，及时引导他们形成符合社会要求的正确价值观。

（二）把发展的主动权还给学生

就像一个人只能亲自生活，而不能由别人代为生活一样，一个人只能亲自发展，而不能由别人代为发展，这是一个朴素的真理。在教育过程中，教师不能代学生发展，发展的主动权只能掌握在学生自己手中，学生是学习活动的主体。但是，在传统教育中，课堂和班级都被牢牢地掌握在教师手中，教师常常剥夺学生自主发展的权利，以详细的讲解和示范代学生思考，代学生活动，学生失去独立思考的机会、独立活动的机会，丧失发展的主动权，处于"被发展""被塑造"的状态。要改变这种实践状况，必须把发展的主动权还给学生。

发展的权利本应该在每个人自身，之所以要把发展的主动权还给学生，是因为传统的教育剥夺了学生发展的主动权。为了把发展的主动权由教师还给学生，实现学生发展方式的转型，使学生由被动的接受者转变为主动的学习者，必须为学生主动学习提供可能的时间、空间和机会，为他们的主动发展提供保障。

学生主体性的发展，只能通过实践活动来实现。"人的活动是社会及其全部

---

① 联合国教科文组织国际教育发展委员会编著：《学会生存——教育世界的今天和明天》，华东师范大学比较教育研究所译，教育科学出版社 1996 年版，第 200 页。

价值存在与发展的本原，是人的生命以及人作为个性的发展与形成的源泉。"①"离开了探究，离开了实践，一个人不可能成为真正的人。"② 学生作为实践活动的主体，其主体性的发展必须在探究和活动中实现。因此，教育重要的不是告诉学生什么，不是给予学生什么，而是让学生通过主动探索和创造活动，在对知识的理解、对活动过程的体验中获得主体性的提升，体验生命成长的滋味和意义。

（三）发展学生的主体性

学生的主体地位，不能只停留在教师还权于学生，教师把学生作为主体，更重要的是唤醒学生的主体意识，培养学生的主体性。主体性是指主体与客体相互作用时所表现出来的积极的、能动的功能态势，集中表现为自主性、能动性和创造性。但仅仅把主体性限定在主体对客体的关系中是不全面的，因为"马克思认为，主客体关系是以主体间的交往为中介的，主体性不仅表现在'他们对自然界的一定关系'中，而且表现在'劳动主体相互间的一定关系'中。也就是说，在马克思看来，人的主体性还包括不同的主体在一定的社会历史条件下为变革某一客体而进行的相互交往的特性"③。这种主体和主体之间相互交往的特性，就是主体间性，它是人的主体性的重要组成部分。可以说，主体间性是主体性在人与人之间关系中的表现。因此，培养学生的主体性，不是培养单子式的个人主体性，而是培养其交往主体性，即主体间性。主体间性，不仅把自己当作主体，也把他人当作主体，人与人之间是共生主体。

主体间性超越了主客体关系中的个人主体性，把主体性置于主体与主体的关系之中。主体间性不是对个人主体的否定，相反，它保留了个人作为主体的根本特征，同时强调主体间的相关性、和谐性和整体性。④ 所以，教育要培养学生的主体性，但不能使个人主体性走向个人主义，必须用主体间的关系约束个人主体性的过分张扬，强调主体间的平等对话、理解、交往。教育不是培养占有性的个人主体、"精致的利己主义者"，而是培养和谐社会的共生主体和人类社会的主体。

三、发展素质教育

素质是人的身心发展的基本状态和水平，它以人的天赋为基础，在后天的环

---

① 瞿葆奎主编：《教育学文集·课外校外活动》，人民教育出版社 1991 年版，第 3 页。

② ［巴西］保罗·弗莱雷：《被压迫者教育学》，顾建新、赵友华、何曙荣译，华东师范大学出版社 2001 年版，第 25 页。

③ 袁贵仁：《马克思主义人学理论研究》，北京师范大学出版社 2012 年版，第 107 页。

④ 冯建军：《主体教育理论：从主体性到主体间性》，《华中师范大学学报（人文社会科学版）》2006 年第 1 期，第 115—121 页。

境和教育的影响下形成，主要包括身体素质、心理素质、道德素质和科学文化素质等。教育作为培养人的活动，其目的就是不断提升人的素质。我国教育自 20世纪 80 年代以来，一直反对"应试教育"，倡导素质教育。素质教育以提高国民素质为目的，重点是面向全体学生，促进学生主动地、生动活泼地发展，着力提高学生服务国家服务人民的社会责任感、勇于探索的创新精神和善于解决问题的实践能力，培养德智体美劳全面发展的社会主义建设者和接班人。具体来说，素质教育的内涵包括以下五个方面：

（一）素质教育以提高国民素质为目的

1985 年，《中共中央关于教育体制改革的决定》明确提出："教育体制改革的根本目的是提高民族素质，多出人才、出好人才。"这在国家层面上明确了素质教育的指向和意义。1993 年颁布的《中国教育改革和发展纲要》指出，中小学要从"应试教育"转到全面提高国民素质的轨道，面向全体学生，全面提高学生的思想道德、文化科学、劳动技能和身体心理素质，促进学生生动活泼地发展。1999 年，中共中央、国务院颁布的《关于深化教育改革全面推进素质教育的决定》明确提出，素质教育以提高国民素质为根本宗旨，并对受教育者提出了"四个统一"的要求，即"坚持学习科学文化与加强思想修养的统一，坚持学习书本知识与投身社会实践的统一，坚持实现自身价值与服务祖国人民的统一，坚持树立远大理想与进行艰苦奋斗的统一"。2002 年，党的十六大报告提出，要"全面推进素质教育，造就数以亿计的高素质劳动者、数以千万计的专门人才和一大批拔尖创新人才"。"以提高国民素质为目的"这一根本定位，使素质教育超越了学校教育，成为政府、学校、社会和家庭的共同责任，成为"一项事关全局、影响深远和涉及社会各方面的系统工程"。2012 年，党的十八大报告提出，"全面实施素质教育，深化教育领域综合改革，着力提高教育质量，培养学生社会责任感、创新精神、实践能力"。党的十九大报告和二十大报告把"实施素质教育"改为"发展素质教育"，使素质教育进一步深化。党的二十大报告强调，"落实立德树人根本任务，培养德智体美劳全面发展的社会主义建设者和接班人"，这赋予了素质教育新时代的内涵。

（二）素质教育是面向全体学生的教育

素质教育是为了克服"应试教育"只面向少数学生而提出的，因此，面向全体学生一直是素质教育的要求之一，也得到国家关于素质教育政策的有力支撑。从 1993 年的《中国教育改革和发展纲要》，到 1999 年的《关于深化教育改革全面推进素质教育的决定》，再到 21 世纪的《国家中长期教育改革和发展规划纲要（2010—2020 年）》都明确要求，素质教育要面向全体学生，为每个学生的全面发展创造相应的条件。素质教育以提高国民素质为目的，国民素质不是某部分人的素质，而是全体国民的素质。因此，素质教育必须面向全体，致力于提高每个人的素质。实施素质教育，就是要在教育教学过程中，为每个人提供平等的受教育机会和均等的教育资源，为每个人提供适合的教育，推动教育的公平发展。

（三）素质教育是全面性、主体性和可持续性的教育

从发展的特征看，素质教育具有全面性、主体性和可持续性。（1）全面性。素质教育是马克思主义关于人的全面发展教育的现实化。所以，实施素质教育，必须把德智体美劳"五育"有机结合起来，坚持"五育并举""五育融合"，促进学生的全面发展和健康成长。（2）主体性。素质教育要求学生主动地、生动活泼地发展，以区别于"应试教育"中学生死记硬背、灌输式的被动发展。从学生发展的形式看，素质教育是一种主体教育，它把学生视为教育主体，强调学生自主探究、自主发展。（3）可持续性。"应试教育"中沉重的学业负担、机械的学习方式泯灭了学生求知的欲望和学习兴趣，这是以牺牲学生的发展动力为代价的。素质教育激发学生的兴趣、爱好，培养他们自主学习和终身学习的能力。全面的素质发展，为学生进一步发展奠定了基础，提供了动力，促使学生后续可持续的发展。

（四）素质教育是促进学生个性发展的教育

素质教育全面提升学生的素质，全面发展学生每一方面的素质。素质教育要求学生全面发展，但全面发展既不是平均发展，也不是划一发展。因为每个人都是一个独特的个体，他们的兴趣、爱好、个性特征、理想追求不同，具有差异性。教育对他们全面发展提出要求，同时，也为他们个性发展提供适宜的条件，包括因材施教、多元化教育、特色教育等。所以，素质教育既重视学生的全面发展，使他们在基本方面达到统一标准，实现共同发展，又在此基础上，重视学生的差异性和特长，为不同的学生提供不同的教育，提出不同的要求，促进他们的个性发展。在实践中，一些学校提出了"合格加特长"的模式。"合格"是对全体学生共同发展的整体要求，是最基本的标准，也是发展特长的基础，学生必须在德智体美劳等方面打下坚实的基础。"特长"是对全体学生差别发展的个性教育，也是合格基础上的发展，注重培养学生的兴趣，鼓励每一个学生在某一方面形成优势、学有所长。进入新时代，素质教育在全面发展的基础上，尤其要着力造就拔尖创新人才，培养学生的创新能力，适应中国式现代化建设的需要。

（五）素质教育要着力提高学生的社会责任感、创新精神和实践能力

素质教育是全面提升国民素质的教育，是促进学生素质全面发展的教育。但在某个时期，素质教育又会针对当时社会的要求和教育存在的不足，突出和强调

某一方面的素质。1999 年，中共中央、国务院颁布的《关于深化教育改革全面推进素质教育的决定》提出，素质教育以培养学生的创新精神和实践能力为重点。

实施素质教育过程中需要澄清的若干认识问题

面对各种道德问题和道德困境，社会出现了一定程度的道德危机。为了及时走出道德困境，解决道德危机，素质教育开始强调德育为先，把提高学生的思想道德素质作为素质教育的重点之一。2012 年，党的十八大报告明确提出，全面实施素质教育，培养学生社会责任感、创新精神、实践能力。素质教育的重点增加了培养学生的社会责任感，而且放在了首位。2014 年，《教育部关于全面深化课程改革　落实立德树人根本任务的意见》明确提出：全面深化课程改革，"把培育和践行社会主义核心价值观融入国民教育全过程"，"推动社会主义核心价值观进教材、进课堂、进头脑，着力培养学生高尚的道德情操、扎实的科学文化素质、健康的身心、良好的审美情趣，努力使学生具有中华文化底蕴、中国特色社会主义共同理想、国际视野，成为社会主义合格建设者和可靠接班人"。党的二十大报告提出"以中国式现代化推进中华民族伟大复兴"，强调"必须坚持科技是第一生产力、人才是第一资源、创新是第一动力"。因此，新时代的素质教育必须以培养学生的社会责任感、创新精神、实践能力为重点，突出对创新人才的培养。这是时代的呼唤，也是现阶段素质教育的重点。

思考题

一、名词解释题

人的发展　遗传因素　个性　先天的因素　后天的因素　成熟教育的个体发展功能　个体社会化　个体个性化　素质教育

二、简答题

1. 人的发展有哪些特征？认识这些特征对于教育有什么意义？

2. 影响人的发展的因素有哪些？

3. 学校教育在个体发展中有哪些独特价值？

4. 简述教育促进个体发展的功能及其表现。

三、论述题

1. 结合实际，论述怎样才能有效地发挥教育促进个体发展的功能。

2. 结合实际，说明影响发挥学生主体作用的因素，以及如何发挥学生的主体作用。

3. 结合现实，分析"应试教育"的危害和发展素质教育的必要性。

四、材料分析题

每个学生都是独一无二的个体，禀赋、才能、爱好和特长不尽相同，不能只关注学习好的学生，使很多学生被忽视、被遗忘，体会不到学习的成就和成长的快乐，越来越没有信心。要尊重学生、理解学生、信任学生、激励学生、公平公正对待学生，相信每一个学生都是可塑之才，善于发现每一个学生的闪光点和特长。①

请结合人的发展特征，论述习近平上述讲话内容的科学性，并结合上述内容，谈谈教育应该如何对待每一个学生。

---

① 习近平：《论教育》，中央文献出版社 2024 年版，第 13 页。

第四章 教育目的

马克思说："蜜蜂建筑蜂房的本领使人间的许多建筑师感到惭愧。但是，最蹩脚的建筑师从一开始就比最灵巧的蜜蜂高明的地方，是他在用蜂蜡建筑蜂房以前，已经在自己的头脑中把它建成了。"① 这说明，人与动物的区别在于，人是有意识的，人的活动是有目的的。教育，尤其是学校教育，作为人的活动、人为的教育活动，其目的性更强。一切教育活动，包括课程内容的确定、教学方法的选择、教学效果的评价、教育功能的实现等都要以教育目的为依据，围绕教育目的来展开，最终也都是为了实现教育目的。所以，教育目的既是整个教育活动的出发点，也是教育活动的归宿。教育目的既是教育的根本问题，对一切教育工作具有指导意义，同时也是教育理论建构的根基。准确认识和把握教育目的，对于教育实践和教育理论来说，都极为重要。

第一节 教育目的概述

一切教育活动都是围绕教育目的而组织、为实现教育目的而开展的活动。什么是教育目的？它与培养目标、课程目标、教学目标之间是什么关系？如何确定教育目的？其依据是什么？这些都是教育目的研究需要回答的问题。

一、教育目的的内涵

目的是人活动的指向，是人对活动结果的期待。教育是培养人的社会实践活动，教育目的是对培养人的期待和要求，即通过教育能够培养什么样的人。这种期待可能来自不同的人和组织，既有政治家、教育家、教师、家长等个人，也有政党、国家、社会等组织。从广义上来看，所有个人和组织对教育培养什么样的人的期待，即把受教育者培养成什么样的人，使受教育者的身心发生什么样的变化，都可以称为教育目的。但现代教育是国家的事业，具有公共性，国家对培养什么样的人有着特定的要求，这就构成了狭义的教育目的。狭义的教育目的是国家对培养什么人的总体期待，即国家对各级各类学校培养人才的质量和规格的总体要求。不管是幼儿园、小学、中学，还是高等学校，不管是普通学校，还是职业学校，虽然它们的培养目标有差异，但在教育目的上是一致的，体现了国家对

---

① 《马克思恩格斯文集》第五卷，人民出版社 2009 年版，第 208 页。

人才培养的共同要求。社会组织和个人对受教育者成为什么样的人会有不同的期待和要求，但国家对受教育者成为什么样的人的期待和要求是根本的，对广义的其他教育目的起指导、调节、统摄的作用。也就是说，广义的其他教育目的应与国家的教育目的保持一致。

教育学所讲的教育目的是狭义的，即国家对教育培养人才的核心素养、质量和规格的总要求。国家的教育目的可能由某个人（如政治家、教育家等）提出、倡导，但它得到国家认可，由国家制定，体现国家意志，代表国家对受教育者发展水平的总要求。

从内容上讲，教育目的主要回答两个问题：一是培养为什么社会服务的人，对教育要培养的人才的社会价值做出定位，明确其社会性质。二是培养什么素质的人，对教育要培养的人才的身心素质做出规定，明确受教育者在哪些方面得到发展，发展的水平要求如何。例如，现阶段我国的教育目的是"培养德智体美劳全面发展的社会主义建设者和接班人"，其中，"社会主义建设者和接班人"明确了人才的社会性质，"德智体美劳全面发展"体现了对要培养的人才的素质要求。

与教育目的紧密联系的还有教育方针、教育宗旨。教育方针是国家或政党在一定历史阶段规定的教育工作的总方向，是一定时期内国家教育发展总的指导思想和发展方向，包括对教育的性质、宗旨以及实现教育目的的基本途径等方面的原则性规定。教育目的和教育方针都体现了国家对教育的要求，但二者的着眼点和角度不同。在我国，教育方针由国家制定，具有权威性，它规定了教育目的、教育手段以及发展教育事业的根本策略等。教育目的是对教育要培养的人的总要求。教育方针要及时反映特定时期社会政治、经济的要求，教育目的指向人才的培养。教育目的和教育方针虽然有所区别，但教育方针包含教育目的，我们说教育目的时，通常提及教育方针，因此，在实际中两者又经常混用。

新中国成立前，我国近代教育多以教育宗旨表示教育目的、教育方针。教育宗旨的制定主体是国家教育行政部门，具有权威性，其内容主要指向实施什么样的教育，培养什么样的人。新中国成立后，教育宗旨不再出现在官方的文件中，代之以教育方针或教育目的。

二、教育目的的作用

教育目的既是教育活动的出发点，也是教育活动的归宿。教育活动围绕教育目的而设计、实施，最终也是为了实现教育目的。教育目的在教育活动中具有导向作用、激励作用、评价作用和调控作用，这些作用贯穿教育活动的始终，确保教育活动不偏离教育目的，最终实现教育目的。

1. 导向作用

习近平多次指出，培养什么人、怎样培养人、为谁培养人是教育的根本问题。不仅"培养什么人"体现着教育的目的，而且"为谁培养人"规定着培养人的性质。中国共产党领导的教育必须"为党育人、为国育才"，这就决定了"必须坚持教育为人民服务、为中国共产党治国理政服务、为巩固和发展中国特色社会主义制度服务、为改革开放和社会主义现代化建设服务"[①]。教育目的为教育事业的发展提供根本方向，还决定着培养人的发展方向。我们培养的人必须是社会主义建设者和接班人，而绝不能培养社会主义破坏者和掘墓人。这是我国教育目的对教育发展和教育活动的根本导向，是必须把握的大是大非问题，决不能偏离。

2. 激励作用

目的与结果不同，目的是应然的指向，结果是实然的状态。教育活动就是要实现教育目的，使教育目的由应然状态转变为实然状态。教育目的不仅为教育活动指明了方向，而且指明了教育所要达到的目标。对于教师来说，就是教育目标；对于学生来说，就是学习目标。教育目标和学习目标描绘了未来发展的蓝图，是教师和学生前进的动力，具有激励师生教育行为的作用。在教育活动中，教育目的越明确，就越能调动师生的积极性，教育目标达成的可能性也就越大。

3. 评价作用

教育是有目的的活动。教育活动是否实现了目标，是用教育目的来衡量的。我国教育是否达到了目的，就是要看是否培养了德智体美劳全面发展的社会主义建设者和接班人，是否培养了能够担当民族复兴大任的时代新人。教育目的是对教育的总要求，它还需要转化为各级各类学校的培养目标、课程目标、教学目标。一门课程、一节课是否达到了目的，是由课程目标、教学目标来评价的。只有通过实现一节节课的教学目标、一门门课程的课程目标，才能保证培养目标和教育目的的实现。教育目的及其在课程、教学中体现的目标，是教育评价的根本依据。

4. 调控作用

教育目的规定了教育活动的方向，指明了教育要达到的目的，但教育活动是复杂的，人的发展的影响因素也是多样的，具有不确定性。达成教育目的的过程不是一帆风顺的，会遇到各种阻力，使教育活动偏离正确的方向，影响教育目的的实现。我们必须以教育目的为根本，按照教育目的的要求，规划和实施教育活

---

① 习近平：《论教育》，中央文献出版社 2024 年版，第 4 页。

动，对偏离教育目的的教育活动及时进行调节和控制，确保教育活动能够最终实现教育目的。

三、教育目的的层次结构

教育目的是国家对各级各类学校培养人才的总要求，它适合于各级各类学校，具有一般性和普遍性。但各级各类学校在教育对象、学习要求等方面都存在差异，一般的教育目的难以全面反映不同学校的特殊要求，这就需要把各级各类学校的特殊要求与一般的教育目的相结合，根据各级各类学校的特殊要求，使一般教育目的具体化为各级各类学校的培养目标。培养目标必须通过课程来实现，所以，需要把培养目标进一步具体化为课程目标，通过开设不同的课程，完成课程目标，保证培养目标的实现。课程目标需要通过每一个时段（节或单元）的教学来实施，因此，课程目标还需要具体化为教学目标，在每一时段的教学中完成。

教育目的作为教育的总体要求，它的实现需要不断具体化，构成一个层级体系，这一层级体系从一般到具体依次为：教育目的、培养目标、课程目标、教学目标。具体来说，教育目的作为对各级各类学校的总体要求，落实在各级各类学校中即转化为培养目标；培养目标通过课程实现，则落实为课程目标；课程目标再通过课堂教学活动实现，则落实为教学目标。

（一）培养目标

培养目标是教育目的在各级各类学校的具体化，是对各级各类学校培养人才的特殊要求。它是由特定社会领域（如农业生产领域、工业生产领域、服务业领域、教科文卫领域等）和不同的技术水平（如初级、中级、高级等）的要求决定的，也随着教育对象所处学校的年级和类别而变化，是为了满足各行各业、各个层次的人才需求和不同年龄层次受教育者的学习需求制定的。例如，义务教育和普通高中教育都是普通教育，但它们的培养目标不同，这是由教育对象的特点和发展需要决定的。普通高中和职业高中都属于高中教育阶段，但它们的培养目标不同，因为它们所面对的领域不同，对受教育者的要求不同。中职教育和高职教育都属于职业教育，但它们的培养目标不同，因为它们为社会培养人才的层次不同。在高等教育中，不同专业也都有自己的培养目标。即便同一级、同一类的不同学校，也可以有自己独特的培养目标，显示着不同学校在人才培养上的独特性。教育目的由国家提出，对所有学校来说是唯一的，但培养目标是以教育目的为指导、结合学校的特殊性提出的，因此是多样化的。

教育目的和培养目标的关系是一般与特殊的关系。教育目的是对各级各类学校的普遍要求，培养目标是针对某一级、某一类，甚至某一学校人才培养的具体要求，具有特殊性。培养目标的制定，必须依据教育目的，同时考虑不同领域、不同类别、不同学校对人才培养的具体要求。不过，尽管培养目标是教育目的的具体化，但就其所表达的人才培养的要求而言，仍然是比较概括的。如义务教育从"有理想""有本领""有担当"三个方面，明确了义务教育要培养的时代新人的具体要求。高中教育是在义务教育的基础上，进一步提升学生的综合素质，着力发展学生的核心素养，使学生成为有理想、有本领、有担当的时代新人。这样的时代新人应该具有理想信念和社会责任感，具有科学文化素养和终身学习能力，具有自主发展能力和沟通合作能力。

（二）课程目标

培养目标的实现主要是通过学校所设置的课程而达成的，课程是实现培养目标的载体，培养目标必须由一门门的课程来落实。课程目标是受教育者在学习完某一课程门类或科目以后，在身心各方面所能达到的发展水平。

余文森：《从三维目标走向核心素养》

我国课程目标的变化，大致经历了从"双基"到"三维目标"再到"核心素养"的变化。"双基"是指基础知识、基本技能，它曾是我国长期以来对课程目标的定位。1999 年，中共中央、国务院颁布的《关于深化教育改革全面推进素质教育的决定》，对我国基础教育培养目标和课程目标制定产生了重要影响。2001 年开始的第八次基础教育课程改革提出了"三维目标"，即知识与技能（能力）、过程与方法、情感态度与价值观。相比于"双基"目标，"三维目标"更加关注人的全面发展，尤其是关注了人的情感态度与价值观，矫正了"双基"只注重认知领域的偏差，这是一种极大的进步。"三维目标"强调学生的发展是三维整合的结果，"三维"是课程目标的三个方面，而不是三类互相孤立的目标的机械叠加。人在复杂的、不确定的现实生活中解决问题需要的是一种综合性品质。这一品质既基于各门学科，又超越各门学科，是对各门学科的知识与技能（能力）、过程与方法、情感态度与价值观的综合，这就是人的素养。核心素养是"三维目标"、全面发展、综合素质等中的"关键少数"素养。2014 年，《教育部关于全面深化课程改革　落实立德树人根本任务的意见》将学生发展核心素养定义为"学生应具备的适应终身发展和社会发展需要的必备品格和关键能力"。2017 年颁布的普通高中各科课程标准，使用"学科核心素养"一词，学科核心素养是学科育人价值的集中体现，是学生通过学科学习而逐步形成的正确价值观、必备品格和关键能力。2022 年颁布的义务教育各科课程标准则改用"核心素养"一词，"核心素养是课程育人价值的集中体现，是学生通过课程学习逐步形成的正确价值观、必备品格和关键能力"。

（三）教学目标

课程必须通过教学来实施，一门课程需要通过多个时段的教学来完成。所以，课程目标必须进一步具体化为教学目标。教学目标是师生通过教学活动期望达到的结果或标准，是学生通过完成某一教学时段的学习之后，在核心素养方面预期产生的变化。课程目标是对一门课程而言的，教学目标是对某一个时段的教学而言的。课程要通过很多时段的教学来完成，众多的教学目标聚合达成课程目标。教学目标是课程目标在每一个教学时段的分解和具体化，既要反映特定的教学内容，又要用特定的行为描述学生学习后所应该达到的效果。它一般以行为目标来表述，行为主体是学生（而不是教师），行为可观察、可操作、可检测，还要有明确的行为条件，以及可测量的行为标准。课程目标与教学目标没有本质上的差异，只是细化和具体化的程度不同。

教育目的和培养目标都属于培养人才的概括性要求，前者是对各级各类学校的总要求，后者是对某一级或某一类学校的具体要求，二者的性质是相同的，它们是一般与具体的关系。课程目标与教学目标在内容指向和要求上是相同的，它们之间只有具体化程度的不同，教学目标比课程目标更加具体。总体来说，教育目的、培养目标是抽象的、概括的，课程目标与教学目标是具体的、可测量的。从教育目的和培养目标到课程目标和教学目标，是一个由一般到具体不断细化的过程，是教育目的层层落实的过程。学校教育正是通过一门门课程、一节节课的教学，达成了培养目标，最终实现了教育目的。

四、教育目的的社会基础

教育目的指向人的培养，但人是不变的，还是变化的？如果变化，变化的依据是什么？这些都直接影响教育目的的制定。在西方，古典人文主义和永恒主义认为，人性本善，且永恒不变。"人的天性，无论何时何地——在东方或西方、南方或北方、任何时代，本质上常是一样的。人类本性的恒一不变，促使很多人坚决地相信，理智的超群是教育的主要目标，因为自史前时代，理智就使人异于禽兽。"[1] 古典人文主义把人性看成永恒不变的，理性是人的本质，因此，教育永恒的目的就在于发展理性、培养人性，使人成其为人。这种教育目的超越了历史、超越了社会、超越了阶级。马克思主义批判了这种抽象的人性观，指出："人的本质不是单个人所固有的抽象物，在其现实性上，它是一切社会关系的总和。"[2] 人是社会的产物，社会造就了人，人不可能离开社会而存在。人不仅在

---

[1] 瞿葆奎主编：《教育学文集·教育目的》，人民教育出版社 1989 年版，第 336 页。
[2] 《马克思恩格斯文集》第一卷，人民出版社 2009 年版，第 505 页。

社会中生存，而且教育培养的人，要服务于社会，创造新的社会。因此，马克思主义反对抽象的人性观以及抽象的教育目的论，主张从社会关系认识人的本质及教育目的。

教育目的的制定，总是以一定的社会基础为前提的，受各种社会条件的制约。从社会关系认识教育目的，教育目的受社会交往范围、社会生产力发展水平、社会政治制度、社会文化传统的制约。在阶级社会，教育目的具有鲜明的阶级性。

（一）教育目的受社会交往范围的制约

马克思主义认为，人的本质是社会关系的总和，而人的社会关系是社会交往的产物。人在社会交往中成为人，社会交往决定着人类的发展程度。依据社会交往范围，马克思把人类社会发展分为三种形式：第一种形式是"人的依赖关系"，"在这种形式下，人的生产能力只是在狭小的范围内和孤立的地点上发展着"，[①] 而且"我们越往前追溯历史，个人，从而也是进行生产的个人，就越表现为不独立，从属于一个较大的整体：最初还是十分自然地在家庭和扩大成为氏族的家庭中；后来是在由氏族间的冲突和融合而产生的各种形式的公社中"[②]。第二种形式是"以物的依赖性为基础的人的独立性"，"在这种形式下，才形成普遍的社会物质变换、全面的关系、多方面的需要以及全面的能力的体系"。[③] 近代生产力的发展、商品经济的出现，打破了自然经济对人的交往的局限，使个体超越了血缘、地缘关系，进入一个以商品为核心的交往体系中，形成了"普遍的物质交换、全面的关系"，使个人超越了人与人的依赖关系，具有了个人独立性和自由。但这种独立性和自由是在商品交换中形成的，是"以物的依赖性为基础的"，人依靠对物的占有，即资本获得个体的独立性，实际上，"资本具有独立性和个性，而活动着的个人却没有独立性和个性"[④]，人被物所支配，被物所奴役，同时，"这种生产才在产生出个人同自己和同别人相异化的普遍性的同时，也产生出个人关系和个人能力的普遍性和全面性"[⑤]。第二种形式虽然出现了人的物化状态，但这种物的联系比没有联系要好，它也为第三种形式的出现创造了条件。马克思指出，人类社会发展的第三种形式是"建立在个人全面发展和他们共同的、社会的生产能力成为从属于他们的社会财富这一基础上的自由个性"[⑥]。

① 《马克思恩格斯文集》第八卷，人民出版社 2009 年版，第 52 页。
② 《马克思恩格斯文集》第八卷，人民出版社 2009 年版，第 6 页。
③ 《马克思恩格斯文集》第八卷，人民出版社 2009 年版，第 52 页。
④ 《马克思恩格斯文集》第二卷，人民出版社 2009 年版，第 46 页。
⑤ 《马克思恩格斯文集》第八卷，人民出版社 2009 年版，第 56 页。
⑥ 《马克思恩格斯文集》第八卷，人民出版社 2009 年版，第 52 页。

这一形式不同于第二种形式个人对物的占有和依赖，它是"在共同占有和共同控制生产资料的基础上联合起来的个人所进行的自由交换"①，是人与人之间自由的、充分的、普遍的世界交往。只有在自由的、充分的、普遍的世界交往中，才可能形成全面发展基础上的自由个性，即马克思所说的人的全面的自由发展。

任何一个国家的教育目的，都不可能离开它所在的时代。人类社会不同发展阶段的交往影响着这个时代人的发展的一般特征。今天已经进入全球化的时代，全球化把国与国之间紧密联系起来，关注人类的共同利益，因此，教育目的也必须将"人类命运共同体"纳入视野。

（二）教育目的受社会生产力发展水平的制约

马克思主义认为，生产力和生产关系的矛盾运动是社会发展的动力，生产力是矛盾的主要方面。社会的发展是由生产力的发展推动的。生产力的发展，创造着新的社会，也对人的发展不断地提出新要求。"个人是什么样的，这取决于他们进行生产的物质条件。"② 也就是说，生产力的发展是人的发展的促动因素。生产力发展的不同要求，体现在教育目的上，就是不同社会对人才的核心素养、质量和规格要求不同，使教育目的表现出不同社会的特点。

原始社会生产力发展水平低下，教育没有成为专门的、独立的社会活动，而是寓于社会生产与生活之中，人们在生产劳动和社会生活中接受教育，学会生产和生活必需的经验和习俗。奴隶社会生产力的发展，促使学校出现，学校成为奴隶主阶级和贵族阶级的特权工具，教育目的则是培养统治阶级所需要的政治人才，为统治阶级服务。这种培养统治阶级所需要的政治人才的教育目的观，在封建社会更加突出。中国的封建社会培养为统治阶级服务的臣民。在西欧的封建社会中，教会学校的目的在于培养僧侣，世俗封建主的教育目的是培养骑士。僧侣和骑士都是封建统治阶级所需要的人。资本主义社会生产力快速发展，科学技术在生产中广泛运用，要求提高劳动者的素质，因此，教育不仅要培养统治阶级所需要的政治精英，而且要培养社会生产所需要的熟练劳动者。资本主义社会生产力发展的不同阶段，对劳动者规格的要求也不同。第一次工业革命要求劳动者具有小学文化程度，第二次工业革命要求劳动者具有初级中学文化程度，第三次工业革命要求劳动者具有高级中学及以上文化程度。随着生产力的发展，生产的自动化和智能化水平不断提高，对劳动者劳动技能的要求不断降低，但是对管理的要求不断提高，于是，教育目的从培养熟练劳动者转变为培养大工业生产的管理者。回顾上述生产力发展对教育目的的要求，可以看出，生产力发展水平决

---

① 《马克思恩格斯文集》第八卷，人民出版社 2009 年版，第 53 页。
② 《马克思恩格斯文集》第一卷，人民出版社 2009 年版，第 520 页。

定着人才培养的规格和类型。

（三）教育目的受社会政治制度的制约

如果说生产力发展水平决定着人才培养的规格和类型的话，那么，社会政治制度决定着人才培养的性质，决定着教育为谁培养人，培养什么样的人。现代教育属于特定的国家，在阶级社会，教育具有鲜明的阶级性，一个国家或者一个政党需要教育，就是为了维护国家或政党的利益，巩固国家或政党的统治，因此必然要求教育培养为统治阶级利益服务的人，任何超越国家或政党利益的教育目的都是不存在的。生产力的发展水平使人们可能生活在相同的时代，但不同国家的社会政治制度不同，它们的教育目的在培养什么样的人上，表现出明显的差异，不同国家培养为不同政治服务的人。2018 年，习近平在全国教育大会上强调："我国是中国共产党领导的社会主义国家，这就决定了我们的教育必须把培养社会主义建设者和接班人作为根本任务，培养一代又一代拥护中国共产党领导和我国社会主义制度、立志为中国特色社会主义奋斗终身的有用人才。"[1]

（四）教育目的受社会文化传统的制约

人不仅是政治的产物，也是文化的产物。文化具有整体上育人的功能，它对人的影响是潜移默化的全方位渗透。因此，任何国家在制定教育目的时，必然要结合本民族的历史文化传统，在消化、吸收和弘扬本民族优秀传统文化的过程中，重塑本国公民的思想、道德、文化价值观，使教育培养的人体现出一国所特有的民族性。民族性是一个民族特有的、根植于人的内心的文化模式。我国社会学家孙本文认为，中国民族有重人伦、法自然、主中庸、求实际、尚情谊、崇德化六种特性。[2] 党的二十大报告指出："中华优秀传统文化源远流长、博大精深，是中华文明的智慧结晶，其中蕴含的天下为公、民为邦本、为政以德、革故鼎新、任人唯贤、天人合一、自强不息、厚德载物、讲信修睦、亲仁善邻等，是中国人民在长期生产生活中积累的宇宙观、天下观、社会观、道德观的重要体现，同科学社会主义价值观主张具有高度契合性。"民族性的核心是民族精神，它不仅是一个民族的人格特征，也是支撑和推动一个民族发展的强劲动力。中国的文化传统孕育出了"国家兴亡，匹夫有责"的爱国主义精神；自力更生、发愤图强的自强不息精神；以和为贵的团结友善精神；勤劳勇敢、知难而进的奋斗精神；"富贵不能淫，贫贱不能移，威武不能屈"的坚毅精神。中华民族优秀的精神传统在近现代得到了继承和发扬，爱国情怀、忧患意识、自强精神、宽容精神、重德精神、大同精神等都有新的表现。改革开放之后，又培育了包括开放精神、竞

① 习近平：《论教育》，中央文献出版社 2024 年版，第 6 页。
② 庄泽宣、陈学恂：《民族性与教育》，商务印书馆 1938 年版，第 343 页。

争精神、兼容精神、科学精神、理性精神、民主精神等在内的民族精神，以使民族精神富有时代气息，顺应时代发展潮流。

总之，不同时代、不同社会、不同国家的政治、经济和文化传统，通过影响一定时期、一定社会的人的发展，进而影响教育目的，使教育目的成为社会要求的集中反映，呈现出社会制约性。教育目的的社会制约性，是社会对人的发展的要求的反映，使人成为一个时代的人，实现社会要求与人的发展的统一。强调社会制约性，并非否定教育目的的人本性。马克思主义与社会本位论的不同，就在于马克思主义把社会的要求与人的发展统一起来。社会本位论和个人本位论的错误就在于把社会要求与人的发展对立起来，孤立地强调一个方面。因此，人们对教育目的社会制约性的认识，既要看到社会生产力、政治制度和文化传统对教育目的的制约和影响，也要看到这种制约和影响反映到人的发展上，使教育目的符合人的发展需要。这种人，不是西方思想家所言的"抽象人"，而是马克思主义所言的"作为社会关系总和"的"现实的人"。

第二节 我国教育目的的理论基础

教育目的既受社会客观历史条件的制约，也来自一定的教育理念。前者构成了教育目的的客观依据，后者构成了教育目的的理论基础。不同国家的教育目的选择不同的理论基础。马克思主义关于人的全面发展学说是我国教育目的的理论基础。认识我国的教育目的，必须先理解马克思主义关于人的全面发展学说的科学内涵及其实施要求。

一、马克思主义关于人的全面发展学说

（一）马克思主义诞生以前的人的全面发展理论

教育是一种育人的活动，人的全面发展作为一种教育理想，在马克思主义之前早已存在。例如，古希腊哲学家亚里士多德就提出了身体、德行与智慧和谐发展的思想。欧洲文艺复兴时期的人文主义教育家维多里诺（1378—1446）、拉伯雷（约 1494—1553）和蒙田等批判经院主义教育，强调人的身体、精神、道德的全面发展和个性解放。17 世纪夸美纽斯的泛智教育、洛克的绅士教育，18 世纪卢梭的自然教育、康德的理性主义教育、裴斯泰洛齐的要素教育思想等，也都强调人的全面发展、自由发展，培育和谐的健全人格。西方教育思想家把教育建立在人性

陈桂生：《两种"人的全面发展"学说的区别》

发展基础上，以尊重人性、满足人性的需要为教育目的，促进人的完满发展，构成了近代西方教育思想的个人本位论。人的全面发展是西方个人本位论教育思想家的理想，但他们对人的认识建立在抽象的人性观基础上。如果把人看作抽象的、脱离具体历史条件的永恒人性，抽去了人的全面发展的社会基础和客观条件，人的发展就失去了现实的可能。因此，这些学说的局限性也就不言而喻了。

值得一提的是，在西方教育思想史上出现了空想社会主义教育思想。早期的空想社会主义教育思想产生于文艺复兴时期，以英国的莫尔（1478—1535）和意大利的康帕内拉（1568—1639）为代表，他们批判资本主义私有制，倡导公共的普及教育，主张人人具有平等的受教育权；批判资产阶级的不劳而获，强调劳动和劳动教育，重视儿童教育。这种教育与当时的人文主义教育思想不同，虽然带有空想的性质，但已经把人的发展与社会发展相联系，走出了抽象的人性论。早期的空想社会主义，无论是莫尔的《乌托邦》，还是康帕内拉的《太阳城》，都是一种社会理想，缺少现实条件。19世纪，资本主义生产得以迅速发展，同时，资本主义社会的矛盾也日渐暴露。以圣西门、傅立叶和欧文为代表的空想社会主义者，把教育作为社会改革和实现理想社会的根本手段，提倡人的全面发展和教育与生产劳动相结合。例如，傅立叶勾画的社会理想是全体社会成员都能够从事多种劳动，从而"实现体力和智力的全面发展"[1]。欧文提倡要"培养体、智、德全面发展的有理性的男男女女"[2]，其途径就是把理论学习和实践相结合。空想社会主义者看到了分工对人的全面发展的破坏，因此，他们主张把教育与生产劳动结合起来，使儿童参加生产劳动，以达到体力和脑力的全面发展。相比于文艺复兴时期人文主义思想抽象的人性论，空想社会主义者是一个极大的进步，他们不仅提出了"全面发展的人"的理想，而且认识到了分工是破坏人的全面发展的社会根源，并试图通过教育与生产劳动相结合来实现人的全面发展。空想社会主义者关于人的全面发展思想和教育与生产劳动相结合的思想是马克思主义关于人的全面发展学说的直接来源，马克思给予了它们高度的评价。

马克思认为人的本质是一切社会关系的总和，人的本质是由社会关系决定的，不同的人是社会关系的不同承担者，不同的社会关系决定了人的发展的不同状况。人的社会关系是在物质生产实践中形成的人与人之间的关系，也就是说，物质生产实践是形成社会关系的根本，社会关系是由物质生产实践决定的。所

---

① 《傅立叶选集》第三卷，冀甫译，商务印书馆1964年版，第217页。
② 《欧文选集》第二卷，柯象峰、何光来、秦果显译，商务印书馆1981年版，第133页。

以，归根结底，人的发展是由物质生产实践决定的。马克思指出："他们是什么样的，这同他们的生产是一致的——既和他们生产什么一致，又和他们怎样生产一致。"① 马克思从分析现实的人与现实的生产关系入手，通过考察现实社会的物质生产实践，进而考察社会关系，把握人的发展状况，预言在生产力高度发展的基础上，在消灭了阶级对立和压迫的共产主义社会中人的全面发展的现实性。"在马克思人学理论中，人的发展指每个人在劳动、社会关系和个体素质诸方面的全面、自由而充分的发展。"②

（二）马克思主义关于人的全面发展学说的内涵

马克思主义把人的发展归结为社会物质生产实践的产物，并以分工来考察人的发展。分工对人的影响有两个方面：一方面，分工使每个人致力于某一个方面的工作，有助于劳动者职能的专门化和生产经验的积累，这是积极的一面；另一方面，分工的专门化使每个人只做自己的工作，只承担自己的职能，只熟悉和掌握与自己专业有关的知识、技能，对其他方面的职能、知识、经验漠不关心，知之甚少，甚至无知无能，使人的发展只局限于某个方面，越来越片面。恩格斯在《共产主义原理》中深刻论述了资本主义生产的分工给工人带来的问题："每一个人都只隶属于某一个生产部门，受它束缚，听它剥削，在这里，每一个人都只能发展自己才能的一方面而偏废了其他各方面，只熟悉整个生产的某一个部门或者某一个部门的一部分。"③ 恩格斯在这里所说的分工是指局限于某一特定的生产部门或生产环节的旧的分工。在旧的分工中，工人只从事某一局部的生产，只需要具备某一方面的知识、技能，"逐渐地失去了全面地从事原有手工业的习惯和能力"④，造成了工人智力和体力片面的、畸形的发展。

资本主义工场手工业的分工，使人的片面发展达到极端。工场手工业向大工业的发展，客观上对人的全面发展提出了要求，也提供了可能。机器大工业承认劳动的变换、职能的更动，使劳动分工不断地发生变化，造成工人的全面流动，使他们从一个生产部门转到另一个生产部门，从从事一种生产职能转变为从事另一种生产职能。工人的全面流动推翻了工场手工业旧的分工职能的固定化。一方面，工人的全面流动使工人失去了安宁感和稳定感，他们需要不断地转换职业、转换职能，甚至面临失业的危险，这是消极的一面；另一方面，劳动的全面流动、职能的更动，需要工人全面发展，以适应大工业生产的要求。所以，人的全面发展是大工业生产的产物，也是大工业生产的内在要求。

① 《马克思恩格斯文集》第一卷，人民出版社 2009 年版，第 520 页。
② 袁贵仁：《马克思主义人学理论研究》，北京师范大学出版社 2012 年版，第 270 页。
③ 《马克思恩格斯文集》第一卷，人民出版社 2009 年版，第 688 页。
④ 《马克思恩格斯文集》第五卷，人民出版社 2009 年版，第 391 页。

大工业生产为消灭旧的分工提供了技术上的可能，也对人的全面发展提出了客观的要求，但大工业的出现并不意味着旧的分工的消灭和个人全面发展的实现。因为大工业虽然从技术上突破了旧的分工的制约，但大工业的资本主义运用和性质决定了"工人为生产过程而存在，不是生产过程为工人而存在"①。因此，要彻底消灭旧的分工，就必须消灭资本主义私有制，使劳动为每个人而存在、成为自由的劳动、成为人的一种内在需要，这就是共产主义社会的理想。共产主义社会作为"自由人联合体"，在那里，"联合起来的生产者，将合理地调节他们和自然之间的物质变换，把它置于他们的共同控制之下，而不让它作为一种盲目的力量来统治自己"②。因此，人的全面发展是作为共产主义社会的一个重要特征而存在的，只有消灭资本主义私有制，才能为人的全面发展的实现扫除制度的障碍。这也是马克思主义关于人的全面发展学说区别于西方个人本位论思想家关于人的全面发展学说的根本所在。

马克思从大工业生产的要求提出人的全面发展。人的全面发展是指适应大工业的劳动变换、职能更动、工人全面流动所要求的人的劳动能力或才能的全面发展，这是马克思主义关于人的全面发展学说的基本含义。这里的"人"不只是指工人，而是"每个人"，是"社会的每一个成员"；这里的"劳动能力"，是"一个人的身体即活的人体中存在的、每当他生产某种使用价值时就运用的体力和智力的总和③"，既包括人的体力，也包括人的智力；这里的"发展"是尽可能多方面的、充分的、自由的发展。因此，马克思所说的人的全面发展，是指每个社会成员的体力和智力尽可能多方面的、充分的、自由的发展。这是马克思主义以分工考察人的全面发展所得出的最初结论。在这个意义上，马克思所说的"全面发展的人"是"各方面都有能力的人，即能通晓整个生产系统的人"④。

马克思主义以分工考察人的全面发展，认为分工与个人的能力、才能有着直接的关系。道德虽然是人的全面发展不可缺少的一个方面，但道德与能力是不同的范畴。一方面，道德与分工没有直接的关系（但道德与协作关系密切）；另一方面，道德不存在全面或不全面的问题，只存在性质上的差异。所以，马克思主义所说的人的全面发展的最初含义，只指人的能力、才能的全面、自由的发展。

我们不能僵化地对待马克思主义关于人的全面发展学说。马克思从分工来考察人的全面发展，主要分析的是生产劳动过程中的全面发展关系。除此之外，由生产劳动而形成的人与人之间的社会交往关系，也是人的全面发展的重要内容。

① 《马克思恩格斯文集》第五卷，人民出版社 2009 年版，第 563 页。
② 《马克思恩格斯文集》第七卷，人民出版社 2009 年版，第 928 页。
③ 《马克思恩格斯文集》第五卷，人民出版社 2009 年版，第 195 页。
④ 《马克思恩格斯全集》第四卷，人民出版社 1958 年版，第 370 页。

人的全面发展，既需要人在劳动过程中的全面发展，也需要人在社会关系中的全面发展。生产劳动中的全面发展，要求人打破分工的固定化、局部化，全面地从事各种生产劳动，因此，需要人的劳动能力的全面发展。社会交往关系的全面发展，要求人克服不合理社会关系对人的限制，寻求人与人之间普遍的、自由的交往，在广泛的社会关系和社会交往中丰富和发展自身。马克思主义理想的"自由人联合体"就是"以生产力的普遍发展和与此相联系的世界交往为前提的"①。

人的全面发展是劳动能力和社会关系的全面发展、和谐发展，也是自由发展。自由发展是马克思主义关于人的全面发展学说的重要维度，马克思经常把全面发展和自由发展联系起来使用，称为"每个人的全面而自由的发展"或"自由的全面发展"。"人的自由发展"是人作为主体的自觉、自愿、自主的发展。②这种发展不是指人的天性的自由发展，而是指人在社会关系中的自由发展。旧的分工"不仅把工人固定在某一操作上，成为机器的一个部分，而且使他们在劳动过程中更加失去了劳动主体的地位，在片面化的同时又被从属化"③。所以，旧的社会分工不仅造成了人的片面、畸形发展，也使人的发展失去了自由而被奴役。马克思把这样的人称为"偶然的个人"。人的全面发展，在一定意义上就是以"有个性的个人"逐步取代"偶然的个人"。

如果没有自由发展，全面发展就可能成为平均发展和整齐划一的同质性发展。正因为有了自由发展，每个人才能在其基本素质发展中形成自己独特的个性。在这个意义上，全面发展是自由发展的基础，"建立在个人全面发展和他们共同的、社会的生产能力成为从属于他们的社会财富这一基础上的自由个性"④，是共产主义社会人的发展的最高形态。

马克思主义关于人类社会的理想就是实现人的全面发展。共产主义社会是人类社会历史发展的必然，共产主义事业需要全面而自由发展的一代代新人持续创造。这里的人是每一个人、每一个社会成员。这里的全面发展，是人的发展的完整性、多方面性，包括人的智力、体力和社会关系（社会性）。这里的自由发展是指人的自觉、自愿、自主的发展，不屈从于任何外在的压力和支配，按照自己的意志选择适合自己的发展，就是每个人按照自己的素质特点和需求、愿望自由发展，形成自己独特的素质结构和个性特点。因此，马克思主义关于人的全面发展学说的内涵，是指每个人的全面的、自由的、个性的发展。

---

① 《马克思恩格斯文集》第一卷，人民出版社 2009 年版，第 539 页。
② 袁贵仁：《马克思主义人学理论研究》，北京师范大学出版社 2012 年版，第 269 页。
③ 扈中平、蔡春、吴全华、文雪：《教育人学论纲》，高等教育出版社 2015 年版，第 120 页。
④ 《马克思恩格斯文集》第八卷，人民出版社 2009 年版，第 52 页。

（三）人的全面发展的实现与教育

马克思主义关于人的全面发展学说之所以不同于西方教育思想家的人的全面发展理论，是因为马克思把人作为社会的产物，认为物质生产条件和社会关系决定着人的发展状况。他把人的片面发展归结为旧的社会分工。旧的社会分工把人的劳动职能固化、局部化，成为人的发展的桎梏。人的片面发展的消灭，归根到底取决于旧的社会分工的消灭。大工业出现后，其本质"决定了劳动的变换、职能的更动和工人的全面流动性"①，使得"承认劳动的变换，从而承认工人尽可能多方面的发展是社会生产的普遍规律"②，对人的全面发展提出了要求，也为人的全面发展提供了可能。这就是说，要促进人的全面发展就必须消灭旧的社会分工，但大工业生产并不一定必然能消灭旧的分工，"大工业从技术上消灭了那种使一个完整的人终生固定从事某种局部操作的工场手工业分工，而同时，大工业的资本主义形式又更可怕地再生产了这种分工"③。大工业的资本主义形式，不仅没有使工人在大工业生产中获得主体的自由地位，相反，还导致了工人劳动的异化，工人"不能把劳动当做他自己体力和智力的活动来享受"④，工人越生产，就越被异化，越无法实现人的自由发展。所以，实现人的全面发展，不仅需要生产力高度发展，而且需要改变资本主义大工业生产的方式。换言之，只有消灭了旧的分工和资本主义私有制，才能实现人的全面发展。这就要实现共产主义。马克思指出，共产主义社会是"以每一个个人的全面而自由的发展为基本原则的社会形式"⑤，是一种"自由人联合体"。共产主义社会使个人全面发展成为现实。

由此可见，人的全面发展的实现，首先需要一定的社会条件，这种社会条件包括高度发达的生产力，也包括消灭旧的分工和资本主义私有制，还包括实现人与人之间的平等、普遍的交往。人的真正的全面发展，也就是马克思所说的"人以一种全面的方式，就是说，作为一个完整的人，占有自己的全面的本质"⑥，只有在生产力高度发展的共产主义社会，才能最终实现。所以，人的全面发展是人类社会发展的一种理想和追求，人类社会的发展就是不断趋向并逐步实现这一理想。

社会条件，包括物质生产条件和社会关系，是人的全面发展的前提，一定意

---

① 《马克思恩格斯文集》第五卷，人民出版社 2009 年版，第 560 页。
② 《马克思恩格斯文集》第九卷，人民出版社 2009 年版，第 312 页。
③ 《马克思恩格斯文集》第五卷，人民出版社 2009 年版，第 557 页。
④ 《马克思恩格斯文集》第五卷，人民出版社 2009 年版，第 208 页。
⑤ 《马克思恩格斯文集》第五卷，人民出版社 2009 年版，第 683 页。
⑥ 《马克思恩格斯文集》第一卷，人民出版社 2009 年版，第 189 页。

义上，它决定着人的发展状况。没有生产力的高度发展，没有公有制及充分平等、普遍的社会交往关系，就不可能有人的全面发展。教育对人的全面发展的作用，必须以这些社会条件为前提。这就是说，教育对人的发展的作用不是无限的，它受制于生产力和社会关系。在此前提下，教育才能发挥应有的作用。

教育是促进人的发展的活动，人的全面发展，既是教育的目的，也是人类社会发展的目标。所以，马克思主义关于人的全面发展学说为社会主义教育目的指明了方向，是社会主义教育应当努力达到的目标。

人的全面发展教育目的的实现，需要全面发展教育。全面发展教育是为了促进人的全面的、自由的、个性的发展所进行的系统教育的总和。社会主义全面发展教育通常包括德育、智育、体育、美育、劳动教育，合称"五育"。五育之间各有侧重，又相互融合，共同构成全面发展教育的整体，促进人的全面发展。

二、马克思主义教育与生产劳动相结合的理论

教育与生产劳动相结合，是造就全面发展的人的唯一方法。因此教育与生产劳动相结合的理论，是马克思主义关于人的全面发展学说的重要组成部分。认识和理解马克思主义教育与生产劳动相结合的理论，对于促进人的全面发展来说至关重要。

（一）马克思主义诞生以前的教育与生产劳动相结合的思想

马克思主义的教育与生产劳动相结合的理论，同马克思主义关于人的全面发展学说一样，也是建立在前人思想的基础上的，是对前人思想的批判继承。

在古代社会，学校教育是统治者的特权，旨在培养政治精英，教育同生产劳动相脱离。到了近代，教育与生产劳动结合的问题才引起关注。16世纪，英国早期空想社会主义者莫尔在《乌托邦》中阐述了教育同农业、手工业相结合的思想，要求每一个人都要参加农业劳动，在劳动中学习农业和手工业技术，边学习边劳动，"他们无不从小学农，部分是在学校接受理论，部分是到城市附近农庄上作实习旅行"[①]。17世纪，英国经济学家约翰·贝勒斯（1654—1725）在《关于创办一所一切有用的手工业和农业的劳动学院的建议》中提出，要建立"劳动学校"，把教育同体力劳动结合起来。18世纪，法国启蒙思想家卢梭批判社会上那些游手好闲、不劳而获者，把劳动看作每个人应尽的义务和不可推卸的责任，赞成儿童参加农业劳动，尤其推崇手工劳动（因为只有手工劳动，才能使人依赖自己的劳动而生活，从而成为一个自由人），把手工劳动看作儿童智力发展的手段和理解社会关系的手段。他要求学生在学校期间，每周到工场整日劳动

[①]　［英］托马斯·莫尔：《乌托邦》，戴镏龄译，商务印书馆1982年版，第55页。

一两次，学习农业劳动和手工劳动。他给学生提出的要求是：像农民一样劳动，像哲学家一样思考。瑞士教育家裴斯泰洛齐不仅提出了"使功课和劳动合一的思想"，而且躬行实践，创办了一所孤儿院，既教孩子们读书、学习，又教他们劳动，把教育与劳动结合起来。这些思想家都关注劳动，把生产劳动视为促进儿童发展的重要手段，尤其强调儿童学习手工劳动，重视儿童参加手工劳动，学习劳动技能，在劳动中促进各方面的发展。但这些思想家对劳动意义的认识，只是基于人的发展需要，没有看到人的片面发展的现实及其深刻的社会根源。

18世纪，英国经济学家亚当·斯密看到了工场手工业旧的分工对人的发展的影响。他认为，工场手工业"局限于少数极单纯的操作，往往单纯到只有一两种操作"，使得人变成"最愚钝最无知的人"。① 工场手工业使劳动贫民，即大多数人，陷入了这种状态。作为特权的象征，18世纪的教育，主要是为有身份、有财产的人所拥有。实际上，大多数的劳动者更需要教育。亚当·斯密对教育与生产劳动相结合的认识，建立在工场手工业分工对人的现实发展影响的基础上，打破了以往思想家从人性出发论述劳动对人的发展的价值，具有强烈的现实意义，得到了马克思的认可和赞赏，马克思在《资本论》等著作中多次引用亚当·斯密提出的一些观点。

19世纪，空想社会主义思想家傅立叶、欧文将教育与生产劳动相结合的思想沿着亚当·斯密开拓的社会分工的路线进一步推进，使之成为马克思主义教育与生产劳动相结合理论直接的思想来源。

傅立叶批判资本主义"文明制度"，主张以"协作制度"代替"文明制度"。在协作制度下，人们一边工作，一边学习，科学和劳动永远结合在一起，"在那里轮流锻炼自己的体力和智力，使之都能得到充分的发展"②，协作教育的目的在于实现体力与智力的全面发展，把人们的全部精力，甚至把娱乐都用在生产劳动上。③ 傅立叶主张，儿童既要参加农业和手工业劳动，也要参加科学和艺术活动，使生产劳动从一种苦差事变成一种娱乐。

欧文对教育与生产劳动相结合的贡献更引人注目。他从社会分工入手，考察了大批破产的手工业者变成了无产者，工场主对他们的剥削，以及他们畸形发展的状况。欧文为这些手工业者，尤其是童工，争取受教育权，试图使他们的劳动与教育结合起来，消灭体力劳动与脑力劳动的对立。为此，1800年，欧文接管了苏格兰纽拉纳克纺织厂，以慈善家的身份，改善工人的生活和劳动条件，禁止

---

① ［英］亚当·斯密：《国民财富的性质和原因的研究》下卷，郭大力、王亚南译，商务印书馆1974年版，第338、339页。
② 《傅立叶选集》第三卷，冀甫译，商务印书馆1964年版，第65页。
③ 《傅立叶选集》第三卷，冀甫译，商务印书馆1964年版，第217页。

招收不满 10 岁的儿童来工厂做工。为了使幼儿得到完善的教育，他设计出了一种前所未有的学前教育机构，即专门招收不满 6 岁的儿童的"幼儿学校"。1824年，欧文又建立了"新和谐实验区"，在实验区开办"工业和农业学校"，为不同年龄阶段的儿童安排劳动实践课，使劳动与学习交替进行。在资本主义制度下，欧文的实验学校只办了 4 年，最终以失败告终。虽然欧文的实验失败了，但马克思指出："正如我们在罗伯特·欧文那里可以详细看到的那样，从工厂制度中萌发出了未来教育的幼芽，未来教育对所有已满一定年龄的儿童来说，就是生产劳动同智育和体育相结合，它不仅是提高社会生产的一种方法，而且是造就全面发展的人的唯一方法。"①

（二）马克思主义教育与生产劳动相结合的内涵

马克思批判地继承了先驱们的思想，把教育与生产劳动相结合建立在大工业生产的基础上，建立在大工业生产对人的发展要求上，完成了教育与生产劳动相结合的变革，创立了马克思主义教育与生产劳动相结合的科学理论。

马克思主义教育与生产劳动相结合的理论，是从分析大工业生产初期工厂使用童工开始的。在大工业生产初期，工厂中存在着大量童工，他们缺乏教育，致使他们片面地、畸形地发展。针对这种情况，马克思为童工争取受教育权，迫使资本家"把初等教育宣布为劳动的强制性条件"②，把童工接受教育视为抵制资本主义制度对儿童和少年身心摧残"最必要的抵御之策"③，认为"生产劳动和教育的早期结合是改造现代社会的最强有力的手段之一"④。由此可以看出，马克思主义教育与生产劳动相结合的理论，最初是针对生产劳动中的工人（主要是童工）而言的，使他们在生产劳动的同时，接受一定程度的教育，这是为工人阶级子女争取受教育权的策略性考虑。因此，生产劳动与教育相结合是马克思主义教育与生产劳动的"早期结合"。生产劳动与教育的结合，针对的是生产劳动中的工人，解决的是他们受教育的问题，目的是提高社会生产效率。

马克思由生产部门的生产劳动与教育相结合，看到未来教育的萌芽：对于已满一定年龄的儿童来说，就是教育与生产劳动相结合。马克思和恩格斯在《共产党宣言》中指出，在无产阶级夺得政权后，要"对所有儿童实行公共的和免费

---

① 《马克思恩格斯文集》第五卷，人民出版社 2009 年版，第 556—557 页。
② 《马克思恩格斯文集》第五卷，人民出版社 2009 年版，第 555 页。
③ 《马克思恩格斯全集》第二十一卷，人民出版社 2003 年版，第 269 页。
④ 《马克思恩格斯文集》第三卷，人民出版社 2009 年版，第 449 页。这里的"现代社会"是指存在于一切文明国度中的资本主义社会，参见《马克思恩格斯文集》第二卷，人民出版社 2009年版，第 444 页。

的教育"，"把教育同物质生产结合起来"。① 跟生产劳动与教育相结合不同，教育与生产劳动相结合是对教育领域的学生而言的，解决他们参加劳动的问题，目的在于促进他们的全面发展。马克思是从社会生产的现实看到了未来教育的理想，因此，教育领域的"教育与生产劳动相结合"是从社会生产领域的"生产劳动与教育相结合"派生出来的。

由此可见，马克思主义的教育与生产劳动相结合，包括两个相互联系、相互依存和相互促进的子系统：一是社会生产过程中的生产劳动与教育相结合；二是国民教育过程中的教育与生产劳动相结合。对此，马克思在《资本论》中指出，工厂法的教育条款把初等教育宣布为劳动的强制条件。"这一条款的成就第一次证明了智育和体育同体力劳动相结合的可能性，从而也证明了体力劳动同智育和体育相结合的可能性。"② 这是马克思对教育与生产劳动两个结合的表述。列宁也明确指出："没有年轻一代的教育和生产劳动的结合，未来社会的理想是不能想象的：无论是脱离生产劳动的教学和教育，或是没有同时进行教学和教育的生产劳动，都不能达到现代技术水平和科学知识现状所要求的高度。"③ 生产劳动与教育的结合、教育与生产劳动的结合，既相互联系，又相对独立。前者着眼于社会生产，是提高社会生产的方法；后者着眼于人的全面发展，是造就全面发展的人的唯一方法。教育学主要讨论的是国民教育过程中的教育与生产劳动相结合的问题。

（三）教育与生产劳动相结合和人的全面发展

在马克思主义看来，教育与生产劳动相结合有三大意义：第一，是"改造现代社会的最强有力的手段之一"，这是针对资本主义社会而言的；第二，是"提高社会生产的一种方法"，这是针对社会生产而言的；第三，是"造就全面发展的人的唯一方法"，这是针对未来教育而言的。这三点虽然各有侧重，但无论是改造现代社会，还是提高社会生产，最终都取决于造就全面发展的人。造就全面发展的人，是教育与生产劳动相结合的根本所在。

教育与生产劳动相结合，并不必然促进人的全面发展。促进人的全面发展的教育与生产劳动相结合，是有条件的，不仅对劳动有一定的要求，而且对教育也有一定的要求。就劳动而言，需要成为"真正自由的劳动"；就教育而言，必须以科学教育为中心，同时进行科学教育、劳动教育、综合技术教育、职业教育等。所以，教育与生产劳动相结合的实质，就是对学校的儿童、青少年和生产过程中的劳动者，通过各种形式进行科学教育、劳动教育、综合技术教育、职业教

---

① 《马克思恩格斯文集》第二卷，人民出版社 2009 年版，第 53 页。
② 《马克思恩格斯文集》第五卷，人民出版社 2009 年版，第 555—556 页。
③ 《列宁全集》第二卷，人民出版社 2013 年版，第 463—464 页。

育等，把他们培养成为体脑并用的、能适应现代生产过程中全面发展的劳动者和适应现代社会生活的社会成员，从而推动生产和社会的高速发展。①

第三节 我国的教育目的

教育是培养人的活动，教育目的规定了培养什么样的人。一个国家的教育目的代表国家的意志，是由国家通过其颁布的权威文件而规定的教育培养人才的总要求。

一、我国教育目的的历史演变

教育培养的人，不是固定不变的。教育会根据不同时期、不同社会的要求，提出培养人的不同要求。所以，教育目的不是固定的，而是历史的、变化的。对一个国家而言，需要根据不同时期社会的发展情况，制定不同的教育目的。

（一）新中国成立前的教育宗旨

新中国成立以前，教育目的通常用教育宗旨来表示。1902 年以前，中国没有确定的、全国统一的教育宗旨。②梁启超于 1902 年发表《论教育当定宗旨》一文，提出制定和贯彻全国统一的教育宗旨的必要性。在中国近代教育史上，由国家制定的教育宗旨，始于 1903 年制定的《奏定学堂章程》。《奏定学堂章程》的指导思想是"中学为体，西学为用"，它规定学堂的立学宗旨是："以忠孝为本，以中国经史之学为基，俾学生心术壹归于纯正，而后以西学瀹其智识，练其艺能，务期他日成材，各适实用，以仰副国家造就通才、慎防流弊之意。"③ 这一教育宗旨以培养国家所需要的"各适实用"的通才为目的。1906 年，清政府学部颁布并明确了国家的教育宗旨是"忠君、尊孔、尚公、尚武、尚实"，这是我国近代教育史上第一个正式颁布并实施的教育宗旨。同年颁布的《上谕》也明确规定："学堂以中学为主，西学为辅；培养通才，首重德育；并以忠君、尊孔、尚武、尚实诸端定其趋向。""忠君、尊孔、尚公、尚武、尚实"的教育宗旨中，前两项为"中国政教之所固有"，固守了中国封建社会的根基；后三项为"中国民质之所最缺"，吸收了西方社会发展的成果。这一教育宗旨与《奏定学堂章程》的宗旨一脉相承，体现了"中学为体，西学为用"的思想，但封建社会的"中学为体"，表现的是封建主义性质。

① 成有信：《论教育和生产劳动相结合的实质》，《中国社会科学》1982 年第 1 期，第 163—176 页。
② 孙培青主编：《中国教育史》，华东师范大学出版社 1992 年版，第 582 页。
③ 陈学恂主编：《中国近代教育史教学参考资料》上册，人民教育出版社 1986 年版，第 529 页。

1911 年，辛亥革命推翻了清政府的封建统治。1912 年，中华民国临时政府成立。1912 年 2 月，教育总长蔡元培在《教育杂志》上发表《对于新教育之意见》，4 月又在《东方杂志》上发表《对于教育方针之意见》，阐述了他对中华民国教育方针的认识。他批判了清末教育宗旨中的"忠君、尊孔"，因为"忠君与共和政体不合，尊孔与信仰自由相违"，提出了军国民教育、实利主义教育、公民道德教育、世界观教育、美感教育"五育并举"的教育宗旨。根据蔡元培提出的这一教育宗旨的表述意见，1912 年 7 月，全国临时教育会议讨论通过了中华民国的教育宗旨，即注重道德教育，以实利教育、军国民教育辅之，更以美感教育完成其道德，并于 1912 年 9 月 2 日正式公布实施。这一教育宗旨否定了清末教育宗旨的封建主义性质，充分体现了资产阶级关于人的德、智、体、美和谐发展的思想，是历史的一大进步。

1927 年大革命失败后，国民党为加强对教育的控制，提出"党化教育"的方针，后又积极推行以三民主义教育替代"党化教育"。1929 年，国民党召开第三次代表大会，讨论通过了三民主义的教育宗旨，即"中华民国之教育，根据三民主义，以充实人民生活，扶植社会生存，发展国民生计，延续民族生命为目的；务期民族独立，民权普遍，民生发展，以促进世界大同"[1]。这一宗旨由南京国民政府通令颁布，但它实际上是为国民党一党专制服务的。

1931 年，中国共产党领导的中华苏维埃共和国临时中央政府成立。中国共产党以"教育方针"代替"教育宗旨"。1934 年，毛泽东提出，苏维埃文化教育的总方针"在于以共产主义的精神来教育广大的劳苦民众，在于使文化教育为革命战争与阶级斗争服务，在于使教育与劳动联系起来"[2]。这一方针是新民主主义教育方针的最初表述。1940 年，毛泽东在《新民主主义论》中提出，建立"民族的、科学的、人民大众的新文化和新教育"[3] 这一新民主主义教育方针。这个方针一直沿用到新中国成立初期。

（二）社会主义革命和建设时期的教育目的

1949 年 9 月，中国人民政治协商会议第一届全体会议通过的具有临时宪法作用的《中国人民政治协商会议共同纲领》规定："中华人民共和国的文化教育为新民主主义的，即民族的、科学的、大众的文化教育。人民政府的文化教育工作，应以提高人民文化水平，培养国家建设人才，肃清封建的、买办的、法西斯

---

[1] 顾明远主编：《教育大辞典（增订合编本）》下，上海教育出版社 1998 年版，第 2078 页。

[2] 《建党以来重要文献选编（一九二一——一九四九）》第十一册，中央文献出版社 2011 年版，第 127 页。

[3] 《毛泽东 邓小平 江泽民论教育》，中央文献出版社、人民教育出版社、北京师范大学出版社 2002 年版，第 45 页。

主义的思想，发展为人民服务的思想为主要任务。"1949 年 10 月 1 日，中华人民共和国正式宣告成立。同年 12 月召开的第一次全国教育工作会议，明确了教育要"为人民服务，首先是为工农兵服务，为当前的革命斗争与建设服务"。1950年 5 月，教育部副部长钱俊瑞在《人民教育》杂志创刊号上发表《当前教育建设的方针》一文，明确了"为工农服务，为生产建设服务，这就是当前实行新民主主义教育的中心方针"。

1953 年，我国开始了大规模的社会主义改造。1956 年，社会主义改造基本结束，进入社会主义建设的历史新阶段。面对社会主义建设的新阶段、新任务，1957 年，毛泽东在最高国务会议第十一次（扩大）会议上提出："我们的教育方针，应该使受教育者在德育、智育、体育几方面都得到发展，成为有社会主义觉悟的有文化的劳动者。"[①] 虽然这里使用的是"教育方针"一词，但表述的实际上是"教育目的"的内容。1958 年，中共中央、国务院发布的《关于教育工作的指示》，明确地把党的教育工作方针表述为"教育为无产阶级的政治服务，教育与生产劳动结合"，把"共产主义社会的全面发展的新人"表述为"既有政治觉悟又有文化的、既能从事脑力劳动又能从事体力劳动的人"，并指出"党所提出的'培养有社会主义觉悟的有文化的劳动者'的口号，正确地解释了'全面发展'的涵意"。至此，中华人民共和国教育目的的第一次完整表述确立，这一表述延续到改革开放前，为我国教育目的后续的表述奠定了基调。

（三）改革开放和社会主义现代化建设新时期的教育目的

1978 年，第五届全国人民代表大会第一次会议通过的《中华人民共和国宪法》第十三条指出："教育必须为无产阶级政治服务，同生产劳动相结合，使受教育者在德育、智育、体育几方面都得到发展，成为有社会主义觉悟的有文化的劳动者。"这是对 1957 年、1958 年教育方针的重新肯定。

1981 年，标志着党完成了指导思想拨乱反正的《关于建国以来党的若干历史问题的决议》颁布，明确提出："坚持德智体全面发展、又红又专、知识分子与工人农民相结合、脑力劳动与体力劳动相结合的教育方针。"同年 11 月，第五届全国人民代表大会第四次会议召开，在政府工作报告中，教育目的被表述为"使受教育者在德育、智育、体育几方面都得到发展，成为有社会主义觉悟的有文化的劳动者和又红又专的人才，坚持脑力劳动与体力劳动相结合，知识分子与工人农民相结合"。这一教育目的的表述，除了继续强调"有社会主义觉悟的有文化的劳动者"，还增加了"又红又专的人才"，并把"脑力劳动与体力劳动相结合，知识分子与工人农民相结合"作为培养"有社会主义觉悟的有文化的劳

---

① 《毛泽东文集》第七卷，人民出版社 1999 年版，第 226 页。

动者和又红又专的人才"的方法提出来。

1982 年，修订后的《中华人民共和国宪法》第四十六条规定："中华人民共和国公民有受教育的权利和义务。国家培养青年、少年、儿童在品德、智力、体质等方面全面发展。"这里将早先表述中的"在德育、智育、体育几方面都得到发展"改为"在品德、智力、体质等方面全面发展"，表述更为准确。

1985 年颁布的《中共中央关于教育体制改革的决定》指出，"教育体制改革的根本目的是提高民族素质，多出人才、出好人才"。"所有这些人才，都应该有理想、有道德、有文化、有纪律，热爱社会主义祖国和社会主义事业，具有为国家富强和人民富裕而艰苦奋斗的献身精神，都应该不断追求新知，具有实事求是、独立思考、勇于创造的科学精神。"这是党和国家文件中首次使用"四有"的提法，提出的"两热爱、两精神"适应了改革开放和以经济建设为中心对当时至 21 世纪初人才的要求。

1986 年，《中华人民共和国义务教育法》颁布，第三条要求义务教育"使儿童、少年在品德、智力、体质等方面全面发展，为提高全民族的素质，培养有理想、有道德、有文化、有纪律的社会主义建设人才奠定基础"。这一表述是《中华人民共和国宪法》提到的"品德、智力、体质等方面全面发展"和《中共中央关于教育体制改革的决定》提到的"四有新人"的综合。

总体来看，20 世纪 80 年代，我国教育目的的表述的变化比较频繁，教育目的在这一阶段缺少稳定性。20 世纪 90 年代以后，这种情况得以改变。

1990 年，《中共中央关于制定国民经济和社会发展十年规划和"八五"计划的建议》提出"教育必须为社会主义现代化服务，必须同生产劳动相结合，培养德、智、体全面发展的建设者和接班人"的方针。这一教育方针的表述，包含"培养德、智、体全面发展的建设者和接班人"的教育目的。以"建设者和接班人"定位我国教育要培养的人，这是第一次。"德、智、体全面发展的建设者和接班人"这一表述，奠定了 20 世纪 90 年代以来我国教育目的的新基调。

1993 年，中共中央、国务院颁布《中国教育改革和发展纲要》，重申各级各类学校要认真贯彻"教育必须为社会主义现代化建设服务，必须与生产劳动相结合，培养德、智、体全面发展的建设者和接班人"的方针。

1995 年，《中华人民共和国教育法》颁布，其中第五条明确指出："教育必须为社会主义现代化建设服务，必须与生产劳动相结合，培养德、智、体等方面全面发展的社会主义事业的建设者和接班人。"这里对教育方针和教育目的的表述更具有权威性。这一表述与前面略有调整：一是提出了"德、智、体等方面全面发展"，不是"德、智、体全面发展"；二是在"建设者和接班人"前面加了"社会主义事业"的定语，使表述更加严谨、完整。

1999 年，中共中央、国务院作出《关于深化教育改革全面推进素质教育的决定》，指出："实施素质教育，就是全面贯彻党的教育方针，以提高国民素质为根本宗旨，以培养学生的创新精神和实践能力为重点，造就'有理想、有道德、有文化、有纪律'的、德智体美等全面发展的社会主义事业建设者和接班人。"这一表述，指出了当时教育目的应该强调的重点是"培养学生的创新精神和实践能力"，同时，把"有理想、有道德、有文化、有纪律"与"德智体美等全面发展"共同作为"社会主义事业建设者和接班人"的素质规定。

1999 年 6 月，江泽民在第三次全国教育工作会议上强调："我们必须全面贯彻党的教育方针，坚持教育为社会主义现代化建设服务、为人民服务，坚持教育与社会实践相结合，以提高国民素质为根本宗旨，以培养学生的创新精神和实践能力为重点，努力造就有理想、有道德、有文化、有纪律的，德育、智育、体育、美育等全面发展的社会主义事业建设者和接班人。"这一表述中第一次出现了"（教育）为人民服务""教育与社会实践相结合"，是教育方针在新时期的发展。

2002 年，江泽民在庆祝北京师范大学建校一百周年大会上指出："要坚持党的教育方针，坚持教育为社会主义现代化建设服务、为人民服务，坚持教育与生产劳动和社会实践相结合。"① 同年，党的十六大报告正式确认，"全面贯彻党的教育方针，坚持教育为社会主义现代化建设服务，为人民服务，与生产劳动和社会实践相结合，培养德智体美全面发展的社会主义建设者和接班人"。这一表述是对中国共产党长期形成的教育方针的全面而系统的总结，是 21 世纪指导教育工作的总体方针，也为今后修订国家教育法律中的教育方针表述提供了基本依据。

2006 年 6 月 29 日，修订后的《中华人民共和国义务教育法》第三条明确规定："义务教育必须贯彻国家的教育方针，实施素质教育，提高教育质量，使适龄儿童、少年在品德、智力、体质等方面全面发展，为培养有理想、有道德、有文化、有纪律的社会主义建设者和接班人奠定基础。"

2007 年，党的十七大报告中提出了"科学发展观"，科学发展观的核心是以人为本。科学发展观体现在教育上，就是党的十七大报告所指出的，"要全面贯彻党的教育方针，坚持育人为本、德育为先，实施素质教育，提高教育现代化水平，培养德智体美全面发展的社会主义建设者和接班人，办好人民满意的教育"。其中，"坚持育人为本、德育为先，实施素质教育"是全面贯彻党的教育方针的根本性举措，体现了科学发展观和以人为本的核心思想；"提高教育现代化水平"是全面贯彻党的教育方针的时代需要；"办好人民满意的教育"是全面贯彻党的教育方针与改善民生、促进公平的共同要求。

---

① 《江泽民文选》第三卷，人民出版社 2006 年版，第 500 页。

2010 年，《国家中长期教育改革和发展规划纲要（2010—2020 年）》颁布，重申了"坚持教育为社会主义现代化建设服务，为人民服务，与生产劳动和社会实践相结合，培养德智体美全面发展的社会主义建设者和接班人"的教育方针，同时，结合社会发展的要求和教育中存在的问题，提出要"促进学生全面发展，着力提高学生服务国家服务人民的社会责任感、勇于探索的创新精神和善于解决问题的实践能力"，坚持"德育为先""能力为重""全面发展"。这些表述不仅重申了教育方针和教育目的，而且提出了需要着重强调的社会责任感、创新精神、实践能力。

（四）新时代中国特色社会主义的教育目的

2012 年，党的十八大报告指出："全面贯彻党的教育方针，坚持教育为社会主义现代化建设服务、为人民服务，把立德树人作为教育的根本任务，培养德智体美全面发展的社会主义建设者和接班人。全面实施素质教育，深化教育领域综合改革，着力提高教育质量，培养学生社会责任感、创新精神、实践能力。"党的十八大报告把"立德树人"作为教育的根本任务。

2015 年 12 月 27 日，修正后的《中华人民共和国教育法》第五条规定："教育必须为社会主义现代化建设服务、为人民服务，必须与生产劳动和社会实践相结合，培养德、智、体、美等方面全面发展的社会主义建设者和接班人。"第六条规定："教育应当坚持立德树人，对受教育者加强社会主义核心价值观教育，增强受教育者的社会责任感、创新精神和实践能力。国家在受教育者中进行爱国主义、集体主义、中国特色社会主义的教育，进行理想、道德、纪律、法治、国防和民族团结的教育。"

2017 年，党的十九大报告指出："要全面贯彻党的教育方针，落实立德树人根本任务，发展素质教育，推进教育公平，培养德智体美全面发展的社会主义建设者和接班人。"

2018 年 5 月 2 日，习近平在北京大学师生座谈会上再次明确强调，"我们的教育要培养德智体美全面发展的社会主义建设者和接班人"。他还进一步指出："'国势之强由于人，人材之成出于学。'培养社会主义建设者和接班人，是我们党的教育方针，是我国各级各类学校的共同使命。"[1]

2018 年 9 月 10 日，习近平在全国教育大会上发表重要讲话，强调要坚持中国特色社会主义教育发展道路，培养德智体美劳全面发展的社会主义建设者和接班人。这次会议指出，要在学生中弘扬劳动精神，教育引导学生崇尚劳动、尊重劳动，懂得劳动最光荣、劳动最崇高、劳动最伟大、劳动最美丽的道理，长大后

---

[1] 习近平：《在北京大学师生座谈会上的讲话》，人民出版社 2018 年版，第 4、5 页。

能够辛勤劳动、诚实劳动、创造性劳动。① 在培养人的素质上，第一次明确地把"劳"与"德智体美"提到同等重要的位置。

2021年4月29日，修正后的《中华人民共和国教育法》第五条规定："教育必须为社会主义现代化建设服务、为人民服务，必须与生产劳动和社会实践相结合，培养德智体美劳全面发展的社会主义建设者和接班人。"

2022年，党的二十大报告指出，"坚持为党育人，为国育才，全面提高人才自主培养质量，着力造就拔尖创新人才，聚天下英才而用之"，"全面贯彻党的教育方针，落实立德树人根本任务，培养德智体美劳全面发展的社会主义建设者和接班人"。

2024年9月，习近平在全国教育大会上指出："紧紧围绕立德树人这个根本任务，着眼于培养德智体美劳全面发展的社会主义建设者和接班人，坚持社会主义办学方向，全面把握教育的政治属性、人民属性、战略属性，坚持和运用系统观念，正确处理几个重大关系。""一是支撑国家战略和满足民生需求的关系。""二是知识学习和全面发展的关系。""三是培养人才和满足社会需要的关系。""四是规范有序和激发活力的关系。"② 这一系列重要论述，高度凝练地表述了新时代中国特色社会主义的教育目的，体现了习近平关于教育目的重要论述的理论重点和核心内容，并指出了在实现教育目的的过程中要处理好的几对重要关系。

二、我国教育目的的基本要求

从以上对新中国成立后教育目的的回顾可以看出，尽管不同时期我国教育目的的表述有所不同和侧重，但有些内容一直保持不变，构成了我国社会主义教育目的的基本要求。

(一) 坚持人才培养的社会主义性质

教育目的受社会制度制约，主要表现在社会制度制约着人才培养的方向，即教育培养的人才，为哪个社会、哪个阶级服务，也就是"为谁培养人"的问题。社会主义教育，必须为社会主义建设服务，为人民服务。这种服务表现为培养社会主义事业所需要的人才。回顾新中国成立以来的教育目的，尽管有"劳动者""合格人才""建设者和接班人"等不同提法，但这些不同时期的提法，前提都是社会主义的人才，是"有社会主义觉悟的有文化的劳动者""社会主义建设者和接班人"。"我国社会主义教育就是要培养社会主义建设者和接班人。"③ 这是由我国社会主义制度决定的。如果没有"社会主义"这一定语，建设者和接班

① 习近平：《论教育》，中央文献出版社2024年版，第12页。

② 习近平：《加快建设教育强国》，《求是》2025年第11期，第4—9页。

③ 习近平：《在北京大学师生座谈会上的讲话》，人民出版社2018年版，第6页。

人就不成立了。教育正是通过培养社会主义建设者和接班人，才能为社会主义建设服务；正是通过培养社会主义建设者和接班人，才能真正地为人民服务。

（二）培养德智体美劳全面发展的人才

社会主义教育应该培养社会主义的人才。社会主义规定了人才的性质，但人才的素质如何？我国的教育目的以马克思主义关于人的全面发展学说为指导，致力于培养全面发展的人。怎样才是人的全面发展？全面发展包括哪些方面？从前面的回顾可以看出，有"德智体全面发展""德智体等方面全面发展""德智体美全面发展""德、智、体、美等方面全面发展""德智体美劳全面发展"等不同提法，其差异就在于全面发展的元素有哪些。马克思主义关于人的全面发展的理想是"作为一个完整的人，占有自己的全面的本质"①，没有具体说明完整的人有哪些要素。我们在注重德、智、体基本素质发展的同时，也要注重审美素质、劳动素质、个性素质、心理素质等的形成和发展，培养德智体美劳全面发展的社会主义建设者和接班人。

（三）坚持教育与生产劳动和社会实践相结合

马克思主义把教育与生产劳动相结合作为培养全面发展的人的唯一方法。我国的教育目的以培养全面发展的人为追求，因此，教育与生产劳动相结合成为教育目的的重要组成部分。自1958年党的教育方针明确提出"教育与生产劳动相结合"之后，我国一直把教育与生产劳动相结合贯彻在教育实践之中，并结合我国的实际对教育与生产劳动相结合进行了创造性的发挥。1939年5月1日，毛泽东在纪念五四运动胜利二十周年时对青年的讲话中指出："知识分子如果不和工农民众相结合，则将一事无成。革命的或不革命的或反革命的知识分子的最后的分界，看其是否愿意并且实行和工农民众相结合。"② 他把"知识分子与工农民众相结合"作为知识分子正确成长的唯一道路，提倡知识分子到群众中去、到工厂去、到农村去。

卓晴君：《邓小平教育与生产劳动相结合思想的时代特征》

改革开放以后，教育与生产劳动相结合的思想不断得以发展。邓小平把"整个教育事业必须同国民经济发展的要求相适应"③ 作为贯彻教育与生产劳动相结合的重要内涵。他指出，如果学生学的与社会主义现代化要求不相符合，就从根本上违背了教育与生产劳动相结合的方针。邓小平关于教育与生产劳动相结合的认识是在宏观层面上把握处理好教育与国民经济发展的关系，培养适合国民经济发展需

---

① 《马克思恩格斯文集》第一卷，人民出版社2009年版，第189页。
② 《毛泽东选集》第二卷，人民出版社1991年版，第559页。
③ 《邓小平文选》第二卷，人民出版社1994年版，第107页。

要的人才。

针对青少年成长中的问题和教育方式，2000年，江泽民在《正确引导青少年健康成长》中指出："不能整天把青少年禁锢在书本上和屋子里，要让他们参加一些社会实践，打开他们的视野，增长他们的社会经验。……在我们国家里，各级各类学校都要认真贯彻执行党的教育方针，坚持教育为社会主义现代化建设服务、教育与社会实践相结合。"①"教育与社会实践相结合"首次作为教育方针的重要内容被提出来。2002年，党的十六大报告明确指出："全面贯彻党的教育方针，坚持教育为社会主义现代化建设服务，为人民服务，与生产劳动和社会实践相结合，培养德智体美全面发展的社会主义建设者和接班人。"2015年12月，第十二届全国人大常委会第十八次会议通过了修正的《中华人民共和国教育法》，正式把教育"必须与生产劳动和社会实践相结合"列入党的教育方针。

进入新时代，习近平高度重视劳动的价值，指出："劳动是人类的本质活动，劳动光荣、创造伟大是对人类文明进步规律的重要诠释。""全社会都以辛勤劳动为荣、以好逸恶劳为耻。"② 2018年，习近平在全国教育大会上提出："要在学生中弘扬劳动精神，教育引导学生崇尚劳动、尊重劳动，懂得劳动最光荣、劳动最崇高、劳动最伟大、劳动最美丽的道理，长大后能够辛勤劳动、诚实劳动、创造性劳动。"③ 党的二十大报告提出要培养德智体美劳全面发展的社会主义建设者和接班人，明确了劳动教育是构建全面发展的教育体系的重要组成部分。习近平关于劳动教育的重要论述，进一步拓展了马克思主义劳动教育理论的内涵，提升了新时代劳动教育的理论境界。

总之，"教育必须与生产劳动相结合"是马克思主义关于人的全面发展教育思想的一个重要命题。从毛泽东提出培养"在德育、智育、体育几方面都得到发展的有社会主义觉悟的有文化的劳动者"，到2002年党的十六大报告提出坚持"教育与生产劳动和社会实践相结合，培养德智体美全面发展的社会主义建设者和接班人"，再到2018年习近平在全国教育大会上明确提出"要努力构建德智体美劳全面培养的教育体系"，这既体现了对马克思主义教育思想的坚定继承，同时又体现出继承中的创新发展。④

---

① 《江泽民文选》第二卷，人民出版社2006年版，第589页。
② 习近平：《在庆祝"五一"国际劳动节暨表彰全国劳动模范和先进工作者大会上的讲话》，《人民日报》2015年4月29日。
③ 习近平：《论教育》，中央文献出版社2024年版，第12页。
④ 课题组：《全面加强新时代大中小学劳动教育——习近平总书记关于教育的重要论述学习研究之十三》，《教育研究》2023年第1期，第4—15页。

（四）根据不同时期社会发展的要求，突出强调某些方面的素质

我国的教育目的在培养人才的性质和基本素质要求方面是相同的，但不同时期的教育目的不完全相同，表现为不同时期对人才素质的要求不同。例如，1957年的教育目的强调使受教育者"成为有社会主义觉悟的有文化的劳动者"；1985年的教育目的强调培养的人才应该"有理想、有道德、有文化、有纪律，热爱社会主义祖国和社会主义事业，具有为国家富强和人民富裕而艰苦奋斗的献身精神，都应该不断追求新知，具有实事求是、独立思考、勇于创造的科学精神"；1999年的教育目的强调"以培养学生的创新精神和实践能力为重点"；2010年的教育目的强调"着力提高学生服务国家服务人民的社会责任感、勇于探索的创新精神和善于解决问题的实践能力"；2012年，党的十八大报告强调把立德树人作为教育的根本任务，要求培养学生社会责任感、创新精神、实践能力，强调要大力弘扬民族精神和时代精神，深入开展爱国主义、集体主义、社会主义教育，积极培育和践行社会主义核心价值观；2017年，党的十九大报告提出要"培养担当民族复兴大任的时代新人"，"广泛开展理想信念教育，深化中国特色社会主义和中国梦宣传教育，弘扬民族精神和时代精神，加强爱国主义、集体主义、社会主义教育，引导人们树立正确的历史观、民族观、国家观、文化观"；2022年，党的二十大报告再次强调要"深入开展社会主义核心价值观宣传教育，深化爱国主义、集体主义、社会主义教育，着力培养担当民族复兴大任的时代新人"。2024年，习近平在全国教育大会上强调，要坚持不懈用新时代中国特色社会主义思想铸魂育人，实施新时代立德树人工程。不断加强和改进新时代学校思想政治教育，教育引导青少年学生坚定马克思主义信仰、中国特色社会主义信念、中华民族伟大复兴信心，立报国强国大志向、做挺膺担当奋斗者。总之，社会发展面临的矛盾和急需解决的问题不同，对人某些方面的素质提出了迫切的要求，教育目的必须强化这些特定素质，以满足社会发展的需要。在现阶段，培育和践行社会主义核心价值观，培养学生的社会责任感、创新精神和实践能力，是教育目的着力强调的素质，也是当前中国社会发展所急需的人的素质。

第四节　落实立德树人根本任务

党的十八大报告提出"立德树人是教育的根本任务"，党的十九大报告要求"落实立德树人根本任务"，党的二十大报告再次强调"育人的根本在于立德。全面贯彻党的教育方针，落实立德树人根本任务，培养德智体美劳全面发展的社会主义建设者和接班人"。立德树人是教育本质的反映，教育的根本任务就是落实立德树人，只有把立德树人落在实处，才能培养德智体美劳全面发展的社会主义建设者和接班人。认识立德树人的重要意义，厘清立德树人的核心要义，落实立德树人的根本任务，是实现中国特色社会主义教育目的的根本要求。

一、立德树人的意义

立德树人是教育本质的要求，是对我国优秀教育传统的创造性继承，是马克思主义关于人的全面发展学说的新时代体现，是新时代我国教育改革与发展的行动指南。

（一）立德树人是教育本质的反映

教育的本质是什么？尽管改革开放之初，人们对此有不同的认识，但现在越来越多的人认识到"教育是培养人的社会实践活动"。这里的"人"，不是抽象的人性，而是现实的、具体的人。人的本质是社会关系的总和，社会性是人的本质属性。道德是人的社会性这一"皇冠"上的"明珠"。对于人来说，道德不是可有可无的"装饰品"，而是成"人"的必需品。"人无德不立"，没有道德，难以成为真正的"人"。习近平指出："立德为先，修身为本，这是人才成长的基本逻辑。"① 育人的根本在于立德。不立德，就没有真正的教育。在我国传统典籍中，"育"是"养子使作善"之意，教育本身就蕴含着道德的要求，从某种意义上可以说，教育就是道德教育。立德树人是教育本质的体现。

（二）立德树人是对我国教育传统的守正创新

"立德树人"是"立德"与"树人"的合成词，是新时代中国特色社会主义教育的新概念。但"立德"与"树人"作为两个词，在中国古代典籍中早已出现。《左传·襄公二十四年》云："太上有立德，其次有立功，其次有立言，虽久不废，此之谓不朽。"据《左传》记载，公元前549年，晋范宣子（？—前548）与鲁叔孙豹（？—前537）讨论何为"死而不朽"时，叔孙豹用立德、立功、立言这"三立"回答了范宣子的问题。在"三立"体系中，立德被排在首位，立功、立言其次，立德统领立功、立言，把道德成就看作人生的最高成就。《管子·权修》云："一年之计，莫如树谷；十年之计，莫如树木；终身之计，莫如树人。"树人是终身之计。《大学》曰："大学之道，在明明德，在亲民，在止于至善。"学校的根本在于明德至善。可见，立德和树人是中国教育传统的重要思想。

中国传统文化是伦理本位的文化，道德教育是中国教育传统的优势所在。虽然社会在变化，但重视道德教育的传统没有变化，尤其是中国共产党把思想政治工作视为一切工作的"生命线"，作为一切工作制胜的"法宝"，重视思想政治教育成为中国共产党的优良传统。新时代，立德树人是对德育的传统守正创新。

---

① 习近平：《论教育》，中央文献出版社2024年版，第9页。

所谓守正就是坚持重视德育的文化传统不变；所谓创新就是根据时代要求，不断丰富和发展德育的内涵，体现新时代的要求。

（三）立德树人是马克思主义关于人的全面发展学说的中国化、时代化

党的二十大报告指出："马克思主义是我们立党立国、兴党兴国的根本指导思想。"马克思主义不是一成不变的教条，而是不断发展的。中国特色社会主义以马克思主义为指导，就是要把马克思主义基本原理同中国具体实际相结合、同中华优秀传统文化相结合。

马克思主义关于人的全面发展学说是我国教育目的的理论基础。人的全面发展是共产主义社会的理想，是我们努力奋斗的目标。在当前及今后一段时期内，我们要把马克思主义关于人的全面发展学说与新时代中国特色社会主义的要求结合起来，确立要"立什么德""树什么人"，使立德树人具有时代性。新时代，我们培养的社会主义建设者和接班人，要德智体美劳全面发展，有理想、有本领、有担当，这就是马克思主义关于人的全面发展学说与新时代中国特色社会主义相结合的产物。中华优秀传统文化重视德育，重视集体主义，培养全面发展的人要坚持德育为先，以集体主义为原则，深入开展爱国主义教育、集体主义教育、社会主义教育，培养担当民族复兴大任的时代新人。

（四）立德树人是新时代我国教育改革与发展的行动指南

我们要继承和发展重视德育的优秀传统，党的十七大报告提出"育人为本，德育为先"；党的十八大报告进一步提升为"立德树人"，把立德树人确立为教育的根本任务；党的十九大要求落实立德树人根本任务。党的十八大以来，习近平围绕如何落实立德树人的根本任务提出了具体的要求。例如，2018年5月2日，习近平在北京大学师生座谈会上的讲话中指出，"要把立德树人的成效作为检验学校一切工作的根本标准"。2018年9月10日，习近平在全国教育大会上指出："要把立德树人融入思想道德教育、文化知识教育、社会实践教育各环节，贯穿基础教育、职业教育、高等教育各领域，学科体系、教学体系、教材体系、管理体系要围绕这个目标来设计，教师要围绕这个目标来教，学生要围绕这个目标来学。"[1] 2024年9月，习近平在全国教育大会上再次强调："要坚持不懈用新时代中国特色社会主义思想铸魂育人，实施新时代立德树人工程。"[2] 党的十八大以来，国家出台了一系列文件，强化立德树人的意识，建立立德树人系统化落实机制。例如，2019年6月，中共中央、国务院印发的《关于深化教育教学改革　全面提高义务教育质量的意见》要求，强化落实立德树人根本任务，健全立德树人落

---

[1] 习近平：《论教育》，中央文献出版社2024年版，第13页。
[2] 习近平：《加快建设教育强国》，《求是》2025年第11期，第4—9页。

实机制。同年，国务院办公厅印发的《关于新时代推进普通高中育人方式改革的指导意见》提出：到 2022 年，立德树人落实机制进一步健全。针对立德树人中存在的顽瘴痼疾，中共中央、国务院专门印发了《深化新时代教育评价改革总体方案》，强调完善立德树人体制机制，扭转不科学的教育评价导向。立德树人是新时代党的教育方针的重大理论创新，是新时代中国特色社会主义教育改革与发展的行动指南。

二、立德树人的核心要义

立德与树人是密切相连的，立德是根本，树人是核心。所以，"立什么德"决定着"树什么人"；"树什么人"意味着必须"立什么德"。立德树人就是通过立德实现育人的目的。

但人从来都不是抽象的，都是特定社会的人、特定国家的公民。所以，立德树人不仅要回答"培养什么人"，还要回答"为谁培养人"。"为谁培养人"决定着培养人才的性质。中国特色社会主义教育必须始终坚持"为党育人、为国育才"，这是中国特色社会主义教育的初心与使命，不能改，也不能变。

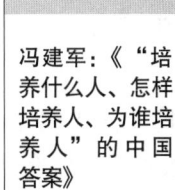

冯建军：《"培养什么人、怎样培养人、为谁培养人"的中国答案》

（一）立什么德

道德对人的全面发展具有引领和统帅作用。2018 年 5 月，习近平在北京大学师生座谈会上提出，"不断提高学生思想水平、政治觉悟、道德品质、文化素养，做到明大德、守公德、严私德"[1]。人的道德，从内容上看，既包括政治思想，也包括道德品质；从性质上看，既有国家、民族之大德，也有社会之公德、个人之私德。明大德则为国家的根本，守公德是社会的基本要求，严私德是个人的操守。新时代培养担当民族复兴大任的时代新人，除了要具有良好的私德和公德，更应该明大德。具体来说，大德主要包括以下方面：

1. 坚守共产主义远大理想和中国特色社会主义共同理想

习近平指出："我们培养的人，必须树立共产主义远大理想和中国特色社会主义共同理想。没有这一条，培养社会主义建设者和接班人就不成立了。"[2] 他把理想信念比作精神上的"钙"，没有理想信念，理想信念不坚定，精神上就会"缺钙"，就会得"软骨病"。社会主义建设者和接班人必须补足精神之钙，打牢理想信念的思想根基。为此，要广泛开展理想信念教育，深化中国特色社会主义

① 习近平：《在北京大学师生座谈会上的讲话》，人民出版社 2018 年版，第 7 页。
② 习近平：《论教育》，中央文献出版社 2024 年版，第 7 页。

和中国梦宣传教育，加强爱国主义教育、集体主义教育、社会主义教育，引导人们树立正确的历史观、民族观、国家观、文化观，不断增强道路自信、理论自信、制度自信、文化自信，把共产主义远大理想与中国特色社会主义共同理想统一起来，树立为共产主义远大理想和中国特色社会主义共同理想而奋斗的信念和信心。

2. 广泛践行社会主义核心价值观

习近平强调："核心价值观，其实就是一种德，既是个人的德，也是一种大德，就是国家的德、社会的德。"① 社会主义核心价值观是当代中国精神的集中体现，凝结着全体人民共同的价值追求，要将社会主义核心价值观融入国民教育全过程，融入社会发展各方面，引导学生牢牢把握富强、民主、文明、和谐作为国家层面的价值目标，深刻理解自由、平等、公正、法治作为社会层面的价值取向，自觉遵守爱国、敬业、诚信、友善作为公民层面的价值准则，将社会主义核心价值观内化于心、外化于行，转化为人们的情感认同和行为习惯，融入日常生活之中。

3. 传承中华优秀传统美德

社会主义核心价值观作为民族、国家之大德具有内生性，是基于中华优秀传统文化土壤生成的大德。中华传统文化是典型的伦理文化，具有崇尚道德的思想传统。传统美德是中华优秀传统文化的精髓，展现了中华民族精神层面最深刻的道德追求。开展中华优秀传统文化教育，就是要深入阐发中华优秀传统文化蕴含的讲仁爱、重民本、守诚信、崇正义、尚和合、求大同等思想理念，深入挖掘孝悌忠信、礼义廉耻、自强不息、敬业乐群、扶危济困、见义勇为、孝老爱亲等中华传统美德，大力弘扬中华优秀传统美德和中华人文精神，增强文化自觉，树立文化自信，让中华文化基因更好地植根于人们的思想意识和道德观念，使之成为中国人精神生活、道德实践的鲜明标识。

4. 厚植爱国主义情怀

爱国主义既是中华民族优良传统和民族精神的核心，也是实现中华民族伟大复兴中国梦的重要精神力量。2014 年 5 月，习近平在北京大学师生座谈会上指出："要立志报效祖国、服务人民，这是大德，养大德者方可成大业。"② 社会主义建设者和接班人，必须胸怀"国之大者"，厚植爱国主义情怀，才能把"小我"融入"大我"之中，把个人发展与国家发展统一起来，为中华民族伟大复

---

① 习近平：《青年要自觉践行社会主义核心价值观——在北京大学师生座谈会上的讲话》，人民出版社 2014 年版，第 4 页。

② 习近平：《青年要自觉践行社会主义核心价值观——在北京大学师生座谈会上的讲话》，人民出版社 2014 年版，第 10 页。

兴作出贡献。要通过党史、新中国史、改革开放史、社会主义发展史宣传教育，引导学生知史爱党、知史爱国，坚持爱党、爱国和爱社会主义的统一，把爱国情、强国志、报国行自觉融入坚持和发展中国特色社会主义事业、建设社会主义现代化强国、实现中华民族伟大复兴的奋斗之中。青年是国家的未来，民族的希望。党的二十大报告指出："广大青年要坚定不移听党话、跟党走，怀抱梦想又脚踏实地，敢想敢为又善作善成，立志做有理想、敢担当、能吃苦、肯奋斗的新时代好青年，让青春在全面建设社会主义现代化国家的火热实践中绽放绚丽之花。"

5. 铸牢中华民族共同体意识

中华民族共同体意识是国家统一之基、民族团结之本、精神力量之魂。习近平指出："民族团结是我国各族人民的生命线，中华民族共同体意识是民族团结之本。"① 铸牢中华民族共同体意识，就是要引导各族人民牢固树立休戚与共、荣辱与共、生死与共、命运与共的共同体理念。要紧紧抓住铸牢中华民族共同体意识这条主线，增强中华民族的文化认同，使各民族在中华民族大家庭中像石榴籽一样紧紧抱在一起。

（二）树什么人

培养什么人，是教育的首要问题。对于"培养什么人"，不同国家、不同时代有不同的回答，这些回答有共同的一面，如共同的人性、共同的时代性，但对于每个国家而言，又具有特殊的一面。在一个国家的不同时期，也具有特定时代的要求。2018 年 5 月，习近平在北京大学师生座谈会上指出，"古今中外，每个国家都是按照自己的政治要求来培养人的，世界一流大学都是在服务自己国家发展中成长起来的。我国社会主义教育就是要培养社会主义建设者和接班人"②。培养社会主义建设者和接班人，是中国特色社会主义教育的一贯目的。对于新时代而言，社会主义建设者和接班人要德智体美劳全面发展，还要有理想、有本领、有担当，成为担当民族复兴大任的时代新人。

1. 社会主义建设者和接班人

2018 年 9 月，习近平在全国教育大会上强调："我国是中国共产党领导的社会主义国家，这就决定了我们的教育必须把培养社会主义建设者和接班人作为根本任务，培养一代又一代拥护中国共产党领导和我国社会主义制度、立志为中国特色社会主义奋斗终身的有用人才。"③ 这是教育工作的根本任务，也是教育现

---

① 《习近平在参加内蒙古代表团审议时强调：不断巩固中华民族共同体思想基础　共同建设伟大祖国　共同创造美好生活》，《人民日报》2022 年 3 月 6 日。

② 习近平：《在北京大学师生座谈会上的讲话》，人民出版社 2018 年版，第 6 页。

③ 习近平：《论教育》，中央文献出版社 2024 年版，第 6 页。

代化的方向目标。2019年3月，习近平在学校思想政治理论课教师座谈会上再次强调，"我们培养人的目标是什么要搞清楚，现在非常明确坚定地提出要培养社会主义建设者和接班人"，"必须培养一代又一代拥护中国共产党领导和我国社会主义制度、立志为中国特色社会主义事业奋斗终身的有用人才"①。在这个根本问题上，必须旗帜鲜明、毫不含糊。现代教育是国家的公共教育，必须反映国家的意志，培养国家所需要的人，维护国家的利益。2017年10月，习近平在会见清华大学经济管理学院顾问委员会海外委员和中方企业家委员时指出，教育就是要培养中国特色社会主义事业的建设者和接班人，而不是旁观者和反对派。"社会主义建设者和接班人，定语就是'社会主义'，这是我们对培养什么人的本质规定"②，是"为党育人"的要求。教育要"为国育才"，就是要培养为国家服务的人才。新中国成立后，我们强调"教育为无产阶级的政治服务"；改革开放后强调"教育为社会主义现代化建设服务"，"为人民服务"；进入新时代，习近平进一步提出了教育"为人民服务，为中国共产党治国理政服务，为巩固和发展中国特色社会主义制度服务，为改革开放和社会主义现代化建设服务"③。"四为服务"更加凸显了党领导下的中国特色社会主义教育"为国育才"的要求。

2. 德智体美劳全面发展的人

"社会主义建设者和接班人"是对培养人才的角色定位，包含着对"为谁培养人"的回答。"培养什么人"核心还在于人才的素质结构。社会主义建设者和接班人具有什么样的素质结构，既与人的素质发展有关，也与社会发展的要求有关。我国的教育目的以马克思主义关于人的全面发展学说为指导，重视人的全面发展。但对全面发展的构成，根据时代要求不断丰富与发展。2018年9月，习近平在全国教育大会上首次在全面发展中增加了"劳"，提出"德智体美劳全面发展"，并从"坚定理想信念、厚植爱国主义情怀、加强品德修养、增长知识见识、培养奋斗精神、增强综合素质"等方面阐述了新时代德智体美劳全面发展的具体表现。这是马克思主义关于人的全面发展学说在中国的实践和创新性发展，反映了新时代社会主义建设者和接班人成长的要求。

劳动教育是马克思主义关于人的全面发展学说的重要组成部分。党的十八大后，习近平在多个场合论述了劳动的意义，提出"劳动是人类的本质活动"，"劳动是财富的源泉，也是幸福的源泉"。针对现在一些青少年学生出现的"不珍惜劳动成果、不想劳动、不会劳动的现象"，他强调"要在学生中弘扬劳动精

① 习近平：《论教育》，中央文献出版社2024年版，第185、186页。
② 习近平：《论教育》，中央文献出版社2024年版，第7页。
③ 习近平：《论教育》，中央文献出版社2024年版，第135页。

神，教育引导学生崇尚劳动、尊重劳动，懂得劳动最光荣、劳动最崇高、劳动最伟大、劳动最美丽的道理，长大后能够辛勤劳动、诚实劳动、创造性劳动"。① 加强劳动教育，成为培养新时代社会主义建设者和接班人的重要要求。

3. 担当民族复兴大任的时代新人

新时代要实现"两个一百年"奋斗目标，实现中华民族伟大复兴，培养的社会主义建设者和接班人，必须能够担当民族复兴大任。党的十九大报告明确提出"要以培养担当民族复兴大任的时代新人为着眼点"。2019 年 3 月，习近平在学校思想政治理论课教师座谈会上明确提出"努力培养担当民族复兴大任的时代新人，培养德智体美劳全面发展的社会主义建设者和接班人"②，这是对新时代"培养什么人"的共同要求。2021 年 4 月，习近平在清华大学考察时强调，坚持把立德树人作为根本任务，着力培养担当民族复兴大任的时代新人，他勉励广大青年要立大志、明大德、成大才、担大任。党的二十大报告提出，要"着力培养担当民族复兴大任的时代新人"，广大青年要"立志做有理想、敢担当、能吃苦、肯奋斗的新时代好青年"。时代新人应该有理想、有本领、有担当。"三有"时代新人成为义务教育、普通高中教育的培养目标，纳入义务教育和普通高中的课程方案、课程标准之中。

三、建立学校、家庭、社会协同育人的机制

立德树人是教育的根本任务，但不只是学校的任务，而是学校、家庭和社会共同的教育任务。2018 年 9 月，习近平在全国教育大会上强调，办好教育事业，家庭、学校、政府、社会都有责任。③ 立德树人由德切入，强调德育为先，但不只是德育，要把立德树人融入思想道德教育、文化知识教育、社会实践教育

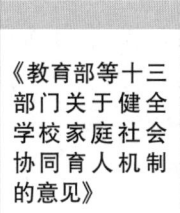

《教育部等十三部门关于健全学校家庭社会协同育人机制的意见》

各环节，内化到学校建设和管理各领域、各方面，体现在教学、科研、管理、服务和实践等诸多活动中。落实立德树人根本任务，必须以系统性、整体性观念，打好"组合拳"，充分调动全域、全员的育人积极性，实现育人的整体效应最大化。

（一）发挥学校对立德树人的主导作用

2018 年 9 月，习近平在全国教育大会上指出，健全全员育人、全过程育人、

---

① 习近平：《论教育》，中央文献出版社 2024 年版，第 12 页。

② 习近平：《论教育》，中央文献出版社 2024 年版，第 188 页。

③ 习近平：《论教育》，中央文献出版社 2024 年版，第 24 页。

全方位育人的体制机制，不断培养一代又一代社会主义建设者和接班人。这是教育工作的根本任务，也是教育现代化的方向目标。① 全员育人是指学校中的每一个人都是育人主体，发挥各自的教育作用。全程育人是指道德教育贯穿学生发展的全过程，贯穿学生学习生活的始终。全方位育人是指学校的每一个要素，包括课程、课堂、管理、文化、环境、人员等都要发挥育人作用，实现立德树人时空的全覆盖。具体来说，学校可以通过以下途径落实立德树人根本任务：

1. 课程育人

课程是学校育人的专门载体，也是最重要的教育载体。课程育人包括两个方面：一是思政课程育人，二是课程思政育人。思政课程是专门的德育课程，是直接开展德育的途径。2019 年 3 月，习近平在学校思想政治课教师座谈会上明确指出，"思政课是落实立德树人根本任务的关键课程，思政课作用不可替代"。"在大中小学循序渐进、螺旋上升地开设思政课非常必要，是培养一代又一代社会主义建设者和接班人的重要保障。"② 培养社会主义建设者和接班人，必须理直气壮地开好思政课，推动思政课的改革创新。不仅思政课程承担育人的重任，其他课程也同样承担着重任。2016 年 12 月，习近平在全国高校思想政治工作会议上指出，"其他各门课都要守好一段渠、种好责任田，要把做人做事的基本道理、把社会主义核心价值观的要求、把实现民族复兴的理想和责任融入各类课程教学之中，使各类课程与思想政治理论课同向同行，形成协同效应"③。其他课程要开展课程思政，发挥育人作用。课程思政是指要充分挖掘其他学科课程的德育因素，使思政教育融入各学科课程，发挥不同学科独特的育人功能。学校要高度重视课程育人功能，构建立德树人的课程体系、学科体系和教材体系。

2. 学科育人

立德树人是学科教学的根本任务，也是学科教学改革的方向和境界。2018 年 9 月，习近平在全国教育大会上特别强调，"教师要围绕这个目标来教，学生要围绕这个目标来学，凡是不利于实现这个目标的做法都要坚决改过来"④。在过去相当长的时期内，学科教学的目标只关注"双基"，教材目中无人，只有知识；教师目中没有学生，只有课本；教学过程变成知识授受的过程；唯分数、唯升学、唯文凭，学科教学的任务被成绩、分数、升学所遮蔽、所排斥。这种不利于立德树人的状况必须改变，改变的方向就是要从"学科教学"转向"学科育人"。所谓学科育人，就是以学科知识为载体，以育人为目标，挖掘学科的道德

①　习近平：《论教育》，中央文献出版社 2024 年版，第 6 页。
②　习近平：《论教育》，中央文献出版社 2024 年版，第 184、186 页。
③　习近平：《论教育》，中央文献出版社 2024 年版，第 151 页。
④　习近平：《论教育》，中央文献出版社 2024 年版，第 13 页。

教育和人格养成价值，培养学生的学科核心素养。学科育人是一个系统，要建立学科体系、教材体系和教学体系的整合机制，发挥学科的总体育人价值。尤其要注重教材体系和教学体系。教材是国家事权，必须代表国家意志对学生进行教育。教学要体现教育性的要求，把立德树人真正落实到学科教学目标之中，融入思想道德教育、文化知识教育、社会实践教育各环节之中，形成学科教学的整体系统。

3. 文化育人

学校文化是学校在长期发展过程中积累、传承下来并为师生所认同和遵循的价值观、精神、行为准则及规章制度、行为方式等的整合和结晶。学校文化外显为师生的教育行为和校风、校训以及学校规章制度，内隐为师生的价值观念、理想追求。学校文化无处不在，具有广泛性和弥漫性，体现在学校生活的每一个细微之处，以文化人、以文育人，对师生的行为和品德发展起着潜移默化、润物无声的作用。文化育人就是要确立学校的核心价值追求。要以立德树人为根本，结合学校的发展历史和特点，总结、提炼和继承学校的价值理念，内化为师生共同的价值追求，成为他们共同的精神寄托。将精神文化外化为学校的校风、校训、愿景和规章制度，形成浓重的文化气息、积淀深厚的文化底蕴，成为引导全校师生共同进步的精神力量。构建学校的物化文化，设计学校物化文化符号系统，包括体现学校特点和学校文化的校徽、校训、校规、校歌、校旗、校服，创建校报、校刊、校园网站、学校微信群，美化校园物质环境。开展丰富多彩的校园活动，如文体活动、兴趣小组活动、社团活动、科技活动，举办科技节、艺术节、运动会、读书会等，大力塑造校园文化精品活动，树立校园文化品牌，营造良好的校园文化氛围，提高文化育人品位。

4. 活动育人

活动是人发展的根本方式，是道德内化于心、外化于行的关键。一方面，学校要有目的、有计划地组织开展主题明确、内容丰富、形式多样、吸引力强的校内教育活动，包括班会、团队活动，升国旗、国旗下讲话等活动，入学、成长、毕业、入队、入团、入党等重要仪式活动，节日、重大纪念日活动，校园节（会）活动，学生会、社团活动，学科兴趣活动，等等。另一方面，学校要引导学生走出课堂，走出学校，走进社会，利用社会资源，广泛开展各类社会实践，使他们了解社会，感受生活，不断增强学生的社会责任感。学校可以利用综合实践活动课的课时，广泛开展社会实践：与思想政治课程相结合，开展公民服务学习、慈善公益、义工服务、社区服务；与校外教育基地结合，开展各类主题实践；与社会各部门结合，利用社会资源，开展专题实践和专题教育；要动员学生参加家务劳动，组织学生参加生产劳动、公益劳动、志愿服务、职业体验、模拟体验；组织开展研学旅行。

5. 管理育人

学校是一个系统，有效运行需要管理。管理涉及人财物，对人的管理要以人为本。学生是教育的主体，对学生的管理要为学生发展着想，为学生发展服务。管理育人就是要把为学生发展服务的理念贯穿教学管理、班级管理、制度管理、行政管理等各个方面，渗透于学校管理的每一个细节之中，有效地引导中小学生的思想行为。学校要建立以学生为本的民主、科学的管理制度，发扬民主精神，引导学生主动参与管理、自主管理，培养他们的民主意识、规则意识、法治意识和责任意识；要对学生进行人本化、人性化管理，尊重学生的人格尊严，体现人文精神，以鼓励学生发展为主，慎用惩罚，严禁体罚学生；要强化管理育人的责任意识，建立全员育人的岗位责任制度，明确学校各个岗位教职员工的育人责任，规范教职工言行，提高全员育人的自觉性和行为的示范效应。

6. 全员育人

全员育人就是发挥学校各类人员的作用，塑造一个全校师生员工共同成长的机制。首先，要发挥教师教书育人的主导作用。习近平勉励广大教师要做有理想信念、有道德情操、有扎实学识、有仁爱之心的"四有"好老师，要以德立身，以德立学，以德施教，突出师德师风，提升教师立德树人的能力。其次，要发挥政工队伍管理育人的关键作用。政工队伍是思想政治教育的专门组织者，承担着学生思想政治教育的专门职责。2016年12月，习近平在全国高校思想政治工作会议上强调，"各级党委要把高校思想政治工作摆在重要位置，加强领导和指导，形成党委统一领导、各部门各方面齐抓共管的工作格局"[1]。再次，要发挥后勤人员服务育人的支持作用。后勤人员对待工作、对待事业、对待学生的态度和行为，是对学生思想品德潜移默化的影响源，他们精益求精的职业精神和爱岗敬业的奉献精神，都会对学校立德树人产生积极的影响。最后，要发挥学生自主育人和同伴互助的影响。学生是教育的主体，要发挥学生自我教育的作用，重视少先队、学生会等学生自我管理的组织，实现自我管理、自我教育和自我提升。同时，注重同伴之间的相互影响，通过榜样感染和相互激励带动同伴的共同进步。

（二）发挥家庭对立德树人的奠基作用

"家庭是人生的第一个课堂，父母是孩子的第一任老师。"[2] 与学校教育和社

---

[1] 《习近平在全国高校思想政治工作会议上强调：把思想政治工作贯穿教育教学全过程　开创我国高等教育事业发展新局面》，《人民日报》2016年12月9日。

[2] 习近平：《论教育》，中央文献出版社2024年版，第166页。

会教育相比，家庭教育饱含亲情，更容易为孩子所接受。家庭教育的核心是教育孩子如何做人。家庭教育是人生的起点，是立德树人的第一个环节，家长要给孩子讲好"人生第一课"，帮助孩子扣好人生第一粒扣子，发挥好奠基作用。

为此，要特别重视以下方面：一是增强家庭育人意识，发挥家长的榜样作用。家庭德育不同于学校德育，它更多发挥家长对孩子潜移默化的影响。因此，要引导广大家长重言传、重身教，教知识、育品德，以身作则，成为孩子的榜样。二是注重家教、家风，用良好的家教家风涵育道德品行。有什么样的家教和家风，就有什么样的孩子。家风浓缩了一个家庭几代人的涵养，是一个家庭积淀的精气神。家风无形，重在代代相传，人文化成，成为家庭成员的精神气象。三是建立学校、家庭和社会联合机制，加强家庭教育指导。学校要建立健全家庭教育工作机制，统筹家长委员会、家长学校、家长会、家访、家长开放日、家长接待日等各种家校沟通渠道，加强对家长的指导。妇联、共青团、关工委等部门要统筹协调社会资源支持服务家庭教育，丰富指导服务内容，帮助家长提高家庭教育水平、提升育人能力，把家长引导和培育成立德树人的一支有生力量。

（三）发挥社会对立德树人的支持作用

立德树人不只是学校和家庭的事，全社会要担负起青少年成人成才的责任，发挥社会的合力育人作用。为此，社会各部门要积极参与，建立多方联动机制、社会资源共享机制，搭建社会育人平台，建立立德树人的社会大舞台。

一是确立社会的自觉教育意识，构建社会共育机制。长期以来，我们把教育只看作学校的事情，忽视了社会的教育。社会的教育是指整个社会都要发挥教育的作用，建构起整个社会立德树人的大课堂。这就要求社会每一个部门、每一个成员都要有自觉的教育意识，把立德树人作为全社会的责任，提高整个社会的教育力。二是发挥德育阵地的作用，组织开展主题教育实践活动。要充分发挥各类阵地的作用，包括新时代文明实践中心、融媒体中心以及爱国主义、民族团结、科普、国防等教育基地，图书馆、博物馆、科技馆、青少年宫等，有效组织各类主题教育实践活动。三是广泛开展社会文明实践活动，推动公民的道德实践养成。例如，开展文明创建活动、学雷锋和志愿服务活动、文明礼貌月活动、践行绿色生活方式活动等。四是以正确的舆论营造良好的道德风尚。舆论的营造涉及多个方面：（1）电视、影视、广告、娱乐等节目要加强思想引导，坚持传播正能量，力避为娱乐而娱乐的庸俗化倾向。（2）文学艺术作品要做到文以载道、文以传情、文以植德。（3）领导干部和公众人物具有广泛影响力，他们的道德面貌对社会大众有着直接的影响，因此必须加强对他们的重点引导，引导他们提高思想意识，加强政德修养和职业操守，树立良好的社会形象。（4）发挥舆论监督作用，对违反社会公德、背离公序良俗的言行，要及时进行批评教育和惩治处理，实现激浊扬清、弘扬正气的目的。（5）建立健康的网络空间，引导互联网企业和网民创作生产和传播格调高雅、积极健康的网络作品。同时，强化网络综合治理，加大对网络的监管力度和对不良作品的整治力度，形成积极向上的网络文化，建构风清气正的网络空间。

（四）建立以学校为主导，家庭、社会与学校有机衔接的协同共育机制

要发挥学校的专门育人作用，加强学校对家庭教育的指导，引导家长掌握科学的教育理念和方法，帮助家长提高家庭教育水平；健全家校合作机制，统筹家长委员会、家长学校、家长会、家访、家长开放日、家长接待日等各种家校沟通渠道，促进家庭、学校、社会三方紧密合作，凝聚强大育人合力，完善家庭、学校、社会有机结合的协同育人机制。社会各部门要增强立德树人的自觉意识，积极与学校教育配合，宣传部门、文明办、妇联、团委等要以社会资源整合利用为重点，凝聚社会的教育力量，为青少年成长创造良好的文化生态和社会环境。要坚持教育引导、实践养成、制度保障相结合，在学校教育提升道德认知的同时，开展社会实践，在实践中提高道德实践能力尤其是自觉实践能力。坚持教育倡导与社会治理结合，不断提升青少年学生的道德素质，促进其全面发展，培养和造就担当民族复兴大任的时代新人。

思考题

一、名词解释题

教育目的 培养目标 课程目标 教学目标 立德树人

二、简答题

1. 简述教育目的的层次系统。

2. 简述教育目的的社会制约性。

3. 简述当前我国教育目的的基本要求。

4. 简述立德树人的核心要义。

三、论述题

1. 试述马克思主义关于人的全面发展学说的基本思想。

2. 试述马克思主义教育与生产劳动相结合的基本思想。

3. 试述学校如何落实立德树人根本任务。

四、材料分析题

2005年，时任国务院总理的温家宝在看望钱学森的时候，钱学森提出："为什么我们的学校总是培养不出杰出的科技创新人才？"这便是著名的"钱学森之问"。针对"钱学森之问"，近年来，我国把培养拔尖创新人才提上日程。党的二十大报告

指出，"必须坚持科技是第一生产力、人才是第一资源、创新是第一动力"，"坚持教育优先发展、科技自立自强、人才引领驱动，加快建设教育强国、科技强国、人才强国，坚持为党育人、为国育才，全面提高人才自主培养质量，着力造就拔尖创新人才，聚天下英才而用之"。

结合教育实际，分析我国教育中存在哪些不利于拔尖创新人才培养的问题。如何改革才有利于拔尖创新人才的培养？

第五章 人的全面发展教育

人的全面发展，是教育的目标，也是社会发展的目标。实现人的全面发展，要以社会生产关系的变革为条件，同时也有赖于人的全面发展教育。人的全面发展教育，是德育、智育、体育、美育、劳动教育（合称"五育"）融合共生的教育。德育重在教人求善，智育重在教人求真，体育重在教人健体，美育重在教人审美，劳动教育具有树德、增智、强体、育美的综合育人价值及培养学生正确劳动价值观和良好劳动品质的独特育人价值。它们不能相互替代，各有特定的内涵、意义、目标和内容，对社会发展和个体发展的价值也各不相同。同时，它们彼此之间又相互渗透，不可分割，每一方面都包含着对人的品行、认知、健体、审美和创新的要求。此外，它们之间还具有相互促进的意义，存在着彼此互为目的和手段的关系。新时代教育改革强调德、智、体、美、劳五育并举，全面发展学生的素质。本章立足对人的全面发展教育的总体认识和把握，着重阐述全面发展教育各组成部分的内涵和意义、目标、内容。

第一节 德 育

《中小学德育工作指南》

德育作为全面发展教育的重要组成部分，是落实立德树人根本任务、全面贯彻党和国家的教育方针、实现教育目的的根本保证，是为全面建设社会主义现代化国家、实现中华民族伟大复兴提供精神文明支撑的重要条件，也是培养学生政治意识、思想观念和道德品质的基本途径。在我国，德育作为学校的首要工作，是促进学生全面发展、终身发展和个性发展，引导学生坚持和发展中国特色社会主义不可或缺的部分。

一、德育的内涵和意义

（一）德育的内涵

德育是指有意识地培养受教育者思想品德的活动，包括学校德育、家庭德育、社会德育等。学校德育是指教育者依据一定的道德原则和道德规范，有目的、有计划、有组织地培养受教育者思想品德的活动。家庭德育是指在家庭环境中，由父母或其他年长者对子女或其他年幼者施加影响，以使其形成一定的政治观念、思想意识、道德规范的教育活动。社会德育则是社会组织和机构有目的、有计划地对其成员在政治、思想与道德等方面施加影响的教育活动。在德育实践中，学校德育与家庭德育、社会德育不可分割。落实立德树人根本任务，不断增强中小学德育工作的时代性、科学性和实效性，促进学生的道德发展，需要坚持协同配合原则，发挥学校促进道德发展的主导作用，提高家庭、社会对学生道德发展、成长成人的重视度和参与度，形成学校、家庭、社会各方协同育人的合力。在学校教育中，德育与智育、体育、美育、劳动教育相辅相成，共同促进学生的全面发展。

无论是学校德育还是家庭德育、社会德育，其本质都在"育德"。不同的社会对个体在"德"上的要求不一样，德育的目标任务也就各不相同，其内容也会有很大的差异。与西方把德育理解为"伦理道德教育以及有关价值观教育"①不同，我国的学校德育是相对于智育、体育、美育、劳动教育来划分的，并不仅仅是指品德教育或道德教育，而是指思想品德教育，主要包括政治教育、思想教育、道德教育、法治教育、生态文明教育及心理健康教育等。政治教育主要培养学生正确的政治观念和政治信念，形成对国家政治制度的认同，初步树立共产主义远大理想和中国特色社会主义共同理想；思想教育主要培养学生正确的世界观、人生观、价值观，践行并弘扬社会主义核心价值观；道德教育主要培养学生良好的道德品质和行为习惯；法治教育主要培育学生的社会主义法治观念，帮助学生形成法治信仰和维护公平正义的意识；生态文明教育主要引导学生树立尊重自然、顺应自然、保护自然的理念，养成勤俭节约、低碳环保的生活习惯，形成健康文明的生活方式；心理健康教育主要培养学生健全的人格、积极的心态和良好的个性心理品质。

(二) 德育的意义

中小学德育对于全面加强党的领导、全面贯彻党的教育方针、坚持社会主义办学方向、大力培育和践行社会主义核心价值观、培养学生良好思想品德和健全人格、促进学生德智体美劳全面发展等，具有十分重要的意义。

1. 德育是保证学校坚持党的领导的坚强阵地

中国共产党是中国特色社会主义事业的领导核心。习近平指出："党政军民学，东西南北中，党是领导一切的，是最高的政治领导力量。"② 党的二十大报告指出："全面贯彻党的教育方针，落实立德树人根本任务，培养德智体美劳全

---

① 顾明远主编：《教育大辞典（增订合编本）》下，上海教育出版社 1998 年版，第 249 页。
② 中共中央文献研究室编：《习近平关于青少年和共青团工作论述摘编》，中央文献出版社 2017 年版，第 102 页。

面发展的社会主义建设者和接班人。"加强党对教育工作的全面领导，是我国社会主义教育事业发展的根本要求，是坚持中国特色社会主义教育发展道路的根本体现，也是推进中国式现代化的根本保证。加强党对教育工作的全面领导，要全面贯彻党的教育方针，坚持社会主义办学方向，牢牢把握学校思想政治和德育工作的主导权。德育，尤其是其中的政治教育、思想教育等，具有为国家立心、为民族立魂的巨大作用，是"用社会主义核心价值观铸魂育人"的根本所在。坚持不懈地用习近平新时代中国特色社会主义思想凝心铸魂，全面加强党的领导，全面贯彻党的教育方针，必须要牢牢把握学校思想政治和德育工作的主导权，保证学校成为坚持党的领导的坚强阵地。

2. 德育是培养担当民族复兴大任的时代新人的基本要求

育人的根本在立德，立德的关键在学校德育。提高青少年学生思想政治品德素养，是促进社会全面进步、人的全面发展的必然要求。青少年阶段是人生的"拔节孕穗期"，要扣好人生第一粒扣子，尤其需要精心引导和培育。学校教育不仅要培养健全人格意义上的"人"，更要培养担当民族复兴大任的时代新人，培养有理想、有本领、有担当的社会主义建设者和接班人。教育青少年热爱祖国、热爱人民、热爱中国共产党，努力学习和弘扬中华优秀传统文化和革命文化、社会主义先进文化，理解和践行社会主义核心价值观，树立共产主义远大理想和中国特色社会主义共同理想，其途径是多方面的，德育无疑是最重要的依托。培养担当民族复兴大任的时代新人，教育是根本，学校是主要阵地，德育则居首要地位。

3. 德育对于促进学生德智体美劳全面发展具有重要意义

学生的全面发展，是德智体美劳全面发展。德育在全面发展教育中处于核心位置，是促进人的全面发展的灵魂，也是促进人的全面发展的根本途径，对于促进学生道德发展具有主导作用，特别是在促进学生形成政治认同、社会主义法治意识方面，主导作用尤其突出。德育具有促进学生认知能力、激发创新意识的作用。个体对世界的认识和把握，是以一定的认知结构为先导的。其中，个体的世界观、信念等又起着核心的定向作用。德育通过形成人的世界观、人生观、价值观，助力认知结构的形成，对个体认知能力的形成具有强化和激励作用。德育培养学生的爱国主义精神、集体主义精神、社会主义精神，培养纪律意识和勇敢顽强、不畏艰难、责任担当等品质，对于学生的体能改善和基本运动技能、专项运动技能获得等，也具有极大的促进作用。善与美的紧密联系，使得立足于"使人向善"的德育，能够促进学生的审美观念的发展。德育还能够促进学生劳动观念、劳动精神、劳动品质的培养。总之，德育制约并影响学生的发展方向，对促进学生的全面发展具有重要意义。

二、德育的目标

德育目标是学校通过德育活动而要求学生在政治意识、思想观念和道德品质上应该达到的基本要求，是衡量和评价学校教育质量的重要标准。学校德育以学生的身心发展水平为起点，以德育目标为归宿。德育目标决定着学校德育的内容、组织形式、方法和手段以及途径等，制约着学校德育的全过程。

在我国，教育学主要从学校教育的角度论述德育目标，因而德育目标主要是指学校德育目标。根据教育部 2017 年印发的《中小学德育工作指南》，我国中小学德育的总体目标是："培养学生爱党爱国爱人民，增强国家意识和社会责任意识，教育学生理解、认同和拥护国家政治制度，了解中华优秀传统文化和革命文化、社会主义先进文化，增强中国特色社会主义道路自信、理论自信、制度自信、文化自信，引导学生准确理解和把握社会主义核心价值观的深刻内涵和实践要求，养成良好政治素质、道德品质、法治意识和行为习惯，形成积极健康的人格和良好心理品质，促进学生核心素养提升和全面发展，为学生一生成长奠定坚实的思想基础。"据此，可将中小学德育目标具体化为如下五个方面：

（一）教育学生理解、认同和拥护国家政治制度

教育学生理解、认同和拥护国家政治制度是德育的首要目标，其核心是教育学生具备热爱伟大祖国、人民、中华民族、中华优秀传统文化、中国共产党的情感，树立为中华民族伟大复兴而奋斗的志向，自觉践行和弘扬社会主义核心价值观。具体来说，就是要教育学生明确中国共产党的核心领导地位，充分认识中国共产党领导是中国特色社会主义最本质的特征，是中国特色社会主义制度的最大优势；引导学生拥护中国共产党，坚持中国特色社会主义道路，了解习近平新时代中国特色社会主义思想是当代中国的马克思主义，是 21 世纪的马克思主义，是中华文化和中国精神的时代精华；教育引导学生践行和弘扬社会主义核心价值观，树立共产主义远大理想和中国特色社会主义共同理想，增进中华民族价值认同和文化自信；培养学生对家庭的深厚情感和热爱家乡、热爱伟大祖国、热爱中华民族、自觉铸牢中华民族共同体意识，有以实现中华民族伟大复兴为己任的使命感。

（二）培养学生良好的道德修养

道德修养是指养成良好的道德品质和行为习惯，把社会的道德规范内化于心、外化于行。习近平指出："要在加强品德修养上下功夫。""要坚持教育引导学生培育和践行社会主义核心价值观，做到品德润身、公德善心、大德铸魂。"[1]良好的道德修养包括个人品德、家庭美德、社会公德和职业道德四个方面。培养

---

[1] 习近平：《论教育》，中央文献出版社 2024 年版，第 9 页。

学生良好的道德修养，有助于学生传承中华民族传统美德，弘扬民族精神和时代精神；有助于学生明大德、守公德、严私德，形成健全的道德认知、道德判断和道德情感，发展良好的道德行为，养成良好的道德品质。对青少年学生进行品德修养教育，关键是要提高其道德认识，陶冶其道德情操，锻炼其品德意志，树立其道德信念，使其养成良好的品德习惯，最终使他们的行为自觉符合社会所倡导的道德规范和准则。

（三）培育学生的社会主义法治意识

社会主义法治意识是指树立宪法法律至上、法律面前人人平等、权利义务相统一的理念，使尊法、学法、守法、用法成为人们的共同追求和自觉行为。坚持全面依法治国，推进法治中国建设，是新时代新征程中国共产党的使命任务。培育学生的法治意识，就是教育引导学生弘扬社会主义法治精神，做社会主义法治的忠实崇尚者、自觉遵守者、坚定捍卫者。这是学校德育不可推卸的责任。

（四）培育学生的健全人格

健全人格是指一个人能够对自我有正确的认知，并由此形成积极的思想品质和健康的生活态度。健全人格主要表现为自尊自信、理性平和、积极向上、友爱互助等方面。培育学生的健全人格，就是教育引导学生正确认识自我、学会学习、学会生活、学会合作，养成积极的心理品质，提高适应社会、应对挫折的能力。

（五）树立学生的责任意识

责任意识是指具备承担责任的认知、态度和情感，并能转化为实际行动。责任意识主要表现为主人翁意识、担当精神和有序参与。树立学生的责任意识，有助于他们提升对自己、家庭、集体、社会、国家和人类的责任感，增强担当精神和参与能力。

三、德育的内容

党中央极为重视学校德育工作，并就学校德育内容提出了明确的要求。中共中央、国务院颁布的《关于深化教育教学改革 全面提高义务教育质量的意见》指出："大力开展理想信念、社会主义核心价值观、中华优秀传统文化、生态文明和心理健康教育。加强爱国主义、集体主义、社会主义教育，引导少年儿童听党话、跟党走。加强品德修养教育，强化学生良好行为习惯和法治意识养成。"《国务院办公厅关于新时代推进普通高中育人方式改革的指导意见》指出："深入开展习近平新时代中国特色社会主义思想教育，强化理想信念教育，引导学生树立正确的国家观、历史观、民族观、文化观，切实增强'四个自信'，厚植爱党爱国爱人民思想情怀，立志听党话、跟党走，树立为中华民族伟大复兴而勤奋学习的远大志向。积极培育和践行社会主义核心价值观，深入开展中华优秀传统文化教育，加强学生品德教育，帮助学生养成良好个人品德和社会公德。"根据这些总体要求，我国中小学德育的基本内容可概括为如下八个方面：

（一）理想信念教育

习近平强调："要在坚定理想信念上下功夫。社会主义建设者和接班人，定语就是'社会主义'，这是我们对培养什么人的本质规定。我们培养的人，必须树立共产主义远大理想和中国特色社会主义共同理想。"[①]理想是人们对未来美好生活的向往和追求。青少年学生应该树立远大的理想和抱负。信念是引导自我前行的根本动因，是人们基于一定的认识而确立的对思想或事物坚信不疑并身体力行的心理态度和精神状态。理想为青少年学生的终身发展提供正确的前进方向，而信念则为青少年学生未来的发展提供动力支持。

开展理想信念教育，重点是引导学生把理想信念建立在对新时代党的创新理论的理性认同上，对历史规律的正确认识上，对基本国情的准确把握上。一是要开展马克思列宁主义、毛泽东思想、邓小平理论、"三个代表"重要思想、科学发展观、习近平新时代中国特色社会主义思想教育，加强中国特色社会主义理论体系教育，引导学生深入学习习近平新时代中国特色社会主义思想，领会新时代党的创新理论。二是要开展历史教育，引导学生深入了解党史、新中国史、改革开放史、社会主义发展史、中华民族发展史，继承革命传统，传承红色基因，深刻领会实现中华民族伟大复兴是近代以来中华民族最伟大的梦想，深刻认识中国共产党的执政规律、社会主义建设规律、人类社会发展规律，树立为共产主义远大理想和中国特色社会主义共同理想而奋斗的信念和信心。三是开展国情教育、世情教育、时事政策教育，引导学生在对不同社会制度、不同发展道路的比较中鉴别优劣、看清趋势，深化对中国特色社会主义的政治认同、思想认同和情感认同。

（二）社会主义核心价值观教育

社会主义核心价值观是当代中国精神的集中体现，承载着民族和国家的价值追求，是凝聚人心、汇聚民力的强大力量。社会主义核心价值观教育体现了新时代中国特色社会主义教育的本质要求，也从价值角度回答了培养什么人、怎样培养人、为谁培养人这个教育的根本问题。社会主义核心价值观教育，应遵循学生的身心发展规律和价值观形成规律，紧紧围绕全面建设社会主义现代化国家、全面推进中华民族伟大复兴这一主题，将社会主义核心价值观融入国民教育全过

---

① 习近平：《论教育》，中央文献出版社 2024 年版，第 7 页。

程，落实到中小学教育教学和管理服务各环节，深入开展爱国主义教育、国情教育、国家安全教育、民族团结教育、法治教育、诚信教育、文明礼仪教育等，用社会主义核心价值观铸魂育人，引导学生牢牢把握富强、民主、文明、和谐作为国家层面的价值目标，深刻理解自由、平等、公正、法治作为社会层面的价值取向，自觉遵守爱国、敬业、诚信、友善作为公民层面的价值准则，最终使青少年学生将社会主义核心价值观内化于心、外化于行。

（三）中华优秀传统文化教育

党的二十大报告指出："中华优秀传统文化源远流长、博大精深，是中华文明的智慧结晶，其中蕴含的天下为公、民为邦本、为政以德、革故鼎新、任人唯贤、天人合一、自强不息、厚德载物、讲信修睦、亲仁善邻等，是中国人民在长期生产生活中积累的宇宙观、天下观、社会观、道德观的重要体现，同科学社会主义价值观主张具有高度契合性。"开展中华优秀传统文化教育，就是以爱国主义为核心，以家国情怀教育、社会关爱教育和人格修养教育为重点，传承发展中华优秀传统文化，弘扬核心思想理念、中华传统美德、中华人文精神，引导学生了解中华优秀传统文化的历史渊源、发展脉络、精神内涵，增强文化自觉和文化自信。开展中华优秀传统文化教育，要与以爱国主义为核心的民族精神和以改革创新为核心的时代精神紧密结合在一起。

（四）爱国主义、集体主义和社会主义教育

广泛进行爱国主义、集体主义和社会主义教育，是我国中小学德育的基本内容。热爱祖国，是每个人应该具有的公民道德之一。近代以来，爱国主义教育一直都是学校教育的重要内容。爱国主义教育使学生形成热爱祖国的情感态度，并树立为之献身的思想意识。在社会主义国家，集体主义是衡量人们道德行为的基本标准，是调节个人与个人、个人与集体、个人与国家关系的指导原则。集体主义教育是社会主义学校德育的一项重要内容。集体主义教育，就是要引导学生热爱、关心集体，以集体利益为重；就是要教育学生正确认识并处理好国家、集体、个人之间的利益关系，在国家、集体、个人三者利益发生矛盾时，能够做到以国家和集体利益为重，个人利益要服从集体利益。社会主义教育的根本目的，就是要让学生懂得中国选择社会主义道路的必然性和合理性，认识到社会主义制度是不同于资本主义制度的发展道路和发展模式，使学生了解到社会主义建设为中国的发展带来的巨大变化和对中国的发展作出的巨大贡献。

（五）社会主义法治教育

全面依法治国是国家治理的一场深刻革命，关系党执政兴国，关系人民幸福安康，关系党和国家长治久安。社会主义法治教育是推进法治中国建设、建设社会主义法治国家的根本要求，是教育服务于新时代新征程中国共产党使命任务的具体体现。建设社会主义法治国家，就是坚持依法治国、依法执政、依法行政共同推进，坚持法治国家、法治政府、法治社会一体建设，坚持法律面前人人平等，坚持法治与德治相结合。社会主义法治教育，就是以法治观念对学生进行循序渐进的系统化教育，教育培养学生树立宪法法律至上、法律面前人人平等、权利义务相统一的法治意识和观念，了解相关的法律法规，树立法治意识，养成守法用法的思维方式和行为习惯，引导学生做社会主义法治的忠实崇尚者、自觉遵守者、坚定捍卫者。

（六）品德修养教育

人无德不立。加强品德修养教育，是学校德育的重要内容。习近平多次论述个体品德修养的重要意义，要教育学生"明大德、守公德、严私德"①。明大德就是培养学生爱党爱国爱人民，增强国家意识和社会责任意识。守公德要求一个人作为公民能够自觉行使公民权利并履行公民义务，具有社会责任感，做到行为文明、品行良好。严私德要求一个人能够明礼遵规、勤劳善良、宽厚正直、自强自律、尊老爱幼、男女平等、勤劳节俭、邻里互助。

（七）生态文明教育

生态文明建设是社会主义现代化建设的重要内容。大力推进生态文明建设，前提是使全体公民树立生态文明意识，基本的途径是生态文明教育。生态文明教育旨在教育学生牢固树立和践行绿水青山就是金山银山的理念，引导学生尊重自然、顺应自然、保护自然，养成健康的生活习惯，形成健康文明的生活方式。生态文明教育包括节约教育、环境保护教育，以及开展大气、土地、水、粮食等资源的基本国情教育。

（八）心理健康教育

心理健康教育就是要培育学生热爱生活、珍视生命、自尊自信、理性平和、乐观向上的心理品质和不懈奋斗、荣辱不惊、百折不挠的意志品质，促进学生思想道德素质、科学文化素质和身心健康素质协调发展。正确的自我认知、积极的思想品质和健康的生活态度是现代人身心健康的重要标志，也是社会有序发展和稳定的个体心理要求。心理健康教育是促进人的心理健康和精神卫生的基本途径。心理健康教育重在引导学生增强调控心理、自主自助、应对挫折、适应环境的能力，培养学生健全的人格、积极的心态和良好的个性心理品质。心理健康教育包括认识自我教育、尊重生命教育、学会学习教育、人际交往教育、情绪调适教育、升学择业教育、人生规划教育以及

---

① 习近平：《在北京大学师生座谈会上的讲话》，人民出版社 2018 年版，第 7 页。

适应社会生活教育等。

第二节　智　育

智育是人的全面发展教育的重要组成部分，是促进人的全面发展的重要途径。智育为德育、体育、美育和劳动教育的实施，为人的全面发展的实现提供科学知识和智能基础。人的道德观、健康观、审美观以及劳动观的形成，不仅需要以相应的知识作为条件，而且需要具有相应的认知能力。智育对于培养学生适应未来发展的正确价值观、必备品格和关键能力等具有重要的作用。在学校教育中，智育与德育、体育、美育、劳动教育相辅相成，共同促进学生的全面发展。

一、智育的内涵和意义

（一）智育的内涵

智育是学校系统地向学生传递科学文化知识和技能，发展学生智能，提升学生核心素养，培养学生创新精神和实践能力的活动。从学校教育产生开始，智育就是整个教育活动的重要方面。在不同的历史时期，由于社会对个体的知识和心智要求不一样，人们赋予智育的内涵并不相同。古代社会的智育，主要是向学生传授系统的人文知识、社会知识以及日常生产经验。近代以来，随着科学技术知识在日常生活中的广泛应用，学校教育也越来越注重传递科学技术知识，以及与日常生活有关的知识和技能。到了现代，随着社会对其成员素质的要求越来越高，智育的内涵也进一步发生变化。智育在强调使学生掌握基础知识、基本技能的同时，更加强调发展学生的认识能力，要求学生具有适应终身学习的知识、技能和方法，培养学生的创新精神和实践能力。

在理解智育的内涵时，需要注意辨别智育与教育、智育与教学的区别。首先，就智育与教育的关系而言，智育是教育的组成部分。马克思主义教育理论把智育作为人的全面发展教育的组成部分。无论一个人持有怎样的教育观念，秉持怎样的教育主张，智育都是其中核心的内容。其次，智育不同于教学，也不等于教学。一方面，教学是学校实现全面发展教育、提升学生核心素养的基本途径，因而也是实现智育的基本途径，但智育的实施不只是依靠教学；另一方面，教学作为实现教育目标的途径，不仅服务于智育，同样也服务于德育、美育、体育和劳动教育，教学过程不仅传递知识和技能，培养学生的创新精神、实践能力，发展其核心素养，还渗透着思想品德教育、审美教育、健康教育和劳动教育。

（二）智育的意义

智育在人的全面发展教育中具有重要的地位和作用。

1. 智育为人的全面发展提供知识基础

人的全面发展，是个体身心各个方面的和谐发展，其中的一个重要方面，就是认知发展。认知发展是在掌握人类社会已有知识经验及认知基础上实现的，并在这个基础上实现人类知识的创新和发展。认知发展主要依赖智育。智育一方面实现人类知识的再生产，另一方面则实现人类智力的再生产和进一步发展。正是在人类知识和智力再生产的过程中，个体的认知能力得以形成。

2. 智育是实现全面发展教育的重要保证

一是人的全面发展教育包括智育，智育是人的全面发展教育的重要内容。二是智育为德育、体育、美育、劳动教育目标的实现奠定认知基础。德育、体育、美育和劳动教育，都在不同程度上包含着道德、健康、审美以及劳动等知识，同时也在不同程度上含有认知的成分并要求做出认知的努力。人们的道德观、健康观、审美观、劳动观等，都是建立在一定的道德认知、身体认知、审美认知、劳动认知的基础之上的。智育，特别是智育所突出的个体的认知能力培养，为德育、美育、体育、劳动教育等提供知识和智力基础。可以说，德育、美育、体育、劳动教育等都包含着智育的因素，并且都以智育为基础。

3. 智育有助于促进社会和科技的发展与进步

我国进行社会主义现代化建设，进而建成富强民主文明和谐美丽的社会主义现代化强国、实现中华民族伟大复兴的中国梦，需要在继承的基础上全面改革，需要个体具有创新精神和创新思维。社会科技创新对个体的认知能力提出新的更高的要求。智育培养学生的认知能力，为社会科技创新奠定智力基础。智育教学生求学问、求知识、寻真理，也教学生在追寻的过程中创造性地解决问题。智育是实施科教兴国战略、人才强国战略、创新驱动发展战略，强化现代化建设人才支撑，深入开辟发展新领域新赛道，不断塑造发展新动能新优势，进入创新型国家行列，以中国式现代化推进中华民族伟大复兴等不可或缺的条件。

二、智育的目标

确立智育目标，需要依据社会发展对个体提出的素质要求，以及个体身心发展的规律和特征。智育对个体的全面发展，对全面发展教育以及对社会进步、科技创新、经济发展都具有重要意义，这就意味着智育的目标非常广泛。但总体来看，智育的目标主要包括以下四个方面：

（一）使学生掌握适应现代化社会所需要的知识与技能

传授基础知识与基本技能是智育的第一个目标。

知识是人类认识世界（包括人类自身）的成果。人类的认识是建立在实践的基础之上的，并受到实践的检验。分析哲学研究的成果告诉我们，知识有不同的种类，例如，知识可以分为关于"是什么"的知识和关于"怎样做"的知识，前者意味着"知道是什么"，后者意味着"知道如何做"。知识还可以分为"可言说的知识"和"缄默的知识"，前者可以通过语言来表达和传递，后者则主要是通过长期的观察和模仿而心领神会。从所涉及的范围看，知识可以分为"普遍性知识"和"地方性知识"。前者反映客观事物的本质和规律，是在学校教育中通过教师的传递或书本知识的学习而获取的；后者则只是在有限的范围内适用或有效，是在实践中通过对周围事物的观察而获得的。从知识获得的途径看，知识可以分为直接经验的知识和间接经验的知识。从知识所反映的内容看，知识可以分为关于自然的知识、关于社会的知识和关于思维的知识。

技能是通过练习而获得的控制动作执行的合乎法则的行动方式。技能可以分为心智技能和操作技能。心智技能是人在头脑中借助内部语言，以简约的形式进行的智力活动，例如默读、心算、构思等；操作技能由一系列外部动作构成，以完成个体行为意图，例如舞蹈、骑车、运动等。

在历史的长河中，人类积累了无数的知识。对于生活在现代社会中的人们来说，究竟应该掌握哪些知识？社会生活涉及的领域十分广泛，人们最需要掌握的技能是什么？中小学教育是基础教育，它传授给学生的知识与技能，应该是最基础的知识和最基本的技能，同时也是适应现代化社会所需要的知识与技能。坚持反映时代要求，及时更新教学内容体系，根据经济社会发展新变化、科学技术进步新成果，将适应现代化社会所需要的知识与技能吸纳到中小学智育内容中，努力呈现政治、经济、文化、科技、社会、生态等发展的新成就、新成果，反映新时代中国特色社会主义理论和建设新成就，是我国中小学智育内容变革的必然要求。

（二）培养学生的认知能力

着力培养学生的认知能力，促进学生的思维发展，使学生具备学会学习的能力，是新时代智育的重要目标。认知能力是个体认识世界、认识自我的一种综合能力，也是为人所共有，并在人的基本活动中表现出来的能力。近代以来，培养学生的认知能力，促进学生的思维发展，日益成为学校智育的目标追求，也是当今世界智育十分关注的重大问题。随着现代社会生活日益智能化、信息化和技术化，科学技术不断渗透到工作、生产和生活中，个体的认知能力和思维能力在生产和生活中的地位和作用也更加突出。具有认知能力和思维能力已经成为对人们重要素质的要求。培养学生的认知能力，重点是培养学生的抽象思维能力、想象力、探索力。因此，学校教育在使学生掌握适应现代化社会所需要的知识与技能的同时，还要突出学生的主体地位，注重保护他们的好奇心、想象力、求知欲，激发他们的学习兴趣，着力培养他们的认知能力，促进他们的思维发展。

（三）培养学生的创新精神

创新是适应经济全球化和信息化的客观要求，是一个国家和民族发展的不竭动力。所谓创新精神，是指个体综合运用已有的知识和信息进行改革、创新，以提出新方法、新观点的意志、信心、勇气和智慧。创新精神是现代人应该具备的素质。学校在培养创新精神方面肩负着特殊使命。培养学生的创新精神尤其应注重培养其科学精神。科学精神是人们在长期的科学实践活动中形成的、由科学性质决定并贯穿科学活动之中的基本精神，如求真求实精神、不断探索精神、理性批判精神等。培养学生的科学精神，关键是要培养学生的好奇心和求知欲、对已有事物的怀疑态度和批判精神、追求创新的欲望、求异的观念以及敢为人先的冒险精神等。

（四）培养学生的实践能力

培养学生的实践能力是现代教育的基本要求，也是学校教育的基本目标之一。实践能力是指应用所学理论知识以及各种能够获得的信息，有效解决实践问题的能力。中小学培养学生的实践能力，主要是培养学生搜集和处理信息的能力、获取新知识的能力、分析和解决问题的能力以及交流与合作的能力等。

培养学生的实践能力，需要认识和处理好知识与能力的关系。知识并不等同于能力，它们之间既有区别又有联系。掌握知识并不意味着能力的发展，但发展能力需要以知识的掌握为基础。因此，学校的智育活动应该创造将知识转化为实践能力的现实条件，通过转变课堂教学方式和学习方式来培养和发展学生的实践能力。

三、智育的内容

智育的内容受智育的目标制约。智育的目标不同，智育的内容也就有很大的差异。教育史上曾经发生过的形式教育论与实质教育论之争，反映出智育的目标对智育的内容的制约性作用：形式教育论从培养受教育者心智能力出发，认为学校应开设与智能训练相关的科目，如古典语言、逻辑学、数学以及古典人文学科等；实质教育论从传授受教育者基本的实用知识和技能出发，认为现代语言、数学、自然科学、历史、地理、机械技术等应是智育的内容。进入新时代，我国中小学智育立足于使学生掌握适应现代化社会所需要的知识与技能，培养学生的认知能力、创新精神和实践能力，其主要内容体现在中小学的课程中，包括语言文字类课程、数学课程、科学与技术类课程、人文与社会类课程等。①

（一）语言文字类课程

语言文字类课程包括语文与外语。语言文字是人类社会最重要的交际工具和信息载体，是人类文化的重要组成部分。语言文字的运用，包括生活、工作和学习中的听说读写活动以及文学活动，广泛存在于人类社会的各个领域。对语言文字的学习，能够促进学生核心素养的形成与发展，为学生学好其他课程打下基础；为学生形成正确的世界观、人生观、价值观，形成良好个性和健全人格打下基础；为培养学生求真创新的精神、实践能力和合作交流能力，促进学生德智体美劳全面发展及学生的终身发展打下基础。其中，语文课程旨在使学生学会运用国家通用语言文字进行交流沟通，吸收古今中外优秀文化成果的精华，提升思想文化修养，建立文化自信；外语课程重在培养和发展学生相应的语言能力、文化意识、思维品质、学习能力等核心素养，为学生终身学习、适应未来社会发展奠定基础。

（二）数学课程

数学是研究数量关系和空间形式的科学。它不仅是运算和推理的工具，还是表达和交流的语言；它不仅是自然科学的重要基础，在社会科学中也发挥着越来越重要的作用，其应用还广泛渗透到现代社会的各个方面。随着大数据分析、人工智能的发展，数学研究与应用领域不断拓展。数学在形成人的理性思维、科学精神和促进个人智力发展中发挥着不可替代的作用。数学素养是现代社会每一个人都应当具备的基本素养。数学教育要使学生学会用数学的眼光观察现实世界，用数学的思维思考现实世界，用数学的语言表达现实世界。

（三）科学与技术类课程

科学是人类在研究自然现象、发现自然规律的基础上形成的知识系统，以及获得这些知识系统的认识过程和在此过程中利用的方法，包括物理、化学、生物学、天文学、地球科学等不同分支。科学为人类认识和理解自然与社会提供了独特的思想方法、思维方式、精神力量和价值观念。科学教育能够激发学生对自然现象的好奇心，培养学生从整体上认识自然世界，理解科学、技术、社会与环境的关系，发展基本的科学能力，形成基本的科学态度和社会责任感。

技术是指从人类需求出发，秉持一定的价值理念，运用各种物质及装置、工艺方法、知识技能与经验等，实现一定使用价值的创造性实践活动。技术是人类文明的重要组成部分，是社会生产力水平的重要标志之一，是人类物质财富和精神财富的积累形式。中小学技术课程包括信息科技（信息技术）和通用技术。

---

① 以下部分参考了各科课程标准中的相关表述。

信息科技是现代科学技术领域的重要部分，主要研究以数字形式表达的信息及其应用中的科学原理、思维方法、处理过程和工程实现。当代高速发展的信息科技对全球经济、社会和文化发展起着越来越重要的作用。通用技术是指当代技术体系中较为基础、在日常生活中应用较为广泛、育人价值较为丰富并与专业技术相区别的技术，是学生适应社会生活、高等教育和职业发展所必需的技术。技术教育是素质教育的基本组成部分，是学生技术素养形成的重要途径。科技是第一生产力。新一轮科技革命和产业变革正在深入发展。科技教育对落实立德树人根本任务、实施国家创新驱动发展战略、科技自立自强、着力造就拔尖创新人才等，都具有重要的作用。

（四）人文与社会类课程

人文与社会类课程主要包括道德与法治（思想政治）、历史、地理。道德与法治（思想政治）属于德育的内容。历史主要是在一定历史观指导下叙述和阐释人类历史进程，以探寻历史真相、总结历史经验、认识历史规律、认清历史发展趋势。我国的历史教育能够让学生在马克思主义唯物史观指导下，了解中外历史发展进程，拓宽历史视野，发展历史思维，传承人类文明，提高人文素养，具有鉴古知今、认识历史规律、培养家国情怀、拓宽国际视野的重要作用。地理主要研究地理环境以及人类活动与地理环境的关系，兼有自然科学和社会科学的性质，对于解决当代人口、资源、环境和发展问题，维护生态安全，建设美丽中国具有重要作用。地理教育对培育学生的人地协调观、家国情怀、全球视野，以及批判性思维、创新精神和实践能力具有重要价值。

智育的内容主要以课程的形式呈现出来，但智育的内容并不等同于课程。就内容的构成而言，各门课程既包括智育的内容，也包括德育、美育、体育、劳动教育的内容。此外，学校开展的课内课外活动、综合实践活动等，也都包括智育内容的成分。值得注意的是，综合实践活动对于培养学生的创新精神和实践能力、发展学生的认知能力和思维具有非常重要的作用。在综合实践活动中，学生能够利用所学知识来解决实践中的问题，从而在学以致用的同时，巩固所学知识和技能，并培养分析问题、创造性解决问题的能力。

第三节 体 育

体育是实现儿童青少年全面发展的重要途径，是落实立德树人根本任务、提升学生综合素质的基础课程，是全面发展教育的重要组成部分。2018 年 9 月，习近平在全国教育大会上指出："要树立健康第一的教育理念，开齐开足体育课，帮助学生在体育锻炼中享受乐趣、增强体质、健全人格、锤炼意志。"① 体育得到了前所未有的重视。

《关于全面加强和改进新时代学校体育工作的意见》

一、体育的内涵和意义

（一）体育的内涵

"体育"一词在含义上有一个演化过程。"体育"一词刚传入我国时，作为教育的一部分，是指身体教育，指与维持和发展身体机能有关的各种活动。随着社会的进步和体育事业的不断发展，其目的和内容都大大超出了原来"体育"的范畴，体育的概念也有了广义与狭义之分。

广义地看，体育是根据人体生长发育、技能形成和机能完善规律，有目的、有组织地开展身体运动与健康活动，以促进个体全面发育、提高身体素质和运动能力、增强体质、改善生活方式、提高生活质量的活动。

狭义地看，体育指学校体育，是一种有目的、有计划地组织学生开展身体运动和健康活动的教育活动，它以促进学生全面发展，增强学生体质，使学生学习体育知识、技能和锻炼意志力等品质为目的。新时代我国中小学体育以身体练习为主要手段，以体育与健康知识、技能和方法为主要学习内容，以发展学生核心素养和增进学生身心健康为主要目的。

学校体育坚持"健康第一"的教育理念，面向全体学生，重视育体与育心相融合、体育与健康教育相融合。一般包括四个部分：一是以体育与健康课为主要载体的体育教学；二是早操、课间操以及课后体育运动等体育活动；三是以专项运动技能为内容，以体育兴趣小组、社团和俱乐部为组织形式的体育训练；四是形式多样的体育展示或体育比赛。

（二）体育的意义

学校体育具有以体育德、以体育智、以体育美、以体育劳的独特功能，对弘扬社会主义核心价值观，培养学生爱国主义、集体主义、社会主义精神和奋发向上、顽强拼搏的意志品质，促进学生积极参与体育运动、养成健康生活方式、健全人格品质，提升国民综合素质，推动社会文明进步，建设健康中国和体育强国，实现中华民族伟大复兴，具有重要的现实意义和长远意义。

1. 促进学生身心健康、体魄强健

影响学生身心健康、体魄强健的因素有很多，体育无疑是一个重要因素。体育可以促进身体肌肉工作量增加，增加氧气和营养物质的供应量，促进身体的新

---

① 习近平：《论教育》，中央文献出版社2024年版，第12页。

陈代谢。体育还可以使运动中枢高度兴奋，使周围其他神经活动受到抑制并因此而得到休息。学校体育用科学的方法来指导学生的体育锻炼，可以促进学生的神经系统、骨骼、肌肉等正常发育，增强学生的体质，为学生今后的学习、工作和生活及身心健康发展奠定基础。体育活动对心理健康也有积极影响。体育活动可以缓解学生学习以及其他方面的心理压力，使学生进入一种更好的心理状态。学生在体育运动中所遭受的挫折和失败，有助于促进学生积极应对学习和生活中的挫折和失败，保持良好的心态，学会调控自己的情绪，增强情绪调控能力。概言之，学校体育对于促进学生的生长发育和健康成长具有重要的促进作用。

2. 促进学生综合素质发展

促进学生综合素质发展，是新时代培养担当民族复兴大任的时代新人的根本要求，也是我国社会主义现代化建设的根本要求。习近平指出，"要在增强综合素质上下功夫"，"要教育引导学生培养综合能力"。[1] 体育在增强学生的综合素质方面能够发挥重要的作用。体育运动能够培养学生的爱国主义和集体主义精神，促进学生形成纪律意识、勇敢顽强、不畏艰难、责任担当等品质。体育在引导学生了解身体的结构和功能中，可以促进学生对科学、信息科技、生物学等知识的掌握，促进学生思维能力和认知能力的发展。体育运动展现人体之美，所体现出的蓬勃活力和生命律动，能培养学生正确的身体观和审美观。体育基本运动技能对学生的移动性、非移动性和操控性的增强，可以发展学生的协调性、肌肉力量和肌肉耐力等体能，能培养学生的劳动意识和吃苦耐劳、坚韧不拔等优良品质。

3. 为德育、智育、美育、劳动教育奠定基础

首先，体育具有对学生进行思想品德教育的独特效果和优势，是重要的思想品德教育手段之一。体育中的思想品德教育，因其生动性、感知性和综合性的特点，更容易被学生接受。其次，体育是智育的重要保证。"人的身体是智力、精神活动的重要物质基础，其生长发育水平及体质与健康状况都与智力发展关系密切，精神与身体是统一的。"[2] 体育活动能使学生保持旺盛的精力、清晰的头脑，使疲劳的神经细胞得以休息和调整，从而有助于学生更加有效地掌握适应社会发展的基础知识与技能，发展认知能力、创新能力和实践能力，提高学习效率。再次，体育是实施美育的重要资源。体育活动中所表现出来的身体的灵活性和柔韧性、动作的协调性和准确性，以及体育运动中所展示出来的优美形象，都是很好的美育资源，因此体育也是很好的审美教育。此外，人体生理和人体美学等相关

① 习近平：《论教育》，中央文献出版社 2024 年版，第 11 页。
② 顾明远主编：《中国教育大百科全书》第三卷，上海教育出版社 2012 年版，第 1740 页。

知识能够帮助学生树立正确的身体观和审美观，促进学生主动欣赏美、展示美、表现美，培养学生的创造性思维。最后，体育也是劳动教育的基础。体育与劳动教育具有共同的基础，如身体活动、能量消耗、意志锤炼、责任担当和健康生活等。在体育运动项目的学练中，教师可以创设由简单向复杂再向创造性发展的劳动情境，促进学生勤练、苦练、巧练，培养学生不怕苦、不怕累、干一行、爱一行、钻一行的精神，不断提升学生的实践能力和创新能力。

二、体育的目标

新时代我国中小学体育的目标主要是围绕体育与健康的核心素养来确立的。根据《义务教育体育与健康课程标准（2022 年版）》《普通高中体育与健康课程标准（2017 年版 2020 年修订）》，体育与健康的核心素养包括运动能力、健康行为和体育品德等。运动能力是指学生在参与体育运动过程中所表现出来的综合能力，包括体能状况、运动认知与技战术运用、体育展示或比赛三个维度，主要体现在基本运动技能、体能、专项运动技能的掌握与运用上。健康行为是指学生增进身心健康和积极适应外部环境的综合表现，包括体育锻炼意识与习惯、健康知识与技能的掌握和运用、情绪调控、环境适应四个维度。体育品德是指学生在体育运动中应当遵循的行为规范和体育伦理，以及形成的价值追求和精神风貌，包括体育精神、体育道德和体育品格三个维度。依据要培养的核心素养，我国中小学体育的目标包括：

（一）使学生掌握与运用体能和运动技能，提高运动能力

学生运动能力发展的重点是发展体能、运用运动技能、提高运动认知。一是通过体育，让学生享受运动乐趣，掌握各种体能的学练方法，积极参与各种体能练习，达到《国家学生体质健康标准（2014 年修订）》的相应要求。二是学练多种运动项目技战术，积极参与展示或比赛，在此基础上掌握 1—2 项运动技能。三是认识体能和运动技能发展的重要性，掌握所学运动项目的基础知识和基本原理，了解并运用所学运动项目的规则。四是经常观看体育比赛，了解和分析国内外的重大体育赛事和重大体育事件，具有简要分析体育比赛中的现象与问题的能力和运动欣赏能力。

（二）使学生学会运用健康与安全的知识与技能，形成健康的生活方式

学生健康行为养成的重点是锻炼习惯、情绪调控和适应能力。一是使学生理解体育锻炼对健康的重要性，掌握科学锻炼方法，积极参加校内外体育锻炼，逐步形成体育锻炼的意识和习惯，形成基本的健康技能，学会自我健康管理；掌握个人卫生保健、营养膳食、青春期生长发育、常见疾病和运动伤病预防、安全避险等知识与方法，并能够在学习和生活中恰当地应用。二是使学生了解和体验体

育活动对心理健康的积极影响，学会调控自己的情绪，积极应对挫折和失败，保持良好的心态，做到情绪稳定、包容豁达、乐观开朗。三是使学生知道在不同环境下进行体育锻炼的方法和注意事项，逐步适应自然环境和社会环境；能够关注健康，珍爱生命，热爱生活，养成健康文明的生活方式，改善身心健康状况，提高生存和生活的能力。

（三）促进学生积极参与体育活动，养成良好的体育品德

学生体育品德培养的重点是积极进取、遵守规则和社会责任感。一是理解体育对个人品德塑造的重要性，并积极参与体育活动，在遇到困难或挑战自身身体极限且保证安全的情况下能克服困难、坚持到底，与同伴一起顽强拼搏，具有勇敢顽强、积极进取、挑战自我、追求卓越的精神。二是遵守体育游戏、展示或比赛的规则，相互尊重，诚实守信，具有公平竞争的意识和行为。三是充满自信，认真履行职责，正确对待成败，表现出团队合作与负责任的行为，能将体育运动中养成的良好体育品德迁移到日常学习和生活中。

三、体育的内容

学校体育的内容，是根据学生运动技能形成规律和身心发展规律，为实现体育目标及任务而确定的。在总结体育与健康课程改革与发展的成绩和经验的基础上，我国中小学体育坚持正确的改革方向，在继承中华优秀传统体育文化的基础上，瞄准国际体育课程改革与发展的新趋势[①]，体育内容与时俱进，不断创新发展。《义务教育体育与健康课程标准（2022 年版）》将体育与健康课程内容分为基本运动技能、体能、健康教育、专项运动技能和跨学科主题学习，在内容的结构体系上，实现了由"三维整合"内容观向"素养为纲"育人内容观的转变。[②]

（一）基本运动技能

基本运动技能包括移动性技能、非移动性技能和操控性技能，主要发展学生的身体活动能力，为学生发展体能和学练专项运动技能奠定良好基础。移动性技能包括走、跑、跳、滚翻、攀爬、钻越躲避、队列练习等；非移动性技能包括伸展、屈体、扭转、悬垂、支撑与推拉、平衡等；操控性技能包括投、传、击、踢、接球、运球、击球等。基本运动技能是体能练习和专项运动技能学习的基础，主要在小学低年级进行学练，其后主要渗透在体能和专项运动技能中进行学练。

---

① 季浏：《我国〈义务教育体育与健康课程标准（2022 年版）〉解读》，《体育科学》2022 年第 5 期，第 3—17 页。

② 吴刚平：《素养时代课程内容的概念重建》，《全球教育展望》2022 年第 4 期，第 16—17 页。

（二）体能

我国中小学在体能方面曾经主要按照速度、力量、耐力、柔韧性、灵敏性、协调性六类身体素质进行划分。中小学生体能主要按照心肺耐力、肌肉力量、肌肉耐力、柔韧性、身体成分、反应能力、位移速度、协调性、灵敏性、爆发力、平衡能力进行划分。体能学练主要针对改善身体成分。发展上述体能，主要是为学生增进体质健康和学练专项运动技能奠定良好基础。其中，心肺耐力、肌肉力量、肌肉耐力、柔韧性、身体成分是与健康相关的体能；反应能力、位移速度、协调性、灵敏性、爆发力、平衡能力是与竞技成绩相关的体能。[1]

（三）健康教育

健康教育主要帮助学生逐步养成健康与安全的行为习惯和生活态度，形成正确的健康认知，掌握维护健康的技能，养成健康和安全的生活方式。健康教育作为独立的、完整的课程内容，包括健康行为与生活方式、生长发育与青春期保健、心理健康、疾病预防与突发公共卫生事件应对、安全应急与避险五个领域。

（四）专项运动技能

专项运动技能主要包括球类运动、田径类运动、体操类运动、水上或冰雪类运动、中华传统体育类运动、新兴体育类运动六类，每类包含若干运动项目。（1）球类运动是人们为实现自我发展和休闲娱乐而创造的以球为载体，在开放和对抗情境中合理运用攻防技战术，以战胜对方为直接目的的体育活动，一般可分为同场对抗项目和隔网对抗项目，或集体性球类运动项目和个体性球类运动项目。中小学常见的球类运动包括篮球、足球、排球、乒乓球、羽毛球、网球、手球等。（2）田径类运动是走、跑、跳、投掷等运动项目，以及由以上部分项目组成的全能运动项目的总称。中小学田径类运动主要包括跑（如短跑、中长跑、跨栏跑、接力跑等），跳（如跳高、跳远等），投掷（如推铅球、掷实心球、掷垒球等）三类。（3）体操类运动是通过徒手、持轻器械或在器械上完成不同类型与难度的成套动作，充分展现身体控制能力，塑造健美形体，并具有一定艺术表现力的体育活动，一般分为技巧与器械体操和艺术性体操。（4）水上或冰雪类运动是人们在水环境或冰雪环境中开展的体育活动，一般分为水上运动项目（如蛙泳、自由泳、仰泳、蝶泳等）和冰雪运动项目（如速度滑冰、高山滑雪、冰球等）。（5）中华传统体育类运动是经过历代传承、具有浓厚民族文化色彩和特征的体育活动，可分为武术类运动项目（如长拳、形意拳、八卦掌、中国式摔跤、太极拳、射箭、射弩等）和其他民族民间传统体育类运动项目（如舞龙、舞狮、

---

[1] 季浏：《〈义务教育体育与健康课程标准（2022年版）〉突出的重点与主要变化》，《课程·教材·教法》2022年第10期，第54—59页。

摇旱船、跳竹竿、赛龙舟、荡秋千、抢花炮、珍珠球、毽球、蹴球等）。（6）新兴体育类运动是指在国际上比较流行、在国内开展不久或国内外新创的、大众运动色彩浓郁、深受青少年喜爱的体育活动。它们形式新颖，具有较强的时尚性和挑战性，可分为生存探险类项目（如定向运动、野外生存、远足、登山、攀岩等）和时尚运动类项目（如花样跳绳、轮滑、滑板、极限飞盘、跆拳道、独轮车、小轮车、飞镖等）。

（五）跨学科主题学习

跨学科融合主要立足于核心素养，结合体育的目标体系，设置有助于实现体育与德育、智育、美育、劳动教育和国防教育相结合的多学科交叉融合的教学内容，如钢铁战士、劳动最光荣、身心共成长、破解运动的"密码"、人与自然和谐美等。跨学科主题学习是学生提高运动能力、学习健康知识和传承中华优秀传统体育的重要方式和途径。

第四节　美　育

美是纯洁道德、丰富精神的重要源泉。美育是审美教育、情操教育、心灵教育，也是丰富想象力和培养创新意识的教育，不仅能提升人的审美素养，而且还能潜移默化地影响人的情感、趣味、气质、胸襟，激励人的精神，温润人的心灵，激发创新创造活力。美育是德智体美劳全面发展教育的重要组成部分和重要内容，与德育、智育、体育、劳动教育相辅相成、相互融合，是促进人的全面发展的重要途径。

一、美育的内涵和意义

（一）美育的内涵

德国古典文学和古典美学代表人物席勒（1759—1805）于 1795 年出版的《审美教育书简》（又译《美育书简》），第一次提出了比较系统和全面的美育理论。他指出："有促进健康的教育，有促进认识的教育，有促进道德的教育，还有促进鉴赏力和美的教育。这最后一种教育的目的在于，培养我们的感性和精神力量的整体达到尽可能和谐。"[1] 基于这种认识，席勒建立了相对独立的美育观和方法论。在我国，蔡元培提出了军国民教育、实利主义教育、公民道德教育、世界观教育、美感教育"五育并举"的教育方针，美感教育即美育。新中国成立

---

[1]　席勒：《美育书简》，徐恒醇译，中国文联出版公司 1984 年版，第 108 页。

以来，美育被正式列入党的教育方针，有一个随着人们认识的不断变化而发展演变的过程。改革开放以来，美育受到学术界的广泛关注，但是在教育方针表述上，有关全面发展教育的论述，长期沿用德育、智育、体育"三育"的提法。1999 年，中共中央、国务院《关于深化教育改革全面推进素质教育的决定》提出，要培养德智体美等全面发展的社会主义事业建设者和接班人，明确指出："实施素质教育，必须把德育、智育、体育、美育等有机地统一在教育活动的各个环节中。"2018 年，习近平在全国教育大会上指出："要全面加强和改进学校美育，配齐配好美育教师，坚持以美育人、以文化人，提高学生审美和人文素养。"[1] 2020 年，中共中央办公厅、国务院办公厅印发的《关于全面加强和改进新时代学校美育工作的意见》确立了学校美育的指导思想，强调要"以提高学生审美和人文素养为目标"，学校美育得到前所未有的重视和加强。美育正式融入学校教育全过程，成为全面发展教育的重要组成部分。

《关于全面加强和改进新时代学校美育工作的意见》

关于美育的内涵，早在 20 世纪 30 年代，蔡元培就从美育的本质、美育的目的以及美育与智育、德育的关系三个方面来理解美育，认为："美育者，应用美学之理论于教育，以陶养感情为目的者也。……所以美育者，与智育相辅而行，以图德育之完成者也。"[2] 随着美育研究的深入，人们认识到，美育不仅是情感教育，同时也是审美教育和心灵教育，更是培养创新意识的教育。美育是有目的、有计划、有组织地运用艺术美、社会美、科学美、自然美等美的形态对受教育者施加审美影响以提升其审美素养、培养其审美情趣和审美能力、发展其表现美与创造美的能力，陶冶其道德情操的活动。

作为全面发展教育的重要组成部分，美育具有不同于德育、智育、体育和劳动教育的独特性。一是美育的形象性。美育是通过美的事物具体的、鲜明的艺术形象来引起人的美感。人们通过具体的艺术形象来感受和领略美。二是美育的情感性。美育是依靠情感的力量来让人体验美、感受美的。以美感人、以情动人是美育的一个重要特点。三是美育化人的渗透性。美育通过引导人们的审美活动，使人们在对形象具体的美感事物的体验中，在对美的对象的感悟和愉悦中，获得心灵的感召，实现美的化育作用。美育化人的渗透性意味着，人们往往在不知不觉中，在情不自禁中，在对美的称心快意的享受中，自然而然、潜移默化地受到美的熏陶和心灵、情感的陶冶。

① 习近平：《论教育》，中央文献出版社 2024 年版，第 12 页。
② 《美育与人生——蔡元培美学文选》，山东文艺出版社 2020 年版，第 156 页。

（二）美育的意义

美育对个人的全面发展具有以下四个方面的重要意义：

1. 有助于学生净化心灵、培养高尚的道德情操

美与善是紧密联系、不可分割的。在古希腊，美与善几乎是同一的。在我国，孔子将"志道"与"游艺"结合起来，要求"志于道，据于德，依于仁，游于艺"（《论语·述而》）；将诗教与乐教并列，主张"兴于诗，立于礼，成于乐"（《论语·泰伯》）。美与善的密切关系决定了美育和德育难以分开。德育运用说理教育、榜样示范、情感陶冶、自我教育、品德评价等方法，教人以美的心灵，教人弃恶从善；美育运用美的形态，特别是运用优美感人的艺术美、社会美、科学美、自然美等，帮助学生认识人生与理想，使学生具有一颗美好的、善良的、爱的心灵，珍惜美好的事物，养成高尚的情操。

2. 有助于扩大学生的知识视野，发展学生的智力和创新精神

无论是运用哪一种美的形态实施美育，都能够激发学生认识的兴趣，启迪学生认识世界的智慧。艺术是人们认识世界的重要方法。艺术通过可感知的艺术形象，再现现实生活，从而能够帮助人们认识客观世界和主观世界。运用艺术美实施美育具有极高的教育价值，不仅能够扩充学生的知识面和认识视野，而且还具有培养智力的作用。艺术的直观与具体生动形象，有助于学生的训练逻辑思维，也有助于培养学生的观察力、想象力、创新力。运用科学美进行审美教育，更具有知识教育和认知能力发展的价值。科学主要采用抽象思维，而艺术主要采用形象思维。在认识客观世界的过程中，抽象思维和形象思维相互补充，相互具有不可替代性。运用科学美实施美育，能够实现科学教育和审美教育、智育和美育、抽象思维和形象思维的完美结合，有助于学生在获得审美教育的同时，认识客观世界，发展智力和创新能力。运用社会美和自然美实施美育，同样有助于认识自然和社会、拓宽知识视野、促进智力发展。苏霍姆林斯基（1918—1970）认为："没有一条富有诗意的、感情的和审美的清泉，就不可能有学生全面的智力发展。……大自然的美使知觉更加敏锐，唤醒创造性的思维，以独特的体验充实着语言。"[1]

3. 有助于促进学生身心健康发展，对体育有重要的促进作用

美育以情感（心理）教育为主，体育以身体教育为主。[2] 身体协调运动与心理和谐活动有密切的关系。美育促进生理和心理和谐平衡，具有增进健康的意义，而心理的和谐平衡状态也是体育运动的基础。从体育过程来说，必要的审美

---

① ［苏］苏霍姆林斯基：《教育的艺术》，肖勇译，湖南教育出版社 1983 年版，第 161 页。
② 杜卫：《美育论》第 2 版，教育科学出版社 2014 年版，第 150 页。

能力是掌握一些运动技能的重要前提。例如，通过音乐教育发展学生的节奏感，能够促进学生对体操和冰雪类运动的学习。把美育引入体育就是要求注重发掘体育中的美育因素，克服单纯身体锻炼的片面倾向，把身体的协调发展与心理的协调发展结合起来。

4. 有助于学生培养和形成正确的劳动观念和积极的劳动精神

艺术起源于劳动，是人类在劳动中更高的精神追求的升华。劳动也是艺术创作的源头活水。艺术以生动形象的形式表现劳动美、再现劳动美。艺术对劳动人民形象的塑造，对劳动人生的讴歌，对劳动者的艺术刻画，对劳动过程和场景的艺术再现，可以培养学生正确的劳动观念，帮助学生理解劳动是人类发展和社会进步的根本力量，认识劳动创造人，劳动创造价值、创造财富、创造美好生活的道理。艺术对劳动精神的讴歌，可以培育学生积极的劳动精神，引导学生继承中华民族勤俭节约、敬业奉献的优良传统，弘扬开拓创新、砥砺奋进的时代精神。

二、美育的目标

我国中小学美育立足弘扬中华美育精神，面向全体学生，坚持以美育人、以美化人、以美润心，以美培元，使学生在参与各类审美实践活动中，在美与艺术、美与社会、美与文化、美与自然、美与科学相关联的情境中，培养学生的审美感知能力、审美表现能力、审美创意能力、审美理解能力，逐步提高学生感受美、欣赏美、表现美、创造美的能力，最终提高学生的审美素养和人文素养。

（一）提高学生的审美感知能力

审美感知能力是重要的审美素养，是个体对自然世界、社会生活和艺术作品中美的特征及其意义与作用的发现、感受、认识和反应能力。审美感知具体指向审美对象富有意味的表现特征，以及艺术活动与作品中的艺术语言、艺术形象、风格意蕴、情感表达等。培育审美感知能力，有助于学生发现美、感受美、欣赏美，丰富审美体验，提升审美情趣。提高学生的审美感知能力，一是要帮助学生树立正确的审美观，明晰什么是美的，什么是丑的，什么是高雅的，什么是低俗的，什么是应该追求的，什么是要坚决摒弃的，以提高学生发现美的能力。二是传授必要的审美知识，使学生了解美的表现手法和技巧，从而提高感受、认识美的能力，提高学生的审美素养。三是引导学生参加各类审美活动，如艺术欣赏、自然风光观赏以及体验社会及生活等，通过感知、发现、体验和欣赏艺术美、社会美、科学美、自然美，丰富学生的审美体验，提升学生对美的事物的认识和反应能力。

（二）发展学生的审美表现能力

审美表现是个体在审美活动中创造艺术形象、表达思想感情、展现艺术美感的实践，是个体根据自己的思想情感和生活经验，通过想象和联想进行能动的、积极的再创造过程。审美表现是人的审美感知能力的进一步提升，是个体按照高尚的审美情趣和审美意识来表现美的事物和美的心灵。审美表现既是审美的艺术表现，即艺术活动中联想和想象的发挥，表现手段与方法的选择，媒介、技术和艺术语言的运用，以及情感的沟通和思想的交流，也是审美的生活表现，即在日常生活中处处体现美，做到居住环境优美、行为举止优雅、讲文明讲礼貌。发展学生的审美表现能力，就是丰富学生的想象力，使学生能够运用媒介、技术和独特的艺术语言进行表达与交流，运用形象思维创作情景生动、意蕴健康的艺术作品。培育审美表现能力，有助于学生掌握审美表现的技能，认识美与生活、美与社会、美与科学、美与自然的广泛联系，增强形象思维能力，涵养热爱生命和生活的态度。

（三）培养学生的审美创意能力

审美创意能力本质上是审美创造力，是个体综合运用多学科知识，紧密联系现实生活，进行艺术创新和实际应用的能力，包括营造氛围，激发灵感，对创作的过程和方法进行探究与实验，生成独特的想法并转化为艺术成果的能力。审美创意能力的培育，有助于学生形成创新意识，提高艺术实践能力和创造能力，增强团队精神。培养学生的审美创意能力，就是引导他们参加审美创造活动，如音乐、美术、舞蹈、戏剧（含戏曲）、影视（含数字媒体艺术）等，通过积极参与创作、表演、展示、制作等审美实践活动，在欣赏、表现、创造、联系/融合的过程中，在以艺术体验为核心的多样化实践中，形成丰富、健康的审美情趣，提高艺术素养，发展创造美的能力。培养学生的审美创意能力，要重视学生在学习过程中的审美感知及情感体验，激发学生参与审美活动的兴趣和热情，注重实践导向，激发学生的创新意识。

（四）培育学生的审美理解能力

审美理解是个体在对艺术美、社会美、科学美、自然美的感知基础上，对美的本质的领会与把握。审美理解既包括对审美对象审美特性的理解，也包括对审美对象文化意涵的理解。前者是对审美对象形象性、情感性的判断；后者即审美文化理解，是对审美对象人文内涵的感悟、领会、阐释，包括感悟审美对象所反映的文化内涵，领会艺术对文化发展的贡献和价值，阐释艺术与文化之间的关系。特别是审美文化理解，能够帮助学生感受和理解我国深厚的文化底蕴和党的百年奋斗重大成就，了解不同地区、民族和国家的历史与文化传统，理解文化与构建人类命运共同体的关系，有助于学生在审美感悟和体验中形成正确的历史观、民族观、国家观、文化观，尊重文化多样性，增强文化自信。培养审美文化理解能力，要将艺术与社会生活、艺术的不同具体形式及其他学科加以关联和融合，并在欣赏、表现和创造等实践中结合相关文化，理解艺术的人文内涵和社会功能，开阔文化视野，提升文化理解素养。

美育的四个方面的目标相辅相成，相得益彰，贯穿美育的全过程。其中，审美感知是美育的基础，审美表现是学生参与审美活动的必备能力，审美创意是学生创新意识和创造能力的集中体现，审美理解则以正确的价值观引领审美感知、审美表现和审美创意。

三、美育的内容

美育的内容是达成美育的目标的重要载体。美育的内容丰富多彩，其形态也多种多样。人们一般根据美育内容的对象形式，把美育的内容分为艺术美、社会美、科学美和自然美。美育是以形象的力量与美的境界促进人的审美和人文素养的提升，其中艺术教育是美育的重要组成部分，但艺术教育不等于美育。美育的四个方面的内容并不是截然分开的。在美育实践中，它们往往是相互结合、相互渗透、融为一体的。

（一）艺术美

艺术是人类精神文明的重要组成部分，是运用特定的媒介、语言、形式和技艺等塑造艺术形象，反映自然、社会及人的创造性活动。艺术寄托着艺术创作者对世界、对社会以及对人的理解和认识，寄托着艺术创作者的思想和情感。艺术创作者关于世界的思想和情感是用形象直观的艺术形式表现出来的，是人的本质力量借助艺术形象的直观显现。艺术能够引领社会风尚，激励人的精神，陶冶人的情操。

艺术教育是美育的重要组成部分，主要包括音乐、美术、舞蹈、戏剧（含戏曲）、影视（含数字媒体艺术）等艺术门类。通过艺术教育而实施的美育，以形象的力量与美的境界促进人的审美和人文素养的提升，其核心在于弘扬真善美，塑造美好心灵。在艺术教育中，学生观察自然、了解社会、感悟人生，探究、体验、领会艺术的魅力，积极、主动地参与艺术活动，用有组织、有意义的音乐语言表达思想，用视觉媒介和技术创造形象，用舞蹈语言抒发情感，通过扮演戏剧角色品味丰富的人生，运用现代媒介和数字媒体技术再现与表现世界，在艺术的世界中求真、崇善、尚美。中小学艺术的教育内容聚焦审美感知、艺术表现、创意实践、文化理解等核心素养，围绕欣赏、表现、创造和联系/融合四类艺术实践活动，坚持以中华优秀传统文化为主体，讲好中国故事，吸收、借鉴人类文明优秀文化成果，追求精神高度、文化内涵、艺术价值相统一。

（二）社会美

社会美作为美的具体表现形态之一，是社会实践的直接体现。社会美既体现在人类社会实践的过程中，也体现在人类社会实践的成果中。其中，作为社会实践主体的人之美是社会美的核心。在变革社会的实践过程中，人的本质力量不断得到发挥，人的智慧、品德、意志、性格、创造力等得以充分展现，人由此认识到人类实践力量的崇高与伟大，并在对人类自身力量的肯定中产生一种愉悦的情感，人的实践活动本身获得了审美的价值。社会美还存在和表现在社会实践的成果上。人类的劳动成果，凝结了人的本质力量，物化了人的审美心理的因素，人因此而按照美的规律创造着自身。作为社会美核心的人之美，包括外在美和内在美两个方面。人生观、理想、修养等属于内在美，它通过行为、语言、风度等外在美表现出来。人的内在美和外在美的和谐统一是社会美的最高形态。

运用社会美来实施美育，能够丰富学生的审美体验和感受，提高学生的审美感知能力，并使学生学会用美的眼光观察社会，用美的方式表现生活、美化生活，提高生活的质量，提高审美境界。例如，引导学生聆听、观看和分辨社会生活中的美的要素并表达自己的想法和感受；引导学生倾听、观看、探究、讨论、表现日常生活情境，诸如婚嫁、宴会、比赛、收获等，来发现审美中的生活情感与生活现实的联系和区别，借此加深学生对社会的理性认识，树立正确的审美观念；通过让学生对某些社会现象的观察来体验其中所包含的审美因素而产生社会美感。

运用社会美实施美育，也表现为美育与社会文化的连接，这种连接为理解我国深厚的文化底蕴、坚定文化自信，铸牢中华民族共同体意识，理解文化与构建人类命运共同体的关系，学会尊重、理解和包容，提供了重要的手段和有效的途径。社区和家乡的节日、庆典、联欢等活动文化，借以表达情感和思想并娱乐人们的民族民间音乐、歌舞、戏曲、剪纸、装饰品等，都是社会文化的艺术表现形式。这些社会文化的艺术表现形式展现的文化特色，是重要的美育内容。通过尝试模仿其中的某项活动，学生不仅能够获得有关文化知识和传统文化的教育，同时也获得审美体验并培育浓厚的中华民族情感。那些具有明显文化符号性的艺术形式（如天坛建筑，京剧的脸谱、服装等，国画中的松、梅、竹、菊等，舞蹈中的天鹅、孔雀、鹰等，建筑中的龙、凤等），都有其各自表达的社会文化含义。学生在学习这些社会文化的同时，也可以学习创作表达社会美的作品，从而培养表现美、创造美的能力。

（三）科学美

科学美建筑在自然美的基础之上，是美的一种形式，科学美的实质在于反映自然界的和谐。科学是一种"美的组合"。世上万物在其运动过程中就具有简洁、节奏、旋律、和谐、明暗、交叉、重叠、周期等特征（如晶体的结构精巧奇妙，脱氧核糖核酸的双螺旋精美怡人，高倍电子显微镜下的原子犹如灿烂星空等），充满艺术美感的科学世界激发人们的好奇和兴趣。科学之中隐含如此丰富的美育内容，主要是通过科学知识和研究活动所包含的美的因素而显现出来的。在人类发展的历史进程中，一些科学发明从艺术中汲取灵感，而艺术也从科技发明中获得启示。艺术与科学的联系和比较，能够使学生不断提高想象力，使得感性和理性、直觉与逻辑得到平衡，使学生的身心得到和谐发展。日常生活中的各种器具，是客观物质对象和谐组合的结果，是人们通过物质材料的和谐组合来展现思想和情感的成果，是科学、技术与艺术的完美结合。

（四）自然美

人生在自然之中，无时无刻不受自然美的熏陶与哺育。自然以其千姿百态和绚丽多彩而向人们呈现其奇妙与美丽，并使人们产生美的体验和感受，由此领略自然美之意境。可以说，美在大自然之中，如庄子所说的那样，"天地有大美"（《庄子·知北游》）。庄子认为，一个人要"备于天地之美"（《庄子·天下》），就要"观于天地"（《庄子·知北游》），"原天地之美"（《庄子·知北游》），"判天地之美"（《庄子·天下》）。由自然事物呈现出来的自然美可以分为经人类加工改造过的自然之美和未经加工过的自然之美，前者如田地、园林等，后者如山川、河流、森林、海洋、星空等。

运用自然美进行美育，即引导学生观察、欣赏和体验自然界事物本然的自然属性以及由此而显现出来的多样的形式美的因素，如线条、形状、声音、色彩等，以使他们从中可以了解审美的意义、获得审美的体验。欣赏祖国和家乡的自然风光，可以提升学生的审美感知能力和对美的事物的理解能力，激发他们热爱祖国的情感。欣赏大自然所呈现的美，可以使学生开阔眼界、增长见识，进而唤起他们对生活的热爱之情，陶冶他们的道德情操，培养他们的道德品质。

第五节　劳 动 教 育

劳动教育是新时代党对教育的新要求，是中国特色社会主义教育制度的重要内容，是全面发展教育体系的重要组成部分。劳动教育直接决定社会主义建设者和接班人的劳动精神面貌、劳动价值取向和劳动技能水平。

一、劳动教育的内涵和意义

（一）劳动教育的内涵

劳动是创造物质财富和精神财富的过程，是人类特有的基本社会实践活动。劳动教育是发挥劳动的育人功能，对学生进行热爱劳动、热爱劳动人民的教育活动。

我国的劳动教育概念有一个变化的过程。1953—1957年，我国中小学主要强调劳动教育；自1957年开始，突出教育与生产劳动相结合；到1982年，开始出现劳动技术教育的提法。1982年，《教育部关于普通中学开设劳动技术教育课的试行意见》明确提出："劳动技术教育是中学教育不可缺少的组成部分。开设劳动技术教育课的目的，在于培养德、智、体全面发展的一代新人。"2001年，教育部颁发的《基础教育课程改革纲要（试行）》指出："从小学至高中设置综合实践活动并作为必修课程，其内容主要包括：信息技术教育、研究性学习、社区服务与社会实践以及劳动与技术教育。"劳动教育被纳入综合实践活动。2020年，中共中央、国务院颁发的《关于全面加强新时代大中小学劳动教育的意见》指出："劳动教育是中国特色社会主义教育制度的重要内容，直接决定社会主义建设者和接班人的劳动精神面貌、劳动价值取向和劳动技能水平。"从"劳动教育"到"教育与生产劳动相结合"，到"劳动技术教育"

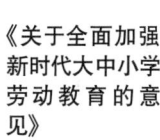

《关于全面加强新时代大中小学劳动教育的意见》

"劳动与技术教育"，再到"劳动教育"，劳动教育概念表述上的变化反映出不同社会背景下劳动与教育的关系、劳动的形态变化对教育的影响。不管劳动教育的概念如何变化，其内涵都始终贯穿着马克思主义关于教育与生产劳动相结合的思想，贯穿着劳动教育对培养全面发展的人具有重要价值的观念。

劳动教育是全面发展教育的重要组成部分，与德育、智育、体育、美育并列。实施劳动教育，重点是在系统的文化知识学习之外，有目的、有计划地组织学生参加日常生活劳动、生产劳动和服务性劳动，让学生动手实践、出力流汗，接受锻炼、磨炼意志，培养学生正确劳动价值观和良好劳动品质。理论和实践都表明，劳动教育具有培养学生劳动观念，磨炼学生意志品质，使学生树立艰苦创业精神以及促进学生多方面发展等重要作用。学生在参加劳动过程中的情感体验，有助于他们养成正确的劳动观念、劳动习惯和品质、劳动精神。

劳动教育具有鲜明的思想性，必须将马克思主义劳动观贯彻始终，强调劳动是一切财富、价值的源泉，劳动者是国家的主人，一切劳动和劳动者都应该得到鼓励和尊重；倡导通过诚实劳动创造美好生活、实现人生梦想，反对一切不劳而获、崇尚暴富、贪图享乐的错误思想。劳动教育具有突出的社会性，必须加强学校教育与社会生活、生产实践的直接联系，发挥劳动在个人与社会之间的纽带作用，引导学生认识社会，增强社会责任感；同时注重让学生学会分工合作，体会社会主义社会平等、和谐的新型劳动关系。劳动教育还具有显著的实践性，必须面向真实的生活世界和职业世界，引导学生以动手实践为主要方式，在认识世界的基础上，获得有积极意义的劳动价值体验，学会建设世界，塑造自己，实现树德、增智、强体、育美的目的。

劳动教育的性质，决定了它不同于德育、智育、体育、美育。开展劳动教育应遵循以下四个基本理念：一是强化劳动观念，弘扬劳动精神。学校必须要将劳动观念、劳动精神教育贯穿人才培养全过程，贯穿家庭、学校、社会各方面；要注重让学生在学习和掌握基本的劳动知识和技能的过程中，领悟劳动创造人，劳动创造价值、创造财富、创造美好生活的价值意义，培育勤俭、奋斗、创新、奉献的劳动精神。二是强调身心参与，注重手脑并用。注重动手实践、手脑并用，知行合一、学创融通，是劳动教育的基本要求。学校在实施劳动教育时应根据学生经验基础和发展需要，围绕日常生活劳动、生产劳动和服务性劳动，以劳动项目为载体，让学生在真实的劳动情境中，亲历实际的劳动过程。三是继承优良传统，彰显时代特征。劳动教育既要发挥传统劳动、传统工艺的育人功能，也要紧跟科技发展和产业革命，把握新时代劳动形态的新变化，增强劳动教育的时代性。四是发挥主体作用，激发创新创造。一方面要关注学生对劳动的体验和感悟，让学生感受到劳动的艰辛和收获的快乐；另一方面要鼓励学生在学习和借鉴的基础上，探索和尝试新方法、新技术，激发学生的创新创造意识。

（二）劳动教育的意义

劳动教育是发挥劳动的育人功能，对学生进行热爱劳动、热爱劳动人民的教育活动，对全面贯彻党的教育方针、落实立德树人根本任务、培养德智体美劳全面发展的社会主义建设者和接班人具有重要的意义。

1. 劳动教育是新时代党对教育的新要求

长期以来，我国各级各类学校坚持教育与生产劳动相结合，在实践育人方面取得了一定成效。党的十八大以来，习近平一直强调弘扬劳动精神。他指出："劳动是推动人类社会进步的根本力量。"[1] "人世间的美好梦想，只有通过诚实劳动才能实现；发展中的各种难题，只有通过诚实劳动才能破解；生命里的一切辉煌，只有通过诚实劳动才能铸就。劳动创造了中华民族，造就了中华民族的辉煌历史，也必将创造出中华民族的光明未来。'一勤天下无难事。'必须牢固树立劳动最光荣、劳动最崇高、劳动最伟大、劳动最美丽的观念，让全体人民进一步焕发劳动热情、释放创造潜能，通过劳动创造更加美好的生活。"[2] 习近平把对劳动的认识提到人类的本质和文明进步规律的高度，指出："劳动是人类的本质活动，劳动光荣、创造伟大是对人类文明进步规律的重要诠释。"[3] 在 2018 年

---

[1] 《习近平著作选读》第一卷，人民出版社 2023 年版，第 116 页。

[2] 《习近平著作选读》第一卷，人民出版社 2023 年版，第 118 页。

[3] 习近平：《在庆祝"五一"国际劳动节暨表彰全国劳动模范和先进工作者大会上的讲话》，《人民日报》2015 年 4 月 29 日。

全国教育大会上，他进一步明确要求："要在学生中弘扬劳动精神，教育引导学生崇尚劳动、尊重劳动，懂得劳动最光荣、劳动最崇高、劳动最伟大、劳动最美丽的道理，长大后能够辛勤劳动、诚实劳动、创造性劳动。"① 习近平关于劳动和劳动教育的重要论述，既是新时代党对教育的新要求，同时也为学校开展劳动教育提供了基本遵循。2020 年，中共中央、国务院发布了《关于全面加强新时代大中小学劳动教育的意见》。为贯彻落实文件精神，教育部发布了《大中小学劳动教育指导纲要（试行）》。《义务教育课程方案（2022 年版）》将劳动课程列为义务教育阶段必修课程，在 1—9 年级开设。《义务教育劳动课程标准（2022年版）》对这门课程的课程性质、课程理念、课程目标、课程内容、劳动素养要求、课程实施进行了全面规范。这是我国第一次为劳动课程专门制定课程标准。

2. 劳动教育是全面发展教育体系的重要内容

劳动教育不只是劳动知识与技能的教育、劳动能力的培养，还是劳动观念的教育、劳动精神的培育，更具有树德、增智、健体、育美的综合育人价值。劳动教育既是为了劳动的教育，同时也是通过劳动的教育。在 2018 年召开的全国教育大会上，习近平提出要加强劳动教育，努力构建德智体美劳全面培养的教育体系。这既是我国长期教育实践经验的总结，也是教育对社会变革和发展的回应，抓住了当前教育发展中一个迫切需要解决的关键性问题，进一步明确了我国的教育目的和发展方向。

3. 劳动教育是学生成长的必要途径

马克思主义不仅把劳动看作人类社会存在和发展的基础，也把它看作培养全面发展的人的根本途径。马克思在《资本论》中已经提出，"生产劳动同智育和体育相结合""是造就全面发展的人的唯一方法"。② 1934 年，毛泽东在论述苏维埃文化教育的总方针时，要求"使教育与劳动联系起来"，1958 年又进一步强调，"教育与劳动结合的原则是不可移易的"。③ 1978 年，邓小平在全国教育工作会议上提出，教育与生产劳动相结合的方针是培养全面发展的新人的根本途径。④ 劳动教育作为学生成长的必要途径，体现了通过劳动而教育的育人意蕴。劳动实践对实践者提出劳动纪律、劳动态度等要求，要求劳动者能够吃苦耐劳，因而劳动教育有助于培养学生热爱劳动、遵守劳动纪律、爱护劳动果实、吃苦耐劳等品质。通过劳动教育，学生可以获得有关劳动工具和劳动对象的知识，并且

---

① 习近平：《论教育》，中央文献出版社 2024 年版，第 12 页。
② 《马克思恩格斯文集》第五卷，人民出版社 2009 年版，第 557 页。
③ 《毛泽东 邓小平 江泽民论教育》，中央文献出版社、人民教育出版社、北京师范大学出版社 2002 年版，第 9、73 页。
④ 《邓小平文选》第二卷，人民出版社 1994 年版，第 107 页。

通过劳动实践过程，将所学知识与实际生产劳动联系起来，有助于促进学生智力的发展。劳动过程能够促进学生机体的发育和发展，有助于学生体质的增强。此外，劳动过程以及劳动成果所包含的美的因素，有助于学生审美意识、审美能力的培养。概言之，劳动过程蕴含着对一个人德、智、体、美诸多方面的要求。学生在亲身参与劳动的实践过程中，不仅能够获得德、智、体、美等方面的知识与技能，而且能够促进道德、智力、身心、审美全面和谐发展，对德育、智育、体育和美育等都有重要的促进作用。

二、劳动教育的目标

我国劳动教育的总体目标是：通过劳动教育，使学生能够理解和形成马克思主义劳动观，牢固树立劳动最光荣、劳动最崇高、劳动最伟大、劳动最美丽的观念；体会劳动创造美好生活，体认劳动不分贵贱，热爱劳动，尊重普通劳动者，培养勤俭、奋斗、创新、奉献的劳动精神；具备满足生存发展需要的基本劳动能力，形成良好劳动习惯。劳动教育的目标具体包括以下四个方面的内容：

（一）引导学生树立正确的劳动观念

劳动观念是指在劳动实践中逐渐形成的，对劳动、劳动者、劳动成果等方面的认知和总体看法，以及在此基础上形成的基本态度和情感。通过劳动实践活动引导学生树立正确的劳动观念，是劳动教育的首要目标。劳动观念涉及劳动与人类发展和社会进步、劳动与人、劳动与价值财富、劳动与美好生活，以及社会每个成员对待劳动和劳动人民的态度等。树立正确的劳动观念就是树立马克思主义劳动观，正确理解劳动是人类发展和社会进步的根本力量，认识劳动创造人，劳动创造价值、创造财富、创造美好生活的道理，尊重劳动，尊重普通劳动者，牢固树立劳动最光荣、劳动最崇高、劳动最伟大、劳动最美丽的思想观念。

（二）使学生具有必备的劳动能力

劳动能力是指顺利完成与个体年龄及生理特点相适宜的劳动任务所需的胜任力，是个体的劳动知识、技能、行为方式等在劳动实践中的综合表现。学校教育为学生完满地走向社会生活做准备。劳动教育着眼于学生当下和未来生活，通过丰富多彩的劳动实践和技术实践，使学生具有必备的劳动能力，掌握基本的劳动知识和技能，正确使用常见劳动工具，增强体力、智力和创造力，具备完成一定劳动任务所需要的设计、操作能力及团队合作能力。通过劳动教育使学生掌握必要的劳动能力，就是使学生认识日常生活中常见的劳动材料，学会使用一些常用的、基本的劳动工具；了解劳动产品设计与制作的基本程序和方法，并进行简单的工艺品和技术作品的设计与制作；初步走进信息技术大门，学会运用计算机进行简单的信息处理；初步具有劳动学习、劳动实践探究及劳动实践能力，通过劳动实践与探究活动，学会简易作品的设计、制作及评价。

（三）帮学生养成良好的劳动习惯和品质

劳动习惯和品质是指通过经常性劳动实践形成的稳定的行为倾向和品格特征。培养学生良好的劳动习惯和品质是我国社会主义现代化建设的根本要求，是现代学校教育的价值追求。养成良好的劳动习惯和品质，就是通过劳动教育，使学生能够自觉自愿、认真负责、安全规范、坚持不懈地参与劳动，形成诚实守信、吃苦耐劳的品质，珍惜劳动成果，养成良好的消费习惯，杜绝浪费。良好的劳动习惯和品质是在参与劳动实践活动过程中形成的。培养学生良好的劳动习惯和品质，基本的途径就是让学生自觉自愿地投身于劳动实践活动之中，投身于社会实践活动中。

（四）培育学生积极的劳动精神

劳动精神是指在劳动观念、劳动能力、劳动习惯和品质的培养过程中形成和发展的，在劳动实践中秉持的关于劳动的信念信仰和人格特质。培育积极的劳动精神，就是通过劳动教育，让学生领会"幸福是奋斗出来的"的内涵与意义，继承中华民族勤俭节约、敬业奉献的优良传统，弘扬开拓创新、砥砺奋进的时代精神。勤俭节约具有鲜明的中华优秀传统文化特征，敬业奉献具有鲜明的社会主义特征，开拓创新具有鲜明的新时代特征，砥砺奋进具有披荆斩棘、爬坡过坎、百折不挠、在磨炼中奋勇前进的民族特征。在劳动精神的培育中，还要注重培育爱岗敬业、甘于奉献的劳模精神和精益求精、追求卓越的工匠精神。积极的劳动精神对于树立学生正确的劳动价值观、培养学生崇高的劳动品质、塑造学生健全的人格等都具有重要意义。重视新时代劳动精神的培育是培养学生的必然要求，更是发展中国特色社会主义的重要保证。因此，中小学应该广泛开展劳动教育实践活动，重视劳动精神的塑造和培养，使之贯穿家庭教育、学校教育、社会教育的全过程。

《义务教育劳动课程标准（2022年版）》也是从劳动观念、劳动能力、劳动习惯和品质、劳动精神四个方面来凝练劳动核心素养的。

三、劳动教育的内容

历史地看，劳动教育的内容既有变化的方面，也有基本不变的方面。前者与科学技术发展和产业变革所带来的劳动形态变化有关，后者与人类的基本生存和生活有关。根据教育部印发的《大中小学劳动教育指导纲要（试行）》，我国新时代大中小学劳动教育的内容主要包括日常生活劳动、生产劳动和服务性劳动中的知识、技能与价值观。大中小学劳动教育分为小学、初中、普通高中、职业院校、普通高等学校五个学段，不同学段的侧重点和主导目标也有不同要求，表5-1主要列出了小学、初中和普通高中三个学段的要求。

表 5-1   不同学段劳动教育的侧重点和主导目标

学段		劳动教育的侧重点	主导目标
小学	低年级	以个人生活起居为主要内容	注重培养劳动意识和劳动安全意识，使学生懂得人人都要劳动，感知劳动乐趣，爱惜劳动成果
	中高年级	以校园劳动和家庭劳动为主要内容	体会劳动光荣，尊重普通劳动者，初步养成热爱劳动、热爱生活的态度
初中		兼顾家政学习、校内外生产劳动、服务性劳动，安排劳动教育内容，开展职业启蒙教育	体会劳动创造美好生活，养成认真负责、吃苦耐劳的劳动品质和安全意识，增强公共服务意识和担当精神
普通高中		注重围绕丰富职业体验，开展服务性劳动和生产劳动	理解劳动创造价值，接受锻炼、磨炼意志，具有劳动自立意识和主动服务他人、服务社会的情怀

（一）日常生活劳动教育

日常生活劳动教育立足学生个人生活事务处理，涉及衣、食、住、行、用等方面，结合开展新时代校园爱国卫生运动，注重学生的生活能力和良好卫生习惯培养，树立自理、自立、自强意识。日常生活劳动教育在不同学段的内容有不同的要求，表 5-2 列出了三个学段日常生活劳动教育的主要内容和主导目标。

表 5-2   三个学段日常生活劳动教育的主要内容和主导目标

学段		主要内容	主导目标
小学	低年级	完成个人物品整理、清洗，进行简单的家庭清扫和垃圾分类等	树立自己的事情自己做的意识，提高生活自理能力
	中高年级	参与家居清洁、收纳整理制作简单的家常餐等，每年学会 1—2 项生活技能	增强生活自理能力和勤俭节约意识，培养家庭责任感
初中		承担一定的家庭日常清洁、烹饪、家居美化等劳动	进一步培养生活自理能力和习惯，增强家庭责任意识
普通高中		持续开展日常生活劳动	增强生活自理能力，固化良好劳动习惯

（二）生产劳动教育

生产劳动教育要让学生在工农业生产过程中直接经历物质财富的创造过程，体验从简单劳动、原始劳动向复杂劳动、创造性劳动的发展过程，认识劳动与自然界的基本关系；学会使用工具，掌握相关技术，淬炼生产劳动技能；体会物质产品的来之不易，感受劳动创造价值，增强产品质量意识；体会平凡劳动中的伟大。生产劳动教育在三个学段有不同的要求，表5-3列出了三个学段生产劳动教育的主要内容和主导目标。

表5-3 三个学段生产劳动教育的主要内容和主导目标

学段		主要内容	主导目标
小学	低年级	进行简单手工制作 照顾身边的动植物	关爱生命，热爱自然
	中高年级	初步体验种植、养殖、手工制作等简单的生产劳动	初步学会与他人合作劳动，懂得生活用品、食品来之不易，珍惜劳动成果
初中		适当体验包括金工、木工、电工、陶艺、布艺等项目在内的劳动及传统工艺制作过程 尝试家用器具、家具、电器的简单修理，参与种植、养殖等生产活动，学习相关技术	获得初步的职业体验，形成初步的生涯规划意识
普通高中		从工业、农业、现代服务业以及中华优秀传统文化特色项目中，自主选择1—2项生产劳动，经历完整的实践过程	提高创意物化能力，养成吃苦耐劳、精益求精的品质，增强生涯规划的意识和能力

（三）服务性劳动教育

服务性劳动不是以实物形式而是以提供劳动的形式满足他人和社会的需要。服务性劳动教育让学生利用知识、技能等为他人和社会提供服务，在现代服务业劳动、公益劳动与志愿服务中见习实习，树立服务意识，实践服务技能，强化社会责任感。服务性劳动教育在不同学段有不同的要求，表5-4列出了三个学段服务性劳动教育的主要内容和主导目标。

表 5-4　三个学段服务性劳动教育的主要内容和主导目标

学段		主要内容	主导目标
小学	低年级	参与适当的班级集体劳动 主动维护教室内外环境卫生等	培养集体荣誉感
	中高年级	参加校园卫生保洁、垃圾分类处理、绿化美化等 适当参加社区环保、公共卫生等力所能及的公益劳动	增强公共服务意识
初中		定期开展校园包干区域保洁和美化，以及助残、敬老、扶弱等服务性劳动	初步形成对学校、社区负责任的态度和社会公德意识
普通高中		选择服务性岗位，经历真实的岗位工作过程 积极参加大型赛事、社区建设、环境保护等公益活动、志愿服务	获得真切的职业体验，培养职业兴趣，强化社会责任意识和奉献精神

思考题

一、名词解释题

全面发展教育　德育　智育　体育　美育　劳动教育

二、简答题

1. 简述德育、智育、体育、美育、劳动教育各自的目标与内容。

2. 简述德育、智育、体育、美育、劳动教育各自的意义。

3. 简述智育与教学之间的关系。

三、论述题

1. 怎样理解全面发展教育及其各组成部分之间的关系？

2. 怎样理解不同时期劳动教育概念及其内涵的演变？

3. 阐述学校德育为国家立心、为民族立魂的地位和作用。

4. 阅读 2022 年版义务教育道德与法治（或体育与健康、艺术、劳动）课程标准，分析相应课程与德育（或体育、美育、劳动教育）的关系。

四、材料分析题

据报载：某省高考艺术美术类联考在某地举行，超过万名学生参加考试。当天下着雨，考试结束后场外地上到处都是被丢弃的考试资料等。因为沾了雨水和泥浆，清理难度非常大。4 位保洁员和一些市民一起足足清理了 100 多袋垃圾，每袋 10 多千克。

试从学校德育与美育的角度，分析这种现象折射出来的学校德育与美育之不足，并阐述学校加强德育与美育应注意的问题。

第六章　学校教育制度

学校教育制度在教育制度体系中占有极其重要的地位，是教育制度的核心内容。学校教育制度的形成和发展与学校的形成和发展是紧密联系在一起的。现代教育的发展，突出地表现为现代学校教育制度的普遍建立与发展。随着教育现代化的推进，学校教育制度也必将经历更深刻的变革。

第一节　学校的形成与发展

学校是有目的、有计划、有组织并系统地开展教育活动的专门机构。学校是社会发展的产物，也是教育发展的产物，它在古代社会就已经存在。在社会发展的不同时期或不同历史阶段，教育呈现出不同的发展状况。教育发展状况的不同，又突出地表现为学校发展状况的不同。在现代社会中，学校被赋予了更多的社会职能。

一、学校的产生

（一）我国早期学校的产生

学校的产生可以追溯到远古社会。在我国，最早具有学校功能的场所称为"庠"。在尧、舜统治时期，在王宫附近至少有两种带有教育性质的机构，一种称作上庠，另一种称作下庠。上庠提供较高等的教育，或称为太学；下庠提供较低程度的教育，或称为小学。这两种教育机构，在夏、商两朝依然存在，但名称有所不同。夏朝分别称为东序、西序，商朝分别称为右学、左学。[①]《礼记·王制》记载：有虞氏养国老于上庠，养庶老于下庠。夏后氏养国老于东序，养庶老于西序。殷人养国老于右学，养庶老于左学。在远古时代，国老是指告老退职的卿大夫，庶老是指没有做官的老年士人。我国早期的教育机构，在一定意义上也是一种养老、敬老的机构。唯有老者方可在学校并成为老师。这种早期的教育机构，堪称学校的雏形，在一定意义上意味着早期学校的产生。

我国远古社会的学校，还有一些其他称谓，《礼记·王制》曰："天子命之教，然后为学。小学在公宫南之左，大学在郊。天子曰辟雍，诸侯曰泮宫。"辟雍和泮宫也是早期学校的称谓。

---

① 郭秉文：《中国教育制度沿革史》，储朝晖译，商务印书馆 2017 年版，第 16 页。有改动。

（二）外国早期学校的产生

外国早期学校的产生，可以追溯到世界最早步入文明的地区。与我国一样，古埃及、古巴比伦、古印度等都是世界上最早步入文明的地区，都是人类文明的发源地。也正是在这些地区，出现了人类社会最早的学校。

外国教育史料记载，古埃及最早产生了两大类型的学校：世俗学校和宗教学校。最早创办的世俗学校是宫廷学校。公元前 2500 年左右，古埃及的王宫就有了这种学校，可谓是古埃及最古老的学校。宫廷学校设在王宫内，主要招收皇家贵族子弟，为培养高级官吏服务。早期的世俗学校，除了宫廷学校外，还有职官学校和文士学校。职官学校出现在古埃及中王国时期，主要为培养各类管理人才服务。文士学校也是古埃及设立的学校，主要培养能够进行文字书写和计算的书吏，因此也称书吏学校。

宗教学校首推古埃及建立的寺庙学校。寺庙学校又称僧侣学校，建于古埃及中王国时期，附设在神庙内，由祭司执教。古印度出现的宗教学校，也是早期产生的学校之一。古印度的宗教学校为吠陀学校（"吠陀"译自梵文 veda，意为"知识"）。吠陀学校产生于古印度的吠陀时代。吠陀学校的兴起与种姓制度及婆罗门教有着密切的关系，主要以培养未来的婆罗门教教士为目的。古印度早期的宗教学校还有古儒学校。古儒在印度史籍中是指对婆罗门教经典能够释读和有研究的人。古儒学校产生于公元前 8 世纪，由古儒开设，主要以培养能传播婆罗门教经典的教徒为目的。

（三）学校产生的条件

无论是东方还是西方，学校的产生都是与人类文明的发展相联系的，学校是人类文明进步的产物，是社会发展到一定阶段的产物。学校的产生需要具备以下条件：

1. 社会生产力的发展

学校的产生源于社会生产力的发展。当社会生产出现剩余产品，使得一部分人可以从物质生产劳动中解放出来，专门从事脑力劳动时，才会出现专门从事教育的教师。专职教师是可以不参与生产劳动的人，可谓闲暇之人。只有出现专门执掌教育的教师，学校才会产生。学校的产生是与专职教师的出现联系在一起的。

2. 社会生活中间接经验的积累

学校的产生意味着特定教育内容的存在。学校教育的内容是指传授给受教育者的知识。学校传授的知识主要是间接知识。这种间接知识来自人类物质生产和精神生产的实践活动，是人类间接经验的积累，是人类认识客观世界和主观世界的成果。因此，人类积累起来的间接经验，成为学校可选择的教育内容，也构成学校产生的条件。

3. 记载和传承文化工具的出现

学校的教育内容，是以文字和相应的文化工具作为载体的。记载和传递间接经验的文字和相应的文化工具的出现是学校产生的前提。在世界不同的地区，或在不同的文明形态中，初始的文字和传递文化的工具均是学校得以产生不可或缺的要素。

（四）学校产生的意义

学校的产生在人类教育发展史和人类文明发展史上，都是非常重要的事件，具有重大而深远的意义。

首先，学校的产生是教育发展史上一个新的里程碑，标志着教育在历史发展中出现了质的飞跃。这种飞跃是指，学校的产生使学校教育逐步成为教育的主要方式和主导形态，开辟了人类教育的新纪元。

其次，学校的产生标志着形式化教育和制度化教育的开始，人类社会的教育从此成为一种专门化的事业。学校产生以前，教育与人类社会生活和生产劳动融合在一起，是非形式化地存在的。学校产生之后，教育便可以从社会生活中分化出来，从政治、经济等活动中分化出来，成为一种专门化、形式化的教育。学校的产生，标志着教育从非形式化到形式化的完成，同时也标志着教育开始走向制度化。

最后，学校的产生对于人类文明的传承与发展具有极其重大而深远的意义。学校产生之后，有了专门传道、授业的教师，使得人类积累起来的间接经验和文明成果有了不断传承的可能。学校本身就是人类文明的重要成果与结晶，负有传承文明和促进文明发展的使命。所以，学校的产生，对于人类文明的传承与发展，对于促进个体和社会的发展具有极为重要的作用与意义。

二、学校的发展

学校产生之后，它的发展便与社会的发展紧密相连。一方面，学校的发展是社会发展的重要内容与组成部分，也是社会发展的重要标志；另一方面，学校的发展深受社会发展的影响。在人类社会发展的不同阶段，学校也呈现出不同的发展状况。

（一）古代学校的发展

1. 我国古代学校的发展

这里所讲的我国古代，是指从春秋战国至晚清时期。在这漫长的历史时期，我国古代的学校经历着变化与发展。

（1）春秋战国时期学校的发展

私学的兴起是春秋战国时期学校发展的重要体现，这与官学的衰微相关。诸侯争霸导致社会动荡，官学处在衰微中，故有"天子失官，学在四夷"（《左传·昭公十七年》）之说。私学的兴起，也与当时盛行的养士之风相关。要成为"士"必须先受教育，私学便被赋予养士的职能。春秋战国时期，私学的发展也导致各种学派的出现，最典型的是以孔子为代表的儒家学派的出现与发展。孔子创办了儒家最早的私学，主张"有教无类"（《论语·卫灵公》），以"六艺"为教育内容，以因材施教为原则，对我国学校的发展以及我国教育的发展产生了重大而深刻的影响。战国时期出现了一种由官方举办而由私人主持的特殊形式的学校，即稷下学宫。这是一种集讲学与养士于一体的学府，具有学术自由的特点。稷下学宫的出现和发展，具有特殊的历史意义。

（2）秦汉时期学校的发展

秦朝实行严厉的封建专制制度，在教育上实行吏师制，严禁私学。汉朝以秦为鉴，重视知识分子的作用，重视学校教育的发展。汉朝实施"独尊儒术"的文教政策，重视通过学校教育，推行儒学教化。汉朝的学校有官学和私学。官学设中央官学和地方官学。中央官学以太学为主，地方官学以郡国学为主。汉朝解除了秦朝对私学的禁令，鼓励私学承担培养人才、传播儒学的任务。私学按其程度可分为书馆和经馆。书馆前期主要从事识字和书法教育，后期主要传授儒学。经馆是较书馆高一级的私学，实际上是一些著名学者聚徒讲学的场所。汉朝为我国封建社会学校教育制度的发展和完善奠定了基础。

（3）魏晋南北朝至隋唐时期学校的发展

魏晋南北朝是封建门阀制度盛行的时期，社会呈现动乱的状态。这一时期原有的官学时兴时废，私学则在动乱中维系与发展。西晋曾创设国子学，这对后来的学校教育制度带来了影响。隋唐时期是学校发展兴旺的时期。隋唐实施科举考试制度，同时鼓励学校的发展。在中央官学方面，隋唐均有中央设立的专门学校。唐朝除在京都设立国子学、太学、四门学等弘扬儒学的学校外，还设有律学、书学、算学、医药学等培养专门人才的学校。在地方学校方面，唐朝鼓励地方办学，要求按地方行政区划设立学校：府州县学均由官办，乡学归私办。私学有初级私学和高级私学之别，并呈现多样化的发展状态。

（4）宋元明清时期学校的发展

宋元明清在中国历史上属于封建社会的后期。在这一较漫长的时期内，学校仍处在不断发展中，并且呈现出新的发展特征。首先是中央官学和地方官学的继续发展。官学在继续发展之时，也呈现出思想统治日益强化的特征。其次是书院的发展。书院开始是收藏、校勘和整理图书的机构，起着抄书、修书、校书的作用。书院在唐朝即已出现，兴盛则在宋朝。宋初虽注重科举选拔人才，但对设学培育人才重视不够，官学发展不力。在这种情况下，贤士大夫往往依山林建讲学之所，遂成书院。宋朝书院甚多，著名的书院有白鹿洞书院、岳麓书院、应天府书院、嵩阳书院、石鼓书院、茅山书院等。书院是一种新的学校形式，也成为一种新的教育制度。到了元明清时期，书院作为一种教育制度，仍在存续和发展。最后是蒙学的发展。宋元明清官学系统中都曾设有小学或社学，对儿童进行启蒙教育。蒙学的发展对学校教育的发展有着重要的影响。

2. 外国古代学校的发展

外国古代学校的发展经历了漫长的历史时期，存在不同的社会发展形态。这里，仅对古希腊时期和欧洲中世纪的学校发展状况进行简述。

（1）古希腊时期学校的发展

古希腊是西方历史的重要源头，持续 650 多年（公元前 800 年—公元前 146 年）。古希腊原是氏族制度社会，公元前 6 世纪，氏族制度解体，产生了许多奴隶制城邦，其中最强大的是斯巴达和雅典。古希腊教育通常以斯巴达教育和雅典教育为代表。斯巴达教育和雅典教育中蕴含着学校教育的发展。

斯巴达教育是典型的军事教育，以训练勇敢善战的士兵为目的。斯巴达的学校与军事机构融为一体。国家为 7—18 岁的男儿设立教练所，为 18 岁以上的青年设立青年军事训练团（又称"埃佛比"）。军事训练的基本项目为"五项竞技"——赛跑、跳远、角力、掷铁饼、投标枪。此外，骑马、游泳、作战、游戏等也是必须学习的。斯巴达教育以纪律严明和要求训练者服从命令、刻苦习练著称。

雅典教育与斯巴达教育迥然不同。雅典是一个商业发达并实行奴隶主阶级民主政治的城邦。雅典高度重视教育，把教育视为培养城邦合格公民的有效工具。在雅典城邦内，由于重视教育，自然也重视学校的发展。当时的雅典，开设的学校有文法学校、音乐学校（也称琴弦学校）、体操学校、修辞学校以及为培养哲学家而设立的学园等。学校以私人开设为主，教学内容丰富，教学方法也灵活多样。

（2）中世纪学校的发展

中世纪指介于古代奴隶制与近代资本主义之间的时代，一般以 476 年西罗马帝国灭亡至 15 世纪末大航海时代或 1640 年英国资产阶级革命为时限。中世纪是基督教和封建世俗政权紧密结合的时期。在中世纪的教育中，宗教教育和世俗教育并存。与此相适应的是，宗教学校与世俗学校也共同发展。中世纪学校发展的另一重要成就，就是大学的出现和发展。

中世纪的宗教学校主要是教会控制的学校，即教会学校。早期的教会学校有初等教义学校和高等教义学校，前者进行教义与教规的教育，后者研究基督教理论。教会学校又分为修道院学校、大教堂学校和教区学校三种。修道院学校是随着修道院制度的出现而产生和发展的。修道院对自幼入院的修行者进行识字、读经和写字方面的简单训练，为他们终身修道、抄写经书和祈祷文做准备，在此基础上修道院学校逐渐形成。大教堂学校又名主教学校，设在主教的所在地，与修道院学校性质相似。教区学校是对一般居民子弟进行宗教教育的学校。中世纪教会学校的教学内容为七艺，包含三科四学。三科即文法、修辞学、辩证法；四学即算术、几何学、天文学、音乐。七艺源于古希腊，实施七艺教学，主要为培养僧侣服务。

中世纪的世俗学校主要有宫廷学校、行会学校和城市学校。宫廷学校原本是为宫廷儿童进行贵族化教育的中心，后来经过整顿，也招收下层阶级的儿童，并实施国民教育。行会学校是由市民阶层的行会自行创办的学校，主要采用艺徒制、学校学习和学徒训练相结合的方式进行教学。行会学校后来发展成正规的职业学校和艺徒学校。城市学校是随着城市的发展而兴起的学校。城市学校并不是一所学校的名称，而是在城市为新兴市民阶层子弟开办的、传授世俗知识的学校的总称，其中包含不同种类和不同规模的学校。中世纪的城市学校主要有城市拉丁语学校、写作和算学学校等。城市学校的出现，扩大了世俗教育的领地，推进了世俗教育的发展。

中世纪在教会学校之外还有一种特殊的教育，即骑士教育。骑士教育是结合宗教教育和武士教育于一体的教育。其主要学习内容为"骑士七技"，即吟诗、打猎、弈棋、骑马、游泳、投枪、击剑。骑士教育主要培养效忠封建制度、善于作战的武士。

中世纪大学的出现和发展是学校发展史上的重大事件，标志着教育水平与教育层次的新发展。大学作为一种新兴教育机构的出现，与欧洲中世纪后期经济、政治、文化的发展密切相关。尤其是经济和城市的发展，为中世纪大学的产生提供了条件。中世纪的大学起源于 11 世纪。早期的大学主要有意大利的萨莱诺大学和博洛尼亚大学、法国的巴黎大学、英国的牛津大学和剑桥大学等。这些大学一开始就兼具教学与科学研究的双重职能，确立了学士、硕士和博士学位制度，对人才的培养有不同层次和不同规格的要求，为后来大学的建立树立了样板，具有典范的作用。这些大学主要设置文科、法科、医科和神科，并因学校的不同而有所侧重。中世纪大学的出现与发展，突破了教会对教育的垄断局面，有益于世俗教育的发展。"因为有了大学，普通教育即使还很差，却普及得多了。"① 中世纪大学的发展对于世界高等教育的发展具有十分重要的意义，是近现代世界高等

① 《马克思恩格斯全集》第二十六卷，人民出版社 2014 年版，第 493 页。

教育的先驱。

总之，古代学校开始以教育为专门职能，古代学校教育已经成为形式化教育的重要部分。但古代学校之间缺少联系，各自处于游离状态，更不成系统。学校系统的出现和完善是现代社会的产物。

（二）现代学校的发展

现代社会是继农业社会或传统社会之后的社会发展阶段，通常指以工业经济为主导的社会，是指世界发生工业革命并使社会结构不断发生变化的社会。现代社会的发展与工业化和城市化相联系。现代社会的发展蕴含着现代教育的发展，也蕴含着现代学校的发展。制度化教育是现代学校的重要特征。

1. 西方现代学校的发展

西方现代社会的肇始，可以追溯到文艺复兴运动的兴起。文艺复兴是指发生在14—16世纪的欧洲新兴资产阶级思想文化运动。它为资本主义的发展做了必要的思想文化准备，开启了现代化征程。17—18世纪，英国相继发生了资产阶级革命和工业革命。资产阶级革命扩展到欧洲大陆和北美地区，形成了西方资本主义制度体系，又逐渐向世界各地传播，从而使工业社会成为世界主流社会形态。由此，人类也进入了现代社会。

工业革命，以及现代科学技术的广泛应用，共同推动着现代教育的发展。工业革命推动着西方现代学校系统的形成和现代学校的发展。西方现代社会不同层次的学校的发展状况如下：

（1）初等教育学校的发展

工业革命使解决初等教育的问题变得异常重要，普及初等义务教育被提上议事日程。一些国家开始制定初等教育法，建立初等义务教育制度。在这样的背景下，实施初等教育的学校必然得以大力发展。在西方社会，德国是最早提出实行义务教育的国家。1763年，德意志联邦的普鲁士王国制定了《普通学校规程》，规定5—13岁儿童必须接受义务教育，明确实施义务教育的学校由国家举办。这样，国立初等学校便得以发展。英国工业革命之后，随着工厂制度的兴起，对工业劳动者实施基本的教育成为客观要求。英国在1870年制定了《初等教育法》，之后又在1902年制定了《巴尔福教育法》，规定用地方税举办公立初等学校，并实行免费教育。在较长时期内，英国初等教育学校的发展，表现为公立学校和教会学校的共同发展。19世纪中后期，法国以及后来的美国等西方国家，都确立了义务教育制度，制定了相应的法律和法规。义务教育的推进，自然使实施义务教育的学校，尤其是公立小学得到更广泛的建立和发展。

（2）中等教育学校的发展

中等教育学校的发展是西方现代社会学校发展的重要表现。一方面，工业革命的推进和现代科学技术的广泛应用，对现代劳动者的知识与技能的提高有着现实的要求。另一方面，社会的进步与发展，也对国民素质的提高有着深切的要求。这样，中等教育的发展便成为必然。中等教育的发展伴随着中等教育学校的发展。在西方社会，工业革命兴起之后，中等教育学校逐步发展，学校结构、类别及办学形式也发生了变化。例如，英国设有文法中学、技术中学和现代中学。文法中学主要提供学术性课程，技术中学主要开设职业课程，现代中学提供多种类型的课程。英国的中等教育学校的发展也经历着变革，20世纪六七十年代开始推进中学的综合化改革。在德国的中等教育学校中，文科中学占有重要地位，这些德国的古典中学，主要为大学输送新生和为政府培养一般官吏服务。18世纪初，德国出现了实科中学。其后，文科中学和实科中学共同发展。进入现代社会之后，法国的中等教育经历了改革。19世纪开始，法国的中等教育学校有中央政府创办的国立中学和地方政府创办的市立中学，还有许多私立中学。

从整体上看，西方现代社会中等教育学校呈现出实施学术性教育的学校和实施职业教育的学校共同发展的状况，也呈现出中等教育学校综合化的状况。尤其是在美国，综合高中得到了长足的发展，表现出与欧洲职业教育、普通教育并行的"双轨制"很不相同的特点。

（3）高等教育学校的发展

高等教育学校的发展是西方现代社会学校发展的又一重要表现。西方现代社会高等教育学校的发展主要表现在以下三个方面：

其一，普通大学或综合性大学的发展。进入现代社会以来，一方面，西方传统的大学在继续向现代化演进；另一方面，西方众多国家纷纷增设普通大学和综合性大学。19世纪后期以来，尤其是20世纪以后，西方国家在巩固和变革传统大学的同时，不断增设新型的普通大学或综合性大学，以进行本科教育和研究生教育为重要使命。这类学校由国家设立（包含中央政府设立和地方政府设立），或由社会机构与私人设立。在一些西方国家中，公立大学与私立大学并驾齐驱，相得益彰。在高等教育学校体系中，普通大学和综合性大学是各国高等教育的支柱型学校，具有特别重要的地位。

其二，专科学校、职业学院或社区学院的发展。这是工业革命之后兴起的另一种类型和另一层次的高等学校。这类学校主要由地方政府、社会机构或私人创办，学制一般为2~3年，主要培养具有专门知识和高级技能的专门化人才。在高等学校教育体系中，这类学校处于专科层次。在西方一些国家的高等学校中，这类专科层次的学校迄今仍占较大比例，成为高等学校的半壁江山。这类学校在高等教育学校体系中也具有重要地位，对高等教育的发展作出了特有的贡献。

其三，开放大学的发展。开放大学是指20世纪中期以后在西方开始出现的以广播、电视、函授、网络等方式进行教学的高等教育机构。开放大学的发展一方面与科学技术的发展，尤其是信息技术的发展相关；另一方面与20世纪中期兴起的终身教育思潮相关。开放大学主要是一种成人高等教育机构，它采用远距离教学方式，以适应成人学习的需要。

2. 我国现代学校的发展

我国现代学校的发展可以追溯到清朝末年。从清朝末年至今，我国现代学校的发展经历了几个不同的历史阶段，也呈现出不同的发展状态。

（1）从清朝末年到五四运动前现代学校的发展

从清朝末年开始，我国社会动荡不已，我国的现代化在艰难中起步，并经历了艰难的发展历程。我国现代教育和现代学校也在艰难中起步与前行。

洋务运动时期新式学校的创立与发展。洋务运动发生于19世纪60年代至90年代。洋务运动时期，我国教育仍然以传统的封建教育为主体，但在传统教育主体中萌生了近代新教育的幼芽。洋务运动中的重大事件之一是兴办新式学堂。这一时期兴办的学堂约30所，大致可分为外国语（"方言"）学堂、军事（"武备"）学堂和技术实业学堂三类，主要的学堂有：京师同文馆、上海广方言馆、广州同文馆、福建船政学堂、天津水师学堂、上海电报学堂、湖北自强学堂等。洋务运动中新式学堂的创办，开启了我国现代学校发展的先河，对我国现代学校的发展具有重要意义。随着新式学堂的创办，留学教育也开始启动。向国外派遣留学生被纳入计划，当时主要是派遣留美学生和留欧学生。

从维新运动到五四运动前的学校发展。维新运动，是指1898年6月11日至9月21日维新人士康有为、梁启超、谭嗣同等人通过光绪帝进行倡导学习西方，提倡科学文化，改革政治、教育制度，发展农业、工业、商业等的政治改良运动。教育的改良是维新运动中的重要内容。改良教育的重要举措是设立京师大学堂，并计划设立一系列新式学堂，以培养新型人才。在维新运动和之前的洋务运动的影响下，同时也迫于当时社会形势的压力，1905年，清政府终于终结了延续近1300年的科举考试制度，实行新的教育制度。新的教育制度的重要内容是兴办新学。废科举与兴学堂是相互联系的。至1909年，办学成绩已斐然可观，各级各类新式学堂的数量已达5万多所，在校学生超过160万人，其中许多新式学堂是由传统书院改造而来的。①

（2）新民主主义革命时期现代学校的发展

1919年爆发的五四运动是我国从旧民主主义革命走向新民主主义革命的转折点。新民主主义革命的目标是通过无产阶级（中国共产党）牢牢掌握革命领

---

① 孙培青主编：《中国教育史》第四版，华东师范大学出版社2019年版，第353页。

导权，彻底完成反帝反封建的历史任务，并及时实现由新民主主义向社会主义的过渡。新民主主义革命历经 30 年。其间，除了五四运动，还历经了土地革命战争、抗日战争和解放战争。在这一时期，中国共产党领导中国人民浴血奋战，终于推翻了压在中国人民头上的"三座大山"（帝国主义、封建主义和官僚资本主义），并解放了全中国。新民主主义革命时期现代学校在艰难中得到维系与发展，主要表现在以下方面：

其一，新文化运动推动了现代学校的发展。新文化运动发起了对封建传统教育的猛烈批判，促进了现代教育思潮的兴起（如平民教育思潮、工读主义教育思潮、职业教育思潮、科学教育思潮），同时也促进了教育的改革与现代学校的发展。

其二，中国共产党领导下的中央苏区、抗日根据地和解放区的教育发展和现代学校的发展。中国共产党成立后，高度重视工农教育和干部教育，将其作为开展革命的有力武器，由此推进了实施工农教育和干部教育的新型学校的发展。在中央苏区、抗日根据地和解放区，也不断建立新的基础教育学校和职业教育学校，以提高广大劳动群众及其子女的受教育水平。

（3）社会主义革命和建设时期现代学校的发展

新中国成立之后，中国共产党领导建立和巩固工人阶级领导的、以工农联盟为基础的人民民主专政的国家政权，为国家迅速发展创造了条件。由此，我国社会很快进入社会主义革命和建设时期。在这一时期，我国各级学校在整体上呈现出快速发展的状态。20 世纪 50 年代以来，我国政府在接管旧学校并将旧式私立学校、教会学校转为公立学校的基础上，增设了大量公立学校，一段时间内也允许在农村继续保留少量私立学校。其间，国家着手推进普及小学教育，直接推动了小学的快速发展，尤其是农村小学的发展。与此同时，普通中学，尤其是普通初级中学也得到较大发展。在这一时期，我国实行两种教育制度和两种劳动制度，这也使得农业中学和职业中学有所发展。在中等教育层面，除了普通中学的发展外，中等专业学校（包含中等师范学校）也有了较快发展。在高等教育层面，高等学校也有着较快速的发展，这包含高等专科学校和高等本科院校的共同发展，也包含多种类别的高等院校的发展，尤其是师范类和工科类高等院校的发展。这一时期我国学校的发展，还表现为各种类型的成人学校的发展，如工农速成中学、业余学校、农民夜校、函授学校等。这类学校作为新时代的产物，也在发挥着应有的功能与作用。总之，这一时期我国已初步建构起社会主义现代学校的新体系。

令人遗憾的是，在这一时期，我国经历了"文化大革命"。"文化大革命"

使党、国家、人民遭到新中国成立以来最严重的挫折和损失。[①] 在"文化大革命"中，学校教育的革命十分剧烈，主要表现在以下方面：其一，大学和中学旷日持久地进行"革命大批判"，主要批判"资产阶级"和"修正主义"的教育路线与制度。其二，大学自 1966 年开始停止招生，直到 1971 年才恢复招生，但实施"推荐选拔"的招生入学制度。其三，缩短学制。大学一律三年，高中二年，初中二年，小学五年。其四，课程精减，并突出"政治挂帅"。在"文化大革命"时期，基础教育有着量的发展，基础教育学校的数量有着明显增长，但教学质量明显下降。

（4）改革开放和社会主义现代化建设新时期现代学校的发展

"文化大革命"结束以后，中国共产党在 1978 年召开了十一届三中全会，开启了改革开放和社会主义现代化建设新时期。在新的历史时期，随着"科教兴国"重大战略的提出，国家教育事业被置于优先发展的地位。在此背景下，我国现代学校进入快速发展的新阶段。

基础教育学校的现代化发展。这表现为学前教育机构、小学、初中和普通高中的发展。新时期基础教育学校的发展，不仅表现为数量的增长，而且表现在学校物质条件的现代化、学校师资队伍建设的专业化以及学校信息化建设的全面推进等方面。

中等职业教育学校的变革与发展。这主要表现为中等职业学校、中等专业学校（包括中等师范学校）的共同发展，中等职业教育学校结构明显改善。中等职业教育学校的发展在 20 世纪 90 年代处于鼎盛时期。其后，随着 20 世纪末高等教育大众化的启动与推进，包括中等师范学校在内的中等专业学校面临新的变革，但中等职业学校依然在继续发展。

高等学校的变革与发展。20 世纪 80 年代至 90 年代，我国高等学校的发展主要表现为高等专科学校和高等本科院校的发展。进入 90 年代以后，高等学校的发展与学校变革进一步结合。高等学校的结构发生了新的变化，专科层次的高等职业院校数量显著增加，部分专科学校升级为本科院校，部分本科院校向综合性大学转型。为了建设高水平大学，1995 年 11 月，我国启动了"211 工程"，即面向 21 世纪重点建设 100 所左右的高等学校和一批重点学科的建设工程。1999 年 1 月，我国正式启动了重点支持国内部分高校创建世界一流大学和高水平大学的工程，因这项工程在 1998 年 5 月提出，故简称"985 工程"。

成人高等学校的发展是改革开放以来中国高等学校发展的另一重要体现。成人高等学校包括开放大学、各级教育学院、教师进修学院、其他类型的成人高等

---

① 《中共中央关于党的百年奋斗重大成就和历史经验的决议》，人民出版社 2021 年版，第 14 页。

学校或继续教育学院。成人高等学校的发展对于促进高等教育的多样化发展发挥了重要作用。20世纪90年代末以来，随着高等教育发展形势的新变化，我国成人高等学校的结构也在发生转变，一些成人高等学校转型或并入普通高等学校之中。

（5）新时代中国特色社会主义现代学校的新发展

党的十八大以来，中国特色社会主义进入新时代。以习近平同志为核心的党中央统筹把握中华民族伟大复兴战略全局和世界百年未有之大变局，强调新时代是承前启后、继往开来、在新的历史条件下继续夺取中国特色社会主义伟大胜利的时代。我国已建成规模最大的教育体系，教育普及水平实现历史性跨越，教育事业的发展受到高度重视，处于更加优先的发展地位。党的二十大报告进一步要求办好人民满意的教育，强调以人民为中心发展教育，加快建设高质量教育体系，发展素质教育，促进教育公平。新时代教育的发展有着新的规划与目标，现代学校的发展呈现出新的气象。

学前教育学校的新发展。2018年，中共中央、国务院出台了《关于学前教育深化改革规范发展的若干意见》，推动学前教育继续快速、高质量规范发展，大幅提升普及普惠水平。2024年，全国共有幼儿园25.33万所，在园幼儿达到3583.99万人，学前教育毛入园率达到92.00%，普惠性幼儿园覆盖率达到87.26%。[1] 进入新时代，我国绝大多数的幼儿能够享受到普惠性的学前教育服务，增强了人民群众的幸福感、获得感。

义务教育学校的新发展。新时代义务教育取得新的跨越式发展和历史性成就，实现了义务教育的有保障和县域义务教育的基本均衡。2024年，全国共有义务教育阶段学校18.84万所，义务教育阶段在校生15970.54万人，九年义务教育巩固率95.90%。[2] 义务教育学校的数量发展充分保障了适龄儿童和少年接受义务教育的需求，义务教育的质量发展和内涵发展也取得了新的进步，义务教育学校优质均衡发展已成为全国各地共同的追求和行动，也展现出高质量发展的共同景象。

高中阶段学校的新发展。新时代高中阶段教育在持续发展，2024年，高中阶段的毛入学率为92.00%。[3]其中，普通高中在稳步发展，并大力推进育人方式的改革，在立德树人、强化综合素质培养、优化课程实施和创新课程管理等方面取得了新的成效。中等职业学校也在深化教育教学改革，加强内涵建设，切实提高办学质量，实现新的发展。

高等学校的新发展。新时代高等学校规模稳步发展。2024年，全国共有高等学校3119所，各种形式的高等教育在学总规模4846.00万人，高等教育毛入

---

①②③ 数据来源：中华人民共和国教育部政府门户网站，2025年6月11日。

学率 60.80%。① 我国已进入高等教育普及化阶段。在高等教育普及化发展的同时，我国也在大力推进高等教育的内涵式发展。高等教育的各级各类学校都在加强基础学科建设，深化培养模式的改革，加强大学生创新创业教育，加快培养急需紧缺人才。世界一流大学和一流学科建设在统筹推进，不断取得新的显著成就。

三、现代学校的基本职能

学校的职能是指学校所应履行的职责和应发挥的作用。现代学校的发展是与现代社会的发展相适应的。现代社会赋予学校多种职能，其中基本职能包括以下六个方面：

（一）提高学习者素质

现代学校是一种有目的、有计划、有组织并系统地开展教育活动的专门机构。现代学校教育是面向全体学习者，实施以提高学习者素质为目的的教育。提高学习者素质，是现代学校最基本的职能。现代学校进行的教育，首先是素质教育。所谓素质教育，是指以提高学习者核心素养为目标的教育，是在真实意义上促进学习者在德智体美劳诸方面全面发展的教育。现代社会的发展，要求全体国民具有现代道德、现代科学知识和能力等素养，要求全体国民素质的普遍提升，这种要求也就理所当然地成为现代学校的职责与使命。对于现代学校而言，实施素质教育，绝不能把学校视为仅仅灌输知识的场所，而是要全面关注学生道德的养成、知识的积累和体质的增强，关注学生个性与人格的健康发展。全面素质教育是一个永恒的教育主题，需要贯穿在学前教育、中小学教育、高等教育等各级各类教育中。因此，现代各级各类学校都需要认真履行实施素质教育的职能，为深入实施素质教育发挥应有的作用。

（二）培养现代社会的劳动者和各级各类专门人才

现代学校的发展，在一定程度上要适应现代生产的需要。现代学校负有培养现代社会的劳动者和各级各类专门人才的职能。现代学校的这种职能，因学校的层次与类别的不同而有所区分。例如，基础教育学校是为培养现代社会的劳动者和各级各类专门人才打下良好基础的学校，中等职业学校是培养中等技术人才的学校，高等学校是培养各类高级专门人才的学校。学校的层次与类别不同，培养人才的目标与规格自然有所不同，但培养现代社会的劳动者和各级各类专门人才的目标有着共同性。因此，现代学校需要面向现代社会发展，履行培养现代社会的劳动者和各级各类专门人才服务的职能。

---

① 数据来源：中华人民共和国教育部政府门户网站，2025 年 6 月 11 日。

（三）传承与创新文化

现代学校具有传承与创新文化的职能。这种职能也反映出现代社会发展的需要。学校是传授文化知识的场所，传承文化是学校固有的职能与使命。在如何传承文化上，古代学校与现代学校有明显的区别。古代学校更多地强调对道德文化的传承，实施对学习者的道德教化。现代学校则不仅需要传承道德文化，还需要传承科学文化。现代学校在传承道德文化时，需要把传承优良的传统道德文化和实现道德文化的现代创新有机结合起来。这就要求学校成为滋养现代道德的主阵地，从而培养具有现代道德的人。现代学校还需要大力普及现代科学文化，同时努力实现科学文化的创新。这种创新，赋予现代学校新的职能与使命。

（四）开展科学研究

开展科学研究是现代学校，尤其是现代大学的重要职能。现代大学与古代大学的重要区别是职能的转变。19 世纪德国大学的改革确立了大学的研究职能。自此，科学研究便成为现代大学的重要职能。也正是因为有了科学研究的职能，大学才具有现代性，才成为现代意义的大学。19 世纪后，大学对世界科学研究的大力推进和科学技术的迅猛发展功不可没。众多先进的科研成果均来自大学。随着现代科技的发展，现代大学开展科学研究的职能在不断加强。

开展科学研究不仅是现代大学的应有职能，而且应是所有现代学校的职能。在现代社会，各级各类学校都要弘扬创新精神，为培养创新型人才服务，这就需要学校进行科学研究。这种科学研究也包含教学研究。为此，我们需要正确地认识什么是科学研究和如何进行科学研究。不同学校开展不同的科学研究，即便是基础教育学校，也需要进行适合基础教育特点的科学研究。现代学校的科学研究需要与教学紧密结合。

（五）提供社会服务

提供社会服务是现代学校的重要职能。现代学校具有开放性的特点，这也是现代学校与古代学校的重要区别之一。现代学校的开放是面向社会的开放，它需要着眼于社会的需要，为社会的发展与进步提供各种可能的服务。这种服务，既表现为直接为社会培养和输送劳动者与专门人才，又表现为为社会提供可能的知识与技能。后一种服务特别体现在大学层面，它起源于 19 世纪美国高等教育机构的改革，体现为大学与社会建立各种合作共同体，大学与社会的政治、经济和文化组织或机构建立更广泛的联系和实行多样化的合作。提供这种社会服务，不只是现代大学的职能，现代各级各类学校都需要增强为社会服务的意识，都可以以各自的方式提供社会服务。

（六）促进教育的国际交流与合作

促进教育的国际交流与合作是现代学校的另一重要职能。随着经济全球化的深入发展，国际交流与合作也日益广泛与深入，在这样的背景下，促进教育的国际交流与合作便理所当然地成为现代学校的重要职能与使命。在一定意义上，这也成为现代学校或现代教育具有现代性的重要表征。

促进教育的国际交流与合作具有多种方式和途径。比如共享优质教育资源，组织开展国际学术研究和学术交流，中外合作办学，教师跨境交流，出国留学或接受外国留学生，等等。在促进教育的国际交流与合作方面，不同类别、不同层级的学校的职能与任务各不相同。对于我国任何类别和层级的现代学校而言，都不仅要有强烈的国家意识，为中华民族伟大复兴培养人才，而且要有全球意识、全球视野，培养关心世界和平、关注人类命运的新人。《中华人民共和国教育法》还以法律的形式确定了教育对外交流与合作的原则：国家鼓励开展教育对外交流与合作。教育对外交流与合作坚持独立自主、平等互利、相互尊重的原则，不得违反中国法律，不得损害国家主权、安全和社会公共利益。这是我国学校在国际交流与合作中必须严格遵守的。

第二节　现代学校教育制度

现代学校的发展，内含着现代学校教育制度的确立。现代学校教育制度的确立，对现代学校的发展又产生着强烈的影响，发挥着引领与规范的作用。

一、学校教育制度的内涵

学校教育制度是教育制度的重要组成部分。教育制度是指一个国家各级各类实施教育的机构与组织及其运行的规则。它包括相互联系的两个基本方面：一是各级各类教育机构与组织；二是教育机构与组织赖以存在和运行的规则，如各种相关的教育法律、规则、条例等。[①] 学校教育制度，不仅是教育制度的重要组成部分，同时也是教育制度的主体与核心。

对学校教育制度的理解，有狭义与广义之分。狭义的学校教育制度，简称学制，是指一个国家各级各类学校的系统，它规定了各级各类学校的性质、任务、入学条件、修业年限以及它们之间的关系。广义的学校教育制度，则是指现代国家有关学校教育种种制度的总和。它既包含一个国家实施何种层级与类别的学校制度，也包含各级各类学校的运行与管理制度。这里，我们本着广义的理解，把学校制度分为学校层级与类别制度、学校办学制度、学校入学与修业年限制度、

---

① 王道俊、郭文安主编：《教育学》第 7 版，人民教育出版社 2016 年版，第 103 页。

学校管理制度等。

（一）学校层级与类别制度

所谓学校层级与类别制度，是指一国的学校具有怎样的层级划分与类别划分，以及各种层级和类别的学校之间的关系。从层级上看，学校可以分为初等教育学校、中等教育学校、高等教育学校。初等教育学校又可分为幼儿园和小学；中等教育学校又可分为初级中学和高级中学；高等教育学校又可分为高等专科学校和高等本科院校。从类别上看，学校可以分为普通学校或普通院校、职业学校或职业院校、成人学校或成人院校。各大类学校还可细分为不同类别的学校。例如，普通高等院校可分为综合院校、理工院校、医科院校、农林院校、财经院校、师范院校、政法院校等。

（二）学校办学制度

学校办学制度也可称为办学体制，是指教育行政部门对各级各类学校的兴办进行管理和规范的一套制度体系。它规定着一国学校的兴办具有怎样的办学主体或办学者，同时也规定着兴办学校的条件与程序。在现代国家中，学校办学主体一般有政府、社会组织与个体。依办学主体的不同，学校一般可分为公立学校与私立学校。现代各国的办学主体既有相似性，也有差异性。例如，各国义务教育或基础教育均以政府办学为主，这是相似性所在；而不同国家对私立学校的办学主体有不同的要求和规定，这是差异性所在。兴办学校的条件一般包括：有组织机构和章程，有合格教师，有符合规定标准的教学场所及设施、设备，有必要的办学资金和稳定的经费来源等。办学程序一般为"申请—登记—评估—批准"等。

（三）学校入学与修业年限制度

学校入学制度是对学生入学年龄、入学条件的制度规定。学校入学制度与学校招生制度相联系。不同类型的学校对学生入学年龄和入学条件有不同的规定。例如，许多国家小学以年满 6 岁为入学年龄条件，义务教育学校实行就近入学的原则等。学校入学制度影响着学生的入学机会。入学机会平等是现代教育公平的基础。

学校修业年限依学校层级而定，与学生身心发展规律相适应。不同层级的学校修业年限有所不同。例如，现在很多国家小学的修业年限为 5～6 年，中学（含初中与高中）的修业年限为 6～7 年，大学专科教育阶段的修业年限为 2～3 年，大学学士学业阶段或本科阶段的修业年限为 3～5 年，通常以 4 年居多。大学阶段之后的研究生教育分为硕士研究生教育和博士研究生教育两个层次，硕士研究生的修业年限一般为 2～3 年，博士研究生的修业年限一般为 3～4 年。

（四）学校管理制度

学校管理制度是对学校管理权限、管理机构设置和各机构之间的关系以及学校管理方式等做出的制度规定。学校管理制度可分为学校外部管理制度和学校内部管理制度。

学校外部管理制度主要是指对学校管理主体即管理机构或部门的制度规定。不同类别的学校，管理主体会有所不同。例如，公立学校由政府管理，私立学校由董事会和理事会管理等。

学校内部管理制度是指对学校内部管理机构及其运行方式的制度规定。学校内部管理制度包含学校人事管理制度、学校教学管理制度、学校后勤管理制度等。学校教学管理制度在学校内部管理制度中占有特别重要的地位，包含课程管理制度、教学活动管理制度、课程与教学评价制度等，具有多样性、系统性的特点。在现代国家中，学校内部管理制度既有一定的相似性，也有明显的区别。

二、我国的学校教育制度

（一）我国现代学校教育制度的建立

我国现代学校教育制度的建立可以追溯到 20 世纪初叶。1904 年 1 月，清政府以日本学制为蓝本，颁布了《奏定学堂章程》，这是我国第一个实际执行的现代学制。该学制制定于 1903 年，该年为农历癸卯年，故称癸卯学制。这个学制以"中学为体，西学为用"作为指导方针，规定了学制主系列划分为三个阶段（初等教育、中等教育、高等教育）和七个等级（蒙养院、初等小学堂、高等小学堂、中学堂、高等学堂、大学堂、通儒院）。从初等小学堂到大学堂，学制总年限长达 20～21 年，大学堂之上还有通儒院。1911 年辛亥革命后，南京临时政府对旧学制进行了修订，颁布了"壬子·癸丑学制"。这个学制规定，儿童从 6 岁入学，到 23 岁或 24 岁大学毕业，整个学程为 17 年或 18 年，分三段四级。该学制三段仍为初等教育、中等教育、高等教育；四级为初等小学、高等小学、中学、大学。1922 年，中华民国北洋政府对学制进行了改革，颁布了区别于"壬子·癸丑学制"的新学制，即"壬戌学制"。新学制以美国学制为蓝本，规定小学修业年限为 6 年，中等教育阶段分设初中和高中，修业年限各 3 年，总称为"六三三制"。之后，我国的学制虽然几经修改，但基本上沿用了"壬戌学制"。

（二）新中国的学校教育制度建设

《中央人民政府政务院关于改革学制的决定》

新中国成立后，于 1951 年 10 月 1 日颁布了《中央人民政府政务院关于改革学制的决定》，确定了中华人民共和国的新学制。新学制的组织系统（图 6-1）分为学前教育（幼儿园），初等教育（包括小学、工农速成初等学校、业余初等学校），中等教育（包括初级中学、高级中学、工农速成中学、业余初级中学、业余高级中学中等专业学校），高等教育（包括专科学校、大学和专门学院、研究部）。此外，还有各类补习学校、函授学校及特殊教育学校。新学制的特点是：体现了教育为工农服务和为生产建设服务的方针，强调学校教育面向工农，保障广大劳动人民及其子女的受教育机会；重视在职干部的教育；同时也体现了民族平等、男女平等的原则。新学制于 1952 年在全国施行，对促进中国教育事业的发展具有十分重要的意义。

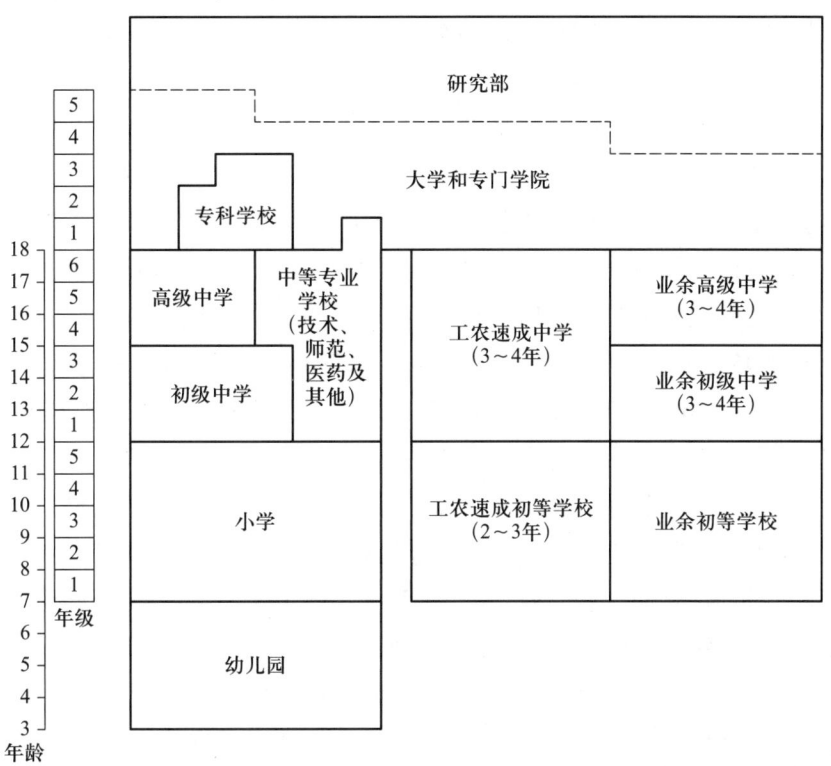

图 6-1 新中国学制系统图（1951 年）①

随着社会主义建设事业的发展，1958 年 9 月，中共中央、国务院发布了《关于教育工作的指示》，确立了"教育为无产阶级政治服务，教育与生产劳动相结合"的方针，对学制改革提出了新的要求。在这个时期，我国实行"两种教育制度、两种劳动制度"，全国各地开展了中小学学制改革试验，开办了半工半读学校、业余学校、职业学校以及社会主义劳动学校等。"文化大革命"开始后，教育革命伴随着学制革命，缩短学制成为学制革命的主题。"文化大革命"的学制革命对教育事业的发展带来了不利的影响。"文化大革命"结束后，随着教育事业的拨乱反正，中国的学制改革重新步入健康发展的轨道。

（三）我国现行的学校教育制度

改革开放以来，我国教育法治化建设不断增强。从 20 世纪 80 年代至今，我国先后出台了《中华人民共和国学位条例》（随着《中华人民共和国学位法》的

---

① 《中央人民政府政务院关于改革学制的决定》，《人民日报》1951 年 10 月 3 日。

施行，该条例已于 2025 年 1 月 1 日废止）、《中华人民共和国义务教育法》、《中华人民共和国教师法》、《中华人民共和国教育法》、《中华人民共和国职业教育法》、《中华人民共和国高等教育法》、《中华人民共和国民办教育促进法》、《中华人民共和国学位法》、《中华人民共和国学前教育法》等一系列教育法律法规。在这些重要的教育法律法规中，均有对学校教育制度的规定。在《中华人民共和国教育法》中，更有对我国教育基本制度的明确规定。除此之外，20 世纪 80 年代之后，我国还颁布了一系列指导国家教育改革和发展的重要文件，例如，1985年颁布的《中共中央关于教育体制改革的决定》，1993 年中共中央、国务院印发的《中国教育改革和发展纲要》，2010 年中共中央、国务院印发的《国家中长期教育改革和发展规划纲要（2010—2020 年）》，2017 年 9 月中共中央办公厅、国务院办公厅印发的《关于深化教育体制机制改革的意见》，等等。在这些重要文件中，也含有对学制改革的要求与内容。《中国教育现代化 2035》提出到 2035年建成服务全民终身学习的现代教育体系、普及有质量的学前教育、实现优质均衡的义务教育、全面普及高中阶段教育、职业教育服务能力显著提升、高等教育竞争力明显提升、残疾儿童少年享有适合的教育、形成全社会共同参与的教育治理新格局。《教育强国建设规划纲要（2024—2035 年）》提出全面构建固本铸魂的思想政治教育体系、公平优质的基础教育体系、自强卓越的高等教育体系、产教融合的职业教育体系、泛在可及的终身教育体系、创新牵引的科技支撑体系、素质精良的教师队伍体系、开放互鉴的国际合作体系，实现由大到强的系统跃升。这些工作要求为"全面建成高质量教育体系"目标的达成提供了具体方向。我国现行学制系统如图 6-2 所示。

综合现行的教育法律和相关政策的规定，可以将我国现行的学校制度表述如下：

1. 学校层级与类别制度

从层级与类别上看，我国实行学前教育、初等教育、中等教育、高等教育的学校教育制度。学前教育的主要办学机构是幼儿园，它主要通过创设快乐、丰富的生活和活动环境影响和促进幼儿健康成长。初等教育的主要办学机构是小学，主要对适龄儿童实施素质教育，为他们一生的发展打下良好的基础。中等教育的办学机构包括普通初中、职业初中①、普通高中、职业高中、中等专业学校、技工学校、成人中等学校等。中等教育的任务，一方面是为高一级学校培养合格新生，另一方面是为社会培养劳动后备军。高等教育的主要办学机构是高等专科学校、学院、大学，其主要任务是培养高等专门人才。在高等学校教育中，就学历

---

① 根据 2024 年教育统计数据，全国现有 4 所职业初中。

教育而言，分为专科教育、本科教育和研究生教育。研究生教育又分硕士研究生教育和博士研究生教育。可见，我国现行的高等学校，学校层级和类别都已呈多样化发展的新趋势。

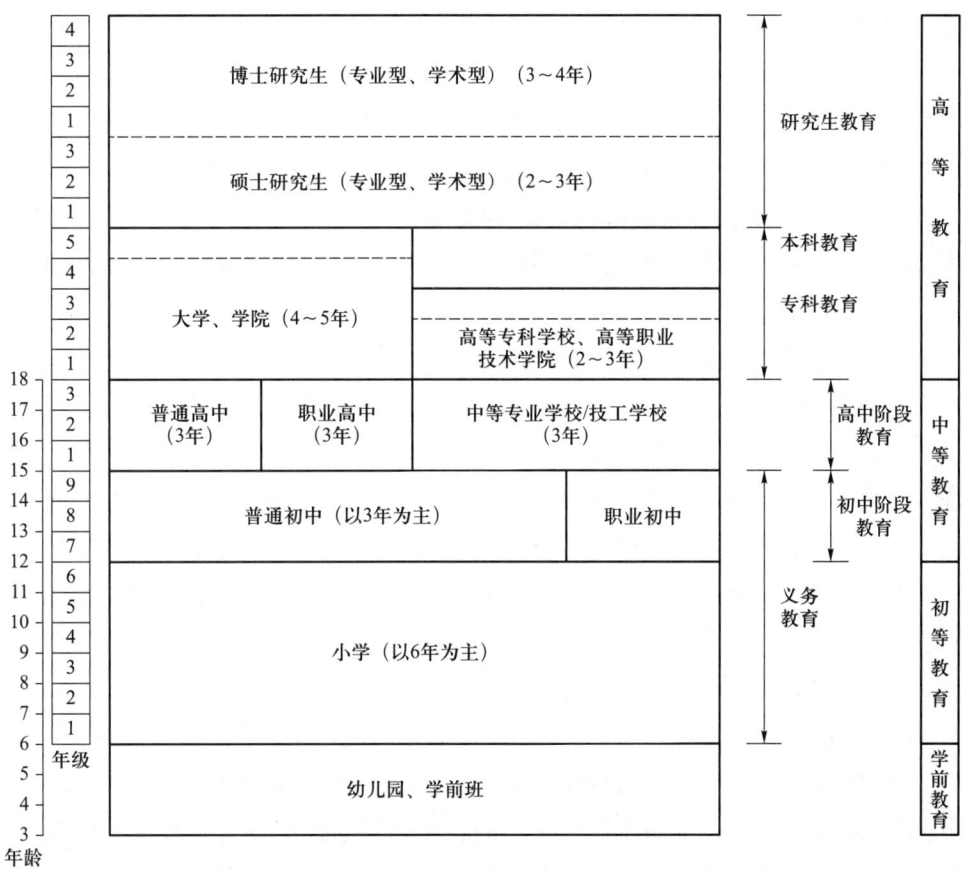

图 6-2　我国现行学制系统示意图①②③

2. 学校入学与修业年限制度

我国幼儿园主要招收 3—6 岁幼儿入园。小学和初中实施义务教育，按照《中华人民共和国义务教育法》的规定，"凡年满六周岁的儿童，其父母或者其他法定监护人应当送其入学接受并完成义务教育；条件不具备的地区的儿童，可以推迟到七周岁"。小学和初中实行就近并免试入学的原则。高中阶段的学校主

---

① 本图根据《中华人民共和国教育法》"第二章　教育基本制度"，参照张力著《教育强国战略》（学习出版社 2012 年版）中的"我国现行教育体系示意图"和冯建军主编《现代教育学基础》（南京师范大学出版社 2003 年版）中的"我国现行学制示意图"进行制作。

② 职业初中即将完全取消。

③ 本学制图是依据学校教育的层级制作的，未将成人教育的学校单独列出。成人教育的入学条件、修业年限和就学方式有着相应的法律规定和政策要求，整体上更具有开放性和灵活性。

要招收初中毕业生入学，当地教育行政部门举行高级学校招生考试（现在与初中学业水平考试为"两考合一"）。职业中学开始实行注册入学，并对学生实行学费减免的政策。我国的高等学校已取消本、专科阶段学生入学的年龄规定，并实施高等学校招生考试制度等多种入学途径。

我国现行各级学校的修业年限是：小学一般为6年（部分地区为5年），初级中学3年（部分地区为4年），普通高中和职业高中3年。高等学校的修业年限根据学历不同而有所不同。高等专科学校和高等职业技术学院的修业年限一般为2～3年，本科院校本科阶段的修业年限为4～5年，硕士研究生的修业年限一般为2～3年，博士研究生的修业年限一般为3～4年。我国成人学校的修业年限弹性较大，可以适当延长。

3. 学校办学制度

我国实行政府为主体、社会力量共同参与的办学制度。在现阶段，基础教育以地方政府办学为主，允许和规范社会力量参与办学；高等教育以中央和省两级政府办学为主，允许社会力量参与办学；职业技术教育和成人教育主要依靠行业、企业、事业单位办学和社会各方面力量联合办学。随着《中华人民共和国民办教育促进法》的颁行和修订，现阶段我国呈现出公办学校与民办学校共同发展的良好局面。

4. 学校管理制度

就外部管理看，我国目前基础教育学校实行地方政府管理、以县为主的制度；高等学校实行中央和省级政府两级管理制度。就内部管理看，我国中小学实行党组织领导的校长负责制；国家举办的普通高等学校实行党委领导下的校长负责制；民办学校设立学校理事会、董事会或者其他形式的决策机构，由他们聘任校长管理学校。2016年4月，中央全面深化改革领导小组审议通过了《关于加强民办学校党的建设工作的意见（试行）》，要求切实加强民办学校党建工作，建立健全党的组织，充分发挥民办学校党组织政治核心作用，推进党的组织和党的工作有效覆盖，抓好思想政治教育和德育工作，确保民办学校按照党的要求办学立校、教书育人，以使民办学校在党的领导下获得更良好的发展。

我国现行的学校管理对教学管理有着种种制度规范与制度激励。现行的中小学主要实行学年制管理，普通高等学校实行学年制管理和学分制管理相结合的制度，成人学校主要实行学分制管理。

三、部分国家的学校教育制度

下面以美国、英国、法国、德国为例，介绍其他一些国家的学校教育制度。这些国家的学校教育制度具有一定的典型性。

（一）美国的学校教育制度

美国的学校教育分为连续的四级，即学前教育、初等教育、中等教育和高等教育。这个学制于 19 世纪末 20 世纪初形成，并延续至今。

1. 学前教育

美国十分重视学前教育的发展，强调早期教育的重要性，普遍设立学前教育机构。美国学前教育机构主要有两类：保育学校和学前班。保育学校招收 3—5 岁的幼儿，其任务是辅助家庭促进幼儿身体、心智和情绪等方面的发展。学前班已经纳入美国公立学校系统中，主要任务是帮助儿童做好上小学的准备。

2. 初等教育和中等教育

美国的初等教育主要指小学教育，中等教育指中学教育。美国儿童 6 岁开始接受小学教育。小学和中学均属义务教育阶段。美国小学学制以六年制为主，也有少量的八年制和四年制。八年制是传统学制，一些乡村学校仍有保留。四年制学校与中间学校衔接。美国中学学制主要有四年制、六年一贯制和三三制等。美国中学以综合中学为主体，兼施普通教育和职业技术教育。

3. 高等教育

美国的高等学校大体可分为三类。（1）初级学院或社区学院。这类学院学制为 2 年，学生学完两年课程后可获得副学士学位。初级学院或社区学院又提供两种类型的教育：一类是一般性的教育，学生学习相当于四年制大学的一二年级的课程，学生毕业后可凭所得学分申请转入四年制大学的三年级继续学习；另一类是职业教育，主要为学生就业做准备。（2）四年制学院。这类学院重点进行本科教育，学生毕业时授予学士学位。（3）大学。美国大学通常是若干种学校的集合体，包括本科学院、专业学校和研究生院。研究生院进行硕士阶段和博士阶段的教育，学生毕业时授予硕士、博士两种学位。一般说来，美国硕士研究生的修业年限是 2 年，博士研究生的修业年限为 4~5 年。具体情况因专业和个人而异。

（二）英国的学校教育制度

英国现行的学校教育包括学前教育、小学教育、中学教育、继续教育和大学教育。

1. 学前教育

英国的学前教育机构包括托儿学校和初等学校附设的托儿班，对 5 岁以下的儿童进行看护与教育，重点是为 4 岁的儿童提供良好的早期教育。英国虽然鼓励学前教育的发展，但学前教育不属于义务教育。

2. 小学教育和中学教育

英国的小学教育和中学教育均属于义务教育，总年限为 11 年。小学招收5—11 岁的儿童入学，修业年限为 6 年；中学招收 11—16 岁的学生，修业年限为 5

年。从办学主体的角度看，英国的中学分为公立中学和私立中学。从学校类别的角度看，英国在 20 世纪 70 年代前，主要设有文法中学、现代中学和技术中学。文法中学是服务于精英教育的学校，现代中学是以完成义务教育为目的的学校，技术中学是进行职业教育的学校。随着教育民主化和教育机会均等化的发展，到了 20 世纪 70 年代，尤其是 80 年代后，英国加大改革中等教育结构的力度，大力推广综合中学，目前综合中学已成为英国中等教育学校的主流。英国综合中学有一贯制综合中学、两级制综合中学和三级制综合中学，以一贯制综合中学为主体。

3. 继续教育

英国的继续教育是义务教育后实施分流的阶段。按照英国教育法律的规定，16—18 岁全日制教育、16 岁以后的非全日制教育以及 18 岁以后攻读大学学位课程以外文凭的全日制教育均划归继续教育的范畴。继续教育分职业教育和普通教育。实施继续教育的机构为综合中学、继续教育学院等。16—18 岁的全日制教育主要由综合中学实施。

4. 大学教育

英国的大学教育包括本科教育、硕士教育和博士教育。本科教育学制一般为 3 年。一年级末有资格考试，通过才可升入二年级；三年级末有毕业考试，通过才可获学士学位。硕士教育分授课式硕士教育和研究式硕士教育，修业年限一般为 1～2 年（有的可短至 9 个月）。博士教育的修业年限一般为 3～4 年。

（三）法国的学校教育制度

法国在教育方面实行中央集权制，地方教育行政单位是大学区。法国具有较为统一的学校教育制度。法国现行的学校教育包括学前教育、初等教育、中等教育和高等教育。

1. 学前教育

法国实施学前教育的主要机构是幼儿学校（或称母育学校）。学前教育按孩子的年龄段分为三种班级：2—4 岁的小班；4—5 岁的中班；5—6 岁的大班。学前教育受到法国政府和社会各方面的重视，从 2019 年秋季学期起，学前教育被纳入义务教育，已基本实现普及化。

2. 初等教育

法国实施初等教育的机构为小学，招收 6—11 岁的学生入学。小学属于义务教育的初级阶段，修业年限为 5 年。小学第一年为预备阶段，第二、三年为基础阶段，第四、五年为中级阶段。小学教育的任务是使儿童掌握认识的基础工具，发展智力、艺术灵感和手工以及运动技能，与家庭共同进行道德教育等。

3. 中等教育

法国的中等教育分为初中、高中两个阶段。初中 4 年属于义务教育的中级阶段。中级阶段又可分两个具体阶段：前两年为第一阶段，称为观察阶段；后两年为第二阶段，称为指导阶段。在指导阶段，学生能够在几种不同类型的学习方向中进行选择。

法国的高中主要分为普通高中和技术高中。高中一年级也是义务教育。普通高中又称长期高中，修业年限为3年，主要为学生升学服务。技术高中的修业年限也是3年，主要为学生就业服务。

4. 高等教育

法国的高等教育机构主要有大学、高等专业学院、短期技术大学。

大学是法国高等教育的主体。大学为培养学士、硕士和博士服务。学士的修业年限为3年（高中毕业会考文凭+3年），修满180个学分，可获得学士文凭。硕士的修业年限为2年（高中毕业会考文凭+5年），修满120个学分，可获得硕士文凭。博士的修业年限为3年（高中毕业会考文凭+8年），修满180个学分，可获得博士文凭。[①] 法国的最高学位为国家博士，须经5～10年或更长时间的学习，并在科学研究中成果突出，方可获得。

高等专业学院是法国高等学校中的一种特殊类型，其特点是：规模小、招生要求高、师资和设备比一般大学优越，教学专业性强。高等专业学院的修业年限为3～5年，一般不授予学位，只发本校毕业文凭。

短期技术大学也称大学技术学院，修业年限为2年，主要培养高级技术人员。

（四）德国的学校教育制度

德国的学校教育以各州自治为主，联邦政府拥有较少的管理权限，通过一些协调机构参与教育事业的管理。德国的学校教育制度在整体上由州政府确立，相互之间通过德国文教部长联席会议进行协调。德国现行的学校教育包括学前教育、初等教育、中等教育、职业教育和高等教育。

1. 学前教育

德国的学前教育机构主要是幼儿园。幼儿园分为三种：普通幼儿园、特殊儿童幼儿园和学校附设幼儿园（或学前班）。其中，普通幼儿园和特殊儿童幼儿园分别招收1—6岁的儿童和特殊儿童入园。德国幼儿园主要由民间团体、普通慈善机构和教会开办。学前教育不属于义务教育范围，儿童入园采取自愿原则。

2. 初等教育

德国的初等教育机构为小学，招收年满6周岁的儿童入学，修业年限一般为4年。小学是整个教育体系的共同基础，传授读、写、算的基本技巧，进行自然科学和社会科学的入门教育。德国的初等教育为义务教育。德国实行12年义务

---

① 王承绪、顾明远主编：《比较教育》第五版，人民教育出版社2015年版，第63—64页。

教育，包含小学义务教育和中学义务教育。

3. 中等教育

德国的中等教育机构有文理中学、实科中学、综合中学和主体中学。文理中学强调严格的学术教育，为学生提供进入大学学习的预备性教育，修业年限为8～9年。实科中学是初级中学的一种形式，修业年限一般为6年，在实行6年制小学的联邦州为4年。实科中学毕业生一部分升入高级文理中学高年级学习，大多数进入职业学校系统接受高一级的职业教育。综合中学是教育改革的产物，它把原有的不同中学综合在一起，兼具各类中学的职能。主体中学提供职业预备性教育，修业年限为5～6年。

4. 职业教育

德国具有较完备的学校职业教育系统，德国的职业学校主要有：（1）部分时间制职业学校。这是一种具有义务教育性质的半工半读职业学校，修业年限为2～3年。（2）全日制职业学校。这是一种与普通学校衔接的职业学校，以职业教育为主，也实施普通教育，学制有一年制、二年制、三年制。（3）专科学校。这是一种培养中等专业水平人才的学校。修业年限为：全日制0.5～2年，部分时间制可适当延长。（4）职业补习学校。这种学校具有进修性质，为在职青年继续接受职业教育服务。德国职业教育形成了颇具特色的"双元制模式"，它强调学校与企业的紧密结合，注重实践技能的培养，为培养合格的职业技术人才发挥了良好的作用。

5. 高等教育

德国的高等教育形成了多样化的结构。依据高等教育人才培养方向及其办学层次，德国的高等教育机构可分为以下四种类型：一是综合大学及与其同等级别的高校（如科技学院或科技大学、师范大学和神学院等），其中师范大学目前只在少数州保留；二是应用科学大学（其前身是高等专业学院）；三是高等艺术与音乐学院；四是职业学院。德国不同类型的高等教育机构，虽然有着明确的分工，但在教学、科研和社会服务等方面又有着紧密合作的关系。高等学校的修业年限因专业和学校不同而各有不同。一般来说，本科阶段修业年限为3～4年，授学士学位；硕士阶段修业年限为1～2年，授硕士学位；博士阶段无固定修业年限，达到授予学位的要求方能毕业并获得学位，一般需要3～5年，很多专业的学生需要6～7年才能获得博士学位。

第三节　学校教育制度的改革

当今世界，随着经济全球化的发展，教育改革也在不断深化，其中学校教育制度的改革也在深入推进，并呈现出新的趋势。

一、我国的学校教育制度改革

（一）深化不同层级学校教育制度的改革

在现阶段及未来较长一段时期内，我国不同层级学校教育制度的改革会继续深化。

1. 学前教育制度改革

我国学前教育正处在大力发展期。目前，我国已实现普及学前一年教育，基本普及学前两年教育，有条件的地区在普及学前三年教育。现在和未来一段时期内，我国学前教育的发展要遵循党的二十大精神，强化学前教育普惠发展。为此，在积极推进学前教育普及化的同时，要创新学前教育普惠健康发展的体制机制。要进一步理顺学前教育管理体制和办园体制，建立健全国务院领导、省市统筹、以县为主的学前教育管理体制。要继续拓宽途径扩大资源供给，建立安全经费投入长效机制。要继续大力加强幼儿园教师队伍建设。鼓励、引导和规范社会力量举办幼儿园，支持民办幼儿园提供面向大众、收费合理、质量合格的普惠性服务。要加强科学保教，遵循幼儿身心发展规律，坚持以游戏为基本活动，合理安排幼儿生活作息。要加强幼儿园质量监管，规范办园行为。

2. 义务教育学校制度改革

现阶段我国义务教育发展要遵循党的二十大报告中关于"加快义务教育优质均衡发展和城乡一体化，优化区域教育资源配置"的要求，把促进义务教育优质均衡发展作为重要使命。随着义务教育的发展，义务教育阶段的学制改革也将深化。要完善义务教育均衡优质发展的体制机制，着力解决义务教育城乡发展不协调问题，统一城乡学校建设标准、城乡教师编制标准、城乡义务教育学校生均公用经费基准定额，加快建立义务教育学校国家基本装备标准。要改进管理模式，试行学区化管理，探索集团化办学，采取委托管理、强校带弱校、学校联盟、九年一贯制等灵活多样的办学形式。要完善入学制度，统筹设计小学入学、小升初、高中招生办法。要进一步加强义务教育学校的内部管理，落实党组织领导的校长负责制。要坚持依法治校。要进一步落实有效减轻学生过量作业负担和校外培训负担的"双减"政策，更好地实施素质教育，真正实现义务教育优质均衡发展。

3. 高中阶段学校制度改革

现阶段我国高中阶段的教育发展，要遵循党的二十大报告中关于"坚持高中阶段学校多样化发展，完善覆盖全学段学生资助体系"的要求，把推进高中学校的多样化发展作为主要任务。实现高中阶段教育的多样化发展，同样需要深化学制改革，要加快普及高中阶段教育，深化高中招生、入学制度改革。推动高中阶段教育的多样化发展，要求深化高中教育结构和学校教学制度的改革，深化高中育人方式的改革。在高中教育阶段，实现普通教育和职业教育的有机结合，全面提高高中生的核心素养，也对继续深化学制改革提出了要求。

4. 高等教育学校制度改革

党的二十大报告对高等教育的发展提出了"加强基础学科、新兴学科、交叉学科建设，加快建设中国特色、世界一流的大学和优势学科"的要求。《中华人民共和国高等教育法》规定，现阶段我国高等教育发展的任务是：培养具有社会责任感、创新精神和实践能力的高级专门人才，发展科学技术文化，促进社会主义现代化建设。高等教育的持续发展，与深化高等教育学制改革同行。要健全促进高等教育内涵发展的体制机制，强调要创新人才培养机制。高等学校要把人才培养作为中心工作，全面提高人才培养能力。不同类型的高等学校要探索适应自身特点的培养模式，着重培养适应社会需要的创新型、复合型、应用型人才。要研究制定高等学校分类设置标准，制定分类管理办法，促进高等学校科学定位、差异化发展，统筹推进世界一流大学和一流学科建设。

（二）继续推进现代学校制度建设

继续推进现代学校制度建设是现阶段我国学校制度改革的重要使命。进入21世纪以来，我国现代学校制度建设一直在积极推进，也不断取得了良好成效，主要体现在：现代学校治理意识和治理观念明显增强，依法治校和民主管理得以加强，政府、学校和社会的新型关系正在建构。然而，随着时代的发展，尤其是面对国家发展和教育发展的新要求和新使命，我国现代学校制度建设需要继续推进。

1. 继续推进现代学校制度建设是中国式现代化建设的需要

党的二十大报告指出：从现在起，中国共产党的中心任务就是团结带领全国各族人民全面建成社会主义现代化强国，实现第二个百年奋斗目标，以中国式现代化全面推进中华民族伟大复兴。中国式现代化，必然包含中国教育的现代化。而教育现代化，又必然包含教育制度和学校制度的现代化。在以中国式现代化全面推进中华民族伟大复兴的征程中，教育的现代化发展具有特别重要的意义与作用。在中国教育现代化的发展中，继续推进现代学校制度建设也具有特别重要的意义与作用。

2. 深入认识现代学校制度的内涵

继续推进现代学校制度建设，需要深入认识现代学校制度的内涵。我国的现代学校制度，是坚持中国共产党领导，建设依法治校、自主管理、民主监督、社会参与的制度。坚持党的领导是我国现代学校制度的本质要求与特征。我国各级各类学校，都担负着培养社会主义建设者和接班人的使命，为此，要坚持党的领导，坚定地落实党的教育方针。依法治校是现代学校制度建设的核心。正如国家现代制度建设的核心是依法治国，建设现代学校制度的核心也必然是依法治校。法治性是现代学校制度的重要特征，自主管理是现代学校制度建设的重要指向。自主管理是依法自主管理，需要法律赋予学校管理的自主权并保障学校能够自主地行使管理权。民主监督是现代学校制度建设的重要内容。民主性是现代学校制度的另一重要特征。民主监督是依法治校的重要保障，现代学校制度需要深切地体现真实的民主监督。社会参与对现代学校制度建设同样不可或缺。现代学校制度还具有开放性的特征。现代学校是向社会开放的学校，是与社会密切合作的学校。现代学校的发展需要广泛的社会参与，社会参与需要通过制度来保障实现。

3. 继续推进现代学校制度建设的基本任务

（1）继续构建政府、学校、社会之间的新型关系

一方面，要适应国家行政管理改革简政放权的要求，明确政府对学校的管理权限与职责，明确学校的办学权力与责任。政府要"放管服"结合，优化服务改革。另一方面，则要切实落实和扩大学校办学自主权。

《中国教育现代化 2035》

同时，要通过制定和实施良好的政策，鼓励社会参与办学。构建政府、学校、社会之间的新型关系，将会大力促进现代学校的发展。

（2）继续完善中国特色现代大学制度

建设现代学校制度包含建设现代大学制度。完善中国特色的现代大学制度，对于建设现代学校制度和促进我国高等教育的现代化发展，具有重要的现实意义。建设现代大学制度，需要按照习近平 2016 年 12 月在全国高校思想政治工作会议上提出的"我国高等教育发展方向要同我国发展的现实目标和未来方向紧密联系在一起，为人民服务，为中国共产党治国理政服务，为巩固和发展中国特色社会主义制度服务，为改革开放和社会主义现代化建设服务"[①] 的要求为指导。现阶段完善中国特色现代大学制度的主要任务是：其一，要完善大学治理结构。公办高校要完善党委领导下的校长负责制；要扩大学校民主，充分发挥学术委员会在学科建设、学术评价、学术发展中的重要作用，发挥教授治学的作用；要重视和有效发挥教职工代表大会和学生代表大会的作用。民办高校要在加强党的领导的前提下，按照建设现代大学制度的要求，完善学校内部治理结构。其二，要加强章程建设。各类高校要依法制定章程，依照章程管理学校。其三，要扩大社会合作。探索高校与社会合作的新模式，推进高校与行业、企业、科研院所、社会团体等开展更有效的合作，并形成协调合作的有效机制。其四，推进专业评

---

① 习近平：《论教育》，中央文献出版社 2024 年版，第 135 页。

价。建立科学规范的评估制度，鼓励专门机构和社会中介机构对高校办学进行评估。

（3）继续完善中小学学校管理制度

完善中小学学校管理制度，就是要进一步完善党组织领导下的中小学校长负责制，充分发挥中小学校党组织领导作用。中小学校党组织要全面领导学校工作，履行把方向、管大局、作决策、抓班子、带队伍、保落实的领导职责；要支持和保证校长行使职权，完善校长任职条件和任职办法；要实行校务会议管理制度，建立健全教职工代表大会制度和家长委员会制度；要建立和健全相关制度，吸引社会积极参与中小学学校办学与管理。

二、世界范围内学校教育制度改革的趋势

世界范围内学校教育制度的改革也在呈现新的趋势，主要表现在以下五个方面：

（一）努力推进学前教育大发展

2000 年，联合国教科文组织世界教育论坛通过了《达喀尔行动纲领》，再次确认了将发展幼儿教育列为全民教育的重要目标，要求在全世界范围内"全面扩大和改进幼儿，尤其是最易受到伤害和处境最不利的儿童的保育和教育工作"[①]。在世界范围内，已呈现努力推进学前教育大发展的趋势。21 世纪以来，众多国家把发展学前教育列为促进本国基础教育发展的更为重要的议事日程，提出了普及学前教育的新目标。同时，更加重视学前教育与小学教育的衔接，并积极探索二者有机衔接的方式与途径。

（二）义务教育年限不断延长，质量不断提高

义务教育制度的普遍确立是当代世界学校教育制度的重要变革与创新。在世界范围内，随着经济的发展和教育公平与民主的推进，义务教育的制度建设不断得到加强。首先是义务教育的年限趋于延长。一些发达国家或将高中阶段教育或将学前教育纳入义务教育的范围，或兼而有之，义务教育的年限已达 10 年以上。众多发展中国家也在努力延长义务教育年限，以促进本国国民素质的普遍提高。其次是推进义务教育学校的均衡化和优质化发展。各国在进一步实现义务教育入学机会均等的同时，更加重视义务教育的过程公平与质量公平，大力缩小义务教育学校的校际差距，全面提高义务教育学校的办学质量。

（三）高中阶段教育继续多样化发展

在世界范围内，随着经济社会的发展，高中阶段教育会大力发展，并继续呈

---

① 联合国教科文组织编：《全民教育：提高质量势在必行——2005 年全民教育全球监测报告》，中国对外翻译出版公司 2005 年版，第 30 页。

现多样化的发展趋向。一方面，普通高中和职业高中继续共同发展。高中阶段的普通教育和职业教育在共同发展的过程中，会继续增强两者的融合，即在普通高中融入现代职业技术教育，在职业高中渗透普通教育或人文教育。另一方面，普通高中和职业高中各自多样化发展。就普通高中而言，会推进培养模式的多样化和实现学校的特色化发展。就职业高中而言，为适应经济社会发展对现代劳动者和技能型人才的需要，学校办学类型和办学模式也会多样化发展。高中阶段教育的多样化发展，在一些国家还将表现为，综合性高中会继续发展，并探索出新的发展形态。

（四）高等教育更具开放性和创新性

在世界范围内，全球化的深入发展使得各国更加重视高等教育的发展。高等教育的规模不断扩大，高等教育质量的竞争不断加剧。从学制改革的角度看，高等教育的入学年龄、修业年限、课程学习方式等将更具有开放性，因而也更具有可选择性。这样，各级各类高等学校与社会各部门、各行业的联系会进一步加强。未来高等教育的发展，不仅会显现出更好、更大的开放性，而且要求更具有创新性。大力提高人才培养质量，大力提升科学研究水平，大力增强服务社会能力，大力弘扬文化传承与创新，大力推进国际交流与合作，是时代发展需要高等教育予以强化的职能与使命。为此，高等学校的层次和类别结构的改革会更加深化，高等职业院校、应用型本科院校和研究型大学将更合理地发展。不同类型的高等学校都将努力推进教育教学改革，实现人才培养模式的创新。高等教育学校制度的改革，将更好地指向为大力培养创新型人才服务。

（五）建构终身教育体系

在世界范围内，终身教育思潮影响深远。建构终身教育体系已成为众多国家推进教育改革的重要目标。互联网和在线教育，既给现有教育制度带来巨大的挑战，也为终身教育体系的建立提供了前所未有的良好条件。党的二十大报告指出："推进教育数字化，建设全民终身学习的学习型社会、学习型大国。"这是我国顺应世界教育改革大潮、建构终身教育体系的宣示。建构终身教育体系蕴含着学校教育制度的变革。它要求学校教育制度变革与终身教育体系建构相适应、相一致。未来的学校教育制度，将呈现出更具有开放性、灵活性与多样化的特征，同时也会呈现出学校教育、家庭教育、社会教育相结合的特征。从纵向看，未来的学校教育不仅要更好地服务于人生的幼儿阶段、童年阶段和青少年阶段的教育需要，同时要更好地服务于人生的成年阶段和老年阶段的学习需要。从横向看，未来的学校教育不仅要更好地服务于人生的职业与工作的需要，同时要更好地服务于人生的休闲和生活的多样化与丰富性的需要。这样，一种秉持终身教育理念的新型学校教育制度将得以建构，在此基础上的终身教育体系也将得以建构。

思考题

一、名词解释题

学制　办学制度　学校管理制度　学校教育制度　义务教育制度

二、简答题

1. 学校产生的条件是什么？学校的产生有哪些重要意义？

2. 现代学校的基本职能是什么？

3. 世界范围的学校教育制度改革有怎样的趋势？

三、论述题

1. 试评述 20 世纪 50 年代以来我国学制改革的基本历程和主要经验。

2. 试分析我国现代学校制度建设的意义与主要任务。

四、材料分析题

多年来，学术界对义务教育学制改革展开了多种讨论，其中最突出的是"五四制"与"六三制"之争。所谓"五四制"，就是实行小学修业五年、初中修业四年的学校教育制度。"五四制"实验始于 20 世纪 80 年代初，先后在北京市部分小学、山东省部分地区进行试点，并进一步扩大到其他地区。目前上海市以及山东、黑龙江、辽宁等省的部分地区实行"五四制"。所谓"六三制"，就是实行小学修业六年、初中修业三年的学校教育制度，是我国大部分地区推行的义务教育学校制度。"五四制"的倡导者和支持者认为，"五四制"符合国际基础教育学制改革的趋势，也符合青少年的成长规律，有利于更好地普及小学教育和提高九年义务教育质量。"六三制"的倡导者和支持者认为，"六三制"已成为我国的基本学制，实践证明行之有效。由于我国文字难认、难记、难写，小学实行六年制具有合理性。也有学者认为，实行"五四制"与"六三制"，都有各自的理由与合理性，但也有各自的问题。对于九年制义务教育学制而言，关键是如何做好小学与初中的学段衔接。

请认真阅读以上材料，结合两种观点的论争，谈谈你对九年制义务教育学制改革和促进学段衔接的认识。

第七章 课 程

课程是学校教育系统的核心要素，是社会主导教育价值观念的具体表现和集中反映。在一定意义上，我们可以说，没有课程就没有学校教育。课程研究是教育学科的重要领域，它探究课程的一般原理及问题。本章将阐释课程的基本概念、原理和理论，并用它来观照实际的课程及其开发。

第一节　课 程 概 述

人类对课程的认识经历了一个长期的过程，但把课程作为一个独立的领域进行思考和探索，始于 20 世纪初。美国学者博比特（1876—1956）在 1918 年出版了《课程》一书，又在 1924 年出版了《怎样编制课程》。1923 年，美国另一位教育学者查特斯（1875—1952）出版了《课程编制》。这些著作把学校教育中的课程作为一个可以研究并改进的对象，提出了编制和开发好的课程的依据以及需要解决的问题，被国际课程研究领域认为是现代课程研究的开端。1949 年，美国教育学家拉尔夫·泰勒（1902—1994）出版了著名的《课程与教学的基本原理》，为课

张华：《走向课程理解：西方课程理论新进展》

程开发和课程研究建立起系统框架，奠定了课程领域发展的坚实基础。

一、课程的概念

在课程研究确立百年来的时间里，关于课程的定义却莫衷一是。研究者们基于各自对课程的认识立场和价值追求，给出了关于课程的各种界定和描述。

从词源上考察，我国的"课程"一词，最早见于唐朝孔颖达（574—648）的注疏《毛诗正义》（一本研究《诗经》的著作）。在该书中，孔颖达为《诗经·小雅·巧言》中"奕奕寝庙，君子作之"一句注疏："以教护课程，必君子监之，乃得依法制也。"宋朝朱熹（1130—1200）在《朱子全书·论学》中频频提及"课程"。例如，"小立课程，大作工夫""宽着期限，紧着课程"。朱熹的"课程"主要指的就是功课及其进程，已与现今"课程"的概念颇为近似。

在西方，根据英国课程学者汉密尔顿（1943—1990）的考证，教育范畴内的课程概念，最早出现在彼特·拉莫斯（1515—1572）发表于 1576 年的《知识地

图》，并于其后出现在雷登大学（1582）和格拉斯哥大学（1633）的记载中。①关于课程的概念界定，影响最广的是 1859 年英国哲学家、教育家斯宾塞在《什么知识最有价值》中用"课程"一词来表示"教学内容的系统组织"。从词源学上看，curriculum 一词源于拉丁语动词 currere，意为"奔跑"；curriculum 作为名词，意思是"跑道"（race-course）。据此，西方最常见的课程定义是"学习的进程"，简称为"学程"。

关于课程的含义或定义，综合世界各国课程学者的课程概念，大体可以将其分为如下三类：

（一）课程即目标或计划

在这种课程定义中，课程被视为学习活动要达到的目标、教学的预期结果或教学的预先计划。例如，美国课程论专家塔巴（1902—1967）认为课程是目的和具体目标的陈述②，奥利沃（1922—2012）则认为课程是一组行为目标③，还有学者认为课程是一系列有组织的、有意识的学习结果④，等等。

这种课程定义把课程视为教学过程之前或教育情境之外的东西，把课程目标、计划与课程过程、手段割裂开来并片面地强调前者，忽略了学习者的现实经验。

（二）课程即学科

"课程即学科"是使用最普遍、最为常识化的一种课程定义。例如，《中国大百科全书·教育》这样定义：课程是指所有学科（教学科目）的总和，或指学生在教师指导下各种活动的总和，这通常被称为广义的课程；狭义的课程则是指一门学科。⑤再如澳大利亚课程学者科林·马什指出：自公元前 4 世纪起，"课程"一词就被用来描述古希腊文明时代所教授的科目。⑥美国教育哲学家、课程论专家费尼克斯（1915—2002）在《课程面临的抉择》中说：一切的课程内容应当从学问中引申出来。或者换言之，唯有学问中所包含的知识才是课程的适当

---

① ［美］小威廉姆·E. 多尔、［澳］诺尔·高夫主编：《课程愿景》，张文军等译，教育科学出版社 2004 年版，第 32 页。

② Taba H, *Curriculum Development*：*Theory and Practice*，New York：Harcourt, Brace & World, Inc, 1962, p. 10.

③ Oliva P F, *Developing the Curriculum*，Boston：Little, Brown & Company, 1982, p. 5.

④ Johnson M, "Definitions and Models in Curriculum Theory," *Educational Theory*, vol. 17, no. 2, 1967, pp. 127-140.

⑤ 《中国大百科全书·教育》，中国大百科全书出版社 1985 年版，第 207 页。

⑥ ［澳］科林·马什：《理解课程的关键概念》第 3 版，徐佳、吴刚平译，教育科学出版社 2009 年版，第 3 页。

内容。①

从上面的论述中不难看出，这种课程定义把课程内容视为源自文化遗产的学科知识而予以强调，但它忽略了课程内容与课程实施过程的动态关系，其最大缺陷是把课程视为外在于学习者的静态的存在，对学习者的经验重视不够。

（三）课程即学习者的经验或体验

这种课程定义把课程视为学生在教师指导下或自发获得的经验或体验。美国教育家杜威就把课程视为学生在教师指导下所获得的经验。受杜威影响，许多人持同样的观点。例如，美国课程论专家卡斯威尔（1901—1988）和坎贝尔（1888—1973）认为，"课程是儿童在教师指导下所获得的一切经验"②；美国20世纪60年代出版的《教育研究百科全书》（第4版）认为，20世纪30年代后期，课程就被定义为学习者在学校指导下的一切经验。③ 后来的相关课程理论沿着这一主张继续前行，进而非常强调学生在学校和社会情境中自发获得的经验或体验的重要性。

这种课程定义的突出特点是把学生的直接经验置于课程的中心位置，从而消除了课程中"见物不见人"的倾向，消解了内容与过程、目标与手段的二元对立。目前，这种课程定义代表了国际课程领域发展的趋势。但也应当指出，有些持这种课程定义的学者，有忽略系统知识在儿童发展中的意义的倾向。事实上，如何认识和处理系统学科知识与学生个人经验的关系，是课程研究的重要问题之一。

新中国成立后，受苏联教育学体系的影响，课程在我国曾长期被置于"教学"概念之下，对课程的理解也因此被局限为学科教学内容。这不仅在一定程度上阻碍了我国课程理论的研究进展，也对我国课程实践产生了诸多羁绊。我国的课程研究兴起于20世纪末，在21世纪初开始的第八次基础教育课程改革中获得了较大发展。应这次课程改革的需要，我国课程学者通过借鉴国际已有课程研究的成果和经验，运用马克思主义的立场、观点和方法，努力建构适应我国教育发展状况的课程理论。

客观地说，无论是国内还是国外，课程论的发展还远远没有达到一致的程度，具体表现之一就是对课程概念的纷争，人们很难找出一个能被多数课程学者所接受又能包含课程研究的各种主张的课程定义。

---

① 转引自钟启泉编著：《现代课程论（新版）》，上海教育出版社2003年版，第115—116页。

② Oliva P F, *Developing the Curriculum*, Boston：Little，Brown & Company，1982，p. 6.

③ Ebel R L, *Encyclopedia of Educational Research*（4th edition），London：Macmillan Publishing Company，1969，p. 275.

目前，我国学者一般认为，课程是指学校为实现培养目标而选择的教育内容及其进程的总和，它包括学校教师所教授的各门学科和有目的、有计划、有组织的各种教育活动。显然，这个定义指的是学校规划和将要实施的课程形式，既包括学科课程，又包括除学科课程以外的各种活动课程，还包含了各类课程设置的分量和时间安排。

二、课程的类型

依据不同的分类标准，课程可分为不同的类型。在课程理论与实践中，典型的课程类型包括：学科课程与经验课程，分科课程与综合课程，必修课程与选修课程，显性课程与隐性课程，国家课程、地方课程、校本课程。探究课程类型之间的异同及内在联系，是确立理想的课程结构的基本前提。

（一）学科课程与经验课程

根据课程的主体不同，可以把课程分为学科课程与经验课程。学科课程以文化知识（如科学、道德、历史等）为基础，从不同知识领域或学术领域选择一定的内容，根据知识的逻辑体系将所选出的知识组织为学科。学科课程的主体是学科知识。学科课程是最古老、使用最广泛的一种课程类型，现在中小学的语文、数学、历史、物理等，都属于学科课程。学科课程强调知识本身的价值，重视学生对知识的掌握。

经验课程，亦称活动课程，或生活课程、儿童中心课程，是以儿童主体性活动的经验为中心组织的课程。经验课程以开发与培育儿童内在的、内发的价值为目标，旨在培养具有丰富个性的主体。经验课程的主体是儿童经验，儿童的兴趣、动机、经验是其基本内容。由于儿童总是生活在特定的社会和文化环境之中，所以，课程开发者为了提升儿童的经验和价值，也会把儿童感兴趣的当代社会生活的问题和学科知识转化为儿童的经验，作为课程内容。儿童的兴趣和动机是经验课程的基本着眼点，也是这类课程及其教学组织的中心。

（二）分科课程与综合课程

从课程的组织形式来看，分科课程与综合课程是两类不同且相对应的课程。分科课程是一种单学科的课程组织形式，它是从分门别类的学科知识中选取相应内容，按照各学科知识的自身逻辑组成不同学科的课程，如语文、数学、地理、生物学等。它强调不同学科门类之间的相对独立性，强调一门学科逻辑体系的完整性。

综合课程是一种多学科课程组织形式。它是出于对现实生活和实际问题的复杂性认识，试图用两种或两种以上学科的知识和方法，探究和解决同一项目主题或问题的课程形式，如科学、艺术等。它强调项目主题或问题本身的复杂性和重要性，强调不同学科之间的关联性、统一性和内在联系，弱化学科之间的界限。综合课程的核心构成是"项目"或"问题"，其来源既可以是学科，又可以是社会实践或儿童的兴趣和经验。

（三）必修课程与选修课程

必修课程与选修课程这种分类源自现代中等教育的选修制度。选修制度有广义和狭义两种含义。广义的选修制度是指中等教育阶段的分轨型课程体系，如目前我国以及世界许多国家教育中存在的普通高中课程与职业高中课程就是分轨型课程体系。狭义的选修制度是指将同一课程体系中的课程分为必修课程与选修课程两种。所谓必修课程，是为了保证所有学生的基本学力而开设，并要求同一学段的所有学生必须修习的课程。所谓选修课程，是为了适应学生的兴趣、爱好和人生发展规划而开设，允许学生在一定条件下自由选择的课程。必修课程与选修课程的适当组合，既实现了对共同基础的要求，又在一定程度上满足了学生个性发展的需要。

（四）显性课程与隐性课程

如果说显性课程是学校教育中有计划、有组织地实施的"正式课程"或"官方课程"的话，那么隐性课程则是学生在学习环境（包括物质环境、社会环境和文化体系）中所学习到的非预期或非计划性的知识、价值观念、规范和态度等，它是非正式、非官方的课程，具有"潜在性"。显性课程（有计划的学习经验）与隐性课程（非预期的学习经验）共同构成了学校课程的全貌——实际课程。

显性课程与隐性课程是两种不同的课程类型，在性质、特点、功能等方面各不相同。它们最明显的区别是：显性课程主要产生计划性的、预期性的教育影响，而隐性课程则主要产生非计划性的、非预期性的教育影响。

显性课程与隐性课程之间也存在内在联系。一方面，显性课程的实施总是伴随着隐性课程的，因为课程的实施者是教师与学生，是以自主性、能动性、创造性为特征的两类主体。这就决定了课程的实施过程绝非机械地执行既定课程方案的过程，因而具有不可预期性，这个过程必然存在非计划性、非预期性的教育影响，必然存在隐性课程。另一方面，隐性课程也在不断转化为显性课程。任何显性课程都会产生隐性课程，其影响可能是积极的，也可能是消极的。当这种影响达到一定程度时，人们一般会在后续的课程开发和实施过程中进行相应的调整，在努力控制消极影响的同时，把那些有较大积极影响的隐性课程转化为计划性的、预期性的课程，即显性课程。这些显性课程在实施过程中又会产生新的隐性课程。所以，显性课程与隐性课程处在不断的动态转化过程之中。

（五）国家课程、地方课程、校本课程

根据课程开发和管理的主体不同，可以把课程分为国家课程、地方课程、校本课程三类。目前，我国基础教育实行的即是这种三级课程开发和管理体制。

国家课程是指由国家统一组织开发并要求设置的课程，它是国家教育行政部门按照国家的教育方针，开发和设置的学生必须按规定修习的课程；地方课程是由省级教育行政部门统筹规划，确定开发主体，利用地方特色教育环境开发和要求设置的课程；校本课程则由学校组织，是扎根学校办学传统和具体目标而开发和设置的课程。

我国《义务教育课程方案（2022年版）》规定："义务教育课程包括国家课程、地方课程和校本课程三类。以国家课程为主体，奠定共同基础；以地方课程和学校课程为拓展补充，兼顾差异。"

三、课程方案、课程标准与教科书

课程方案、课程标准与教科书是课程的重要载体。

（一）课程方案

课程方案，亦称课程计划、课程框架等，一般是指国家教育行政部门根据教

《义务教育课程方案（2022年版)》

育目的和各级各类学校的培养目标制定的有关教育和教学工作的指导性文件，通常包括课程设置、课程结构、课程性质、课程顺序、学时安排、评价方式等。当前我国中小学执行的是《义务教育课程方案（2022年版）》与《普通高中课程方案（2017年版2020年修订）》。澳大利亚课程学者科林·马什曾指出，一个全面而完备的课程框架应具有下列特征：理论与实践紧密联系；反映教学、学习和资源方面的最新成果；唤起和鼓舞教师——他们被课程领域的潜能打动而产生课

《普通高中课程方案（2017年版2020年修订)》

程创造。[1] 课程方案既为各学科、各学习领域的课程开发指明了方向，又为其奠定了理论与政策基础。当前，由于我国实行的是国家、地方、学校三级课程管理体制，除了作为主体的国家教育行政部门制定的课程方案外，地方、学校也可以根据自身的资源和特色以及教育需求，制定相应的课程方案。

---

① Marsh C J, *Key Concepts for Understanding Curriculum*, London：The Falmer Press, 1992, p. 74.

（二）课程标准

课程标准是国家教育行政部门制定的某一学科或学习领域的课程纲领性文件，规定了某门课程的性质、目标、内容框架，并提出相应的实施建议。课程标准是国家课程方案的具体化，是国家对相应课程的基本规范和质量要求。

钟启泉：《"学校知识"与课程标准》

当前，我国基础教育各学科的课程标准具有以下主要特征：（1）分学科或学习领域、按不同学段制定；（2）规定本门课程的性质、理念、目标、内容框架；（3）指明学习本门课程后学生所应实现的学业质量；（4）提出指导性的教学建议和评价建议，以及教材编写、课程资源开发与利用的建议，并对教学研究与教师培训给出相应的指导意见。

课程标准规定了对某一门课程的具体要求，是该门课程教材编写、课程实施和评价的重要依据。世界上不少国家都投入相当大的人力、物力进行课程标准的研制，以加强对学校教育和人才培养的指导和引领。但学校和教师在使用时也应该注意到，课程标准只是提出了课程与教学的指导思想和基本要求，其目的是为课程与教学提供方向、依据和帮助，而不是限制学校和教师的课程与教学创新。

（三）教科书

教科书是依据课程标准研制的、便于教师教与学生学的基本教学媒介。教科书是课程方案和课程标准的具体化和工具载体，它由课程标准所要求达成的各种知识内容及方法构成。教材在狭义上就是指教科书；广义的教材除了教科书外，还包括补充练习材料、补充阅读材料、教学用影像材料等。传统上，我国教科书往往决定着课程与教学的主要内容和面貌，具有绝对的权威性。随着课程观念及信息技术的不断进步，教科书突破了纸质的形式，出现了电子教科书、网络教科书等，人们对教科书及其所包含知识的认识也在不断发展。教科书只是提供适合不同年龄阶段学生发展需要的知识，不可能囊括所有对学生发展有价值的知识。无论什么知识，只有经过教师和学生的合作探究以及对其承载的价值取向的批判性考察，才可能对学生的发展产生积极影响。正是在这样的意义上，有些国家的学校教育，并不把教科书作为学科教学的唯一蓝本。真正的教科书，是知识、生活和学生及教师心理经验的有机整合。教科书具有未完成性和生成性，教师和学生在课堂内外根据学习需求主动调整教科书的内容，不断再创造和续写教科书的内容。因而，教科书是开放的、多元的和不断生长的。从这种意义上来看，教师和学生不只是教科书的读者和接受者，还是教科书的作者和创造者。我国当前课程改革倡导的教师"用教材教"而不是"教教材"、学生"用教材学"而不是"学教材"的理念，正体现了这种开放的观念。

从课程方案到课程标准，再到教科书，是课程指导思想、课程目标和课程内容不断具体化和再创造的过程。这一过程最终指向教师与学生的课堂创造。

第二节　课程开发

课程开发是指综合考虑学校教育的相关现实条件和目标，权衡并依据一定的价值取向，对课程中的各要素及其整体做出决定的过程。课程开发要考虑经济、政治、文化、哲学、历史、心理等众多影响因素，更要关注这一过程中的所有独特问题以及诸如目标、学习经验或内容组织、教学、评价和课程改革之类的一般性问题。课程开发是国家或地方政府政治决策的过程和专家与公众相互作用的过程，它不仅是教育学者和课程专家的工作，更是社会各有关方面共同合作的事业。通常，人们在进行课程开发时，往往采用拉尔夫·泰勒在《课程与教学的基本原理》中提出的"目标模式"，包括课程目标的确定、课程内容的选择与组织、课程实施、课程评价等环节。

一、课程目标的确定

人类有意识的活动都是目的性活动，课程开发也不例外，它所指向的目标就是课程目标。课程目标是课程开发首先要解决的问题。

（一）课程目标的含义与制定依据

课程目标是课程标准制定者或课程开发者对该课程所能实现的结果预期，它一般指明了学习者在某种学习过程中或在学习完成后，应该掌握的知识与能力、理解的过程与方法以及体验的情感态度与价值观以及养成的核心素养等。比如，我国《义务教育语文课程标准（2022年版）》提出的课程目标是培养学生的语文核心素养："义务教育语文课程培养的核心素养，是学生在积极的语文实践活动中积累、建构并在真实的语言运用情境中表现出来的，是文化自信和语言运用、思维能力、审美创造的综合体现。"《义务教育数学课程标准（2022年版）》提出的课程目标是："通过义务教育阶段的数学学习，学生逐步学会用数学的眼光观察现实世界，会用数学的思维思考现实世界，会用数学的语言表达现实世界。"通过这种阐述，课程标准制定者或课程开发者向人们描述了该课程可以达成的人才培养的较为具体的品质和规格。除了这类课程标准中规定的一门学科的总体目标之外，在不同学段，甚至地方、学校在开发具有地方和学校特色的课程时，也会根据学生年龄、身心发展特点以及当地教育需求、学校特色等，提出更为具体的学段目标或者地方的、校本的具体课程目标。

课程目标是教育目的、培养目标的下位概念，是它们的具体化。教育目的、培养目标、课程目标以及更下位的具体的课堂教学目标一起，构成了一个渐次具体化的目标体系。比如，我国《义务教育课程方案（2022 年版）》提出的培养目标是："要在坚定理想信念、厚植爱国主义情怀、加强品德修养、增长知识见识、培养奋斗精神、增强综合素质上下功夫，使学生有理想、有本领、有担当，培养德智体美劳全面发展的社会主义建设者和接班人。"并详细阐释了有理想、有本领、有担当的具体含义，而上述语文课程目标、数学课程目标则是培养目标在这两个学科中的具体体现。培养目标是依据国家教育目的和教育方针而提出的，而课程目标则是在培养目标的指引下，结合学科特点而提出的。在教育实践中，正是这些具体目标的不断实现，才从根本上保证了培养目标直至教育目的的实现。

可见，具体课程目标的制定，其实是从国家教育目的提出的对人才的总要求出发，不断结合受教育者的身心发展特点和需要、地方社会发展需求以及具体学科发展的特点而不断具体化的过程。

（二）课程目标的基本取向及其表述方式

课程目标是一定教育价值观（教育目的、教育宗旨）在课程领域的具体化。任何课程目标都有一定的价值取向。尽管教育史上不乏对"价值中立的"课程目标的追求，但这种追求本身就体现了一定的价值观。所以，明确课程目标的基本价值取向，能够增强课程开发者的反省意识，提高其制订课程目标的自觉性、自主性。综观课程理论界的研究成果，典型的课程目标取向主要有行为目标取向、生成性目标取向、表现性目标取向三种。

1. 行为目标取向

行为目标是以具体的、可操作的行为的形式加以陈述的课程目标，它指明课程与教学过程结束后学生所发生的行为变化。行为目标的基本特点是目标的精确性、具体性和可操作性。它既要用特定动词指明学生身上发生的行为变化，又要指明行为发生的条件。例如，"学生能够用一节课的时间完成一篇 800 字的议论文"，"学生能够在实验室条件下利用所给的药品和装置制备氧气"，等等，都属于行为目标。行为目标取向是随着课程研究领域的独立而出现并逐步发展、完善起来的，这种目标取向一度在课程领域占据主导地位。

由于行为目标具有精确性、具体性和可操作性的特点，当教师将其教学内容以行为目标的形式加以陈述的时候，他们对教学任务会清楚明了，这便于教师有效控制教学过程，也便于教师将教学内容准确地与学生及其家长、教育督导等展开交流。更重要的是，行为目标便于准确评价，因为它是以具体行为的形式呈现的，很容易判断目标是否达成。总之，行为目标对保证基础知识和基本技能的熟练掌握，以及保障教育目标的达成，都是有益的。

行为目标也存在重大缺陷，其中最为明显的是，行为目标描述的是学生要达成的行为的变化，它只关注了学习活动的外显结果，却忽视了学习过程以及隐性课程对学生的影响，因此不能全面、客观地描述和引导课程与教学活动，有可能导致学习过程与学习结果的分离甚至对立，以及形成机械训练的教学方式。

2. 生成性目标取向

生成性目标是在教育情境之中随着教育过程的展开而自然生成的课程目标，它是问题解决的结果，是人的经验生长的内在要求。如果说行为目标是在教育过程之前或教育情境之外而被预先制订并作为课程指令、课程文件、课程指南而存在的话，那么生成性目标则是教育情境的产物和问题解决的结果，是学生和教师关于经验和价值观生长的方向感。[①]

生成性目标取向的渊源可以追溯到杜威"教育即生长"的观点。众所周知，杜威反对把某种外在的目的强加于教育，认为课程目标非但不是对教育经验的预先具体化，反而是教育经验的结果。在他看来，教育是儿童的生活和生长，是儿童经验的不断改造，生活、生长以及经验的改造本身构成了教育的目的。只有这样将目的融入教育过程中，才能真正促进儿童的生长。因此，在杜威看来，良好的教育目的应具备这样几个特征：第一，它必须根源于受教育者特定的个人固有活动和需要（包括原始的本能和获得的习惯）；第二，教育目的必须能够转化为方法，与进行的教学活动协调动作；第三，教育者必须警惕所谓一般的和终极的目的。[②]

生成性目标取向强调学生、教师与教育情境的交互作用，强调正是在这种交互作用中不断产生新的课程目标与教学目标，所以它是过程取向的。生成性目标取向消解了行为目标取向所存在的过程与结果、手段与目的之间的分离甚至对立。当过程与结果、手段与目的被内在地统一起来之后，课程目标就是学生在教育过程中、在与教育情境的交互作用中所产生的自发的目标，而不是课程开发者和教师所强加的目标。当学生从事与自发的目标相关联的学习的时候，他们会越来越深入地探究知识。随着问题的解决和兴趣的满足，学生会产生新的问题、新的价值感和新的对结果的设计。这个过程是持续终身的，因此，基于生成性目标取向的课程必然会促进终身学习。

就教育实践来看，生成性目标取向的主要缺陷在于，它对教师的素质要求较

---

① Schubert W H, *Curriculum：Perspective，Paradigm，and Possibility*，New York：Macmillan Publishing Company，1986，pp. 193–194.

② ［美］约翰·杜威：《民主主义与教育》第 2 版，王承绪译，人民教育出版社 2001 年版，第 115—117 页。

高，需要教师领悟课程甚至教育的不同含义，并需要进行专门的教育培训。此外，生成性目标取向也可能会导致课程教学过于开放，从而忽略一些基本的课程目标的实现。

3. 表现性目标取向

表现性目标是指学生在课程情境中的种种"际遇"——每一个学生在具体情境中个性化的创造性表现。这是美国课程学者艾斯纳（1933—2014）提出的一种目标取向。

艾斯纳通过考察学校课程目标，区分了课程方案中存在的两种不同的教育目标：教学性目标和表现性目标。他认为，教学性目标旨在使学生掌握现成的文化工具。它是在课程方案中预先规定好的，这种规定明确指出了学生在完成一项或几项学习活动后，所应习得的具体行为，如技能、知识条目等。它通常是从既有文化成果（如各种学科）中引出，并以适合于儿童接受的方式进行表述的。教学性目标对大部分学生来讲是共同的。表现性目标则旨在培养学生的创造性，强调个性化，因而超出了现有的文化工具并有助于发展文化。表现性目标意在形成一个主题，学生围绕它可以运用原来学到的技能与理解了的意义，来扩展和拓深那些技能与理解，并使其具有个人特点。因而，使用表现性目标，人们期望的不是学生反应的一致性，而是反应的多样性、个性化。在表现性活动中，教师应当提供一些情境，让学生在这些情境中获得其个人意义。

艾斯纳曾给出了表现性目标的例证，如解释《失乐园》的意义，考察与欣赏《老人与海》的重要意义，用铁丝与木头做一个立体形状，参观动物园并讨论那儿有趣的事情。[①] 他强调，这些目标并不期望指明学生在参加这些教育活动后能做什么，而是识别学生将际遇的情境。这样，对表现性目标的评价就不能像行为目标那样，追求结果与预期目标的一一对应关系，而应该是一种美学评论式的评价模式，即对学生活动及其结果的评价是一种鉴赏式的评价，依其创造性和个性特色来检查质量与重要性。

二、课程内容的选择与组织

课程内容的选择与组织是课程开发的两大核心内容。它们不仅指向课程目标的实现，而且决定教师和学生在教育过程中的合作探究与创造。

（一）课程内容的选择

课程内容的选择，简称课程选择，是根据特定的课程价值取向及相应的课程

---

① Eisner E W, *The Art of Educational Evaluation: A Personal View*, Philadelphia, PA: The Falmer Press, 1985, p. 55.

目标，从学科知识、社会生活以及学习者的经验中选择恰当的课程要素的过程。这些课程要素包括概念、原理、技能、方法、活动、态度、价值观，等等。课程内容的选择是课程开发的基本环节之一。

从根本上看，课程内容的选择取决于特定的课程价值取向和课程目标。课程内容选择的基本取向是课程价值取向和课程目标在课程内容上的反映和体现，因而课程内容的基本取向也分三种：课程内容即学科知识，课程内容即社会生活经验，课程内容即学习者的经验。

1. 课程内容即学科知识

学科知识是课程内容的重要组成部分，但学科知识不能直接成为课程内容。在选择学科知识作为课程内容的时候，需要处理好三对关系。第一，学科知识与儿童心理发展水平的关系。在处理这对关系时，既要尊重学科知识内在的逻辑体系要求，又要尊重儿童心理发展的内在要求，实现学科逻辑与儿童心理逻辑的统一。第二，具体学科知识与其他学科知识的关系。学科知识所依存的科学、道德、历史等，分属人类文化的不同领域，彼此间存在差异，但不能因此而否认这些领域及不同学科间的内在联系。因此，在课程选择中，在承认并尊重不同领域彼此间差异的同时，应自觉关注这些领域的整合。第三，概念原理类知识与过程方法类知识的关系。概念原理类知识和过程方法类知识具有内在的统一性，二者的融合即为一门学科的学科结构。学科的概念原理体系只有和相应的探究过程及方法论结合起来，才能使学生的理智过程和整个精神世界获得实质性的发展与提升。如果学生经过教育过程后只是熟知了一些现成结论并形成了对这些结论确信无疑的心向，那么这种教育就不是对个性的发展与解放，而是对个性的控制与压抑。比如，科学中"力"的概念的学习，小学中多以感知、认识的方式引入学习，而初中则可以教授完整的概念；教师在教授"力"的概念时，可以引导学生去认识体会"平衡点""美"等概念，进行跨学科的思考和体验，还可以结合科学史上伽利略的重力实验等，让学生领悟科学方法、科学精神等。

2. 课程内容即社会生活经验

教师和学生都生长于一定的社会环境中，拥有相应的社会生活。因此，师生的社会生活经验构成课程内容的重要来源。比如，当下网络技术、人工智能的发展已经日益深入地影响了人们的社会生活，那么中小学相关课程中就相应增加了有关计算机、信息技术及其使用等课程内容。恰当选择社会生活经验以构成课程内容，其理论前提是重新审视教育与社会、学校课程与当代社会生活之间的关系。学校课程应该是对社会生活经验的主动选择和重新建构，而不应是被动地传递或模仿某些流行社会生活经验的工具。同时，学生与教师有各自的生活环境，他们以此为基础在学校进行交往活动，这本身既是整个社会生活经验的有机构成，也是学校课程的重要内容。因此，学校课程有权利也有义务在时代精神的建构中贡献自己的力量。唯有如此，才能真正确立教育及课程的主体地位。当教育及课程的主体地位真正确立起来之后，学校课程与其他社会生活经验的关系就是一种对话、交往、超越的关系。学校课程主动选择社会生活经验，并对社会生活经验不断进行批判与超越，不断建构出新的社会生活经验。只有这样，才能发展学生的个性和创造性。

3. 课程内容即学习者的经验

如果说社会生活经验更多考虑的是师生的共同经验，那么学生经验则更多考虑的是个体经验。每一个学生都有自己独特的生活经历、精神世界和个人知识，这应是课程内容题中的应有之义。比如，根据表现性目标，让学生完成一些情境际遇中的个人经历、认识、体会的分享、写作等。选择学生的经验作为课程内容，需要确立四个基本观念。第一，学生是主体，学生经验的选择过程就是尊重并提升学生个性差异的过程。每一个学生，不论知识多寡、能力大小，都有独立的人格与尊严，都应当平等地受到尊重。因此，选择学生的经验必须以尊重学生的个性差异为前提。第二，学生是课程的主动建构者。当学生的主体地位确立之后，他就不是别人为他准备好的课程的被动接受者，而是自己的课程的主动建构者。第三，学生是知识与文化的创造者。实际上，不只是科学家、艺术家、诗人等在创造知识与文化，从个人意义上讲，每一个学生都是知识与文化的创造者。第四，学生创造着社会生活经验。学生不仅接受社会生活经验、为社会生活经验所熏染，而且还创造着社会生活经验。

学生的人格发展不是在真空中进行的，而总是在特定文化知识的陶冶中、在特定社会生活经验的熏染中进行的。只有当文化知识和社会生活经验为学生所选择、所认同的时候，才能对其人格发展起正向作用。正是在这样的意义上，我们说学生是课程的主体和主动建构者。学生的个人知识和经验、学生在同伴交往和其他社会交往中所形成的社会经验是课程内容的基本构成。

这三种取向，以其中任意一种为核心进行课程开发，就会分别形成学科本位课程、社会本位课程、学生本位课程。应该说明的是，这三种课程形态只是反映了三种不同的典型课程观。从课程实际来看，课程开发往往是三者间的不同取舍、兼顾和有机结合，通常以某一种取向为主，兼及其他取向。所以说，课程开发是折中的艺术。重视学生的个人经验和良好感受，是课程开发的必要前提。

（二）课程内容的组织

课程内容的组织是课程开发者的课程价值取向和课程知识观的具体体现，是一种智慧的行动，我们不能只是把它看作对既有课程要素的一种技术性、程序性的简单操作。所谓课程内容的组织，即在一定课程价值观的指导下，将所选出的各种课程要素进行组合，妥善形成相应的课程结构，使各种课程内容要素在动态运行的课程结构系统中产生合力，以有效实现课程目标，促进课程创生和教学创新。课程组织包括两个维度，即"垂直组织"和"水平组织"。课程内容组织的基本标准包括垂直组织的标准和水平组织的标准。

1. 垂直组织的标准

垂直组织是指将各种课程要素按纵向的发展序列组织起来。由于人的身心有发展阶段的序列，学科知识有逻辑演进的序列，所以，课程有垂直组织的必要。课程的垂直组织有两个基本标准，即连续性和顺序性。

所谓连续性，是指将所选出的各种课程要素在不同学习阶段不断重复。例如，在英语课程中，我们将第一单元中所学习的单词或习惯用语在后面的单元中予以重复；在化学课程中，我们将实验仪器的使用方法和操作规程在化学实验中不断重复，以使学生最终达到熟练掌握的程度。连续性标准强调的是课程要素的重复，这个标准最先由泰勒提出。

所谓顺序性，是指将所选出的课程要素根据学科的逻辑体系和学习者的身心发展阶段由浅至深、由简至繁地组织起来。如果说连续性强调的是课程要素的不断重复，那么顺序性强调的则是课程要素的拓展和加深。一般人对顺序性的处理往往只关注内容而忽略过程，这是片面的，课程组织不仅要关注内容的顺序（逻辑顺序），而且要关注处理内容的心理过程的顺序（心理顺序）。

连续性与顺序性的结合，构成了我们通常所说的螺旋式上升。

2. 水平组织的标准

水平组织是指将各种课程要素按横向（水平）关系组织起来，是一种跨学科、综合式的组织方式。这是当前课程组织中越来越受重视的一种组织方式。比如活动课程、跨学科课程、综合学习、项目学习，等等，都是这种组织方式的体现。学生的经验和生活原本是一个整体，但由于社会分工、学术传统、教育传统等方面的原因，在对学生进行培养时，却把学生完整的经验分成了语文、数学、物理、化学、历史、地理、音乐、体育与健康、美术等学科，把学生完整的生活分成了家庭生活、学校生活、社会生活。人类社会生活，不论一个国家、一个民族内部，还是整个人类社会，尽管其间存在差异，但也存在着内在的联系，是一个整体。学科知识以分门别类的形态存在，彼此之间存在差异，这种差异有时会演化为尖锐的对立，但不能因此否认学科之间的内在联系，从某种意义上说，学科知识之间也具有整体性。由此看来，不论从学生的经验的性质，还是从社会生活以及学科知识本身的性质，都可以得出课程的水平组织的基本标准——综合性。

所谓综合，是在尊重差异的前提下找到所选出的各种课程要素彼此之间的内在联系，然后将之整合为一个有机整体。这里需要强调的是，课程的综合并非以牺牲不同课程要素之间的差异为代价，而是在承认并尊重彼此之间的差异的前提下进行综合，这样的综合才能产生课程的合力。牺牲了差异的"综合"，必然导致课程要素的划一性、同质性，课程综合的价值也就不复存在。

事实上，以综合的方式组织课程，其优越性已经为大多数国家所认识。我国的《普通高中课程方案（2017 年版 2020 年修订）》规定设置技术（信息技术和通用技术）、艺术、综合实践活动等课程；《义务教育课程方案（2022 年版）》规定在相应学段设置科学、艺术、综合实践活动等课程，强调"加强课程综合，注重关联"，提倡跨学科学习、项目化学习、大概念学习等；全国各地基层学校推出各种校本活动课程；等等。这些都是综合性课程组织的体现。

三、课程实施

课程实施本质上是将课程理想变成现实的过程，是课程开发的关键环节。课程实施是把某项课程方案或变革付诸实践的具体过程。

（一）课程实施的层次

美国课程论专家古德莱德（1920—2014）曾区分了课程的五个层次，认为处于不同层次的课程的含义是不一样的。

1. 观念层次的课程

这是尚处于观念之中的课程，课程的目标、内容和组织以其纯粹的形态被倡导，是"观念的课程"，往往由研究机构、学术团体和课程专家所倡导。古德莱德认为，有成千上万的"观念的课程"被倡导，也有几乎同样多的课程被抛弃，这些被抛弃的课程在后来往往又以某种形式复活。观念层次的课程是否产生实际影响，要看它是否为官方所采用。

2. 社会层次的课程

这是由教育行政部门规定的课程方案、课程标准和教科书，也就是列入学校课程表中的课程，即正式的课程。培养目标、课程目标、教学科目的确定是一个社会政治的过程，国家和地方主要通过各种政策法规和课程文件来确立教学科目、课程目标、课程内容、教学时间、教科书和其他材料。

3. 学校层次的课程

学校有关人员根据学校的特色和学生发展的需要对社会层次的课程进行选择和具体化，由此形成学校层次的课程。该层次的课程被限定在日、周、学期、学年等确定的时间段里，通常以学科的形式组织起来，这些学科源于主要知识和认知领域，对于每一学科而言，在不同年级有不同的课题和主题。

4. 教学层次的课程

这是教师规划并在课堂上实际实施的课程。这类课程尽管也决定于社会层次的课程，但它更直接地来源于学校层次的课程。显然，教学层次的课程既体现了教师对课程的理解，也体现了教师在课堂上对课程的实际运作。

5. 体验层次的课程

这是学生实际体验到的课程，尽管经历了同样的课程学习，但不同学生会获得不同的学习经验或体验。古德莱德认为，这是所有课程中最重要的课程，是被内化和个性化了的课程，该层次的课程是对课程实施的最终检验——每一个学习者究竟受到了怎样的影响。[1]

从以上五个课程层次来看，观念层次的课程和社会层次的课程属于课程的设计、规划阶段，而学校层次的课程、教学层次的课程和体验层次的课程则属于课程的实施阶段。

（二）课程实施的基本取向

课程实施的取向集中表现为对课程实施过程与课程方案的关系的认识。一般来说，课程实施有三个基本取向：忠实取向、相互适应取向与课程创生取向。[2]

1. 忠实取向

课程实施的忠实取向认为，课程实施过程就是忠实地执行课程方案的过程。衡量课程实施成功与否的基本标准是课程实施过程对预设的课程方案的实现程度：实现程度高，则课程实施成功；实现程度低，则课程实施失败。因此，基于忠实取向的课程实施研究主要探讨两个问题：第一，测量一项特定的课程变革对预设的课程方案所实现的程度；第二，确定影响课程实施过程的因素（促进因素或阻碍因素）。

在忠实取向看来，"课程"一词的含义是指体现在学程、教科书、指导用书、教师的教案或课程革新方案中的有计划的内容。课程是一些具体的东西，这些东西教师能够实施，也能够评价，通过评价可以确定预定的目标是否已经达成。相应地，"课程实施"就是教师在实践中执行课程方案的过程。这个过程与课程变革初期的课程规划过程同等重要。

2. 相互适应取向

课程实施的相互适应取向认为，课程实施过程是课程方案与班级或学校实践

① Goodlad J I, Su Z, "Organization of the Curriculum," in Jackson P W, ed., *Handbook of Research on Curriculum*, New York: Macmillan Publishing Company, 1992, pp. 327-329.

② Snyder J, Bolin F, Zumwalt K, "Curriculum Implementation," in Jackson P W, ed., *Handbook of Research on Curriculum*, New York: Macmillan Publishing Company, 1992, pp. 402-435.

情境在课程目标、内容、方法、组织模式诸方面相互调整、改变与适应的过程。一个课程方案付诸实施之后可能会发生两个方面的变化：一方面，既定的课程方案会发生变化，以适应各具体实践情境的特殊需要；另一方面，既有的课程实践会发生变化，以适应课程方案的要求。在相互适应取向看来，课程实施过程中出现相互适应现象在某种意义上具有必然性。

在相互适应取向看来，"课程"不仅包括体现在学程、教科书或变革方案中的有计划的具体内容，而且还包括学校和社区中的各种情境因素，这些情境因素会对课程方案产生影响。课程实施绝不是课程方案在课程实践中的简单"装配"，它应当包括变革方案在目标和方法上的调整，参与者在需要、兴趣和技能方面的变化，以及组织的适应。课程实施过程中出现相互适应现象是必然的、不可避免的，也是必要的。

3. 课程创生取向

课程创生取向是课程实施研究中的一种取向。这种取向认为，真正的课程是教师与学生联合创造的教育经验，课程实施本质上是在具体的教育情境中创生新的教育经验的过程，既有的课程方案只是供这个经验创生过程选择的工具而已。

既然课程创生取向视野中的课程是教师与学生联合创造的并且是教师与学生实际体验到的经验，那么这种课程的性质就是地道的"经验课程"。这种课程是情境化的、人格化的，因此，课程采用及课程实施的技术化、程序化的特质就彻底消除了，课程实施再也不是就原初的课程方案"按图索骥"的过程或稍事修改的过程，而是一个真正的创造过程。"课程实施"一词在某种程度上背离了其原初的含义。

从忠实取向到相互适应取向，再到课程创生取向，意味着人们对课程变革的认识不断深入，体现了课程变革的发展方向。尽管三种取向各有其存在的价值和局限性，但三种取向间的层次性是不容否认的。三种取向随着层次的提升，后面的层次实现着对前面层次的超越：相互适应取向是对忠实取向的超越，课程创生取向则是对相互适应取向和忠实取向的超越。课程实施研究从忠实取向经相互适应取向发展到课程创生取向，反映了人们对课程变革本质的认识在不断深化。

四、课程评价

课程评价是基于一定的教育理论和教育价值观念，运用一定的方法和途径，对课程与教学的计划、活动和结果等有关问题的价值或特点做出判断的过程。恰当的课程评价，既是判断课程实施是否成功的途径，也是进一步推进或调整课程的依据。课程评价既可以是对课程本身的评价，也可以是对师生使用课程的过程和结果的评价。

课程评价是教育评价的有机组成部分。2020 年，中共中央、国务院印发的《深化新时代教育评价改革总体方案》指出："义务教育学校重点评价促进学生全面发展、保障学生平等权益、引领教师专业发展、提升教育教学水平、营造和谐育人环境、建设现代学校制度以及学业负担、社会满意度等情况。国家制定义务教育学校办学质量评价标准，完善义务教育质量监测制度，加强监测结果运用，促进义务教育优质均衡发展。普通高中主要评价学生全面发展的培养情况。国家制定普通高中办学质量评价标准，突出实施学生综合素质评价、开展学生发展指导、优化教学资源配置、有序推进选课走班、规范招生办学行为等内容。"这也为我国中小学课程评价提供了发展方向和有效依据。

依据不同的标准，课程评价可以有多种不同的分类方法。常见的分类有：依据评价的作用性质，把评价分为形成性评价与终结性评价；依据评价与预定目标的关系，把评价分为目标本位评价与目标游离评价；依据评价人员的身份，把评价分为内部人员评价与外部人员评价；依据评价的方法，把评价分为量化评价与质性评价。

1. 形成性评价与终结性评价

形成性评价与终结性评价是美国课程评价专家斯克瑞文（1928—2023）在1967 年提出的两种评价类型。

形成性评价是在课程开发或实施还在发展或完善过程中时所进行的评价，其主要目的在于搜集课程开发或实施过程中的优缺点，作为进一步修订和完善课程的依据。终结性评价则是在课程开发或课程实施完成之后所施行的评价，其主要目的在于搜集资料，对课程方案的成效做出整体的判断，作为推广采用课程计划或不同课程计划之间比较的依据。一般认为，形成性评价和终结性评价并不存在基本逻辑和方法论上的区别，二者都是为了检验某个对象的价值，都可使用同样的评价方法。只有根据评价出现的时机以及评价结果的用途，才能辨别一项评价究竟是形成性的还是终结性的。

与形成性评价和终结性评价相关的还有一种评价类型，即诊断性评价。诊断性评价是在课程方案或教学活动开始之前，对学生的需要或准备状态的一种评价，其目的在于使计划或活动的安排更具有针对性。

2. 目标本位评价与目标游离评价

目标本位评价是以课程方案的预定目标为依据而进行的评价。目标本位评价通常要判断的是目标实现的程度，因此，这类评价往往要求精心地描述可以辨别的目标。这种评价最典型的代表是泰勒的评价模式，布卢姆（1913—1999）的评价体系也属于这类评价。目标游离评价要求脱离预定目标，以课程方案或活动的全部实际结果为评价对象，尽可能全面客观地展示这些结果。

目标本位评价在课程评价实践中运用广泛，它的特点是标准清晰、任务重点集中、易于把握。但同时，它也有一个突出的弱点，即只强调目标，这往往使得评价的范围过于狭窄，而一些有教育意义的结果却落在了评价的范围之外。此外，目标本位评价只强调对目标实现程度的评价，却忽视了对目标本身的评价。

针对目标本位评价的这些缺陷，有学者在1967年提出了目标游离评价。由于目标游离评价抛开目标对评价的约束，试图通过对课程方案的全面评价来判断该方案是否符合教育者和受教育者的需要，因此，目标游离评价也被看作"需要本位的评价"。

3. 内部人员评价与外部人员评价

内部人员评价是指评价由课程设计者或使用者自己实施。外部人员评价则是指评价由课程设计者或使用者以外的其他人（包括没有参与设计的评价专家）来实施。

这两种评价各有利弊。内部人员评价的优长之处在于评价者了解课程设计方案的内在精神和技术处理技巧，评价的结果亦可进一步用于课程方案的修订和完善。其缺点是，评价者有可能限于自己的设计思想，不了解其他人对课程设计的需要，致使评价缺乏应有的客观性。外部人员评价则正好相反，外部评价者虽然对计划的内部思想不太了解，却有更为开阔的评价思路，可能取得具有客观性和令人信服的结论。因此，二者应相互借鉴。也就是说，一项完备的评价，应同时吸收内部人员和外部人员参加。

4. 量化评价与质性评价

所谓量化评价，就是力图把复杂的教育现象简化为数据，进而从数据的分析与比较中，推断某一评价对象的成效。量化评价方法的认识论基础是科学实证主义，这种理论认为，只有定量的研究、量化的数据才是科学的，才能得出客观可信的结论。课程评价从产生之日起，就是与整个教育对科学化的追求联系在一起的。以量化形式表征事物的性质被认为是科学化的特征之一，因此，量化评价方法一直占据着评价领域的主导地位。例如，学校中常以学生的考试成绩来评价课程实施的状况。量化评价方法如果使用恰当，确实能凸显教育现象和教育问题，提供具有说服力的证据。但它的缺陷在于，只用简单的数据来反映复杂的教育现象，这种做法只能提供歪曲的教育信息，且有可能丢失重要信息。

所谓质性评价，就是力图通过自然的调查，全面充分地揭示和描述评价对象的各种特质，以彰显其中的意义，促进理解。质性评价方法，也被称为自然主义评价方法，它在认识上反对科学实证主义的基本观点，反对把复杂的教育现象简化为数据，质性评价主张评价应全面反映教育现象的真实情况，为改进教育实践提供真实可靠的依据。它的缺陷在于过程烦琐，有时要耗费大量的人力物力，得到的还有可能是无关信息。

第三节　课 程 改 革

课程改革是教育改革的核心内容，教育改革必须关注课程改革。在学校教育诞生的早期，课程相对来说处于稳定的状态，但自 20 世纪中叶甚至更早一点的时间以来，为了适应社会剧烈变动以及激烈的国际竞争的需要，世界各国的课程改革前后相继、不断展开。课程改革为各国的课程发展注入了新的活力。同时，各国之间的课程改革也在相互影响、相互借鉴。在全球化时代，一国的课程改革既要针对本国课程的特殊问题，又要关注世界课程改革的整体趋势。

一、21 世纪我国的基础教育课程改革

党的二十大报告指出："教育是国之大计、党之大计。"改革教育、培养符合时代要求的社会主义建设者和接班人，历来为我们党和国家所重视。2001 年 6 月 8 日，教育部颁布了《基础教育课程改革纲要（试行）》（以下简称《纲要》），标志着我国基础教育新课程改革正式实施。这是新中国成立以来的第八次课程改革，也是规模最大、影响最为深广的一次课程改革。

（一）第八次课程改革概况

《基础教育课程改革纲要（试行）》

《纲要》分别从课程功能、课程结构、课程内容、课程实施、课程评价、课程管理六个方面阐述了基础教育课程改革的目标。在课程功能方面，要让学生养成积极主动的学习态度，在获得基础知识与基本技能的同时，形成正确的价值观。在课程结构方面，要改变过于强调学科本位、科目过多和缺乏整合的状况，整体设置九年一贯的课程门类和课时比例，设置综合课程，体现课程结构的均衡性、综合性和选择性。在课程内容方面，要改变"繁、难、偏、旧"和过于注重书本知识的状况，加强课程内容与学生生活、现代社会、科技发展的联系，关注学生学习兴趣和经验，让学生学会终身学习。在课程实施方面，倡导学生主动参与的探究性学习，养成学生获取新知识、分析和解决问题以及交流与合作的能力。在课程评价方面，强调发挥评价促进学生发展、教师提高和改进教学实践的功能。在课程管理方面，实行国家、

地方、学校三级课程管理机制，增强课程对地方、学校及学生的适应性。

（二）第八次课程改革的价值追求

新课程的基本价值取向是：为了中华民族的复兴，为了每位学生的发展。这是《纲要》的基本价值取向，也是第八次课程改革的灵魂。

"为了中华民族的复兴，为了每位学生的发展"是同一个问题的两个侧面，二者互为出发点和目标归宿。要实现这一目标，就意味着我国基础教育课程体系必须变应试教育为素质教育，走出目标单一、过程僵化、方式机械的"批量生产模式"，改变课程内容"繁、难、偏、旧"和过于注重书本知识的状况，用富于弹性和选择性的课程体系引导学生探究式地学习，让每位学生的好奇心、想象力、创造性获得充分发展，培养学生丰富多彩的个性和健全的人格，这是我国素质教育课程体系的根本要求。只有这样，素质教育课程体系才可能完成社会所赋予的人才选拔功能，让每一个个性充分发展的人去健康地接受社会的选拔和其他挑战，实现中华民族伟大复兴的中国梦。我国新课程的价值追求表现为以下六个方面：

1. 教育公平

教育公平意味着课程必须谋求所有适龄儿童平等享受高质量的基础教育。这种课程既是平等的，又是高质量的。在这里，"平等"与"高质量"是内在统一、须臾不可分离的：一方面，"平等"内在地包含"高质量"，如果将"高质量"从"平等"中人为剔除，不顾教育质量，那么这种课程就是软弱无力的"平庸化的课程"，徒具公平的形式，但从根本上背离了公平的要求；另一方面，"高质量"内在地包含"平等"，以平等（机会均等）为前提，如果只追求质量、不顾平等甚至践踏平等，就会陷入精英主义的窠臼。

2. 国际团结与合作

国际团结与合作意味着我国的课程体系要在追求国际理解的基础上，以人类知识文化的视野追求融入国际社会、追求国际社会的团结与合作。具体要求是：通过课程教育，公民理解、尊重所属文化体系，产生文化认同感和民族自豪感；通过课程教育，公民面对其他文化，能够欣赏多种不同的价值，能够将自己的价值观和自己所属的文化体系相对化，发展尊重的能力和面对挑战的能力；通过课程教育，公民认识到人类的相互依存性、人类知识文化的共享性和共生性，发展同他人、他民族、他文化进行交流共享、团结合作、共同创造新的知识文化的能力，与全世界一起维护、引领世界和平，坚持共同发展。

3. 回归生活世界

回归生活世界的课程在目标上意味着要培养在生活世界中会生存的人，即会做事、会与他人共同生活的人，这种人既具有健全发展的自主性，善于自知，又具有健全发展的社会性，善于"发现他人"，具有共情与合作、应对歧视与偏见以及处理冲突，进而为社会担负责任的意识和能力。回归生活世界的课程在内容上意味着要把科学、道德、艺术、个人世界、自由的日常交往都视为重要的课程资源，这些资源在教育价值上不可偏废，只有当这些资源被整合起来的时候，它才能在走向"完善的人"的心路历程上贡献积极的力量。回归生活世界的课程在范围上意味着要突破狭隘的学校课程的疆域，要秉持一种"课程生态学"的视野，寻求学校课程、家庭课程、社区课程之间的内在整合与相互作用。①

4. 关爱自然

关爱自然意味着课程必须把关爱自然、追求人与自然的可持续发展作为重要的价值追求。这种价值观一反传统课程体系中人与自然二元对立、人控制和主宰自然的思维方式，运用整体主义的视野认识人与自然的关系，认为人是自然的人，人不是自然的主宰而是自然的参与者，人与自然和谐统一。这是一种生态伦理观，一种关爱伦理学。这种价值观应成为变革现行课程体系的重要精神力量。

5. 发展技术素养

发展技术素养意味着课程必须关注当下数字社会、数字人的素养养成。2021年，联合国教科文组织将数字素养列为"21世纪的核心素养之一"，课程建构对此必须给出积极的回应。课程应该追求实施平等的数字教育、提升公民的数字素养、促进数字知识合理而公正的共享应用、避免人类学习者遭遇"黑客"侵害等。在数字技术发展日新月异的状况下，这些问题已经现实地摆在我们面前。

6. 个性发展

课程必须尊重每一个学生个性发展的完整性、独立性、具体性、特殊性。人的个性成长是在生活中、在持续的社会交往中进行的，个性发展内在地包含了社会性，因此课程体系应为学生创设促进个性发展的社会情境。同时，我们也要认识到个性发展是持续终身的、无止境的完善过程，因此要构建适应终身学习的课程体系。

上述六种理念是"为了中华民族的复兴，为了每位学生的发展"这一课程价值观的具体化，是第八次课程改革发展至今的基本价值追求。

（三）第八次课程改革的目标重建

课程目标是课程价值追求的具体化。新课程的价值转型必然导致目标重建。《纲要》明确指出："新课程的培养目标应体现时代要求。"这种时代要求主要体现在三个方面：

1. 新课程确立新的知识观，从而走出了课程目标的知识技能取向

---

① 张华：《课程与教学论》，上海教育出版社2000年版，第435页。

受应试教育观念的影响，传统课程体系过分强调对知识技能的传授，把知识技能视为普遍的、固定的、外在于人的、供人掌握的东西，由此导致课程目标的知识技能取向和课程实施的"灌输主义"倾向。这种课程体系必然是内容本位、教师中心的。新课程不再把知识技能视为凝固的供人掌握和存储的东西，它看到了信息时代知识发展和更迭的快速、迅猛，合理地承认知识技能的不确定性，认为知识技能的本质在于人们通过它而发展批判性、创造性思维，并由此建构出新的意义。基于这种新的知识观，新课程的目标超越了知识技能取向，使知识技能的获得过程同时成为学会学习和形成正确价值观的过程。通过确认知识的不确定性，新课程体现出探究本位、学生中心的性质。

基于上述理念，教育部 2001 年颁布的义务教育各科课程标准（实验稿）与 2003 年颁布的普通高中各科课程标准（实验），提出了知识与技能（能力）、过程与方法、情感态度与价值观三维课程目标，简称"三维目标"。2011 年版义务教育各科课程标准仍维持了这一目标体系。但随着信息化社会快速发展的影响，以及我国社会发展和教育实践的深入，三维目标这种表达方式的局限逐渐显现。2017 年，在普通高中课程方案和课程标准修订时，将课程目标聚焦到培育学生的核心素养上，在各个学科加以落实。概括地说，作为课程目标的核心素养是指学生在学习一门课程的过程之中逐渐养成的正确价值观、必备品格和关键能力，最终使学生成长为有理想、有本领、有担当的社会主义"三有"新人。2022 年版义务教育课程方案和课程标准也同样如此。《义务教育课程方案（2022 年版）》指出："义务教育要在坚定理想信念、厚植爱国主义情怀、加强品德修养、增长知识见识、培养奋斗精神、增强综合素质上下功夫，使学生有理想、有本领、有担当，培养德智体美劳全面发展的社会主义建设者和接班人。"核心素养型目标体系，把三维目标重新凝聚为一个有机的整体，彻底摆脱了长期困扰我国课程发展的"双基"取向，树立了新的学生发展观，指明了课程最终要培养的是拥有正确的价值观、具备创新精神和实践能力、勇于担负国家和社会建设任务的建设者和接班人。

2. 新课程确立新的学生观和学习观，从而从根本上改变学生的学习方式

新课程认为，每一个学生的个性既是具有独特性、自主性的存在，又是关系中的存在。所以，新课程从三大关系上理解学生的个性发展，规划课程目标——学生与自我的关系（如"自理自立，热爱劳动；强身健体，健全人格；向善向美，富于想象"，等等），学生与他人和社会的关系（如"诚实守信，明辨是非，遵纪守法，具有社会主义民主法治观念"，等等），学生与自然的关系（如"乐于提问，敢于质疑，学会在真实情境中发现问题、解决问题，具有探究能力和创新精神"，等等）。用一种整体的观点来全面把握学生的个性发展并将其视为课程的根本目标之一，使我国的基础教育课程体系具有了新的起点。

《纲要》明确提出：新课程提倡"改变课程实施过于强调接受学习、死记硬背、机械训练的现状，倡导学生主动参与、乐于探究、勤于动手，培养学生搜集和处理信息的能力、获取新知识的能力、分析和解决问题的能力，以及交流与合作的能力"。可以说，新课程确立了学生的主体地位，变被动的灌输式教学为积极主动的探究式学习。

3. 新课程确立课程与社会生活的连续性，从而使课程植根于生活的土壤

新课程认为，课程不是孤立于生活世界的抽象存在，而是生活世界的有机构成；课程不是把学生与其生活割裂开来的屏障，而是使学生与其生活有机融合起来的基本途径。所以，加强课程内容与学生经验、社会生活的联系是新课程的基本原则之一；帮助学生学会交往，善于沟通，具有基本的合作能力、团队精神是新课程的基本追求；增进学校与社会的密切联系，增强学校生活的社会性，培养学生的实践能力、社会责任感和关心社会生活的态度是新课程的目标、内容和实施过程的重要特色。

由此看来，新课程实现了基础教育课程观的重建。在这种课程观看来，课程是教师、学生、教材、环境等多个因素动态交互作用的生态系统。分门别类的教材只是课程的一个因素，这个因素只有在与其他因素整合起来，成为课程生态的有机构成的时候，才能发挥应有的作用。

（四）第八次课程改革的新进展

1. 义务教育课程改革

2022 年，为深化教育改革的要求，适应我国教育发展对人才培养提出的新挑战，教育部颁布了《义务教育课程方案（2022 年版）》和各科课程标准。新的课程方案和各科课程标准，既是先前课程改革理念和措施的合理延续，又有进一步的完善和超越，主要表现在以下方面：

（1）突出了课程的育人功能，变学科的知识传递功能为育人功能。

（2）以核心素养统领课程的各个环节，即核心素养落实到课程的目标、内容组织和实施、评价等各具体环节，因而使得各科课程标准完整统一为相互协调的有机整体。

（3）从核心素养统领的理念出发，强调课程的综合化，包括综合课程的开设、跨学科主题学习的设计、大概念教学等。

（4）首次在义务教育课程体系中专门设置了劳动课程，为学生德智体美劳全面发展创造条件。

（5）突出了实践的独特育人功能，倡导"做中学""用中学""创中学"，从而带来课程教学的深刻变化。

（6）明确了核心素养发展水平和具体表现，力求建立有序进阶、可测可评的

学业质量标准，使得师生的教学评价与学习评价有据可依。

（7）在国家课程体系中新增加了"信息科技"课程，努力提升学生的科技素养。

2. 普通高中课程改革

2017 年底，教育部颁布了《普通高中课程方案（2017 年版）》和各科课程标准。这标志着我国基础教育课程改革进入新的发展阶段：创造信息化时代的课程体系。这一课程体系可以概括为核心素养本位的课程体系。为深入贯彻党的十九届四中全会精神和全国教育大会精神，2020 年，教育部颁布了《普通高中课程方案（2017 年版 2020 年修订）》和修订后的各科课程标准。综合来看，修订后的普通高中课程方案，进一步明确了普通高中教育的定位，强调普通高中的培养目标是进一步提升学生综合素质，着力发展学生的核心素养，使学生具有理想信念和社会责任感，具有科学文化素养和终身学习能力，具有自主发展能力和沟通合作能力；进一步优化了课程结构，明确了各类课程的功能定位；强化了课程有效实施的制度建设。修订后的学科课程标准，凝练了学科核心素养，更新了教学内容，研制了学业质量标准，增强了指导性。

根据新华社北京 2019 年 2 月电，中共中央、国务院印发了《中国教育现代化 2035》，课程改革是重点论述之一。文件指出，我国要大力"推进大中小学课程建设。充分反映当代中国马克思主义和世界科学技术进展，广泛吸收人类优秀文明成果，建设适应新时代中国特色社会主义发展要求、门类齐全、学段衔接的课程体系。围绕学生发展加强核心素养培养，科学规划大中小学课程，合理设置基本课程……针对学习者的个性化学习需求，充分利用现代信息技术，丰富并创新课程形式，加大微课程、大规模开放在线课程、讲座式课程、综合实践活动课程等开发力度，推进课程多样化"。展望未来，我国基础教育课程改革依然任重道远。

同任何改革一样，课程改革不是一蹴而就的事情。相反，它是一个随着时代发展而不断深化和演进的过程。随着基础教育课程改革的不断深入，一个体现信息时代特点和符合素质教育要求的课程体系终将在我国形成。

二、当代世界课程改革的趋势

进入 21 世纪以来，世界各国的课程改革呈现出以下趋势：

（一）在课程政策上，谋求国家课程开发与地方课程、校本课程开发的统一

世界各国的课程改革呈现一种看似矛盾、实则辩证的现象：一方面强调国家在课程改革中的主导作用，推出有力的国家课程；另一方面又强调地方、学校对课程改革的主体参与，倡导因地制宜、丰富多彩的地方课程和校本课程。

国家课程开发与地方课程、校本课程开发的关系问题，本质上是国家与地方、学校在课程改革中的权力关系问题。国家课程开发与地方课程、校本课程开发的统一，意味着课程改革不是单向的控制过程，而是国家、地方、学校诸方面达成共识的过程，每一方面都要发挥课程改革的主体作用，诸方面在交往过程中通过相互理解而实现课程改革。

（二）在课程内容上，既引进符合信息时代要求的高科技知识，又把学习者的个人知识作为课程内容的有机构成

21 世纪人类已经全面进入信息时代，信息时代的公民所应具备的基本的信息能力与计算机素养成为世界各国课程改革所追求的基础学力的内容之一。因此，符合信息时代需求的各类高科技知识成为课程内容的重要来源。

与此同时，世界各国课程改革大都意识到真正适应信息时代要求的人是个性充分发展的人、善于"自我导向学习"的人、终身学习者。因此，尊重并提升学习者的主体性、培养学习者的创新意识、把学习者的"个人知识"作为课程内容的有机构成，成为课程改革的重要趋向。

（三）提倡多样化的课程结构

在世界各国的课程改革中，长期占据统治地位的学科本位课程受到深刻反思，经验课程、综合课程、选修课程等课程形态受到普遍关注。统合科学精神与人文精神的多样化的课程结构已成为课程改革的重要趋势。

（四）重视课程实施研究和教师进修

当人们反思 20 世纪课程改革的历史进程的时候，发现大多数课程改革的共有失误是往往满足于课程方案的制订，而不太关注课程实施的过程。许多国家推行的课程改革计划并未真正得到实施，原因之一是教师对课程改革的态度并不像人们想象的那样积极。因此，自 20 世纪 80 年代以来，许多国家的课程改革都重视课程实施，把课程实施视为课程改革过程的有机构成。教师因而不再被视为课程改革计划的被动执行者，而应成为课程开发者，是课程改革的主体之一，创造性地实施既定的课程方案。

当教师成为课程改革的主体的时候，为了保证教师专业发展与课程改革方向的一致性，教师进修就成为课程改革过程一以贯之的基本课题。

（五）提高课程改革的科学水平，设立课程改革的专家咨询机构

世界各国课程改革的经验表明，课程改革的过程不单纯是行政命令的过程，它是政府基于对社会实际和教育实际需要的敏锐洞察，充分调动地方、学校的积极性，经过严密的科学论证而展开的。为保证课程改革的科学性，许多国家都设立了相应的课程改革的专家咨询机构。这些机构的职能是：第一，研究并把握国际课程改革的发展动向；第二，研究并把握本国课程改革的历史经验与现实问题；第三，对所形成的课

程改革方案展开比较研究与实证实验研究；第四，开展课程评价。

总之，世界各国的课程改革正在为培养 21 世纪人才作出积极贡献。

思考题

一、名词解释题

课程　课程方案　课程标准　课程开发　课程目标　课程内容　课程实施
课程评价

二、简答题

1. 简述学科课程与经验课程的区别。

2. 简述表现性目标的内涵。

3. 简述诊断性评价、形成性评价和终结性评价之间的异同。

三、论述题

1. 谈谈课程实施的层次观。

2. 分析《义务教育课程方案（2022 年版）》体现了哪些新的趋势。

3. 试述我国当前基础教育课程改革的价值取向。

四、材料分析题

在谈及课程目标的选择时，拉尔夫·泰勒曾举过这样的例子：

对课程编制者说来，最重要的心理学研究结果之一是这一发现：大多数学习经验都
会产生多重的结果。例如，一个正在解答算术题的儿童，可能同时也在获得这些算术题
所涉及的内容方面的某种知识。例如，最近的研究表明，许多人都以为，对于自己的投
资，一般只能期望每半年结算的复利为 6%。这是因为他们解答的许多算术题，都是以
6% 的复利来结算的。学生不仅获得了有关这些算术题所涉及的内容方面的知识，而且还
形成了对算术本身的某种喜欢或不喜欢的态度。学生可能形成或没有形成对算术领域的
兴趣。可以预料，几乎每一种教育经验都有两种或两种以上的教育结果。这对课程编制
者来说是重要的，因为它表明：只有通过利用每一种经验可能会产生的多重结果，才有
可能使教学更有效。课程编制者应该考察种种可行的教育目标，以便了解可以选择多少
目标，而且这些目标是可以在同一个经验中一起达成的。①

请结合本章学习内容，谈谈影响课程目标选择的因素以及这段话对于课程目标
选择的启示和意义。

---

① ［美］拉尔夫·泰勒：《课程与教学的基本原理》，施良方译，人民教育出版社 1994 年版，第
31—32 页。

第八章 教　学

教学是学校的中心工作，是实现教育目的的基本途径。要培养全面发展的人，学校工作必须坚持以教学为主。

第一节　教学概述

教学，是学校日常生活中常见的一种活动。人们常使用"教书""教课""上课"等词来指代教学。如何理解教学是我们首先需要解决的问题。

一、教学的基本内涵

（一）教学的词源学考察

"教"和"学"最初都是一音一义的单字。从现有资料来看，最早将"教学"二字合在一起使用的是《尚书·说命下》中的"惟教学半"，但对这个词并没有专门解释。唐代孔颖达注疏："学学半者，上学为教，音敩（音 xiào）；下学者，谓习也，谓学习也。言教人乃是益己学之半也。"① 这说明当时的"教学"是指通过教人而学，并不是现代意义上的教学，而是"学习"。

据我国有关学者的考证，"教学"一词指向教师的教和学生的学的看法形成于宋代。宋代欧阳修（1007—1072）所作的《胡先生墓表》记载："而先生之徒最盛，其在湖州之学，弟子去来常数百人，各以其经转相传授。其教学之法最备，行之数年，东南之士莫不以仁义礼乐为学。"② 这里的教学相当于现代意义上所说的教学。

在英文中，"教学"对应的单词主要有 instruction 和 teaching 等，这些单词可以从希腊文、拉丁文中找到源头。其中，instruction 的动词形式为 instruct，含义是"传授""告知"，源于拉丁文 instruere，instruere 有"积累""堆积"的意思；teaching 的古英文为 taecan，源于希腊语 deiknne，表达的是"解释""演示""引导"的意思。可见，instruction、teaching 这两个词都有"教授""引导"的意思。后来，人们的一般看法是："教"用 teaching 表示，"学"用 learning 表示，而"教学"常用 instruction 表示，也用 teaching-learning 或 teaching and learning 表示。

---

① 阮元校刻：《十三经注疏（清嘉庆刊本）》卷三十六，中华书局 2009 年版，第 3297 页。
② 《欧阳修全集》卷二十五，中华书局 2001 年版，第 389 页。

（二）有关"教学"的不同界定

1. 国外对教学的界定

国外学者从不同角度对教学有多种定义。美国教育学者史密斯归纳出了教学的五种定义。[①]

定义1：教学就是传授知识或技能。这是教学的描述性定义。

定义2：教学即成功。教学是学习者学会了传授者所教的东西，若学习者没有学会就不能称为教学。

定义3：教学是有意进行的活动。教学是教师有意识地对学习者进行引导的行为。这一界定强调教师的意图对学生学习行为的重要性。

定义4：教学是规范性行为。教学要求教学活动必须遵循一定的道德准则，不仅要求教师要引导学生学习，而且这种引导要符合一定的道德方式。

定义5：教学蕴含在各个命题或概念之中。各个命题或概念结合起来代表了教学的情况，其效果是已经得到具体证实的。这种定义方式不是用抽象术语来定义抽象术语，而是让我们的思维更接近实际经验。

这五种定义，出发点和侧重点各有不同，从各自的角度对教学的本质进行了描述，对我们科学地认识教学的本质具有重要的参考价值。

2. 我国学者对教学的界定

我国学者对教学的理解是不断发展变化的：教学从最初被理解为学习，然后被理解为教师的教授，接着被理解为教学生学。现在的常见理解是：教学是教师的教和学生的学。

（1）教学即学习。从教与学的构成来看，教和学是同源的，"教"和"学"统一为"敩"。"敩"在篆字中才开始被简写为"学"。宋代蔡沈（1167—1230）对"敩学半"的注解为："敩，教也……始之自学，学也；终之教人，亦学也。"[②] 意思是，一开始自己学，是一种学习；学了之后去教别人，也是一种学习。可见，"教学"最初的意思是指学习。

（2）教学即教授。教学是指教师的教，这种看法在19世纪末20世纪初盛行于我国。清末时多是私塾教育。在私塾里，私塾先生重视学生的勤学苦读、死记硬背，忽视教学活动自身的规律。由于新式学校的不断兴建，当时社会急需大量师资，仅仅依靠过去的私塾先生，通过师传生受的方式已无法满足当时教育发展的需要。同时，部分留学回来的学生开始引入赫尔巴特的

---

① 中央教育科学研究所比较教育研究室编译：《简明国际教育百科全书·教学（下册）》，教育科学出版社1990年版，第233—240页。

② 蔡沈：《书集传》，中华书局2018年版，第136页。

教学思想。这种教学思想关注"怎么教"。因此，这时的教学被理解成"教授"。1928 年的《中国教育辞典》将"教学法"解释为"各种教授方术者"即为明证。

（3）教学即教学生学。为了矫正教学即教授而忽视学生学习的弊端，陶行知指出："先生的责任不在教，而在教学，而在教学生学。"他是主张将"教授"改为"教学"的代表人物之一。在他看来，"事怎样做就怎样学，怎样学就怎样教，教的法子要根据学的法子，学的法子要根据做的法子"[①]。这就对教学有了一种新的理解，"教的工作，是要使'做学生'的活动成为可能，也就是要去教学生怎么去学"[②]，即教学生学，让学生学会做。这些理解都认为，教学本质上是教学生学。

（4）教学即教师的教和学生的学。对这一理解，当前学者有三种典型的表述：教学是教师的教和学生的学的统一活动；教学是教的人指导学的人进行学习的活动；教学是师生双方以课程内容为中介进行教与学的共同活动。我国有关教育学的教科书和教育辞典等大多是将教学理解为教师的活动和学生的活动两个方面，并且这两个方面存在于同一过程中，是彼此不可分割的关系。

这些有关"教学"的不同界定，一方面说明教学内涵的丰富性，人们对教学的认识不断发展；另一方面也说明给教学下一个规定性的定义并非易事。但是，为了将教学置于一个比较清晰的研究范围内，给教学下一个规定性的定义也十分必要。我们认为，教学是师生双方的共同活动，是由教师的教和学生的学组成的统一活动，是教师依据一定的教育目的，有计划、有组织地引导学生积极主动地形成良好思想品德，掌握各类知识和技能，发展智力和体力，陶冶性情和审美情趣的过程。

（三）教学与教育、智育的区别与联系

教学与教育是部分与整体的关系，教育包括教学，教学只是学校进行教育活动的一种基本途径，除教学外，教育活动还包括班主任工作、党团少先队工作、课外活动、社会实践活动等。

教学和智育既有区别又有联系。教学与智育的区别是，智育是全面发展教育的组成部分，教学是教育活动的基本途径之一。教学与智育的联系是，智育主要是通过教学来实现的，但智育不仅可以通过教学实现，还可以通过课外活动、比赛活动、生产劳动、社会实践活动等途径实现；教学除了可以实现智育的目的

---

① 《陶行知选集》第 1 卷，顾明远、边守正主编，教育科学出版社 2011 年版，第 347 页。

② 单文经编著：《教学引论》，上海科技教育出版社 2003 年版，第 9 页。

外，还可以实现德育、体育、美育、劳动教育等的目的。

二、教学要素

教学中存在着各种要素。关于教学要素的看法，学界并没有达成共识，但是教师、学生和教学内容是目前学界公认的三个最基本的教学要素。

（一）教师

对教师的角色有不同的表述，如知识的传授者、学习的引导者、教学的组织者、教育的研究者等。《教育大辞典》认为，教师是"学校中传递人类科学文化知识和技能，进行思想品德教育，把受教育者培养成一定社会需要的人才的专业人员"[①]。第八次基础教育课程改革强调，教师是学生学习的合作者，是课程的研究者与开发者，是"平等中的首席"。

（二）学生

学生是教学中的另一个要素，是学习的主体，也是教学效果的体现者。广义的学生泛指社会上和在教育机构中接受教育的一切人，狭义的学生是指在大中小学和幼儿园里进行学习的人。学生既是教师工作的对象，也是学习的主体。这种主体性表现在：一方面，学生主动地借助一定手段或途径对内容进行感知和学习；另一方面，学生以积极的态度配合教师的指导，有效地将教师加工过的教学内容进行内化，转变成自己的知识和能力，形成正确的世界观、人生观、价值观。

（三）教学内容

教学内容是教师和学生之间关系的一种媒介、桥梁。目前，对于教学内容的基本含义，学界还没有达成明确共识，只能进行整体把握。教学内容是经过改造加工后适合学生学习的人类文明成果的精华，其目的是促进学生发展。可见，从来源上说，教学内容是人类文明成果的精华；从特点上说，教学内容是适合学生学习的对象；从目的上说，教学内容是为了促进学生发展。

在课程与教学系统的研究中，不仅存在对课程与教学构成要素的认识不统一，而且对教师、学生、教学内容这三个要素各自在系统中的地位和作用的认识也存在着分歧，这导致产生了三种不同观点：教师中心说、学生中心说和课堂中心说。

教师中心说又称教师中心论，主张教师在教学中具有支配地位，起决定作用。持有教师中心说的人认为，学生可以通过外部控制被塑造。他们认为学生本人缺乏有效的追求和兴趣，从而需要用社会的、成人的思想、看法和目标来规范

[①]　顾明远主编：《教育大辞典（增订合编本）》上，上海教育出版社 1998 年版，第 700 页。

儿童、塑造儿童。

学生中心说又称儿童中心论，是针对教师中心说而提出的。这一观点主张以儿童身心发展规律为基础，认为学生的身心发展规律在教育教学中占据支配地位，具有决定作用。

课堂中心说强调课堂是教学内容获得的主要场所。这一观点主张，课堂是教学活动的中心，非常重视课堂教学在各学科知识系统学习中的重要作用。学生对各学科知识的系统学习、掌握和应用主要发生在课堂中。

三、教学的主要作用

教学是学校的中心工作。学校的工作大多围绕教学来开展，各项教育活动也主要通过教学来实施。明确教学的作用有助于我们正确地认识和把握教学。

（一）教学是促进学生全面发展的基本途径

学生的全面发展是指学生在德智体美劳等方面都获得自由而充分的个性化的发展。通过教学，学生可以获得知识、形成技能、发展智力、涵养情感等，获得全面发展。也就是说，学生的全面发展是在教学活动中发生的。

（二）教学是提高学校教育质量的有效途径

衡量学校教育质量的一个主要指标是高质量人才的培养。高质量人才培养的基础是知识的掌握。教学是目前用时最少、掌握知识最快捷的一种途径。大量实践经验告诉我们：学校教育的各项工作只要围绕教学来安排，教育质量就会提高。但提高学校教育质量并非只有教学一种途径，不能把教学当作学校教育的全部而忽视或否定其他非教学活动。只有将教学活动与非教学活动结合起来，才能最大限度地提高学校教育质量。

（三）教学是推动社会发展的重要手段

教学乃至教育体系的发展都是受社会发展影响的。反过来，社会的发展也需要教学的推动。教学是解决个体经验和社会历史经验之间矛盾的一种重要途径。人类社会积累下来的那些宝贵经验、知识、科学技术等若不通过教学来传承，青少年就需要从头做起或重新体验，这样势必会影响甚至延缓社会的发展。只有通过教学，年轻一代才能快速地掌握人类社会积累的宝贵知识，推动社会不断向前发展。

四、教学的基本任务

教学的基本任务是促进学生全面发展，这里的全面发展主要体现在德智体美劳五个方面。

（一）培养学生良好的思想道德

科学的世界观、人生观、价值观，高尚的道德品质并不是天生就有的，而是需要通过教学才能形成的。立德树人是我国教育的根本任务。因此，教学的首要任务是培养学生良好的思想道德。具体来说，一方面，通过道德与法治课程的教学能够培养学生树立科学的世界观、人生观、价值观。通过语文课程、历史课程等的教学能够帮助学生辨清作品、事件、现象中的善恶，提高学生的道德品质辨识力，提升个人的道德品质。另一方面，通过参与教学活动，学生能够获得不同学科中蕴含的课程思政内容。在学习过程中，学生能够树立正确的政治观点、思想观点和道德观点。这些方面既体现了教学的基本性质，更是教学的重要任务。

（二）引导学生掌握基础知识和基本技能

教学是培育和发展人的智力的活动。人的智力是个体在认知过程中表现出的一种能力，包括观察力、记忆力、想象力和思维力等。智力的培育和发展需要基础知识的掌握和基本技能的训练。因此，教学的主要任务就是引导学生掌握基础知识和获得基本技能。具体来说，通过教学，学生能够掌握不同学科的基本事实、基本概念、基本原理；同时，通过训练，学生能够掌握阅读技能、运算技能等最常用、最重要的进一步学习、成长的技能。

（三）提高学生的身体健康水平

教学能够使学生获得体育、卫生等方面的知识，培养学生养成锻炼身体、讲究卫生的良好习惯，增强学生的体质。因此，教学的重要任务之一是发展学生体能，提高学生的身体健康水平。例如，生物学课程中有关人体知识的学习有助于提高学生对自身身体结构的认知；体育与健康课程的学习有助于学生掌握科学的身体健康训练方法。

（四）培养学生良好的审美情趣

审美情趣是个体在审美活动中表现出的一种价值倾向。各学科教学中包含大量有关自然美、社会美和艺术美的因素，这些因素对学生良好的审美情趣的培养有着重要的价值。因此，教学的重要任务之一是培养学生良好的审美情趣。例如，通过音乐、美术、舞蹈等艺术类课程的学习，学生能够树立正确的审美观念、审美态度等；通过物理、化学、地理等课程的学习，学生能够获得和发展感受美、体验美的能力；通过语文、美术等课程的学习，学生能够获得和发展体验美、创造美的愉悦感。

（五）使学生获得践行劳动教育的本领

培养学生树立正确的劳动观、获得劳动知识和技能需要教学活动或实践。教学的重要任务之一是通过学生参与劳动，培养学生树立正确的劳动观、获得劳动知识和技能，积极参与社会主义现代化建设。例如，在语文课程、科学课程的教学中学习各种劳动精神、奉献精神、奋斗精神等案例，能够帮助学生树立正确的劳动观、劳动态度；在劳动课程的学习或实践中，学生能够获得有关劳动的知识、掌握劳动的技能，提高自身的劳动能力、获得个体的劳动情感等。

第二节　教学理论

古今中外，许多教育家总结了大量有关教学的宝贵经验、思想和理论。这些宝贵的经验、思想和理论是前人智慧的结晶，对今天的教学理论研究和教学实践工作具有重要的指导意义。

一、教学理论的发展

教学理论的产生、发展与学校教育有密切联系。独立形态的教学理论形成于17世纪。从历史上看，以往教学理论可分为传统教学理论和现代教学理论，后来又产生了人本主义教学理论、建构主义教学理论、后现代主义教学理论等。目前，教学理论可以划分为传统教学理论、现代教学理论和当代教学理论。

（一）传统教学理论的三大里程碑

传统教学理论的主要代表人物是夸美纽斯、赫尔巴特、凯洛夫。他们的教学思想在教学理论史上具有里程碑意义。

1. 夸美纽斯的教学思想

夸美纽斯是17世纪的捷克教育家，生活在中世纪到近代资本主义的过渡时期。1632年，他的《大教学论》一书阐明了其主要目的是寻找一种教学的方法，使教员可以少教，学生可以多学。他在书中对教学原则、教学方法、学校课程和教学组织形式都有论述：提出了一系列教学原则，其中包括以自然为鉴的原则、兴趣和自发原则、活动原则、直观性原则；在教学方法方面介绍了道德教育的方法、科学教学法、艺术教学法、语文教学法、灌输虔信的方法等；在学校课程方面主张实施"泛智"教育，采用百科全书式的教材；在教学组织形式方面则提出了班级授课制理论。该书的出版标志着独立的教育学的产生，也标志着理论化、系统化的教学理论的确立。

2. 赫尔巴特的教学思想

赫尔巴特是19世纪的德国教育家。他提出了"教育性教学"理论，并将教学理论建立在心理学基础之上，依据多方面兴趣原理论证了教学的任务和课程，依据统觉原理论证了教学过程的阶段。赫尔巴特的主要教学思想体现在《普通教育学》一书中。他最主要的教学思想是教学心理化和教学过程阶段论。他将教学过程分为四个阶段：明了—联想—系统—方法。其继承者又将"明了"阶段改为"预备"（引起兴趣）、"提示"（介绍新知），并对"系统"过程进行修改，从而构成了完整的赫尔巴特学派五段教学法，即预备—提示—联想—总括—应用。

3. 凯洛夫的教学思想

凯洛夫是苏联教育家，20 世纪四五十年代苏维埃教育学的代表人物之一。受当时实用主义影响，人们对马克思主义教育思想的理解较为肤浅，教学实践经验相对缺乏，导致出现了"学校消亡论""把教科书彻底从学校清除出去"，进而否定班级授课制，忽视教师和教科书的作用等错误思想。为了改变这一局面，凯洛夫响应苏联政府的号召，积极参与了苏联教学改革。他的教学思想主要体现在以下几个方面：共产主义教学目的论；教学过程的认识本质论；教学活动是师生的双边活动；强调"双基"和系统学科知识的掌握。

（二）现代教学理论的三大流派

现代教学理论主要有三个影响较大的流派：赞科夫（1901—1977）的教学与发展理论、布鲁纳（1915—2016）的学科基本结构理论和瓦根舍因（1896—1988）的范例教学理论等。他们的教学思想在教学理论发展史上都有着重要的影响。

1. 赞科夫的教学与发展理论

赞科夫是苏联心理学家、教育学家。1957—1977 年，他组织领导了教学与发展的大规模实验。1975 年出版的《教学与发展》一书是其思想的集大成者。他的教学体系是以维果茨基的最近发展区理论为基础的。基于这一理论，他提出了教学要走在发展前面，在学生的发展上下功夫，以尽可能大的效果来促进学生的一般发展。"所谓一般发展，就是不仅发展学生的智力，而且发展情感、意志品质、性格和集体主义思想。"[①] 在教学过程中，他强调着重发展观察力、思维力和操作力，并提出了一系列教学原则：高难度教学；高速度教学；理论知识起指导作用；使学生理解学习过程；使所有学生都得到发展。

2. 布鲁纳的学科基本结构理论

布鲁纳是美国认知心理学家。他主要研究知觉、思维以及儿童的发展，并把心理学理论应用到教学改革上。他于 1960 年出版的《教育过程》在当时被誉为"有史以来教育方面最重要最有影响的一本书"[②]，是一部划时代的著作。布鲁纳

---

① ［苏］Л. В. 赞科夫：《和教师的谈话》，杜殿坤译，教育科学出版社 1980 年版，第 142 页。

② 《布鲁纳教育论著选》，邵瑞珍、张渭城等译，人民教育出版社 1989 年版，前言第 3 页。

的主要观点是：在教学目的上，重视发展学生的智力；在课程内容上，强调学科的基本结构；在教育时机上，主张早期学习；在教学方法上，倡导发现法；等等。

3. 瓦根舍因的范例教学理论

瓦根舍因是德国教育学家。他于 1950 年在物理教学中提出了"范例教学原理"。范例，就是指日常生活中隐含着本质联系、具有根本特征、起到基础作用的典型事例。范例教学就是通过主体与客体、问题解决与系统学习、知识学习与能力培养相统一的教学，让学生获得基本性、基础性和范例性的知识和方法。瓦根舍因的主要观点是：（1）在教学内容上，坚持基本性、基础性和范例性。（2）在教学过程上，遵循"范例地学习'个'—范例地学习'类'—范例地掌握规律—范例地获得关于世界的经验"四个阶段。其中，范例地学习"个"，即以个别事实和对象为例来说明事物的本质特征；范例地学习"类"，即对个别事例进行归类，对许多在本质特点上相一致的个别现象做出总结。（3）教师备课时要坚持分析基本原理、分析智力作用、分析未来意义、分析内容结构、分析内容特点。1951 年，德国形成了关于教育改革、提高科学教学效果的《蒂宾根决议》，建议用范例教学的理论来解决教材内容庞杂和单纯追求知识传授的问题。

（三）当代教学理论的主要流派

教学理论随着教学实践的不断发展而日益繁荣，出现了人本主义教学理论、建构主义教学理论和后现代主义教学理论等新的教学理论流派。

1. 人本主义教学理论

20 世纪 50 年代，人本主义心理学开始被引入教育学界。人本主义教学理论的代表人物是马斯洛（1908—1970）和罗杰斯（1902—1987）。在他们看来，以往"只要课程设计好、教学方法选择合适，学生自然会学好"的看法是错误的。人本主义教学理论认为，意义是属于个人的，并不是内在于课程中的，教学的关键在于引导学生从课程中获取个人自由发展的经验；教学的目的不仅在于学生知识的积累和技能水平的提高，更应该关注学生健全人格和良好人性的培育；教学过程本质上是一种社会互动过程；师生之间应该是一种平等、民主的关系。

罗杰斯的非指导性教学理论和合作教学理论是人本主义教学理论的典型代表。非指导性教学也称"学生中心教学"，它强调学习不能教授，只能促进。教师只是作为促进者积极地参与学生的活动。合作教学的精髓在于要求教师遵从人道主义原则，将学生培养成有个性的公民，而不要强制地对待学生。

人本主义教学理论强调情感对学生学习的重要意义，强调思维、情感和行动整合的必要性，但对于在实践中如何将学生个人成长与学科知识进行整合，还缺乏操作性。

2. 建构主义教学理论

20 世纪 80 年代中期，建构主义作为一种教学理论兴起，代表人物有皮亚杰、维果茨基等。建构主义非常强调突出学生的主体地位。建构主义教学理论认为：学生是其自身知识和意义的主动建构者；教师是学生主动建构意义的帮助者、促进者以及学习的辅导者，而不是知识的传授者、灌输者。

建构主义教学的典型模式有支架式教学、情境式教学、交互式教学、抛锚式教学、随机通达教学等。这里主要介绍支架式教学。在支架式教学中，教师先设置一个支架，然后通过支架帮助学生学习，调控管理学生学习的目标和任务，让学生逐步学会独立探索和协作学习，最后对学习效果进行评价。这种教学模式基于学生的认知发展水平，通过教师引导、学生内化来完成学习任务。建构主义教学理论的明显不足在于轻视讲授教学和接受学习。

3. 后现代主义教学理论

20 世纪后半叶，教学理论受到后现代主义思潮的影响。后现代主义是第二次世界大战后在西方产生的一种社会思潮。它源自现代主义但又反叛现代主义，是对现代化过程中出现的主体性和感觉丰富性、整体性、中心性、同一性等思维方式的批判与解构，也是对西方传统哲学的本质主义、基础主义、"在场形而上学"等的批判与解构。后现代主义分为否定性的后现代主义和建设性的后现代主义，前者主张应该从根本上抛弃人类对事物本质和认识基础的追求，而后者认为建设性的后现代主义看来，不应该否认人类对事物本质和认识基础的追求。后现代主义在课程与教学领域的代表人物是派纳和多尔。

作为一种后现代主义教学理论，建设性的后现代主义教学理论是建立在对现代的知识观、学习观、人际关系、考试和评价等批判的基础上的。它强调应该重新建立新的知识学习和理解方式，强调学生在学习过程中的主体性和创造性，强调应该重新确立师生关系，教学过程是一种人与人之间的对话关系，教师是学习共同体中的首席。建设性的后现代主义教学理论为我们考察现代学校教育制度提供了一种新的重要的理论手段，为重新认识知识性质、师生关系提供了新的研究视角，但在实际教学中，这一理论容易导致否定知识、片面夸大个体独特性的倾向。

二、教学过程

教学过程是教学活动的展开过程，是教学要素相互作用的过程。对教学过程的研究有助于优化课堂教学。教学过程是一种特殊的认识过程，这一阐释包含两层含义：其一，教学过程本质上是一种认识过程；其二，这种认识过程不同于一般的认识过程，具有特殊性。

学生学习和掌握文化科学知识的过程，是人类认识过程的一种表现形式。它必然遵循人类认识过程的一般规律，受认识论一般规律的制约。列宁指出："从生动的直观到抽象的思维，并从抽象的思维到实践，这就是认识真理、认识客观实在的辩证途径。"① 只有遵循这样一条认识规律，才能保证学生认识活动的实现。

但是，教学过程又不同于一般的认识过程，它具有以下特殊性：

第一，间接性。学生在教学过程中主要是通过掌握人类长期积累起来的文化科学知识，间接地认识客观世界。教学过程中的实践活动，主要是向学生提供生动、直观、具体的材料，帮助学生理解和巩固概念、定理、规律等抽象的理论知识。

第二，引导性。学生的认识过程是在经过专门训练、具有广博知识和丰富经验的教师的指导下进行的。这是因为学生对一些事物的认识和看法存在一定的片面性，需要有经验的成年人的指导。

第三，简捷性。学生掌握知识的认识过程是简捷的、高效的，是一种科学知识的再生产。马克思说过，"再生产科学所必要的劳动时间，同最初生产科学所需要的劳动时间是无法相比的，例如学生在一小时内就能学会二项式定理"②。

目前，关于教学过程的本质，学界看法并不一致。受凯洛夫《教育学》的影响，传统教学理论认为，教学过程是学生在教师指导下学习知识和技能、养成一定道德品质的过程。这种认识强调教师传授知识的过程，偏重学生知识和技能的获得与巩固，忽视学生能力的发展。经过教学理论与实践界广泛深入的讨论，我国对教学过程本质的表述形成了以下几种有代表性的观点：

发展说：教学过程是教师通过传授知识和技能进而使学生形成和发展各种能力和个性品质的过程。

活动说：教学过程是教师的教和学生的学相结合的双边活动过程。

教育途径说：教学过程是实现教育目标的基本途径，是以智力为核心的德智体美劳综合教育的过程。

交往说：教学过程是一种特殊的交往活动，是师生之间进行知识与经验的传递与交流的过程。

多质说：教学过程具有多层次、多类型的本质，是社会、认识、心理、生理等因素相互作用的过程。

基于以上分析，我们认为，教学过程是教学系统运转的过程，它是由教师、

① 《列宁全集》第五十五卷，人民出版社 2017 年版，第 142 页。
② 《马克思恩格斯全集》第三十七卷，人民出版社 2019 年版，第 268 页。

学生和教学内容以及其他要素的相互作用而构成的。只有用系统的观点才能完整地、准确地表述教学过程的本质特征。

三、教学规律

列宁指出："规律就是关系……本质的关系或本质之间的关系。"① 只有真正把握了事物发展的规律，才能真正按照客观规律办事。我国哲学家艾思奇（1910—1966）指出："一切物质②的运动、发展过程都具有某种一定不移的基本秩序，这就是物质本身所固有的本质的、必然的联系，就是物质运动的规律性。"③ 教学过程有其内在的规律性，这种规律性存在于教学过程的构成要素的关系中。所谓教学规律，就是教学过程中的内部联系或本质联系。

（一）教与学的辩证统一

教学过程是教师和学生共同活动的过程，是"教师教"和"学生学"的矛盾统一过程。在教与学的辩证关系中，首先，学生既是学的主体，又是教的对象。一方面，学生有一定的知识和能力，能对事物做出一定的判断；另一方面，他们的知识储备和生活经验还不十分丰富，缺乏独立思考和独立工作的能力。其次，教师既是教学者，又是教育者。一方面，教师肩负着贯彻教育方针、政策，为国家培养合格人才的重任；另一方面，教师应该教授给学生知识、培养学生的能力。

教和学是一个辩证统一的过程。掌握它们之间的辩证关系，处理并解决好这一对矛盾，需要我们正确认识教师和学生各自的地位及其关系。

首先，教师在教学活动中起着主导的作用。在教学过程中，教师只有将自己施教的意图转变成学生学习的意图，并且推动学生积极行动，才算实现了教师的主导作用。这种主导作用主要体现在两个方面：一是调动学生的主观能动性和创新精神；二是引导学生掌握科学的认识方法和方式。

其次，学生是参与教学活动的学习主体。学生的学习是一个非常复杂的认识活动。要完全地认识事物的本质，就必须经过思考作用，将丰富的感觉去粗取精、去伪存真、由此及彼、由表及里，形成概念和理论系统，从感性认识跃进到理性认识。毛泽东认为："认识的能动作用，不但表现于从感性的认识到理性的认识之能动的飞跃，更重要的还须表现于从理性的认识到革命的实践这一个飞跃。"④ 学生在参与教学活动中要经历两次飞跃：第一次飞跃是学生要真正掌握

---

① 《列宁全集》第五十五卷，人民出版社 2017 年版，第 128 页。
② 包括事物，如教学过程。——编者注
③ 《艾思奇全书》第七卷，人民出版社 2006 年版，第 584 页。
④ 《毛泽东选集》第一卷，人民出版社 1991 年版，第 292 页。

知识与技能，从而达到形成观点、发展智能、认识世界的目的，这次飞跃主要是从感性到理性（或理论）的转化；第二次飞跃是学生将学到的理论运用到实践中，即通过眼、耳、口、手和脑参与实践活动，这次飞跃实现了从理论到实践的转化。从这个意义来说，学生不仅是教学的对象，更是参与教学活动的学习主体。

最后，反对将师生关系对立起来的错误观点。在教学实践中，存在将师生关系对立起来的错误，这种错误有两种表现形式：一种是片面夸大和强调教师的作用，忽视或否定学生学习的积极性，将学生当作知识的"容器"；另一种是借口发挥学生的积极性、主动性，忽视或否定教师的主导作用，认为教学的中心是儿童，教师只是处于顾问的地位，结果导致教学质量下降。这两种错误情形都将给教学带来不良后果，必须坚决反对。

（二）直接知识与间接知识相结合

直接知识是个人通过直接参与实践活动而获得的知识；间接知识是从书本上或从他人那里获得的知识。直接知识与间接知识相结合，要求我们在教学中必须以间接知识为主，使直接知识与间接知识有机地结合起来。教学中的间接知识主要是以书本知识的方式呈现的，因此，教学要以书本知识为主。首先，书本知识是人类社会发展的必然产物。当人类社会发展到一定历史阶段时，社会经验、文化科学知识不再仅仅靠口授的方式来传递和继承，而是通过"文字"这一人类社会特有的工具进行传递和继承。对于青少年来说，学习书本知识是继承人类长期积累的大量精神财富的主要途径。学习以书本知识为主，既符合人类认识规律，也符合学生认识的特性。其次，教学是学生在教师的引导下，主要通过学习书本知识来认识世界的过程。学生学习的主要任务是通过学习书本知识，将人类积累的丰富成果接受过来，转化为自身的精神财富并形成能力，作为进一步认识世界和攀登新的科学高峰的"起点"。学生凭借阅读，运用逻辑思维，在教师的指导下可以有计划地、系统地、迅速地获得人类知识资源，从而成为进一步认识新世界的有力"工具"。

当然，对学生的发展来说，仅获得书本知识有一定的局限性。书本知识一般表现为概念、定理、规律和理论等，这些知识是他人通过直接实践得来的，而不是学生直接实践得来的。这一方面要求教师在指导学生学习书本知识的同时，要根据教学内容精心设计多样化的、有助于学生掌握理论知识的感性认识活动，从而引起学生感性经验的再现；另一方面要求在通过书本学习知识之外，还要参与生产劳动和社会实践活动。

（三）掌握知识与提高能力相统一

对掌握知识与提高能力的关系问题最典型的论争发生在实质教育派与形式教育派之间。实质教育派认为，教学的主要任务在于传授对实际生活有用的知识，有了知识，能力自然而然就发展了。形式教育派认为，教学的主要任务在于训练学生的思维形式，在教学中传授知识只是一种手段，目的是训练学生的思维。这两派都割裂了掌握知识与提高能力之间的辩证统一关系，其主张都是片面的。

在教学过程中学生既要掌握所学的知识，又要提高能力。知识和能力是既有区别又有联系的两个方面，两者是相互促进、相辅相成的。首先，掌握知识是发展能力的基础。知识是人类长期实践积累的成果，是人类智慧的结晶，它蕴含着丰富的智力因素和认识方法。这些智力因素和认识方法在面对现实问题时体现为各种能力。知识经验越多、越丰富，能力越能得以发展，理解新知识和解决新问题才能越容易。其次，提高能力有利于掌握知识。能力发展水平直接影响着学生掌握知识的进程。在教学过程中，学生若没有认识能力、理解能力，不进行一定的智力活动，则掌握不了所学的知识。最后，掌握知识与提高能力并非同步进行的，且发展不均衡。从知识的掌握到能力的发展是一个复杂的过程，不仅与掌握知识的多少有关，而且与掌握知识的质量、方法以及运用知识的态度紧密相关。在教学过程中，教师要运用启发式教学，不断地改进教学方法，引导学生学会独立学习，并能创造性地运用知识来解决理论和实际问题，以促进学生能力的发展。

（四）掌握知能与发展非认知因素相统一

知能是指知识和能力。知识和能力之间既有联系又有区别。在一定条件下，知识的学习能促进学生能力的提高，而在另一种条件下则可能不具有这种促进作用，关键是学习什么样的知识和怎样学习知识。"教育理论和实践证明，只有精确的、科学的、逻辑严密的知识才有较高的发展智能的价值。"[1] 因此，教师选择的教学内容，必须是科学的、有规律性的知识；在教学方法上，教师要重视多样化，让学生的多种感官都能得到发展，通过多渠道、多形式接受和迁移信息，更好地掌握知识和发展能力，并将二者结合起来。

为了使学生更好地发展，教学不仅要使学生掌握知识、发展能力，还需要重视对学生非认知因素的培养。非认知因素包括兴趣、情感、意志和个性等，它与认知因素相联系、相辅相成，是学生掌握知识、发展能力过程中必不可少的重要支持或条件。在教学知识、训练能力的过程中，教师要激发学生的学习兴趣，培养学生良好的道德情感，磨砺学生克服困难、解决问题的意志。只有这样，才能将掌握知能与发展非认知因素紧密结合起来，进而更好地促进学生的全面发展。

四、教学原则

教学原则是人们根据一定教学目的、遵循一定教学规律制订的指导教学工作

---

[1] 李秉德主编：《教学论》，人民教育出版社 1991 年版，第 82 页。

的基本要求。教学原则一般包括三个方面的含义：首先，教学原则是为实现教学目的服务的；其次，教学原则是对教学规律的认识和反映；最后，教学原则对教学内容、教学方法、教学组织形式的选择和运用起指导作用。

教学原则的规定必须依据教学规律，是教学规律的体现。它们的不同之处在于：教学规律是教学过程中各因素之间客观的、内在的、本质的必然联系；教学原则是人们主观地根据教育规律制订的，它反映了人们对教学工作的要求。教学原则是可以变化的。因为，随着人们对客观规律认识的深入，有些教学原则已经不能适应新的教学要求。目前用于指导我国教学的教学原则主要有方向性原则、循序渐进原则、因材施教原则和伦理性原则。

（一）方向性原则

方向性原则是指教学要以马克思主义为指导，以马克思主义的立场、观点和方法来选择教学内容，分析和理解教学内容，结合科学知识教学对学生进行社会主义核心价值观以及正确的世界观、人生观、价值观教育。贯彻这一原则要求做到以下两点：

1. 坚持教学的马克思主义方向

教师应该在教学中坚持按照马克思主义方向引导学生，贯彻落实习近平新时代中国特色社会主义思想，按照社会主义的培养目标设计和规范自己的教学，教师的教学指导思想、立场、观点、方法、态度要符合马克思主义的基本要求，从而使学生逐步形成正确的世界观、人生观、价值观。

2. 深入挖掘教材的社会主义思想性

马克思主义的方向性主要是正确发挥教材的社会主义思想性，对学生进行思想教育，培养学生良好的道德品质，达到教书育人的目的。教师必须遵循马克思主义的立场、观点和方法，应通过恰当的方式深入挖掘教材的社会主义思想性，使学生明确教学目的，调动学生与教师合作，认识每一具体目标的实现与总体教育目标达成的关系，最终完成教学任务。

（二）循序渐进原则

循序渐进原则是指教学要按照科学知识内在的逻辑顺序和学生认识能力的发展顺序进行。贯彻这一原则要求做到以下三点：

1. 要了解学科知识和学生认识能力发展的顺序

教师既要了解本学科与相关学科知识之间的内在联系，深入钻研本学科课程标准和教科书的逻辑体系，也要了解学生认识能力的发展水平和特点。只有了解这两方面的特点，并设计好恰当的顺序，才有可能循序渐进地开展教学工作。

2. 要坚持由近到远、由易到难、由浅入深、由简到繁地开展教学工作

贯彻循序渐进的原则，就应由近到远、由易到难、由浅入深、由简到繁地组织教学。由于教材内容有易有难、有浅有深，循序渐进不等于平均用力，教师在教学工作中必须分清主次，抓好重点和难点，有针对性地开展教学。

3. 要打好基础，培养学生系统学习的良好习惯

学习是个日积月累、由量变到质变的不断发展的过程，教师要帮助学生打好基础，不能急于求成。教师要注意学生知识掌握上的缺陷，引导学生及时予以弥补。

（三）因材施教原则

因材施教原则是指教师要从学生的实际出发，根据学生的个别差异，有的放矢地开展教学，使每个学生都能获得最优发展。贯彻这一原则要求应做到以下两点：

1. 要把握学生的学习特点，增强教学的针对性

每个学生的知识基础、学习方法和学习态度等情况不同，教师应该根据学生的学习特点开展有针对性的教学。对那些知识基础较好、智力水平较高的学生，教师可以恰当地提高难度和增加分量，以培养尖子人才。对那些知识基础差、智力水平较低的学生，教师要培养他们的学习信心，帮助他们纠正缺点和弥补不足，使他们能够掌握基本的知识和技能。

2. 要把握学生的心智特点，增强教学育人的个性化

每个学生的兴趣、爱好、智力水平等不同，教师应根据学生的心智特点，增强教学育人的个性化。例如，对于兴趣广泛、爱好多样、智力超常的学生而言，在他们学会科学文化知识之外，教师应该提供更广泛的教学资源、创设更多的教学条件，培育其特长，发展其能力，实现其个性成长。

（四）伦理性原则

伦理性原则是指教师在教学过程中处理师生关系时，要遵循当代社会的伦理规范。教师要尊重学生，爱护学生，并通过以身垂范的言行赢得学生的尊重。贯彻这一原则要求做到以下三点：

1. 教师要尊重学生的基本权利

学生的基本权利包括人身权和社会权等。教师有正当的惩戒权和训育权，但是教师对学生的惩戒和训育必须遵循严格的人道主义原则，不能使用有违人道和人格尊严的方式，更不能以残害身体的方式来对待学生。

2. 教师要尊重学生学习的基本自由和权利

学生学习的基本自由和权利主要包括：学生有选不同课程的自由，学生有权提问，学生有权质疑教师的教学。教师要保护学生学习的积极性、提升学生学习的热情、相对平等地分配学生学习的机会、培养学生的问题意识。

3. 教师要正确对待学生的个体差异

教师应该尊重不同学生的个体差异，保障学生个性的充分发展，在促进学生

全面发展的同时，为每一个学生的个性发展提供更好的发展条件和空间。

第三节　教学设计与实施

教学作为一种重要的实践活动，只有在实践中才有生命力。要想实现教学的生命活力，就必须重视教学的设计与实施，主要涉及教学目标、教学内容、教学方法、教学组织形式、教学评价等内容。

一、教学目标

教学目标既是评价学生学习质量的重要依据，也是评价教师教学、学校办学质量的重要参考。

教学目标的分类

（一）教学目标的概念

关于教学目标的界定有很多种。我国学者普遍认为，教学目标是教师在教学活动开展之前预设并在教学过程中有效生成的结果，这些结果不仅包括可观察的外显行为，还包含内隐的情感、态度和价值观等内容。与教育目的、培养目标、课程目标相比，教学目标是更为具体、微观的概念，在整个教育目标体系中，处于最低层次，是教育教学活动所要完成的具体指标体系，具有很强的可操作性和可测量性。

（二）教学目标的功能

教学目标是整个教学活动系统的起点和归宿，它支配、调节和控制着整个教学过程，统领着教学系统的其他各要素。教学目标主要有导向、激励、评价和聚合等功能。

1. 导向功能

教学目标对整个教学活动具有指引、导向功能。教学目标在一定程度上影响教学设计的方向，调控教学进程，使师生在教学过程中排除一些无关刺激的干扰，集中注意力和保持积极的热情进行教学活动。

2. 激励功能

教学目标能够激发教师教和学生学的积极性、主动性。教学目标使教师的教有了追求，同时使学生的学有了动力。但是，并非所有教学目标都有这样的功能，只有当教学目标被教师、学生真正理解、接受，并在一定程度上满足了他们的需要的时候，教学目标才会发挥其激励功能。

3. 评价功能

教学目标是衡量教学效果的标准，它既是教学活动的起点，也是教学活动的终点。教学活动的效果是以教学活动在多大程度上实现了教学目标作为标准的。

4. 聚合功能

教学目标能对教学系统内的其他要素进行优化、组合、协调，使教学系统发挥最佳的教学效果。教学目标是整个教学系统的核心，教师、学生、教学内容和教学环境等都是为实现教学目标服务的。因此，对于教学系统的其他各个要素而言，教学目标具有聚合的功能。

（三）教学目标设计

教学目标设计的水平是教师教学基本功的重要体现。对于教师而言，科学、合理地设计教学目标，包括每节课的课时目标，绝非易事。教师不仅需要明确教学目标设计的依据，而且需要懂得教学目标设计的一般步骤。

1. 教学目标设计的依据

教学目标设计的依据主要有学生发展、教学内容和社会需要三个方面。

学生发展。学生发展是一切教学活动的出发点和最终目标，是教学目标设计需要考虑的首要因素。教学目标的设计要考虑学生发展的现有水平和潜在水平。学生发展水平可以从显性信息和隐性信息两个方面来考量。显性信息包括学生的年龄、性别、家庭背景、学业成绩等，可以通过查阅学生的基本资料获得。隐性信息包括学生的需要、兴趣、学习习惯、已有知识结构、人际关系、未来发展潜力等，可以通过测量、课堂观察、访谈等方法获得。教师只有与学生建立良好的信任关系才能获得真实有效的隐性信息。

教学内容。教材（包括教科书和教辅材料等）是教师在设计教学目标时必须考虑的关键因素。在设计教学目标时，教师必须仔细研读课程标准和教科书，并参阅教辅材料。教科书是教学内容的主要呈现载体。教师在使用教科书时应该树立"用教科书教，而不是教教科书"的观念。教师需要明确，教科书只是可供选择的教学资源，课程运行中的真实教学内容是师生在教科书资源基础上共同合作生成的。

社会需要。社会需要是教师设计教学目标时必须考虑的重要因素。教学活动与社会需要之间有着相互联系。一方面，社会需要对教学系统提出各项要求，要求教学培养出适应社会发展的人才。另一方面，在推动社会发展的同时，教学活动培养的人才向社会需要提出更高的目标。因此，教师在制订教学目标的时候，需要对社会需要做整体分析。

2. 教学目标设计的步骤

设计教学目标可以分为四个步骤：起点分析、任务分解、目标确定、目标表述。

起点分析。教学目标是对预期的学习成果的要求，而不是对教师教学行为的描述。因此，设计合适的教学目标，必须对学生进行分析。学生的已有知识、经验、技能和能力是教学的起点。分析教学起点，有助于确定有效的教学目标，提高教学的有效性。教学起点的确定需要从两个方面对学生进行分析：首先分析学生的个体特征，包括学生个体的学习习惯、兴趣、方法和态度的特征和水平等；其次分析学生的社会特征，包括学生群体的成熟程度、班级水平、心智发展水平等。教学起点过高或过低，都不利于教学目标的达成、教学效果的提高。

任务分解。任何教学目标的确定，都是以一定教学任务或教学目的为依据的。不同层次的教学目标确定是对教学任务自上而下分析的结果，是一个不断具体化的过程。教学任务是通过不同层次的教学目标来体现任务分解的。一般说来，教学任务可以分为培养任务、年级教学任务、单元教学任务、课时教学任务。其中，单元教学任务是教学任务的中间一环，作用比较特殊：相对于年级教学任务而言，单元教学任务较为具体；相对于课时教学任务而言，单元教学任务则较为抽象概括。课时教学任务是最为具体的任务。

目标确定。教学目标是课堂教学的核心，围绕核心素养回答学什么、为何学、怎么学、学得如何的问题。教学目标是课程理念落地的关键，是教学设计、教学活动组织、教学效果评价的基点。学科核心素养落地需要挖掘每一节课的学科核心素养教学价值并在教学中加以实现。基于学科核心素养的教学目标，需要分析学科核心素养各维度达成所需要的具体课堂条件：一是通过本节课学习，学生需要掌握哪些知识、概念和原理，需要获取哪些技能、方法和策略；二是哪些教学活动可以使学生获得这些知识和技能等，进而提升学科某一维度的素养；三是哪些配套的教学资源对于充分达成学科核心素养的要求是最合适的；四是哪些学习内容是符合课程标准要求的，是中考或高考的重点内容，这些学习内容在实现育人价值过程中有什么作用。

目标表述。在具体的教学目标表述中，应该根据不同的教学目标类型选择不同的教学目标表述方式。一般来说，课堂教学目标可以分为知识技能目标、体验性目标、情感态度性目标。知识技能性目标适合使用 ABCD 法：A 为 audience，学习者；B 为 behavior，行为；C 为 condition，条件；D 为 degree，程度。换句话说，就是谁在什么条件下做了什么，以及做到什么程度。体验性目标主要是针对内心活动过程或参与活动过程中的感受而言的，可以参考使用了哪些行为动词来判断。情感态度性目标主要是针对内心活动后或参与活动后的观点、态度倾向等，依据的是使用了哪些行为动词来判断。与三维目标表述不同，学科核心素养教学目标的表述体现为更为宏观的层面。这里以物理学科单元教学目标设计和语文学科课时教学目标设计为例来说明（见表8-1和表8-2）。

表8-1 高中物理必修2"机械能"单元教学目标设计之一①

物理观念	单元教学目标
大概念：机械能 含义：运动的物体具有动能。高处的物体具有重力势能。动能和势能的总和叫作机械能。动能和势能可以相互转化，满足一定条件下，转化过程中机械能守恒 下位概念：动能、重力势能、机械能守恒	1. 认识物体由于具有速度而具有动能，速度改变，动能发生改变。理解动能改变与外力做功的关系。会运用动能定理分析实际问题 2. 认识物体与地球相互作用而具有的能量，理解重力势能与相对高度有关，理解重力势能变化与重力做功的关系 3. 知道动能与重力势能之间相互转化，知道机械能是动能和势能的总和，领会动能与重力势能相互转化过程中机械能守恒的条件 4. 会运用机械能守恒定律解决实际问题

由表8-1呈现的教学目标可知：单元教学目标表述首先是提炼出大概念（在学科领域中最精华、最有价值的学科内容，即学科内容的核心）的基本含义，进一步分析支撑本单元这一大概念的若干下位概念，最后可以结合布卢姆的认知领域教育目标分类法，翔实地描述下位概念的教学目标。

表8-2 初中语文七年级上册《散步》一文的课时教学目标设计之一

核心素养目标	课时教学目标
审美鉴赏与创造	通过选文中不同人（叙事视角）面对道路选择的分歧，体现了不同人对家庭的爱和责任

由表8-2呈现的教学目标可知：学科核心素养的课堂教学落地要回归学科本质。通过学科核心概念的学习，实现培养学生的学科核心素养的目的。表8-2中的"叙事视角"，即为语文学科核心概念。通过分析文本，归纳出学科核心概念——叙事视角。在这个过程中培养学生"审美鉴赏与创造"这一学科核心素养。

二、教学内容

（一）教学内容的含义

教学内容是教师和学生进行教学活动的重要介质，也是学生认识和掌握

---

① 高洁、潘苏东、陈刚：《指向核心素养的物理教学目标设计理念》，《课程·教材·教法》，2018年第12期，第100—104页。

的主要对象，其表现为各门学科的事实、概念、原理和观点等。一般来说，教学内容有广义和狭义之分，广义的教学内容是用于教学的各种内容；狭义的教学内容是在一定的教学价值观及相应的教学目标指导下，对有关知识经验的事实、概念、方法、原理和价值观等进行选择而构成的知识体系。从载体来看，教学内容的主要载体是教科书。从形态来看，教学内容主要是书本知识，是根据教学目标、学生年龄特点而精心选择的特殊知识系统。从类型来看，教学内容分为静态的教学内容和动态的教学内容。静态的教学内容表现为教科书中的内容；动态的教学内容是发生在教师和学生共同参与教学活动中的内容。

（二）教学内容的功能

教学内容的功能是由教学活动的目的决定的。换言之，教学活动有什么目的，教学内容就有哪些功能。一般来说，教学内容的功能主要有：呈现学科知识，传承人类文化，促进社会发展，利于学生发展。

1. 呈现学科内容

学科知识是教学的主要内容。教学内容来源于人类长期积累的知识，教学的主要任务是将经过系统化的知识呈现给学生，成为学生学习的重要对象。

2. 传承人类文化

教学活动的主要内容是人类文化。人类文化的传承途径很多，但教学活动是向年轻一代传承的最主要的方式。人类文化的存活、发展需要年轻一代对人类文化的理解、掌握和运用。

3. 促进社会发展

教学内容既要与当下的社会生活相适应，又要为未来的社会生活做准备。未来的社会生活是人们对社会生活的一种期待。其方向、内容和方式是人们主动选择的结果。这种主动性主要是通过教学来实现的，而教学实现的载体在很大程度上是选择与使用的相应教学内容。

4. 利于学生发展

虽然人类优秀文化经验是学生自身发展的起点，但是学生个体发展需要个体的认识、理解，需要内化为教学内容的人类文化经验。只有这样，学生才能真正提高自己的认识能力，才能将自身转变为改造实践的工具和手段，甚至能够影响自身对现实世界和社会生活的看法和态度。

（三）教学内容的选用

教学内容的选用是开展教学活动的重要前提和基础。要将人类社会积累的各学科内容转变为学生需要的经验和知识要求，教学内容的选用必须经过严格的、精心的挑选。基于此，教学内容的选用应该遵循以下三大原则：

1. 社会发展的原则

教学内容应该帮助学生了解社会的真义、社会中个人的责任，注重培养学生履行个人责任的能力。教学内容的选用要重视社会的需要和发展方向，选用人类文化中的优秀成果，包括选用社会发展需要的科学知识成果。教学内容选用的这一原则重视了社会发展的需要，但容易忽视学生的本性，如兴趣和需要等，也容易忽视学习系统知识。

2. 系统知识的原则

教学内容必须有基础性和系统性。其中，基础性是指教学内容应该选用各门学科中能够体现本学科最基本、最核心的内容；同时，这里的基础性也体现为前一学习内容是后一学习内容的基础。系统性是指教学内容的选用要符合学科发展的基本规律；同时，这里的系统性必须注意逻辑系统的安排、注重文化的积累与传递。这一原则对于学科教学内容的选用最为适用，其注重学科知识本身的系统性，但忽视了社会发展的方向和要求，也忽视了学生的本性和成长的需要。

3. 兴趣和需要的原则

学生本身的兴趣与需要是教学内容选用的着力点。符合不同年龄段学生兴趣和需要的内容均可以作为教学内容，这有助于帮助学生个人实现其解决问题及发展个性的需要。教学内容的选用归根到底是为学生安排的。如果不符合学生的兴趣和需要，学生就会难以接受、理解，那么这些教学内容将是无效的。这一原则重视学生的本性，但容易忽视社会发展的方向和需要，也不容易学习系统知识。

以上教学内容选用的三大原则是一体的，是相互联系的。单独依据某一原则选用教学内容都是片面的。我们应该将社会发展原则、系统知识原则、兴趣和需要原则结合起来，找到教学内容选用的最佳结合点，实现教学内容选用的最优化。

（四）教学内容的转化

教材内容需要教师进行加工与处理后方可进入课堂，成为学生学习的课堂教学内容。这个过程也是静态的教学内容转化为动态的教学内容的过程。一般来说，这一过程包括四个环节，分别是理解、呈现、调适、反思。

1. 理解

理解是教学内容转化的第一个步骤。依照伽达默尔对"理解"的解释，这里将理解界定为教师带着先有、先知、先见，与文本和学生的视域交融。教材等官方文本在教师的理解下被设计成教学内容。理解是教师进行教学内容转化的开始，也是教师开展教学的基础。有了教师对教学内容的理解，才有基于理解的内容处理与加工，才有基于理解的课堂教学。

2. 呈现

教学内容的呈现是教学内容从教师的理解到学生的理解转化的过程。只有将理解后的内容呈现给学生才能实现由教师的理解向学生的理解的转化。教学内容的呈现是教师运用类比、比喻、举例、演示、解释等多种教学表征的方式，在教师的理解和学生的理解之间建立联结。

3. 调适

在课堂教学中，教学内容并不是一成不变的，而是随着教学情境的变化、学生的反应状态等动态生成的，故教学内容的课堂转化是需要不断调适的。教学内容的调适是教师在课堂中因学生、特定情境对教学内容所做出的调整或删减，是教师在面临问题情境时凭借教育直觉、教育感知力等所做的瞬间决策，是一种智慧性行动。

4. 反思

教学内容的转化不会随着课堂教学的结束而结束。在教师对整个教学过程的不断反思中，教师对教学内容的理解会发生变化，可能会在总结中强化某种理解，也可能会在批判中产生新的理解。伴随着教师的反思，教学内容的转化也会再次发生。

三、教学方法

教学方法是教学的客观规律和原则的反映和具体体现，是教学过程的重要组成部分。在教学过程中，只有运用恰当的教学方法，才能实现教学目标和任务，进而促成教学系统的整体功能实现。

（一）教学方法的定义

教学方法是指师生为完成一定的教学任务而在共同的教学活动中采用的手段，既包括教师教的方法，又包括学生学的方法。教学方法源自人类教学活动的实践经验，随着人类教学活动的出现和不断发展而逐渐产生、发展，并逐步走向系统化和科学化。教学方法是一线教师非常关注的一个问题。

关于什么是教学方法，有几种具有代表性的观点。苏联的达尼洛夫（1899—1973）等学者认为："教学方法是指教师的工作方式和由教师领导的学生的工作方式，借助于这些工作方式，可以使学生掌握知识、技能和技巧，还可以形成他们的共产主义世界观和发展他们的认识能力。"[1] 日本有学者认为："在教学情境中，教师和学生的这种为了教与学而展开的活动方式谓之教学方式。在这里，着

---

[1]　［苏］达尼洛夫、叶希波夫编著：《教学论》，北京师范大学外语系 1955 级学生译，人民教育出版社 1961 年版，第 284—285 页。

眼于教师的活动方式谓之教授方式；着眼于儿童的活动方式谓之学习方式；着眼于师生之间的相互作用方式谓之教授·学习方式或学习指导方式。所有这些，总称为教学方式。"① 我国学者王策三认为，教学方法是为达到教学目的、实现教学内容、运用教学手段而进行的，由教学原则指导的一整套方式组成的师生相互作用的活动。② 李秉德认为，教学方法，是在教学过程中，教师和学生为实现教学目的、完成教学任务而采取的教与学相互作用的活动方式的总称。③

虽然中外学者对教学方法的界定不尽相同，但也有其共同点：教学方法指向实现教学目标；教学方法体现了教学活动的双边性，既包括教师教的方法，也包括学生学的方法；教学方法由一系列教学方式组成，既有教师教的方式，也有学生学的方式。

（二）我国常见的教学方法

1. 讲授法

讲授法是教师通过口头语言的形式向学生系统传授知识、促进学生发展的方法。讲授法是学校教学中最为常用的一种教学方法。讲授法可分为讲述、讲解、讲读、讲演等不同形式。讲述是教师对某一事件或事物进行叙述或描绘。在讲述法中，教师运用简明生动的语言，叙述事件发生、发展的过程，描绘所要学习的材料，使学生易于理解和记忆。讲解是教师向学生解释、分析、论证概念、原理、规律和公式。讲解广泛应用于各科教学之中，尤其在数学、物理、化学等学科中应用最广。讲读是综合运用讲、读、练的教学方法。这里的"讲"是指词汇解说、课文讲解，"读"是指朗读、默读、复述、背诵。讲演是教师就某一专题进行首尾连贯、相对完整的论述，中间不穿插或很少穿插其他活动。讲演主要用于中学高年级和高等院校的教学。在中小学的实际教学活动中，常常会综合运用讲述、讲解、讲读三种方式，只是根据学科特点、教学内容的需要而有所侧重。

讲授法一直是我国班级授课制的主要教学方法。有些人认为讲授法是一种注入式教学而对其加以否定和排斥，有时甚至出现对其全盘否定的批判，这给教学实践带来了危害。其实，讲授法是一种有效的教学方法，它具有节省时间、便于表达抽象概念、重视知识的逻辑和分析思维等优势。当然，它也有不足之处，如很难关注学生的个别差异、不利于学生主动探究能力的培养等。因此，在具体教学情境中，教师应将讲授法与其他教学方法结合起来使用。

---

① ［日］筑波大学教育学研究会编：《现代教育学基础》，钟启泉译，上海教育出版社 1986 年版，第 280—281 页。

② 王策三：《教学论稿》，人民教育出版社 2005 年版，第 244—245 页。

③ 李秉德主编：《教学论》，人民教育出版社 1991 年版，第 197 页。

2. 问答法

问答法又称谈话法，是教师根据学生已有的知识经验提出问题，通过师生问答或谈话的方式，引导学生获得知识的方法。问答法可分为启发性问答、复习检查性问答、指导总结性问答三种方式。启发性问答通过向学生提出相互连贯的问题，引导学生运用已有知识对当前事物、现象进行观察，探求新知识，这种方式主要用于传授新知识。复习检查性问答是根据学生已学内容提出问题，达到复习和检查的目的，这种方式主要用于巩固旧知识。指导总结性问答则是多在参观、实习、实验前后进行，使学生明确活动目的、内容，回答学生疑问，并进行活动总结。

3. 讨论法

讨论法是让学生围绕一个中心问题进行集体谈论、对话的一种教学方法。通过这种方法可以使学生明辨是非、互相学习、共同提高。讨论法可以单独运用，也可以与其他教学方法相结合运用。讨论法可分为全班讨论、小组讨论、整节讨论、短时讨论。在教学中，对一些重要的、学生不易理解的基本概念、基本原理，学生感兴趣的热点问题、有争议的问题，组织学生展开讨论，能激发学生的学习兴趣，开发学生的智力潜能，提高教学质量。

4. 练习法

练习法又称作业法，是在教师指导下，学生运用知识完成一定的操作性训练，以形成技能、技巧的方法。练习法是一种基本方法，几乎所有学科、各个学段的学生都可以使用。在教学实践过程中，练习法可分为心智技能练习、动作技能练习、行为习惯练习三种形式。心智技能练习主要用于训练阅读、作文、运算技能等；动作技能练习包括身体锻炼、实验、实际操作等；行为习惯练习主要用于训练卫生习惯、礼仪行为习惯等。

5. 演示法

演示法是教师在课堂上通过展示各种实物、直观教具或进行演示实验使学生获得知识的方法。根据手段和种类不同，演示法可分为三种情况：一是运用实物、标本、模型、图片、照片、图画、地图进行的演示，目的在于使学生获得对某一种事物或现象的感性认识；二是运用幻灯片、录像、录音、教学电影、网络视频等进行的序列性演示，目的是使学生了解事物或现象发生变化的过程；三是在音乐、美术、体育与健康、信息科技、劳动等课堂教学中进行的演示，目的是使学生掌握规范的动作或操作，同时获得相应的学科知识，发展学生的能力等。

6. 实验法

实验法是在教师指导下，学生利用一定的工具、仪器进行独立作业，观察事物或现象的产生和变化，以获得知识、培养技能的教学方法。在自然科学学科教学中，实验法运用比较广泛。它多用于实验室教学中，有的也可以在教室中使用。教学中的实验主要分为教师演示实验和学生实验。学生实验可以分为验证性实验和探究性实验，个人实验和小组实验。

7. 读书指导法

读书指导法又称阅读指导法，是指教师指导学生阅读教科书、其他图书或相关资料，进而获得知识的方法。这种方法可以使学生深入理解和牢固掌握知识，培养学生的阅读能力和习惯，进而提高学生的自学能力。读书指导包括指导阅读教科书和指导阅读课外资料。

8. 情境教学法

情境教学法是指教师在教学过程中有目的地创设一定的情境，引发学生情感体验，从而帮助学生更好地理解文本并使学生的心智获得发展的教学方法。这种方法的核心是激发学生内心的情感体验。情境包括直接情境和间接情境两类。

9. 探究教学法

探究教学法是指学生在教师的支持和帮助下，主动发现问题，寻求问题解决的方法。探究教学法的目的在于通过递进式的系列问题、周密的教学过程，使学生明确相关的知识概念，培养学生客观的处事态度，独立的分析问题、解决问题能力和正确的价值观。布鲁纳是探究教学的重要代表人物之一。他认为，求知是一个过程，学生应该是知识的主动探索者，而不是简单的知识接受者。

依据教师在探究过程中的角色不同，探究教学法可以分为指导式探究法和非指导式探究法。指导式探究法是教师在学生探究之前或探究过程中给予指导和引导，然后学生再实际进行探究并达到解决问题的目的。非指导式探究法是在探究过程中，学生自己决定所需要收集的资料，通过整理、分析，自行解决问题，教师在整个教学过程中不给予任何的指导，只是处于一种协助者的地位。值得注意的是，这种非指导式探究法并非适合于所有学生。

10. 案例教学法

案例教学法是通过对一个具体的教育教学情境的描述，引导学生对这种情境进行讨论的教学方法。它引导学生经历获得答案的思维过程，不是直接传授给学生某个真理，而是通过对一个个具体案例的讨论与思考，侧重激发学生的创造性潜能，从而提高学生认识问题、解决问题的能力。

11. 项目教学法

项目教学法是师生通过共同完成一个完整的项目而进行的教学活动。在项目教学法中，师生采用小组合作的方式共同制订计划，分工合作完成整个项目。

12. 任务驱动教学法

任务驱动教学法是教学内容隐含在一个或若干个学习任务中，在教师的指导下，学生通过自主探索、合作互动找出完成任务的方法，并通过任务的完成实现建构意义的教学方法。这种教学方法以完成学习任务为教学活动的中心工作。

13. 思维导图教学法

思维导图教学法，也称头脑风暴教学法，是教师引导学生就某一课题自由发表意见，并对其意见的正确性不作任何评价的教学方法。思维导图教学法是一种用最短的时间获取更多思想、更多观点的教学方法，目前在中小学课堂教学中常被使用。

四、教学组织形式

教学是一种有目的、有组织、有计划的活动，教学活动发生在一定时间和空间中，以一定的组织形式进行。教学组织形式是教师和学生为完成特定的教学任务而按照一定要求组织起来进行活动的结构。了解教学组织形式的类型及影响教学组织形式选择的因素，有利于优化教学系统，提高教学质量。

（一）教学组织形式的主要类型

教学组织形式经历了一个不断演变的过程，例如，夸美纽斯提出了班级授课制，我国创建了京师同文馆等，后来教学组织形式又出现了道尔顿制、文纳特卡制、特朗普制等。目前，教学组织形式的类型主要有以下几种：

1. 班级授课制

班级授课制是将一定数量的学生按照年龄或知识掌握程度编成固定的班级，根据周课表和作息时间表安排，教师有计划地给全班学生上课的一种集体教学形式。它是我国学校教学的基本形式。

班级授课制具有以下基本特征：（1）从班级人数来看，按年龄或知识水平将学生编班，每个班的人数比较固定，通常是 30～50 人。现在的班级人数出现两种趋势：一种是大班额；另一种是小班化。（2）从教学内容来看，教学分学科进行，每节课用于某一门特定学科的教学。有的学校（尤其是幼儿园和小学）采用全科制，一名教师担任该班所有学科的教学工作；有的学校采用分科制，分别由不同学科教师任教。（3）从课时安排来看，教学在规定的课时内进行，每门学科的总课时数、学年课时数、周课时数，一般根据固定的课程计划来确定。每节课的时间可以是 50 分钟、45 分钟或 30 分钟不等。有的学校采用统一的和固定的课时安排，有的学校采用弹性课时制，课与课之间有一定的间歇用于休息。（4）从教学场所来看，班级授课一般在教室、实验室中进行，较为固定。课堂中的座次也是相对固定的，但学生座次安排可采取不同的形式，如秧田式、圆桌式、马蹄式和会议式等。

班级授课制的优点和缺点都很突出。其优点在于：可以同时面对较多学生进行教学，扩大教学规模，提高教学效率；有利于发挥教师的主导作用，有利于教师系统地传授科学文化知识、进行教学检查和教学管理。其缺点在于：学生的独立性与自主性受到很大限制，不能很好地照顾学生个性的发展。

2. 个别教学

个别教学是一种与集体教学（或称"班级教学"）相对的教学组织形式，是教师对学生分别进行个别指导的教学。家庭教师、私塾先生的教学活动，一般都是采用个别教学的组织形式。在学校班级授课制度中，狭义的个别教学又称"个别辅导"，是在课堂教学的基础上，教师针对不同学生的实际情况进行个别辅导的一种教学组织形式。以整个班级为对象的课堂教学，是以学生的共性问题为出发点的，遵从学生整体认知特点。但在现实教学活动中，每个学生对问题的理解和掌握程度是不同的，兴奋点、疑难点也各不相同，这就需要教师针对学生的特殊性进行个别辅导。

教师进行个别辅导应该注意以下四点：（1）个别辅导是针对个别学生进行的指导，而不是通常的班级授课，也不能搞成课堂教学中的分组教学。（2）个别辅导是以学生自己独立学习为基础的，学生自己发现问题，只有在独立完成有困难的情况下，才求助于教师。（3）在个别辅导的过程中，不仅要帮助学生解决知识、技能方面的问题，而且要指导他们学会正确的学习和思考方法。（4）平等地对待学生。个别辅导可以有针对性，如专门针对学习能力较差或有特长的同学，但需要平等对待每个学生，对学生提出的问题都应尽量予以回答，不要有所偏向。

3. 复式教学

复式教学是班级授课制的一种特殊形式，就是把两个或两个以上年级的学生编在一个班里，由一位教师在同一节课里，针对不同年级的学生，采取直接教学和自动作业交替的办法进行教学的组织形式。复式教学是由于一定地区的教学条件和经济条件落后或不平衡而产生的，它有利于这些地区的教育普及。目前，我国仍然有一些农村地区、民族地区和边远地区在采用复式教学。

4. 现场教学

现场教学是与课堂教学相联系的一种教学组织形式。它不仅是课堂教学的必要补充，而且是课堂教学的继续和发展。现场教学是在自然和社会现实活动中进行教学的一种组织形式。根据现场教学的目的和任务，可以将现场教学分为两种类型：一种是根据学习某学科知识的需要，组织学生到有关现场进行教学；另一种是学生为了从事某种实践活动，到现场学习有关的知识和技能，如劳动教育、汽车维修等。

5. 分组教学

为了弥补班级授课制的不足，出现了一种辅助的教学组织形式——分组教学。分组教学是教师将班内学生分为若干小组进行教学。分组教学分两种情况：一种是根据教学任务临时分组。例如，在观察、实验和讨论问题时，教师将4～6个学生分为一个小组，任务完成，小组也就自动解散了。另一种是根据能力分组。教师将学生按智力、能力和学习成绩分为若干小组。这种小组一般比较稳定，不允许轻易转组。在教学中，教师除了全班授课外，还对各组分别布置任务并予以不同的指导：对学得较快的小组补充一些较深的内容；对学习较慢的小组布置一些较浅的作业，帮助他们解决学习过程中的一些困难。

6. 走班制

走班制是指学生根据教学活动中预先制订的学习计划和自己的兴趣愿望，以"走班"为形式，"流动"到自己需要的班级进行学习的一种组织形式。走班制这一教学组织形式为因材施教、个性化培养提供了一个实践的平台。目前，走班制有三种不同形式：第一种是学科教室和教师固定，学生流动上课，即固定教室和教师，学生根据自己不同的能力水平、发展趋向进行流动上课。例如，拓展类、研究类的课程，学生可根据自己的需要或选择进行流动上课，部分学生可以跳科、跳级，甚至免修等；部分学科教师可以挂牌讲课等。第二种是实行大、小班上课的多种教学形式，即讲座式的短线课程实行大班额授课，研究类的课程实行小班制，通过不同年级、班级学生的组合进行合作学习。第三种是小组合作学习的方式。这种方式不仅体现在课堂教学中，也体现在学生的自主管理、社团活动等德育课程中。

实践证明，走班制可以提高学生自主学习的积极性、提升学生的自信心，有助于培养学生正确评估自己、做出正确选择的能力。当然，走班制目前在实施中还存在一些问题，需要进一步探索和完善。例如：学生选择层次的依据是什么？如何制订标准？如何处理分层与高考之间的关系？等等。

（二）影响教学组织形式选择的因素

在教学活动中，采用什么样的教学组织形式，需要教育工作者进行合理的选择。影响教学组织形式选择的主要因素有以下四个方面：

1. 教学内容

教学内容的广度和深度影响教学组织形式的选择。一般来说，教学内容越广、越有深度，要求采用的教学组织形式就越多样化和综合化；反之，可以采用单一的教学组织形式。

2. 课程的性质和结构

在教学过程中，是通过书本知识进行学习还是通过实际操作进行学习，是采用学科课程还是活动课程，这些都将影响教学组织形式的选择。课程的结构也影响教学组织形式，分科课程和综合课程一般需要采用不同的教学组织形式。

3. 师生比

师生比越大，越有利于小班化教学和个别化教学；反之，则更需要采用大班额教学的组织形式。还有一些学校，由于师生比太小，学生年级分布多，出现了特殊的教学组织形式，如复式教学。

4. 物质资源状况和教学技术的进步

物质资源状况是指学校拥有的教学场所、仪器、设备、教具以及教学材料等。物质资源缺乏会制约教学组织形式的选择。随着教学技术的进步，学校可以采用先进的现代化教育技术手段辅助教学。技术手段落后，则无法使用远程教学或者多媒体教学等人机直接对话的教学组织形式。

五、教学评价

教学评价是教学实施的一个重要组成部分，对整个教学活动具有不可或缺的作用。教学评价要坚决克服唯分数、唯升学等顽瘴痼疾。

（一）教学评价的内涵

教学评价就是评价主体在对教学的事实材料进行描述和把握的基础上，依据一定标准对教学活动的整体或局部进行价值判断的过程。可见，教学评价由评价主体、评价对象、评价内容、评价标准等基本要素构成。教学评价主体包括教育行政人员、教师、家长和学生。评价对象是学生和教师、学生学业成就、学生课堂表现等。评价标准是对教学现象进行价值判断的一个重要依据。在教学实践中，评价标准是多样的。

（二）教学评价的类型

教学评价依据不同的标准可以有不同的分类，这里介绍五种主要的分类方法。

1. 依据评价主体不同，可以分为他评和自评

他评就是非评价对象作为评价主体对评价对象的评价。例如，就教师教学质量评价而言，他评主要是学校、家庭和社区代表对教师授课质量进行评价。他评作为一面镜子，可以从外部反映评价对象的客观情况。

自评就是评价对象作为评价主体对自我进行的评价。自评的过程一般是内隐性的，如通过反思、自查等方式进行，但有时也是外显性的，如给自己的教学工作评分，给自己的思想品德写自我鉴定等。从社会称许性的角度来说，个体在自我评价时会以社会认可的方式做出评价反应，从而使自己看起来更适合社会需要，所以自我评价的结果往往不如他评结果可信。

2. 依据评价标准不同，可以分为相对评价、绝对评价与个体内差异评价

相对评价是在评价对象的群体中确定一定的评价标准，然后利用这个标准来评定每个评价对象在群体中的相对位置的评价。其特点在于，标准源于该群体，也只适用于该群体，标准随群体变化而变化。智力测验就是一种常见的相对评价。

绝对评价是一种在评价对象群体之外，预定一个客观的或理想的标准，并运用这个客观的或理想的标准去评价每个对象的评价。其标准不受评价对象群体状况的影响，评价的结果只与对象自身的水平相关，和其所处的群体无关。绝对评价是一种在教学活动中广泛应用的评价类型，最为典型的绝对评价就是目标参考测验，如高中学业水平考试。

个体内差异评价是一种把评价对象个体的过去与现在进行比较，或者把个体的有关侧面相互比较，从而得到结论的评价。它以评价对象个体的自身状况作为参照系。

3. 依据评价作用不同，可以分为诊断性评价、形成性评价和终结性评价

诊断性评价也称前置评价，是在一门课程或一个学习单元之前对学习者的认知、技能和情感等方面进行的评价。诊断性评价的目的是了解和掌握评价对象的基础和情况，为制订教学措施做准备，为因材施教提供依据。因此，它可以在教学开始前进行，也可以在教学过程中进行。

形成性评价又称过程性评价，是在教学过程中，对教师的教学和学生的学习的动态状况进行的系统性评价，其目的是及时了解活动进程的效果，及时反馈信息，以便及时改正、调节。这种评价的结果主要用于改进工作，不注重区分等级。

终结性评价是在教学活动告一段落时，为了解并确定其成果而进行的评价。终结性评价有三个基本特点：在目标上，是对整个教学活动或某个重要部分所取得的较大成果进行全面的评定，并给学生评定成绩；在内容分量上，着眼于学生对某门课程整个内容的掌握，常常分量大而频率低；在测试内容的概括性上，概括性水平较高，题目多为知识、技能、能力等多种因素的综合。

4. 依据评价对象不同，可以分为教师教学评价和学生学习评价

教师教学评价是依据一定的评价标准，对教师教学工作的价值进行判断。教师教学评价要坚持把师德师风作为第一标准，突出教育教学实绩，强化一线学生工作。学生学习评价是对学生个体学习和发展质量进行事实判断和价值判断。学生学习评价要树立科学成才观念，完善德育评价，强化体育评价，改善美育评价，加强劳动教育评价。

5. 依据评价方法不同，可以分为定性评价和定量评价

定性评价是用分析综合、比较分类等方法对教学资料进行的质的分析，一般不用数据统计等手段进行分析，其主要形式包括书面评价和口头评语。定量评价是对收集的教学资料等数据资料通过数理统计、多元分析等方法进行的评价，其主要形式是百分制、等级制等。

在基础教育中，常用的学生学习评价方法有：学业成就测验、日常考查、专门调查测量和档案袋评价等。学业成就测验，就是通常说的考试，这也是最为常用的评价学生学业成就的方法。日常考查主要包括口头提问、作业、小测验等方式。专门调查测量更多的是评价学生学习的态度、习惯、能力和方法等，这种评价需要借助调查问卷、访谈提纲和各种量表等。档案袋评价，又称学生成长记录袋评价。它以档案袋为形式对学生进行综合评价，并描述学生的成长进步轨迹。

（三）教学评价的功能

1. 导向功能

教学评价、各种考试如同指挥棒一样指引着教育教学工作的方向和侧重点。这主要体现在：教师教学目标的确定、教学方案的设计都受教学评价的影响；教学评价对教学有着重要的引导作用，只有科学的教学评价，才能对教学活动加以正确的引导，从而促进教学终极目标实现，促进学生全面发展。

2. 诊断功能

通过教学评价，教师和学生不仅可以了解自己的教学和学习的进度以及变化，而且能够发现其中所存在的问题，进而及时调整教学进度，控制消极因素，选择教学资源，实现教学过程的最优化。

3. 反馈功能

教学评价的结果可以为评定教师教学状况提供重要的反馈信息，也可以为了解学生学习情况提供反馈信息。对于教师而言，教学评价的反馈信息有助于他们进行教学反思，找出自己工作上的不足，及时改进教学工作，提高教学质量。对于学生而言，教学评价有助于他们了解自己的学业状况。无论是肯定性的教学评价，还是恰当的否定性评价都有利于调动学生学习的积极性和参与性，有助于学生及时改正错误，提高自身的学习能力和学习成绩。

4. 管理功能

教学评价可以为教育行政部门客观地进行学校教学监督和管理提供依据，也可以为学校课程管理提供参考。教学评价的管理功能还体现在：通过对教师教的评价，可以更好地了解和认识教师的教学工作，为学校人员安排、优化教师队伍提供信息参考和依据；通过对学生学的评价，为学生的分组、分班等提供数据的支持和帮助。

总之，只有科学地运用教学评价，才能充分发挥教学评价的积极功能，避免其消极功能，从而提高教学的效益和效果，促进学生的健康发展。

第四节　教学工作的基本环节

一般来说，教学环节主要有备课、上课、布置与批改作业、课外辅导、学业成绩评定等。

一、备课

备课是指教师上课前的准备工作。备好课是上好课的先决条件，实践证明，是否认真备课将直接影响教学效果。备课主要是备课程标准与备教材、备学生与备教师、备教法与备学法。

（一）备课程标准与备教材

备课程标准与备教材就是钻研课程标准与教材，对课程资源进行有效整合。

课程标准是国家对一门学科教学的规定和要求，是教师备课的重要指导文件。只有钻研课程标准才能明确本学科的教学目的和任务，了解本学科的知识体系和基本内容以及教学基本建议。教材是教师授课和学生学习的主要依据。教师在备课时要熟练掌握教材的全部内容，了解全书的知识体系，把握各章节的重点、难点和疑点，充分理解教材的知识性、思想性和文化性。

课程资源整合主要包括筛选有效课程资源、开发与分析课程资源、优化和确定课程资源。只有将优化的课程资源整合到教学设计中，才能有效提高课程资源的利用率，才能调动学生的积极性，提高课堂教学的质量。

备课程标准与备教材具体包括四个方面：第一，备目标。教学目标设计要从单纯注重传授知识、技能转向教会学生学会学习、学会生存、学会做人的目标轨道上来。第二，备内容。教师要充分发挥自己的聪明才智、个性特长，优化教学内容，精心设计教学内容。第三，备意义。教师在备课过程中，要深刻挖掘课程内涵，品味和体会课程的含义，通过自己的研究和思考，提炼出自己的见解，升华为自己的意义。第四，备教材。教师在全面了解课程内容的基础上，对教学内容、教材特征、知识结构、技能要求等方面进行深入分析。

（二）备学生与备教师

备学生是指备课必须切合学生实际需要。教学的对象是学生，学生是发展中的人，因此，教师需要全面了解学生的情况。一方面，要了解学生原有的知识水平和接受能力，以及学生的兴趣、动机、爱好、思想状态、学习方法、习惯等。

另一方面，要正确分析并预测学生学习新知识可能遇到的困难、问题或疑惑，准备采取哪些措施进行矫正和改善等。

备教师就是要求教师本人要具有强烈的自我反思意识和自我反思能力。备教师是上好课的一个重要前提。因为教师在教学活动中起主导作用，是课堂的组织者和指挥者。

（三）备教法与备学法

教学是在师生互动中进行的。师生互动需要关注教师的教法和学生的学法。因此，教师在备课时必须关注教学内容的组织、课的类型的确定、每节课的活动安排、教学活动的开展、课堂作业的布置、学生学习方法的培养等。

二、上课

上课是整个教学活动的中心环节，是提高教学质量的关键环节。上好一堂课的基本要求主要有以下四个方面：

（一）以教学目标为指引

教学目标是一堂课的出发点和归宿。备课时预设的教学目标在上课时要根据教学的实际情况不断调整具体的阶段性目标，发现问题，及时反馈，从而保证教学目标的真正实现。

教学应该从整体上关注教学目标，但这并不是说每节课都必须固守预定的教学目标，而是要根据学科特点、教学价值追求、教学内容、学生实际和教学条件等，合理恰当地实施教学目标。

（二）用教科书教而不是教教科书

教学的根本目的是促进学生的发展。因此，教教科书不是教学的目的，教科书只是达成教学目标的重要媒介。传统的教学大纲强调，静态的教科书是国家统一编写的，具有绝对的权威性；而现行的课程标准强调，教科书是重要的课程资源。教师只有在认真钻研教科书内容和深入了解学生的基础上，才能很好地去组织教学内容，选择恰当的教学方法，突出重点、难点，这个过程包括教师对教学内容的自我理解、自我转化和创造性构思。教师只有对学生进行全面了解，以教材和学生为依据，才能达到熟练运用教科书、用活教科书的目的。

（三）建立民主、平等的师生关系

新课程强调，师生关系是民主、平等的对话关系。民主就是要求教师创设民主的教学氛围。只有在民主的教学氛围中，学生的分析能力、表达能力、创造能力才能最大限度地发挥。只有在这种民主的教学过程中，学生的思维潜力才能得到挖掘，开拓创新精神才能真正得到培养。平等是指教师与学生在人格上的平等，并非知识与技能上的平等。师生人格平等关系强调淡化教师权威，倡导教师和学生平等的地位和权利，师生均作为独立个体参与教学活动，形成一种对话关系。

（四）注重教学过程的生成性

教学过程的展开不是预设好的，而是不断生成的。教学过程是在弹性预设的前提下，在教学的展开过程中由教师和学生根据不同的教学情境自主构建的过程。首先，生成是在教学过程中的生成。传统教学中的预设一般发生在教学活动开始之前，并且贯穿教学活动始终。生成则主要发生在教学活动之中，虽然它也需要教学之前的设计，但是教学前的设计只是生成的一般指导，具体怎样生成、生成的结果怎样等需要在教学过程中得以体现。其次，生成的主体是教师和学生。生成不是教师一个人所能完成的，需要教师和学生共同协作。再次，生成需要诸多因素的相互作用。生成不仅需要教师和学生，还需要生成的情境等因素的积极配合才能得以实现。最后，生成的过程是动态的。生成需要师生以及影响教学的诸多因素的相互作用，相互作用的过程是动态的。

总之，衡量一堂课的最终效果，归根结底要看学生是否获得了发展，在哪些方面获得了发展，获得什么程度的发展，通过什么样的方式和内容获得了发展。

三、布置与批改作业

作业，既有课堂作业，也有课外作业（或家庭作业）。学校要根据学段、学科特点及学生实际需要和完成能力，合理布置书面作业、科学探究、体育锻炼、艺术欣赏、社会与劳动实践等不同类型作业。鼓励布置分层作业、弹性作业和个性化作业，科学设计探究性作业和实践性作业，探索跨学科综合性作业。切实避免机械、无效训练，严禁布置重复性、惩罚性作业。

《关于进一步减轻义务教育阶段学生作业负担和校外培训负担的意见》

教师在布置作业时要注意作业的内容和分量，要对作业进行必要的指导，明确作业的目的、内容、形式、完成时间和步骤。

教师要认真、及时批改并讲评作业，对普遍性的问题要在课堂上集体辅导，对个别问题可以采用个别辅导的方式进行。

四、课外辅导

课外辅导是课堂教学的一种必要补充，是适应个别差异、实施因材施教的重要举措。课外辅导主要有集体辅导和个别辅导两种。教师在进行课外辅导时应注意根据不同学生确定不同的辅导内容和措施，处理好上课和课外辅导的关系，注意与被辅导学生的家长密切配合。

五、学业成绩评定

学生学业成绩评定是保证教学效果的重要手段，是学校教学工作的有机组成部分。目前，评定学生学业成绩的方式主要有考查和考试两种。考查常用的方法有课堂提问、作业、书面测验等。考试一般在单元结束、期中、期末和毕业时进行，常用的形式有口试、笔试和实际操作考试等。学生学业成绩的评定，一般采用百分制记分法和等级制记分法。

评定学生学业成绩的基本要求是：严格按照课程标准的要求，不出偏题、怪题；考试既要关注基础知识，也要关注基本技能，情感、态度与价值观以及核心素养等相关内容；注意考试的时间和次数；评定学生学业成绩应当公正、客观；考试后应全面客观地分析学生试卷，了解教学中存在的问题并及时分析找出对策。

第五节　国内外中小学教学改革

随着人类社会的不断进步，特别是哲学、社会学、心理学和信息技术的不断发展，国内外中小学的教学理论、教学实践也不断地涌现出新的成果。

一、我国中小学教学改革

在我国基础教育教学改革的实践中，教学目标、教学组织形式、教学方法、教学评价等都发生了重大变化。

（一）教学目标指向从"双基"走向"三维目标""核心素养"

长期以来，我国的基础教育一直强调"双基"，即基础知识和基本技能，注重学生知识的传授和技能的培养，从而使学生获得未来发展的基础。

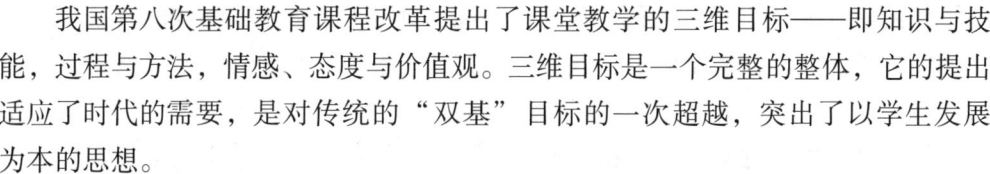

核心素养

我国第八次基础教育课程改革提出了课堂教学的三维目标——即知识与技能，过程与方法，情感、态度与价值观。三维目标是一个完整的整体，它的提出适应了时代的需要，是对传统的"双基"目标的一次超越，突出了以学生发展为本的思想。

核心素养是我国基础教育课程改革的重要方向。2014年3月颁布的《教育部关于全面深化课程改革　落实立德树人根本任务的意见》提出，"立德树人是发展中国特色社会主义教育事业的核心所在，是培养德智体美全面发展的社会主义建设者和接班人的本质要求"，将"研究制订学生发展核心素养体系和学业质量标准"作为着力推进改革的关键领域和主要环节。核心素养的提出，符合党的二十大报告中提出的"有理想、敢担当、能吃苦、肯奋斗的新时代好青年"的培养目标。具体来说，《普通高中课程方案（2017 年版 2020 年修订）》指出，普通高中的培养目标是进一步提升学生综合素质，着力发展核心素养；各科课程标准都制定了以学科核心素养为中心的课程目标。义务教育各科课程标准的指导思想包括聚焦中国学生发展核心素养，培养学生适应未来发展的正确价值观、必备品格和关键能力。

（二）教学组织形式从"单一"走向"多样化"

教学组织形式的改革是优化教学系统、提高教学质量的重要手段。我国最基本的教学组织形式是班级授课制。这种教学组织形式有利有弊。随着时代的进步，这种教学组织形式也在发生变化。首先，小班化教学的出现，使学生能得到教师更多的关注，有机会享受更优质的教育资源。随着一些地区生源萎缩，小班教学已经成为现实选择。小班教学能够很好地关注学生的个别差异，有效地实施个性化的教学。其次，课堂座位排列形式多样化。传统的秧田式不再是唯一选择，出现了马蹄式、圆桌式（20～25 名学生）、会议式、弧形、辩论形等座位排列方式。除了班级教学组织形式的改变外，随着现代教育技术的发展，我国部分地区出现了差异教学、分层教学、走班教学等新的教学组织形式。

（三）教学方法从以"灌输接受"为主走向以"探究实践+启发"为主

我国中小学教学方法的变革过程从以"灌输接受"为主逐步走向以"探究实践+启发"为主。以"灌输接受"为主的教学方法主要体现为讲述法、训练法等以讲练为主的具体教学方法，这些方法是最有效的落实"双基"目标的教学方法，主要用于传授学科知识和培养学生的基本技能。进入 21 世纪，我国中小学的教学方法开始从教师视角转成学生视角，倡导自主、合作、探究的新型学习方式。这一转变表明，教学方法从教师教的方法转向学生学的方法。《义务教育课程方案（2022 年版）》颁布后，我国中小学的教学方法进一步转变：教学方法不仅包括教师教的方法，还应该包括学生学的方法，而且教师教的方法要以学生学的方法为基础，从而形成了以"探究实践+启发"为主的教学方法，旨在通过"做中学""用中学""创中学"引导学生参与学科探究活动、建构和运用知识、体会学科思想方法。以"探究实践+启发"为主的教学方法主要分为实验探究教学方法和活动体验教学方法两种类型：实验探究教学方法是将理科学习与生活经验有机结合起来；活动体验教学方法则是用创设情境的活动体验来加强学生学习人文社会科学知识与现实生活的联系。此外，以"探究实践+启发"为主的教学方法还通过综合实践活动统整学科知识，通过跨学科主题实践深化对学科知识的理解和运用。

（四）教学评价走向"关注目标"与"关注价值"并重

随着教学改革的变化，教学评价也在不断变化。新课程改革以前，我国更关注教学目标达成度的评价，更加关注教学活动结果与预定教学目标的一致程度。目前，我国的教学评价除了关注教学目标达成度以外，还重视评价的价值。这是因为，过分关注目标达成度和教学实际效果，容易造成评价对象的窄化、对学生学业成绩的片面考查、对学生发展起着重要作用的非智力因素考量的缺失。这种片面的评价必然导致教师职业倦怠、学校管理主义倾向严重、教学正向价值和整体价值低效甚至无效。长此以往，容易违背学校教育的培养目标，导致对问题的认识、理解简单化，使教学陷入"科学主义"的不利境地。当然，过于关注教学评价的价值问题，不关注教学目标的实现程度也是不现实的。因此，教学评价应该逐渐走向"关注目标"和"关注价值"并重。随着教育改革的不断深化，教学评价更加强调改进结果评价，强化过程评价，探索增值评价，健全综合评价，并积极探索评价与新技术的融合，注重教、学、评的有机衔接等。

二、世界中小学教学改革

当今世界是一个多元的、开放的世界。这种多元、开放的特点对于学校教育教学的发展有着积极的作用，主要体现在教学内容的变革、教学组织形式的变革、教学方法的改革、信息技术引起的教学改革等方面。

（一）教学内容关注核心素养，注重对学生必备品格和关键能力的培养

当今世界教育普遍重视核心素养。围绕核心素养的课程改革符合世界教育改革的发展趋势。许多国际组织和国家开展或倡导的教育改革都聚焦核心素养的培育，关注培养学生适应终身发展和社会需要的必备品格和关键能力。经济合作与发展组织最早对核心素养进行了全面研究，在"素养的界定与遴选：理论框架与概念基础"研究中，用"核心素养"描述所有社会成员都应具备的共同素养中那些最关键、必要且居于核心地位的素养。该研究认为，核心素养表现为一个人能互动地使用工具、能在异质社会团体中互动、能自主地行动，具体包括生活与职业生涯技能，学习与创新技能，信息、媒体与科技技能。欧盟认为，终身学习的核心素养包括母语交流、外语交流、数学素养和科技素养、数字化素养、学会学习、社交与公民素养、主动与创新意识、文化意识与表达。联合国教科文组织（UNESCO）将核心素养划分为七大领域，分别是身体健康、社会情绪、文化艺术、文字沟通、学习方式与认知、数字与数学、科学与技术。美国、英国、法

国、德国、澳大利亚、新加坡、日本等国家也基于本国需要对核心素养框架进行了自己的阐述。如今，世界很多国家的教学内容改革都非常注重培养学生适应未来社会发展的必备品格和关键能力。

（二）教学组织形式的小班化和分层教学

根据学习者的自身条件和学习兴趣的不同、接受知识的方式不同，西方一些国家开始探索体现学生主体参与的教学组织形式，如小班化教学和分层教学。从目前世界各国的发展趋势看，西方国家一般将班级规模限制在 20～30 人。

分层教学是西方国家在教学组织形式上的一种微调。针对班级授课制下不同学生的学习风格的差异，如根据学生在学习时视觉、听觉和动手操作等方面的不同，将学生的课程由高到低划分为 A、B、C 三层，每一层代表某一级的学习水平和深度。学生则可以从教师所提供的多种学习任务和课程中进行自主选择。在英国，分层教学非常普遍，不仅在中学实施，在小学数学和科学课程中也常采用。

（三）教学方法的改革

教学方法的改革是当今世界各国在教育领域的又一改革重点。新出现的有影响的教学方法主要有案例教学法、项目教学法、行动导向教学法、模拟教学法、交际教学法等。案例教学法和项目教学法前已介绍，此处对行动导向教学法、模拟教学法、交际教学法进行介绍。

行动导向教学法以生活或职业情境为教学的参考系，遵循"为行动而学习"的原则。也就是说，学生以行动为学习的起点，并通过行动来完成学习。行动尽可能由学生自己独立计划、实施、检查、修订和评价。

模拟教学法是让学生在一种模拟真实情境的教学情境中，学习课程所规定的知识，从而锻炼自己能力的方法。这种教学方法通过项目教学、案例分析或者卡片展示等协作教学行为，使学生得到全面的锻炼，从而培养学生的专业能力、学以致用能力及问题解决能力等。

交际教学法强调在真实的生活情境中进行语言教学，改变传统上对词汇和语法规则的解释、理解和练习的教学模式。它常以小组为单位，围绕语言文化现象进行交流和讨论。

（四）信息技术引起的教学改革

21 世纪是一个高度信息化的时代。信息化影响人们生活的方方面面，就教育而言，信息技术与教育相结合已经成为时代发展的必然趋势。一些新的教学模式，如云课堂、翻转课堂、智慧课堂等，逐渐出现在中小学教学中。同时，随着人工智能技术的不断发展及其与教学过程的深度结合，智慧化的课堂教学正在迅速发展，智慧课堂不断涌现。我们只有对这些教学模式进行深入认识和把握，才能提高这些教学模式的有效性。

云课堂是基于云计算技术的一种远程教学形式，具有高效、便捷等特点。使用者通过互联网可以快速、高效地与他人分享语音、视频和数据资料。课堂使用中的相关数据是由云课堂服务商提供的。这种课堂中的主流资源存在三种形式：嵌入式、浮出式和弹出式。嵌入式是资源存放在网页之中待播放；浮出式是资源游离在网页之外待播放；弹出式是资源隐藏于网页之中，待点击后才用于播放。目前，云课堂已经出现很多模式，如云课堂·名师大讲堂、云课、云微课等。我国已有一些地方教育行政部门开发了云课堂平台。通过这类平台，可以实现学习时间自主化、学习空间扩大化；同时，可以培养学生发现问题、分析问题和解决问题的能力。不过，云课堂还有许多亟待完善的地方，如资源过于简单等。此外，学生缺乏自觉性、不会自主学习等也是云课堂平台实施过程中不得不考虑的重要问题。

翻转课堂通过对教学结构的颠倒安排，实现教学的个性化。与传统教学过程相比，翻转课堂要求学生先要在课前学习教师制作的教学微视频，完成对知识的初步理解，课堂上教师对学生的学习情况及时了解和反馈，有针对性地指导学生，共同解决问题、完成教学任务。翻转课堂的特点主要体现在以下三个方面：第一，翻转课堂使课堂知识传授与课外知识内化发生颠倒；第二，教学微视频成为教师与学生连接的新媒介；第三，翻转课堂是信息技术与教育教学的有机结合。

智慧课堂是以建构主义等学习理论为指导，以促进学生核心素养发展为宗旨，利用人工智能、大数据等智能信息技术构建的智能、高效的课堂。与以往的"知识课堂"相比，智慧课堂的学习环境具有个性化、情境化、智能化的特点。个性化学习环境是指在智慧课堂中，面对多元化的学习内容，学生可以进行自主式和个性化的学习。情境化学习环境强调的是在智慧课堂中，通过具体情境唤起学生新旧知识之间的互动，学生能够在具体的环境中进行分析和理解。智能化学习环境是在智慧课堂中，教师利用云计算、大数据、人工智能等新技术促进学生的学习。实现智慧课堂教学需要基于数据分析学生，注重教学情境的创设，挖掘合作探究活动，满足个性化学习需求，实现动态开放的课堂等若干教学策略。

思考题

一、名词解释题

教学　教学目标　项目教学法　教学组织形式　教学评价　智慧课堂

二、简答题

1. 简述教学的基本任务。

2. 简述主要的教学原则。

3. 怎样理解教学过程是一种特殊的认识过程?

4. 简述教学目标设计的依据。

5. 我国常见的教学方法有哪些? 各有什么优缺点?

6. 简述教学评价的类型。

三、论述题

1. 谈谈你对教学过程本质的认识。

2. 举例论述掌握知识与提高能力的关系。

3. 举例论述我国中小学教学改革的趋势。

四、材料分析题

前些日子我执教了《谁是最可爱的人》。因现场没有学生,我只好请听课的教师充当学生,并说"暂时委屈你们了"。教师们很兴奋,感觉很新鲜。我则觉得,这课上得应该很顺滑,因为教师们都教过这节课的。

然而事实出乎我的预料。第一个教学环节是概括三个故事:松骨峰战斗、火中救儿童、防空洞谈话。教师们并没有顺利、准确、精练地概括出来,而是有一个修正的过程。第二个教学环节是回答"这三个故事分别体现了什么?"教师们回答说:分别体现了中国人民志愿军战士的"英雄主义精神"、"国际主义精神"和"乐观主义精神"。我惊讶于这种简单的贴标签式的回答竟然出现在教师身上。不能说他们答错了,但大而无当。有的教师告诉我,教师用书就是这样写的。我有些无奈。教师用书只是教师的参考用书,不能奉为圭臬,不能当作"标准答案"。教师必须自己动脑来深入理解文本。接下来,我抓住几个关键点,引导教师们细细理解文本含义,咀嚼、品味,教师们恍然大悟:原来如此!

课后一个教师对我说,教师们在搞大单元、大概念、群文阅读时,注重的是比较、思辨、整体,很少有人精读文本了,单篇教学显得过时了。我不禁感慨万千……①

针对上述程翔老师《谁是最可爱的人》这一课例,请结合相关理论分析:单篇教学或单个知识点教学是不是过时了? 教师如何面对单篇教学与大单元教学、单个知识点教学与大概念教学的冲突?

---

① 程翔:《单篇教学不过时》,《中国教育报》2023 年 4 月 14 日。

第九章　教师与学生

教师是教育教学工作的组织者，学生是教育教学活动的出发点和归宿。教育教学活动的最终目的是促进学生主动的、有意义的发展，学生的身心特点是开展教育教学活动的基本依据，学生的兴趣、主动性、创造性是开展教育教学活动的宝贵资源。教师是促进学生发展的环境因素中最为能动和直接的因素，是教育教学活动的主要设计者和实施者。在对学生发展高期望和与之相适应的教师工作高期待的环境下，社会对教师的教育理念、知识水平和专业能力的要求越来越高，教师工作的复杂性和专业化特性愈加凸显，这就需要教师持续地实现专业发展。

第一节　教　师

教师是从事教育教学工作的专业人员，国家的相关法律赋予教师享有的权利，也规定了教师应履行的义务，教师要履行好专门职责，必须进行持续的专业学习。

一、教师职业与教师角色

（一）教师职业的历史发展

"教师是人类历史上最古老的职业之一，也是最伟大、最神圣的职业之一。"[1]人类社会的延续和发展、个体的成长离不开经验的积累和知识的传承。"道之所存，师之所存也。"（《师说》）教师作为教育活动的实施者自古有之，通过传道、授业、解惑，培育了一代又一代人，使之成为社会的建设者。

《云南丽江华坪女子高级中学党支部书记、校长张桂梅——扎根深山不负韶华》

教师职业产生与发展的历史可以概括为三个阶段。[2]

第一阶段，从兼职到专职，教师职业产生。在制度化教育形成之前，教育

---

① 习近平：《论教育》，中央文献出版社 2024 年版，第 71 页。

② 教育部师范教育司组织编写：《教师专业化的理论与实践》修订版，人民教育出版社 2003 年版，第 19—25 页。

与人类生活融为一体，年长者即为最初的教师，教授的内容为必备的生活和生产技能，教授的方法为示范与模仿。古代官学、私学等教育实体形成后，教师从业有了资格问题，至少应该掌握并使用文字。不过，这时的教师还不是一种专门的职业。当学校作为专门的教育机构出现后，教师开始成为一种专门职业。随着经济和社会发展的需要，各国政府兴办初等学校，对教师的需求日益增加，通过对教师资质加以规定，给予教师生活保障并限制其从事兼职工作，使得教师专职化。

第二阶段，从专职到专业，教师专业地位确立。随着义务教育的普及和班级授课制的实施，人们对教育质量的要求越来越高，逐渐意识到需要有专门的机构通过系列的课程培养教师，师范教育的兴起与不断发展，为教师从专职变为专业提供了基础。从 20 世纪 80 年代开始，以 1983 年美国高质量教育委员会发布的《国家处在危险之中：教育改革势在必行》和 1986 年霍姆斯小组发布的《明日之教师》为动力，教育的发展对教师质量的要求不断提高。

第三阶段，从数量到质量，教师专业发展运动兴盛。越来越多的国家意识到教师专业发展是师资队伍质量不断提高的关键所在，教师专业化的重心开始转向教师专业发展。各国政府采取积极的措施，出台教师教育改革的政策性文件，以推动教师专业发展，提高教师的专业素养。我国于 1993 年颁布的《中华人民共和国教师法》提出：教师是履行教育教学职责的专业人员。2012 年教育部颁布了《幼儿园教师专业标准（试行）》《小学教师专业标准（试行）》《中学教师专业标准（试行）》，2013 年教育部颁布了《中小学教师资格定期注册暂行办法》，这标志着我国教师职业正式进入提高质量的新阶段。《中小学教师资格定期注册暂行办法》规定申请教师资格的人员需参加中小学教师资格考试，考试合格是教师职业准入的前提条件。该办法第二条规定：教师资格定期注册是对教师入职后从教资格的定期核查。中小学教师资格实行 5 年一周期的定期注册。定期注册不合格或逾期不注册的人员，不得从事教育教学工作。2020 年教育部颁布的《教育类研究生和公费师范生免试认定中小学教师资格改革实施方案》明确了免试认定范围，招收教育类研究生、公费师范生的高等学校从 2021 年起，可参加免试认定改革。2022 年《教育部关于推进师范生免试认定中小学教师资格改革的通知》中扩大免试认定改革范围，规定 2017 年及以前加入国家中小学教师资格考试改革试点省份的高等学校相关师范类专业，自 2022 年起可以参加免试认定改革。

新时代以来，习近平关于教育的重要论述特别是关于教师队伍建设的重要讲话精神，多次从战略高度强调教师队伍建设的重要性，明确提出"四有"好老师的要求。2018 年颁布的《中共中央　国务院关于全面深化新时代教师队伍建设改革的意见》指出，要造就党和人民满意的高素质专业化创新型教师队伍，不断提升教师专业素质能力。2022年教育部等八部门印发的《新时代基础教育强师计划》提出：遵循教师成长发展规律，以高素质教师人才培养为引领，以高水平教师教育体系建设为支撑，以提升教师思想政治素质、师德师风水平和教育教学能力为重点，筑基提质、补短扶弱、做优建强、全面提高教师培养培训质量，整体提升中小学教师队伍教书育人能力素质，促进教师数量、素质、结构协调发展，为构建高质量教育体系奠定坚实的师资基础。党的二十大报告明确指出：培养高素质教师队伍。2023年9月9日，在致全国优秀教师代表的信中，习近平勉励全国广大教师大力弘扬教育家精神，要"具有心有大我、至诚报国的理想信念，言为士则、行为世范的道德情操，启智润心、因材施教的育人智慧，勤学笃行、求是创新的躬耕态度，乐教爱生、甘于奉献的仁爱之心，胸怀天下、以文化人的弘道追求"①，为强国建设、民族复兴作出新的更大贡献。2024年9月，习近平在全国教育大会上指出："要实施教育家精神铸魂强师行动，加强师德师风建设，推动教育家精神融入教师培养培训全过程，贯穿课堂教学、科学研究、社会实践各环节。不断提高教师培养培训质量，推动高水平大学开展教师教育，提升师范教育办学水平。统筹优化教师管理与资源配置，动态调整学校师生配比、教师岗位结构比例等，解决教师结构性、阶段性、区域性短缺问题。"②习近平关于教师的重要论述，不仅揭示了教师在国家发展和民族振兴中的重要作用，也为教师弘扬教育家精神以更好地实现其职业价值提供了基本遵循。

（二）教师职业的特点

教师职业具有价值性、伦理性、复杂性、教育性和创造性等特点。

1. 价值性

《中共中央　国务院关于全面深化新时代教师队伍建设改革的意见》指出："教师承担着传播知识、传播思想、传播真理的历史使命，肩负着塑造灵魂、塑造生命、塑造人的时代重任，是教育发展的第一资源，是国家富强、民族振兴、人民幸福的重要基石。"当前，我国教育在育人为本、促进学生主动而富有个性地发展、培养学生创新精神和实践能力的目标引领下，逐步转变教育发展方式，教师作为学校教育教学活动的设计者和实施者，是落实立德树人根本任务、提高教育质量、促进学生发展的关键因素。开展好的教育教学活动，既需要教师具有丰富的知识和扎实的教学能力，又离不开与时俱进的教育价值和观念的引导。教育教学活动的创造性需要每位教师对"什么是好的教育""什么是好的教学"等

---

① 习近平：《论教育》，中央文献出版社2024年版，第36页。
② 习近平：《加快建设教育强国》，《求是》2025年第11期，第4—9页。

基本问题进行深入思考。

2. 伦理性

自孔子提出"仁者，人也"，在中国文化中教师就成为伦理精神的重要象征。习近平提出的"四有"好老师要求，对教师职业的伦理性进行深刻阐述。好老师是"经师"和"人师"的统一，既要精于"授业""解惑"，更要以"传道"为责任和使命，教师是人类文明的传递者，也是学生人生道路的引路人。好老师首先是以德施教、以德立身的楷模，要用高尚的人格魅力引领学生的心灵，努力成为塑造学生品格、品行、品味的大先生。好老师应该是仁师，没有爱心的人不可能成为好老师。"教育是一门'仁而爱人'的事业，爱是教育的灵魂，没有爱就没有教育。"①

3. 复杂性

教师的教育对象是一个个鲜活的、正在成长着的生命，学生的成长受诸多因素共同作用，包括：学生自身情况，如性格、兴趣、学习基础和期望等；家庭影响，如父母的教育期望与方式、物质与文化环境等；社区和同伴的影响；学校教育的影响，如学校管理制度、教育教学活动、师生关系等；宏观层面的教育评价制度等的影响；等等。诸多不断变化的因素交织在一起共同构成了教育的环境，办好教育事业，家庭、学校、政府、社会都有责任。作为与学生直接密切接触的教育工作者，教师的工作变得更加复杂。

4. 教育性

教师在教育教学活动中，要将教育性原则贯彻始终。党的二十大报告指出：培养什么人、怎样培养人、为谁培养人是教育的根本问题。育人的根本在于立德。全面贯彻党的教育方针，落实立德树人根本任务，培养德智体美劳全面发展的社会主义建设者和接班人。教师要按照一定的方法开展教育教学活动，提升学生的核心素养，使学生不仅获得知识的增长、能力的提升，还在思想、情感、意志、品德以及世界观等方面获得发展。

5. 创造性

教育教学活动的复杂性与教育性决定了教师职业的创造性。舍恩（1930—1997）认为，教师在教育教学过程中通常会存在两类问题情境。一类是"平坦地"。在"平坦地"中，问题情境清晰可见，问题比较明确，教师可以通过运用已有的经验和理论有效地解决问题。另一类是"沼泽地"。"沼泽地"中的问题情境是复杂的，问题是不明确的，教师不能直接通过普适的经验和理论来解决问

---

① 习近平：《论教育》，中央文献出版社 2024 年版，第 76 页。

题。在教学中绝大多数的问题情境属于"沼泽地"。① 由于教育教学活动的复杂性和不确定性，理论不能作为通用方案解决实践中的所有问题，这就需要教师在教育教学的具体情境中，培养实践反思能力，创造性地解决问题。

（三）教师职业的意义

概而言之，教师的职业意义主要表现在传播人类文明、传递社会价值、开发学生潜能、升华人生价值四个方面。

1. 传播人类文明

人类社会的发展史就是人类文明的发展史。人类在数千年的社会发展过程中，积累了浩如烟海的人文科学知识、社会科学知识和自然科学知识。知识是人类进步的阶梯，教师的职责就是传播优秀的人类文明，丰富年轻一代的精神生活，培养对社会有用的人才。

2. 传递社会价值

韩愈在《师说》中说："师者，所以传道受业解惑也。"教师的职责首先是传道。习近平指出："老师对学生的影响，离不开老师的学识和能力，更离不开老师为人处世、于国于民、于公于私所持的价值观。"② 教师受国家委托，对学生进行有目的、有计划的系统教育，使学生成为国家、社会需要的合格人才。教师在教育教学活动中，要重视传递社会道德规范和社会价值，帮助学生形成科学的世界观、人生观、价值观。

3. 开发学生潜能

教师要帮助学生实现全面发展，学生的全面发展离不开潜能的开发。学生身心发展的内容是其自身具备的所有发展的可能，包括已表现出来的可继续发展的部分，以及尚未发现和挖掘的可发展的潜质部分。只有当个体的潜能得到最大化的开发，才能实现自身发展的目标，最大限度地实现自身价值，贡献社会价值。

4. 升华人生价值

在培育学生成长成才的过程中，教师要引导学生追求美好人生，实现学生的主体性、创造性、独立性、自主性的发展，教师自己也会因此获得职业价值感和幸福感。教育使教育者和受教育者都变得更完善，而且，只有当教育者自觉地完善自己时，才能更有利于学生的完善与发展。③ 在教育活动中，教师与学生都会

① Donald A S, *The Reflective Practitioner: How Professionals Think in Action*, New York: Basic Books, 1983, p. 42.
② 习近平：《论教育》，中央文献出版社 2024 年版，第 74 页。
③ 叶澜等：《教师角色与教师发展新探》，教育科学出版社 2001 年版，第 3 页。

获得丰富的生命体验和充盈的人生价值。

（四）教师的角色

教师的角色是指在学校教育过程中教师所表现出来的符合社会期望与自身发展的态度和行为模式的总和，既包含社会期望对教师态度和行为规范的要求，又包含教师为实现与其身份地位相应的权利与义务时所表现出的能动性和创造性。随着社会信息化和知识经济的迅猛发展、学习理念和学习方式的转变以及教育发展的要求，教师的角色被赋予了更加丰富的内涵。

1. 学生发展的引导者

教师要关注每个学生个体的发展，成为学生发展的引导者，充分调动学生的主观能动性，促进学生个体了解自我、了解他人、了解世界，培养学生理解、分析、实践、创新的能力，尊重学生个体差异，使学生具备适应时代发展所需的知识、意识、态度和能力。习近平指出："广大教师要做学生锤炼品格的引路人，做学生学习知识的引路人，做学生创新思维的引路人，做学生奉献祖国的引路人。"[①] 教师要引导学生在坚定理想信念、厚植爱国主义情怀、加强品德修养、增长知识见识、培养奋斗精神、增强综合素质上下功夫。

2. 教学过程的组织者

在知识爆炸、信息技术不断发展的今天，教师角色从传授预设的、封闭的知识转变为帮助学生建构生成的、开放的知识。作为教学过程的组织者，教师要选择具有时代特点和满足学生发展需要的多样化教学内容，灵活地组织教学，引导学生进行批判、反思、自主构建。

3. 共生关系的对话者

教师与学生在教育过程中具有平等的地位，教师与学生应当相互尊重。教师在学生发展中扮演民主管理者的角色，以平等对话者的身份，促进教师与学生、学生与学生之间的交往互动。教师与学生在合作共享的共生关系中，获得成长与发展。

4. 教育教学的研究者

基于学生发展的需要、教师价值实现的需要、教育革新发展的需要，教师应当成为教育教学的研究者，主动从教育教学实践中发现问题、思考问题、研究问题。教师要以研究者的身份和研究的姿态，通过理论与实践的有机联系，解决教学实践中遇到的困难和问题，不断反思教育实践，促进自身专业水平提升。

---

① 习近平：《论教育》，中央文献出版社 2024 年版，第 129 页。

5. 不断发展的学习者

当代社会是一个知识型社会，更是一个学习型社会。社会发展要求学习与人们毕生相随，并成为支撑人生发展的主要力量源泉。习近平指出："过去讲，要给学生一碗水，教师要有一桶水，现在看，这个要求已经不够了，应该是要有一潭水。"① 这就要求教师不断发展，树立终身学习理念，通过学习持续不断地更新和充实自己，完善知识结构，磨砺思想品格，积淀人文底蕴，提升整体素质，以满足社会发展和自身发展的需要。"只有这样，教师才能始终站在时代前列、知识前沿，实现自身的长远发展，并引导学生走向未来。"②

习近平指出，教师要努力做到"三个牢固树立"，即牢固树立中国特色社会主义理想信念，牢固树立终身学习理念，牢固树立改革创新意识。③ 关于怎样才能成为"好老师"，习近平提出了四条要求：④ 其一，要有理想信念。广大教师要始终同党和人民站在一起，自觉做中国特色社会主义的坚定信仰者和忠实实践者，忠诚于党和人民的教育事业，自觉把党的教育方针贯彻到教学管理工作全过程。其二，要有道德情操。合格的老师首先应该是道德上的合格者，好老师首先应该是以德施教、以德立身的楷模。其三，要有扎实学识。扎实的知识功底、过硬的教学能力、勤勉的教学态度、科学的教学方法是教师的基本素质，其中知识是根本基础。在信息时代做好老师，自己所知道的必须大大超过要教给学生的范围，不仅要胜任教学的专业知识，还要有广博的通用知识和宽阔的胸怀视野。其四，要有仁爱之心。好老师对学生的教育和引导应该是充满爱心和信任的，要用爱培育爱、激发爱、传播爱，把自己的温暖和情感倾注到每一个学生身上，用欣赏增强学生的信心，用信任树立学生的自尊，让每一个学生都健康成长，让每一个学生都享受成功的喜悦。

二、教师的权利与义务

教师的权利是教师在其职业活动中所应享有的权益，也是教师工作的基础和保障；教师的义务是教师对社会应尽的责任和应作出的贡献。教师的权利与义务是相辅相成的。教师享有法律规定的权利，履行法律规定的义务，忠诚于人民的教育事业。国家保护教师的合法权益，改善教师的工作条件和生活条件，提高教师的社会地位。教师的工资报酬、福利待遇，依照法律、法规的规定执行。

---

① 习近平：《论教育》，中央文献出版社 2024 年版，第 76 页。
② 本书编写组：《习近平总书记教育重要论述讲义》，高等教育出版社 2020 年版，第 213 页。
③ 习近平：《论教育》，中央文献出版社 2024 年版，第 33 页。
④ 习近平：《论教育》，中央文献出版社 2024 年版，第 73—77 页。

《中华人民共和国教师法》第三条规定："教师是履行教育教学职责的专业人员，承担教书育人，培养社会主义事业建设者和接班人、提高民族素质的使命。教师应当忠诚于人民的教育事业。"对教师身份和使命的这一表述包含了三层含义：一是教师的职业使命是国家以法律形式赋予教师的任务，它将教师的职业功能提升到由法律进行规范和调整的高度；二是教师要忠诚于人民的教育事业，教师职业具有公共性；三是教师是专业人员。以上表述为界定教师的权利与义务提供了基础。

（一）教师的权利

《中华人民共和国教师法》第七条规定了教师享有下列权利：

（1）进行教育教学活动，开展教育教学改革和实验；

（2）从事科学研究、学术交流，参加专业的学术团体，在学术活动中充分发表意见；

（3）指导学生的学习和发展，评定学生的品行和学业成绩；

（4）按时获取工资报酬，享受国家规定的福利待遇以及寒暑假期的带薪休假；

（5）对学校教育教学、管理工作和教育行政部门的工作提出意见和建议，通过教职工代表大会或者其他形式，参与学校的民主管理；

（6）参加进修或者其他方式的培训。

教育部于 2009 年颁布的《中小学班主任工作规定》第十六条规定："班主任在日常教育教学管理中，有采取适当方式对学生进行批评教育的权利。"

上述关于教师权利的表述可概括为教育教学权、科学研究权、指导评定权、获得报酬权、参与管理权、进修学习权、批评教育权。这些权利概括了教师职业所应具有的主要权利。

《中小学教育惩戒规则（试行）》

此外，为落实立德树人根本任务，保障和规范学校、教师依法履行教育教学和管理职责，保护学生合法权益，促进学生健康成长、全面发展，根据《中华人民共和国教育法》《中华人民共和国教师法》《中华人民共和国未成年人保护法》《中华人民共和国预防未成年人犯罪法》等法律法规和国家有关规定，教育部于 2020 年 12 月颁布《中小学教育惩戒规则（试行）》，对普通中小学校、中等职业学校及其教师基于教育目的，在教育教学和管理过程中对违规违纪学生进行管理、训导或者以规定方式予以矫治，促使学生引以为戒、认识和改正错误的教育行为作出规定。

（二）教师的义务

《中华人民共和国教师法》第八条规定了教师应当履行下列义务：

（1）遵守宪法、法律和职业道德，为人师表；

（2）贯彻国家的教育方针，遵守规章制度，执行学校的教学计划，履行教师聘约，完成教育教学工作任务；

（3）对学生进行宪法所确定的基本原则的教育和爱国主义、民族团结的教育，法制教育以及思想品德、文化、科学技术教育，组织、带领学生开展有益的社会活动；

（4）关心、爱护全体学生，尊重学生人格，促进学生在品德、智力、体质等方面全面发展；

（5）制止有害于学生的行为或者其他侵犯学生合法权益的行为，批评和抵制有害于学生健康成长的现象；

（6）不断提高思想政治觉悟和教育教学业务水平。

上述关于教师义务的表述可概括为遵守国家法律和弘扬高尚师德的义务、完成教育教学工作的义务、对学生进行全面教育的义务、促进全体学生全面发展的义务、维护学生合法权益的义务、提高政治素质和业务水平的义务。这些义务背后蕴含的要求是：教师不仅要教书，更要育人，要爱护学生；教师要教好书，就应该不断地学习；教师要做好育人工作，自身的道德修养也十分重要；面对社会中形形色色的不良影响，教师必须坚守师德底线不动摇。

三、教师专业发展

"国家繁荣、民族振兴、教育发展，需要我们大力培养造就一支师德高尚、业务精湛、结构合理、充满活力的高素质专业化教师队伍，需要涌现一大批好老师。"[①] 知识经济时代社会的飞速发展，教育改革的不断推进，需要教师具备较强的专业素养和专业能力，要求教师持续地实现专业发展。

（一）教师专业发展的内涵

教师专业发展指教师在外部条件（包括教育制度、教师教育制度、教师管理和评价制度、教师文化和社会环境等）的支持下，通过不断的专业学习，更新教育观念，改进教育实践，促使自身专业水平和专业表现不断发展和完善。在教师专业发展中存在两种力量：一是国家从政策层面对教师专业水平的要求，如出台教师专业标准、制定教师在职进修的相关政策，组织国家级教师培训活动；二是从教师主体性的角度所参加的培训、自主学习、教学研究。这两种力量相互补充、相互促进，对教师专业发展具有重要的意义。

从本质上说，教师专业发展是一个不断学习的过程。有效的教师专业发展应

---

① 习近平：《论教育》，中央文献出版社 2024 年版，第 72 页。

该基于教师有效的专业学习，这种学习应该是教师自我导向的，持续发生的，以问题为中心的，与教师的日常工作密切相关的。教师要从"要我发展"转变为"我要发展"，有明确的发展目标和发展方向，从自我学习体验出发，不断找寻自己在教育实践中存在的困境和不足，注重日常教育教学活动中的问题解决。教师通过不断的主动学习，实现专业的自主发展。

教师专业发展还是一个探究的过程。教师专业发展的目的不在于教师获得一套固定的教学技能或教学方案，而是为教师提供持续成长和问题解决的机会。有经验的实践者经常在更高层次上重新表征问题，或者质疑一些原有的常规，在原以为没有问题的地方发现问题。这种教师专业发展是自我持续的和富有生产力的改变。[①]

教师专业发展也是一个渐进的过程。教师的专业发展是一个由不成熟到成熟的历程，在总体上呈"渐进"趋势的过程中，每一个发展阶段都会呈现出某些变化特征，这些阶段包括：成为正式教师之前的非关注阶段、职前教师的虚拟关注阶段、新教师的生存阶段、初任教师的任务关注阶段以及老教师的自我更新关注阶段。在"自我更新关注"阶段，教师的专业发展的动力转移到了专业发展本身，教师以专业发展为指向，同时可以自觉依照教师发展的一般路线和自己目前的发展条件，有意识地自我规划，以谋求最大限度的自我发展。[②]

（二）教师专业发展的内容

2012 年，教育部颁布了《幼儿园教师专业标准（试行）》《小学教师专业标准（试行）》《中学教师专业标准（试行）》（以下简称"教师专业标准"），对我国幼儿园教师、小学教师和中学教师专业发展的基本理念和内容进行了全面的论述。教师进行教育教学活动和教师专业发展的基本理念包括师德为先、学生为本、能力为重、终身学习。

对于小学和中学教师而言，师德为先的基本理念包括：热爱教育事业，具有职业理想，践行社会主义核心价值体系，履行教师职业道德规范，依法执教。关爱学生，尊重学生人格，富有爱心、责任心、耐心和细心；为人师表，教书育人，自尊自律，以人格魅力和学识魅力教育感染学生，做学生健康成长的指导者和引路人。学生为本的基本理念包括：尊重学生权益，以学生为主体，充分调动和发挥学生的主动性；遵循学生身心发展特点和教育教学规律，提供适合的教育，促进学生生动活泼学习、健康快乐成长，全面而有个性地发展。能力为重的

① Franke M, Carpenter T, Fennema E, et al., "Understanding Teachers' Self-sustaining, Generative Change in the Context of Professional Development," *Teaching and Teacher Education*, vol. 14, no. 1, 1998, pp. 67-80.

② 叶澜等：《教师角色与教师发展新探》，教育科学出版社 2001 年版，第 277—306 页。

基本理念包括：把学科知识、教育理论与教育实践有机结合，突出教书育人实践能力；研究学生，遵循学生成长规律，提升教育教学专业化水平；坚持实践、反思、再实践、再反思，不断提高专业能力。终身学习的基本理念包括：学习先进教育理论，了解国内外教育改革与发展的经验和做法；优化知识结构，提高文化素养；具有终身学习与持续发展的意识和能力，做终身学习的典范。

教师专业标准指出，教师是履行教育教学工作职责的专业人员，需要经过严格的培养与培训，具有良好的职业道德，掌握系统的专业知识和专业技能。教师要达到专业的水平，所应具备的核心特质可归纳为专业理念与师德、专业知识和专业能力。专业理念与师德，包括教师的职业理解与认识、对学生的态度与行为、教育教学的态度与行为、个人修养与行为。专业知识包括教育知识、学科知识、学科教学知识、通识性知识。专业能力包括教学设计、教学实施、班级管理与教育活动、教育教学评价、沟通与合作、反思与发展的能力。

随着教育教学改革的发展需要，为提升教师利用数字技术优化、创新和变革教育教学活动的意识、能力和责任，2022年教育部发布《教师数字素养》，确立了教师数字素养框架，规定了数字化意识、数字技术知识与技能、数字化应用、数字社会责任、专业发展五个维度的要求。数字化意识包括数字化认识、数字化意愿、数字化意志。数字技术知识与技能包括数字技术知识、数字技术技能。数字化应用包括数字化教学设计、数字化教学实施、数字化学业评价、数字化协同育人。数字社会责任包括法治道德规范、数字安全保护。专业发展包括数字化学习与研修、数字化教学研究与创新。

《教师数字素养》

教师专业标准和《教师数字素养》的要求为教师专业发展提供了方向。教师要具有良好的师德，具备扎实的专业知识和过硬的专业能力，同时，促进教师主体性发展、形成教师教育理念、促进教师职业认同、强化教师专业反思能力是教师专业标准的新要求，也是教师专业发展的新方向。教师要以积极的态度对待教育教学工作，认同教师职业，强化使命感，发挥主动性和创造性，通过不断反思与实践，实现专业发展。

（三）教师专业发展的方式

教师专业发展受到多种内部因素和外部因素的共同作用，教师专业发展的方式和途径也是多样的，包括：教师职前教育，这是教师个体专业发展的起点和基础；新教师入职培训，这是新手教师尽快转变角色、适应环境所进行的短期的系统培训；教师在职培训，包括国家级、地市级、县区级线上或线下培训，校本培训，校本教研等；促进专业发展的自我教育，如日常教学反思、个人行动研究、个人阅读和反思性写作、同伴交流与合作、学习理论知识、开展教育科学研究等。

目前教师专业发展的趋势是以教师专业标准引领教师发展，深化师范生培养改革，通过完善教师资格认证制度不断提高教师入职要求，通过改革在职教师培训的内容与方法促进教师持续发展，以实现教师职前培养和职后终身学习、专业成长的贯通发展的一体化。

教师培训是促进教师专业发展的重要方式。教育部于 1999 年颁布的《中小学教师继续教育规定》强调，"参加继续教育是中小学教师的权利和义务"，并提出，为教师适应岗位要求而设置的培训，培训时间每五年累计不少于 240 学时。2012 年颁布的《国务院关于加强教师队伍建设的意见》将每五年为一周期的教师全员培训提高到 360 学时。中小学教师参加由政府主导的培训已经制度化和常态化。

教师还可以通过学历教育实现专业发展，目前我国教育硕士的规模正在稳步扩大，教育博士于 2009 年开始招生，中小学教师参加研究生学位课程学习的比例在逐渐提高。中共中央、国务院印发的《中国教育现代化 2035》提出，要"健全以师范院校为主体、高水平非师范院校参与、优质中小学（幼儿园）为实

《新时代基础教育强师计划》

践基地的开放、协同、联动的中国特色教师教育体系"。2022 年颁布的《新时代基础教育强师计划》指出，到 2025 年，培养一批硕士层次中小学教师和教育领军人才；到 2035 年，适应教育现代化和建成教育强国要求，构建开放、协同、联动的高水平教师教育体系，建立完善的教师专业发展机制。

此外，开展教育科学研究，也是促进教师专业发展的重要方式。在开展教育科学研究的过程中，教师会不断地学习新的教育理论和方法，带着批判和反思的意识来看待自己的教育教学实践，解决自己教育教学中的问题，转变教学理念和行为，持续提升自己的教学能力和水平。教师开展教育科学研究，既要注重将相关的教育教学理论与自己的工作实际结合起来，利用理论指导解决实际问题，也要注重从教育教学实践的需求出发，在教育教学实践中发现问题、解决问题，将实践经验上升到理论的高度，通过实践来检验或拓展现有的理论。开展教育科学研究，有助于教师获得专业上的成长和发展，逐步成长为反思型教师、研究型教师。

四、教师与学生的关系

教师与学生的关系是教师与学生在教育教学过程中通过相互交往、相互作用形成的基本关系。良好的师生关系是教育教学活动顺利开展的重要保证。

（一）师生关系的特点

1. 师生在教育教学中是主导与主体的关系

教师在教育教学实践和在学生发展的过程中起主导作用，学生是发展的主

体。教师的主导作用不否定学生的主体地位，学生的主体地位也不否定教师的主导作用。教师只有有意识地、主动地发挥主导作用，引导和促进学生发展，将学生个体的自主性、能动性、创造性发挥出来，才能更有效地促进学生发展。学生主体地位的真正践行需要教师有效而良好的引导，更需要学生自身的努力。教师主导作用与学生主体地位的有机统一是良好师生关系的重要保障。《义务教育课程方案（2022年版）》强调教师在教育教学过程中要凸显学生主体地位，关注学生个性化、多样化的学习和发展需求。

2. 师生在人格上是平等的关系

教师和学生各自作为独立的个体参与教育教学活动，在人格上是平等的。教师是长者，要尊重并爱护学生；学生是晚辈，要尊敬并热爱教师。教师要尊重学生人格，尊重学生个体差异性，尊重学生的主体地位。教育应是师生之间的平等对话，以互相尊重、互相理解、互相信任和平等交往为导向。

3. 师生在社会道德和心理层面是相互影响的关系

在教育教学过程中，不能忽视教师的价值引领作用，也不能忽视学生的自主建构地位。教师与学生在社会道德和心理层面是相互影响的关系，这种相互影响体现在知识、思想、人格等方面。教师与学生在交往中平等协作、相互影响、共同发展。教师要成为学生做人的镜子，以高尚的人格魅力赢得学生的敬仰，以模范的言行举止为学生树立榜样。①

（二）良好师生关系的标准

1. 尊师爱生，相互配合

良好的师生关系需要教师真诚地关爱学生，教师的关爱能使学生对自我形成积极的、肯定的评价，对自我发展抱有积极向上的态度。同时，良好的师生关系需要学生尊重教师，尊重不是无条件的服从，而是学生从心底产生对教师的信任和爱戴。只有教师关爱学生、学生尊敬教师，教师与学生相互配合，才能建立良好的师生关系。

2. 民主平等，和谐融洽

在教育教学过程中，教师和学生是平等的关系。师生之间的民主、平等，不仅指师生双方在民主的氛围中平等地参与教育教学活动，还意味着师生双方均以主体人格的身份进行平等的对话、交流和沟通，充分发挥各自的积极性、主动性、创造性，从而形成融洽、和谐的师生关系。

3. 合作共享，共同成长

在教育教学过程中，教师的教引导学生的学，学生的学促进教师的教，双方存在着相互促进、彼此推动、共同提高的关系。合作共享的师生关系体现了教育

---

① 本书编写组：《习近平总书记教育重要论述讲义》，高等教育出版社2020年版，第55页。

教学的民主精神，体现了师生间的相互尊重、彼此信任、团结协作。合作共享的教育教学关系，能够有效实现教学相长，促进教师与学生的共同成长。

（三）建立良好师生关系的方法

1. 了解和研究学生

学生作为教育活动中独立的个体，具有自身的特点。了解学生是教育的前提和基础。教师只有深入、细致地了解每一个学生的性格、志趣、爱好、个性，以学生身心发展的特点和规律为教育教学的出发点，充分调动学生发展的积极性，才能更好地引导学生实现全面、个性、自主的发展。

2. 树立正确的学生观

教师在了解和研究学生的基础上，要树立以人为本的学生观。在教育教学过程中，教师要充分发挥学生的主动性、自主性和创造性，尊重学生的差异性与独特性。树立正确的学生观有利于学生创新精神和创新能力的培养，有利于学生健全人格的形成和学生个性的发展。

3. 关爱、尊重学生

教师对学生的肯定、接纳、理解与关爱，对学生发展具有重要的作用。教师只有真心诚意地去爱每一位学生、平等公正地对待学生、充分尊重信任学生、理解学生的情感、严格要求学生，才能帮助学生实现自我发展。教师对学生的关爱与尊重，是教育的前提，也是学生成长与进步的动力。

4. 不断提高自我修养，健全人格

教师要明确意识到自己所肩负的国家使命和社会责任，热爱教育事业，关心爱护学生，刻苦钻研业务，善于团结协作，自觉为人师表。教师只有提高自身素养，以正确的教育观念、高尚的道德品质、渊博的知识影响学生，才能赢得学生的尊重和爱戴。

第二节　班　主　任

班主任是保障学校教育教学秩序、提高教育质量的中坚力量。班主任工作是学校各项工作的基础。做好班主任工作，需要了解班主任的角色与作用、任务与职责，掌握建设班集体的方法。

一、班主任的角色与作用

班级是学校对学生进行日常管理、思想道德教育和组织教学活动的基本单位，建设有序、有活力的班集体是学校各项教育活动正常开展的前提，是提高学校教育质量的重要保障。班主任是受学校委托负责班集体建设的教师，要按照国家的教育目标、学校的办学理念和管理制度与文化，通过建立班级管理制度，培育班级文化，组织富有教育意义的主题活动，为学生提供良好的学习环境，促进学生德智体美劳全面而有个性地发展。班主任工作对于学生发展和学校管理来说都是非常重要的。

2006 年颁布的《教育部关于进一步加强中小学班主任工作的意见》和 2009 年颁布的《中小学班主任工作规定》对班主任的角色进行了说明。概而言之，中小学班主任的角色与作用包含以下四个方面：

《教育部关于进一步加强中小学班主任工作的意见》

（一）学生思想道德的教育者

中小学生是未成年人，正处于世界观、人生观、价值观形成的关键期。在日益多元复杂的社会环境中，对中小学生进行思想道德教育的任务更加繁重，需要及时地对中小学生进行正确的思想道德教育，让学生明辨是非、善恶、美丑，让社会主义核心价值观入脑入心，并转化为有效的实践。班主任是在班级这个学生的日常生活和学习场域中对学生进行思想道德教育的主要责任人。

（二）学生日常生活的管理者

作为一个组织，班级的正常运行需要一套教师和学生认可的，并且能够对学生起到约束和引导作用的规范，出勤、课堂学习、自习、课间操、清洁卫生、集会活动等都需要有清晰的规范。班主任需要与学生一起制订规范，并引导、督促规范的实行。在学生遇到困难和问题时，班主任要及时地引导或帮助学生解决；在学生出现不良行为时，班主任要及时地引导并对学生进行批评教育。

（三）学生健康成长的引导者

学生的健康成长事关国家和民族的未来。班主任对每一个学生的成长和发展都负有不可推卸的神圣责任，要自觉成为学生健康成长的指导者和引路人。在班级建设中，班主任要给予学生无微不至的关怀，理解和关心学生，与学生一起优化班级环境，愿意接纳新生事物，拉近师生距离，建立良好的师生关系，让学生在愉快的环境中成长，实现身心的全面发展。

（四）学校文化的建设者

学校文化的建设、发展、繁荣必须有一支强有力的班主任队伍。班主任工作是学校文化建设的主要阵地，班主任在学校文化建设中扮演非常重要的角色。班主任是学校各项工作的具体实施者，是学校教育教学工作的得力助手，是学生全面发展的引导者。班主任工作的好坏直接影响着学校文化的建设。具有高尚品德、先进教育理念、丰富教育智慧、充沛教育情感的班主任，能够把班级建设成充满爱、充满活力、充满教育意义的集体，这样的班集体就是学校宝贵的文化资源。

二、班主任的任务与职责

班主任是班集体的组织者、教育者、管理者，通过开展班级工作，全面教育、管理、指导学生，引导学生健康成长，使学生成为德智体美劳全面发展的社会主义建设者和接班人。

（一）深入了解学生

班主任既要熟悉班级发展的整体情况，也要对每一个学生的发展给予足够的关注，了解每个学生的优点、特长、不足，遵循因材施教的教育原则，深入发掘每个学生的潜力，创设多样的教育环境，促进学生全面而有个性的发展。班主任可采取多种方式了解学生，如通过细致的观察了解学生的行为表现，通过访谈探寻学生行为的原因，通过查看学生的作业、往年的学业成绩和操行评语了解学生的发展过程，等等。班主任只有通过多种方式深入了解每个学生，才能更好地促进学生发展。

（二）做好学生思想政治工作

习近平指出："思想政治工作是学校各项工作的生命线"[1]。要切实加强思想政治工作，必须将其贯穿教育教学全过程，实现全员育人、全程育人、全方位育人，班主任是学生思想政治工作的重要责任人。班主任要做好学生的思想政治工作，就必须适应学生身心特点和成长规律，遵循思想政治工作规律和教书育人规律，因事而化，因时而进，因势而新，加大对学生的认知规律和接受特点的研究，发挥学生主体性作用，不断改革创新思想政治工作方式方法。[2]

（三）做好班级的管理工作

班主任要做好班集体的建设工作，包括制订科学、民主的班级管理制度，组建学生认可的班级管理团队，塑造积极向上的班级文化等。班主任还要带领学生干部做好班级的日常管理工作，维护班级良好秩序，培养全体学生的规则意识、责任意识和集体荣誉感，营造民主和谐、团结互助、健康向上的集体氛围。

（四）做好学生发展的引导工作

班主任要时常深入班级，与学生打成一片，在与学生的交往中拉近与他们的距离，赢得学生的喜爱、信任，建立良好的师生关系，为教育、引导学生发展塑造良好的人际环境。班主任要善于观察学生的日常生活，了解他们的内心世界，

---

① 习近平：《论教育》，中央文献出版社 2024 年版，第 23 页。
② 本书编写组：《习近平总书记教育重要论述讲义》，高等教育出版社 2020 年版，第 29—30 页。

及时发现学生学习和生活中存在的困难和问题，并引导或帮助他们解决，通过有效的方式化解学生思想上的疑虑，引导学生健康发展。

（五）组织好班集体活动

班集体活动是学生的第二课堂，是育人和促进学生全面发展的重要阵地。班主任要组织、指导开展班会、团队会（日）、文体娱乐、社会实践、春（秋）游等形式多样的班集体活动，注重调动学生的积极性和主动性，并做好安全防护工作。

（六）做好学生综合素质评价

综合素质评价体现了育人为本的教育观，是深化素质教育的要求，是促进学生全面发展的重要措施。班主任要组织做好学生的综合素质评价工作，指导学生认真做好成长记录，实事求是地评定学生操行，向学校提出奖惩建议，为学生发展提供有效的建议。

《加强中小学生欺凌综合治理方案》

（七）有效应对学生教育工作的新问题

班主任要及时了解学生发展过程中出现的新问题，如学生故意伤害行为，不良情绪（学习压力大、抑郁和孤独等），自杀意念及离家出走意念，吸烟，饮酒，网络成瘾，校园欺凌等问题，树立与时俱进的工作理念，有效应对学生学习和生活中出现的问题，不断创新班主任工作的思路和方法，适应新形势下班主任工作的要求，促进学生健康、全面发展。

（八）做好校内校外的沟通工作

班主任是沟通校内校外各种教育力量的桥梁。班主任要经常与任课教师和其他教职员工沟通，了解学生的上课表现、学习情况和纪律状况，全面掌握学生的发展情况；班主任要主动与家长进行沟通，及时反馈学生的发展情况，在学校与家庭间建立信任关系，争取家庭教育的配合，建立和谐的家校关系。

三、班主任与班级管理

班级是学校进行教育、教学工作的基本单位。班主任是班级工作的组织者、班集体建设的指导者、学生健康成长的引导者，是实施素质教育的重要力量。班主任工作是学校教育工作的前沿阵地。

（一）班主任的管理风格

根据管理学中的行为理论，可以把班主任的管理风格分为专制型、放任型和民主型三种类型。

专制型管理风格的班主任倾向于集权管理，不愿了解学生对班级建设的想法，习惯自己做出决定，忽视学生的自我管理，总认为学生年龄小，就应该事事听从教师，班级建设忽视学生的主动参与。专制型管理风格不利于学生的自主发展。

放任型管理风格的班主任给予学生充分的自由，事事让学生做决定，在班级管理中没有担负起应有的指导和引领的职责，有可能使班级变得较为松散，缺少班集体应有的精神风貌和秩序，从而使班级失去活力。

民主型管理风格的班主任在平等的思想基础上与学生进行沟通，在班级管理中征求学生的想法，鼓励学生参与班集体建设目标和活动方案的制订，给予学生较多的自主管理空间。

（二）班级管理的内容

班级管理的内容包括愿景和目标分享、权利分享、责任分享、能力分享、影响分享。

在班级管理中，愿景和目标分享指班主任和全体学生一起，确立班集体的发展目标，增强班级凝聚力和学生归属感，让学生感到班集体是所有成员学习、生活的家园。权利分享指班主任要善于授权给学生，让学生有机会进行班级管理，可授予的权利包括参与决策权、规则制订权、组织权、督导权、评价权等；清晰界定班干部岗位的权利和职责，赋予班干部充分开展相应工作的权利；在重要事项决策和班级规则制订中保证公开、公正；让全体学生监督、评价班级活动的进行情况。责任分享指学生为班集体建设和自己成长负责的能力，培养学生的责任意识，促进学生自主管理的能力和主动承担班集体建设的责任，有效促进学生自主发展。能力分享指班主任与学生共同完成班级的管理组织工作，通过集体强大的教育力量，培养学生自我管理、相互促进、自我教育的能力。影响分享指班主任要善于统筹协调，建立良好的师生关系、生生关系，在合作与分享中充分发挥各方面积极因素的影响，共同完成班级建设工作。

（三）班级管理的原则

在育人为本教育思想和实施素质教育的目标指引下，班级管理应该遵循以下四个原则：

1. 符合学生身心发展的特点

班级是中小学生学校生活的基本场域，班集体的建设目标、内容、规范与措施都要符合学生的年龄特征。例如，小学低年级学生的教室布置、行为规范、活动主题和内容与小学高年级就有很大差别，而小学高年级与初中、初中与高中也都有很大差别。只有符合学生年龄特征的班级管理，学生才乐于接受、乐于参与、乐于贡献力量。

2. 规范性要求与尊重个性相统一

一方面，班级管理要能够体现培养目标对学生发展的要求，如规范学生的行为，对学生进行社会主义核心价值观教育、爱国主义教育、集体主义教育等。另一方面，班级管理要能够体现学生的个性特征，如在班集体建设、班级环境布置、主题班会设计等方面要充分地挖掘、展现学生的个性，避免因规范性而扼杀学生的创造性。

3. 引导学生的自主管理

作为未成年人，中小学生在心理上对班主任有很强的依赖性，还不具有完全的自我管理和自我教育的能力，因此需要班主任的引导和帮助。但这不等于班主任就可以用专制型的风格来管理班级，凡事都由班主任自己决定，事必躬亲地组织与督促落实，对学生的失误和错误一味地批评教育。班主任要善于运用民主型管理方式，注重加强引导，同时给学生充分的自主管理的权利与责任，让学生充分参与班集体建设。

4. 服务教学与学生的全面发展

班级管理的一个重要作用是为学校教育教学活动的开展提供良好的秩序，包括出勤、课堂纪律等，同时，班级也是对学生进行思想道德教育、培养学生社会性交往能力的场所。因此，班级管理在发挥维护教学秩序作用的同时，也要充分发挥教育功能，促进学生的全面发展。

（四）班集体的建设

作为一个有特定目标、运行方式的正式组织，班集体的建设需要采取多种途径和策略，其中最为重要的包括共议并确立班集体发展目标、民主选举班干部、开展多样化的主题班会、营造积极向上的班级文化。

1. 共议并确立班集体发展目标

每个班级都需要有明确的发展目标作为班集体建设的方向与动力。班主任和全体学生经过充分讨论后取得共识的目标，有助于增强学生的责任感和集体归属感。从内容上来说，班集体的发展目标可以是整体性目标，也可以是具体目标。从时间上来说，可以分为短期目标、中期目标和长期目标。通过全体成员共同商议确立的班集体发展目标和班级发展计划，能够为所有学生的发展指明方向，有助于增强学生自主管理能力和集体凝聚力。

2. 民主选举班干部

班干部是班主任管理班级的好帮手，也是学生实行自我管理的具体体现。在一个班级刚形成的时候，班主任可以通过查看档案简历、有意识地观察，发现能够热心为大家服务、有领导和组织才能的学生，可以委任这些学生组成临时班委会。当学生间有了相互了解之后，可以通过学生毛遂自荐、全班学生无记名投票等方式选举班委会。在班级管理过程中，班主任要带领班委会制订班级管理制度，有序开展班级活动。

3. 开展多样化的主题班会

主题班会是对学生进行思想道德教育、活跃学生学校生活、促进学生全面发展、沟通学生之间友谊、锻炼学生领导能力的重要途径。主题班会可以在班主任的指导下，由学生进行策划、实施和评价。主题班会要具有班级的特色，体现班集体建设的目标并为这个目标服务，体现班级学生的意愿和精神风貌。

4. 营造积极向上的班级文化

班集体建设目标的达成离不开积极向上的班级文化作为生态环境的支持。班级文化既存在于学生的思想意识和观念中，也体现在学生的一言一行中。班主任要经常通过晨会、班会等活动践行班级发展目标，以身作则，倡导和实践积极向上的班级文化，例如关爱、感恩、公平、自律、互助、勤奋、进取、创新等。

第三节　学　生

为实现学生全面而有个性的发展，教师需要遵循因材施教的原则，了解学生的身心特点，树立正确的学生观，了解学生的权利与义务，理解学生在教育过程中的地位。

一、学生身心发展的特点

（一）规律性和阶段性

人的发展具有规律性，也具有阶段性。从婴儿期到幼儿期，再到童年期、少年期、青年期和老年期，人的生理和心理经历了从不成熟到成熟再到衰老的发展过程。下面着重介绍婴幼儿、小学生、中学生身心发展的特点。

1. 婴幼儿身心发展的特点

在婴儿期，人体各部分和各种器官的发展处于主要地位。儿童开始自动地向外表现内在本质时，婴儿期就结束了，个体进入幼儿期。幼儿期是个体多种身体素质发展十分迅速的时期，耐力素质和调整素质（包括平衡性、柔韧性、速度、灵敏性、协调性）都得到很大发展。但幼儿生理发展的特点，决定了其身体素质的发展还不完善。幼儿期是孩子心理发展的敏感期，这一时期的幼儿注意力不稳定、不持久，记忆以无意记忆和形象记忆占主导地位，想象以无意想象占优势地位，思维以具体形象性为主。[1]

---

[1] 袁贵仁主编：《中国教师新百科·幼儿教育卷》，中国大百科全书出版社2003年版，第35—37页。

根据皮亚杰的认知发展理论，幼儿期处于前运算阶段。这个阶段的儿童不再依靠感觉和动作认识世界，而会运用符号功能理解世界，开始用语言或表象来表征事件与物体。对儿童来说，延迟模仿、绘画、象征性游戏都是运用符号功能的范例。之所以称为前运算，是因为在皮亚杰看来，这个阶段的儿童尚未获得可以让他们进行逻辑思维的运算图式。幼儿期是语言发展的关键期。幼儿的情感特点是外露、不稳定。

2. 小学生身心发展的特点

小学生的身心处于稳步发展阶段。学生大脑的质量由六七岁时的 1 280 g 发展到十二三岁时的 1 400 g，大脑质量的变化在一定程度上体现了大脑内部结构发育和成熟的情况，为儿童接受教育提供了生理基础。小学生的心脏在不断增大，血管在不断增长。由于处在长身体时期，新陈代谢很快，血液循环的需要量很大，心脏必须加速运动，因此小学生不宜参加过于剧烈的运动和紧张繁重的劳动。

根据皮亚杰的认知发展理论，小学生处于具体运算阶段。这个阶段的学生可以运用内部的心理运算解决问题。这里的运算是一种心理动作，个体在心里进行可逆或补偿的动作，并不需要实际动手操作。小学生的智能可以对具体的事物或情境按照逻辑法则进行推理。小学生人格发展进入超越家庭范围的社会化的起始阶段。在自我意识的发展上，小学生从较多地关注自我的生理方面转向心理方面，逐步学会独立思考。小学生的意志品质中的自觉性、坚持性和自制性的发展水平不高，在遵守纪律、完成预订任务时常有困难。[①]

3. 中学生身心发展的特点

初中生年龄为十二三岁到十五六岁，处于少年期；高中生年龄为十五六岁到十八九岁，处于青年初期。中学阶段是人的一生中身心发展较快的时期，经历着人生中第二个生长发育高峰期。青春期生理上发展迅速，主要表现在体形、内脏和性等三大变化。中学生心理发展主要表现为两大特征：一是智力飞跃发展，特别是脑和神经系统的结构与机能迅速发展，为心理的迅速发展提供了必要的生理基础。二是随着身体的发育和智力的发展，中学生的个性逐步形成。个性心理包括动机、兴趣、理想、信念、世界观等个性倾向性和能力、气质、性格等个性心理特征。

从皮亚杰的认知发展理论看，中学阶段处于形式运算阶段，这一阶段的学生能在头脑中把形式和内容分开，使思维超出所感知的具体事物或形象，进行

① 朱小蔓主编：《中国教师新百科·小学教育卷》，中国大百科全书出版社 2002 年版，第 82—85 页。

抽象的逻辑思维和命题运算，具有了假设—演绎推理的能力和归纳思维的能力。

总体来说，学生的身心发展作为一个整体，是一个由低级到高级、由简单到复杂的发展过程。

（二）个体差异性

学生的发展除具有上述明显的阶段性特征外，处于同一发展阶段的学生还具有个体差异性，表现为个体的生理和心理发展的优势领域不同、速度不同和水平不同等方面。美国教育心理学家加德纳（1943— ）的多元智力理论证明了人发展的差异性。他认为，人的智力包括语言智力、数理逻辑智力、音乐智力、空间智力、身体运动智力、人际智力、自我认知智力、自然观察智力。即使在相同的优势智力领域，不同的人的表现也不一样。例如，同样在身体运动智力领域具有优势，有的人身体爆发力强而擅长短跑，有的人耐力好而擅长长跑，有的人擅长技巧型的运动项目，有的人擅长力量型的运动项目……个体之间的差异性还表现在有的人早慧，有的人大器晚成。认识学生发展的个体差异性，是有针对性地促进学生全面、个性发展的基础。

（三）当代中小学生身心发展的时代性

社会的不断发展、科技的不断进步带来人们思维方式、价值观念的变革，也赋予当代中小学生独有的时代特征。他们思想活跃、勇于探索，具有较强的现代意识；学习能力强，能够熟练应用信息技术，信息接受迅速且途径多，对新事物、新观念与新信息有自己独特的接受方式、判别标准和接纳形式；创新意识与批判精神不断增强；追求新知，渴望成才，但抗挫折能力下降；关注自我形象，勇于展露自己的优点与才华；要求独立，同时具有一定的依赖性；憧憬未来，充满自信，但缺乏脚踏实地、艰苦奋斗的思想准备和坚强意志；崇尚自我，发展个性；价值观趋向务实化、多元化。

二、学生观

学生观是教师对学生的基本认识，这种基本认识对教师的教育教学活动有重要的影响。教育学关于教育的本质、师生关系、学生在教育过程中的地位、学生身心发展的特点等理论，都有助于教师形成科学的学生观。教师的学生观也会随着社会的发展而发生变化。现代社会发展要求教师建立符合时代特色的学生观，以满足社会和个人发展的双重需求。马克思主义关于人的本质和人的发展的观点，是对人自身认识最精髓的概括，是教师确立理想学生观的理论依据。

（一）学生是自我发展的主体

马克思提出："人的本质不是单个人所固有的抽象物，在其现实性上，它是一切社会关系的总和。"① 一方面，人的发展受一定外界客观条件的制约；另一方面，人是发展的主体，具有主观能动性。人的主体性，是人作为主体在与活动的对象客体的相互作用过程中所表现出来的积极主动的特性。教育是培养人的社会实践活动，教育教学的过程是学生主体在教师的引导下主动完成的过程。教师应积极发挥主导作用，调动学生学习的积极性、主动性，尊重学生的主体地位，帮助学生提高主体意识，为主体性活动的开展创造有利条件。

（二）学生是发展着的个体

马克思反对用静止的观点看待人，认为"整个历史也无非是人类本性的不断改变而已"②，人的本质是一切社会关系的总和。人既然是由社会关系决定的，社会关系又是历史的、变化的，那么由社会关系决定的人的本质，也就自然是历史的、变化的。学生作为教育的对象，处在不断发展的过程中，教师应该用发展的观点认识和对待学生，相信每一个学生都具有巨大的潜能，看到学生的未完成性，给学生创造发展的环境和机会。

（三）学生应当获得全面的发展

根据马克思主义关于人的全面发展学说，人的全面发展是指个人的智力和体力尽可能多方面充分、自由、统一地发展。从心理学的角度来看，人的发展包括身体和心理两个方面：身体的发展包括肌体的正常发育和身体的健康成长；心理的发展包括思想品德、知识、技能和能力、审美的发展。人的发展是身心的统一发展，是身体和心理的各个方面的全面发展。教师要关注学生的全面发展，善于发现每个学生的潜力，全面客观地评价学生，为学生全面发展提供助力。

（四）学生发展应当个性化

马克思曾说过，"即使在一定的社会关系里每一个人都能成为出色的画家，但是这决不排斥每一个人也成为独创的画家的可能性"③。马克思主义的个性观强调在人的全面发展的基础上发展人的个性，人的全面发展的真谛就是使每个人的个性都获得丰富全面的发展。可见，人的个性发展与全面发展并不是矛盾的。人是共性和个性的统一，人的全面发展既不是平均发展，也不是平庸发展，其核心恰恰是个性的全面发展。因此，教育必须以培养学生的主动性、创造性，塑造学生充分自由发展的个性为己任。

正确认识和构建理想的学生观具有重要的教育意义，理想的学生观要求教育重新审视学生的意义与价值。对于人类社会来说，对人自身的探求是永无止境

---

① 《马克思恩格斯文集》第一卷，人民出版社 2009 年版，第 505 页。
② 《马克思恩格斯文集》第一卷，人民出版社 2009 年版，第 632 页。
③ 《马克思恩格斯全集》第三卷，人民出版社 1960 年版，第 460 页。

的；对于教育来说，对学生的认识也是无限延伸的，构建符合时代发展的学生观也必然是不断发展的。

三、学生的权利与义务

学生首先是公民，学生具有每一个公民应享有的法定权利和应尽的义务。同时，中小学生又享有未成年人所享有的权利。学校教育，尤其是义务教育，是国家保障公民受教育权利、提高公民的能力、保证公民过有尊严生活的基础，作为受教育者的学生还具有特殊的权利与义务。我们综合《中华人民共和国宪法》《中华人民共和国教育法》《中华人民共和国义务教育法》《中华人民共和国未成年人保护法》的规定，对学生的权利和义务进行描述和解释。

（一）学生的权利

1. 受教育权

受教育权是学生所拥有的基本权利，《中华人民共和国宪法》第四十六条规定："中华人民共和国公民有受教育的权利和义务。"《中华人民共和国教育法》第九条规定："公民不分民族、种族、性别、职业、财产状况、宗教信仰等，依法享有平等的受教育机会。"《中华人民共和国义务教育法》第二条规定："国家实行九年义务教育制度。义务教育是国家统一实施的所有适龄儿童、少年必须接受的教育，是国家必须予以保障的公益性事业。"

受教育权从其实现过程可以分为学习机会权、学习条件权和学习成功权。学习机会权是指学生具有入学和获得学生身份的权利，包括入学升学机会权、教育选择权和学生身份权。其中入学升学机会权最为基本，我国在完成普及义务教育后，已经全面解决了义务教育阶段"有学上"的问题。在入学升学机会权方面，《中华人民共和国义务教育法》第十二条规定："父母或者其他法定监护人在非户籍所在地工作或者居住的适龄儿童、少年，在其父母或者其他法定监护人工作或者居住地接受义务教育的，当地人民政府应当为其提供平等接受义务教育的条件。"第十九条规定："县级以上地方人民政府根据需要设置相应的实施特殊教育的学校（班），对视力残疾、听力语言残疾和智力残疾的适龄儿童、少年实施义务教育。特殊教育学校（班）应当具备适应残疾儿童、少年学习、康复、生活特点的场所和设施。普通学校应当接收具有接受普通教育能力的残疾适龄儿童、少年随班就读，并为其学习、康复提供帮助。"

学习条件权包括教育条件建设请求权、教育条件利用权和获得教育资助权。学生有利用学校的校舍、图书、实验仪器设备的权利。《中华人民共和国教育法》第三十八条规定："国家、社会对符合入学条件、家庭经济困难的儿童、少年、青年，提供各种形式的资助。"第四十三条规定，受教育者享有"按照国家有关规定获得奖学金、贷学金、助学金"的权利。

学习成功权包括获得公正评价权和学业学位证书获得权。《中华人民共和国教育法》第四十三条规定，受教育者享有"在学业成绩和品行上获得公正评价，完成规定的学业后获得相应的学业证书、学位证书"的权利。教师不能因为学生家庭出身、性别等因素给予学生学业成绩不公正的评价。学生在完成教学计划规定并达到毕业要求时应该获得学业学位证书，学校不得以其他理由扣押证书。

2. 平等权

学生应该获得平等的受教育机会和过程，主要表现在以下三个方面：

一是办学条件的公平。政府应着力改善教育条件不佳学校的办学条件，包括办学设施、师资力量和学校管理。《中华人民共和国教育法》第十条规定："国家根据各少数民族的特点和需要，帮助各少数民族地区发展教育事业。国家扶持边远贫困地区发展教育事业。国家扶持和发展残疾人教育事业。"《中华人民共和国义务教育法》第六条也规定："国务院和县级以上地方人民政府应当合理配置教育资源，促进义务教育均衡发展，改善薄弱学校的办学条件，并采取措施，保障农村地区、民族地区实施义务教育，保障家庭经济困难的和残疾的适龄儿童、少年接受义务教育。"

二是教育质量的公平。不同群体的受教育过程应该符合他们的学习需求和特点。例如，少数民族地区学校的课程内容要体现其民族文化、地域特色。特殊教育学校的课程内容要能够反映学生个别化学习的需求。农村学校的课程内容要贴近农村学生的生活经验和环境。教育质量的公平，要求满足学生不同的学习需要，使学生得到充分的发展。

三是教育过程中的平等。首先，要维护学生的人格尊严。《中华人民共和国宪法》第三十八条规定："中华人民共和国公民的人格尊严不受侵犯。禁止用任何方法对公民进行侮辱、诽谤和诬告陷害。"《中华人民共和国未成年人保护法》第二十七条规定："学校、幼儿园的教职员工应当尊重未成年人人格尊严，不得对未成年人实施体罚、变相体罚或者其他侮辱人格尊严的行为。"第二十八条规定："学校应当保障未成年学生受教育的权利，不得违反国家规定开除、变相开除未成年学生。"第二十九条规定："学校应当关心、爱护未成年学生，不得因家庭、身体、心理、学习能力等情况歧视学生。对家庭困难、身心有障碍的学生，应当提供关爱；对行为异常、学习有困难的学生，应当耐心帮助。"其次，要维护教育过程中师生关系平等，为学生在教师引导下的独立与自由的发展提供充足的空间。《中华人民共和国义务教育法》第三十四条和《中华人民共和国未成年人保护法》第二十五条都规定，注重培养学生独立思考能力、创新能力和实践能力，促进学生全面发展。

3. 人身安全与隐私权

身体不受到攻击、毒打、伤害是学生的基本权利。《中华人民共和国宪法》第三十七条规定："中华人民共和国公民的人身自由不受侵犯。任何公民，非经人民检察院批准或者决定或者人民法院决定，并由公安机关执行，不受逮捕。禁止非法拘禁和以其他方法非法剥夺或者限制公民的人身自由，禁止非法搜查公民的身体。"我国相关法律规定国家和学校有对未成年人的安全进行教育、管理和保护的责任。首先，校舍安全要达到国家规定的安全标准。《中华人民共和国义务教育法》第十六条："学校建设，应当符合国家规定的办学标准，适应教育教学需要；应当符合国家规定的选址要求和建设标准，确保学生和教职工安全。"第二十四条规定：县级以上地方人民政府定期对学校校舍安全进行检查；对需要维修、改造的，及时予以维修、改造。其次，要对学生进行系统的安全教育。《中华人民共和国义务教育法》第二十四条规定："学校应当建立、健全安全制度和应急机制，对学生进行安全教育，加强管理，及时消除隐患，预防发生事故。"《中华人民共和国未成年人保护法》第三十五条规定："学校、幼儿园应当建立安全管理制度，对未成年人进行安全教育，完善安保设施、配备安保人员，保障未成年人在校、在园期间的人身和财产安全。"此外，还要保障学生的交通安全和卫生安全。

学生隐私权是容易被忽视的一种权利。《中华人民共和国未成年人保护法》第六十三条规定："任何组织或者个人不得隐匿、毁弃、非法删除未成年人的信件、日记、电子邮件或者其他网络通讯内容。""除下列情形外，任何组织或者个人不得开拆、查阅未成年人的信件、日记、电子邮件或者其他网络通讯内容：（一）无民事行为能力未成年人的父母或者其他监护人代未成年人开拆、查阅；（二）因国家安全或者追查刑事犯罪依法进行检查；（三）紧急情况下为了保护未成年人本人的人身安全。"实际上，侵犯学生隐私权的情况时有发生。例如，如果不会对其他人造成危害，一些有疾病学生的健康状况应该保密而未能保密。

4. 申诉权

当学生认为得到不公正的处分或遭遇伤害时，学生可以提出申诉。《中华人民共和国教育法》第四十三条规定，受教育者享有"对学校给予的处分不服向有关部门提出申诉，对学校、教师侵犯其人身权、财产权等合法权益，提出申诉或者依法提起诉讼"的权利。

（二）学生的义务

《中华人民共和国教育法》第四十四条规定，受教育者应当履行下列义务：

（1）遵守法律、法规；

（2）遵守学生行为规范，尊敬师长，养成良好的思想品德和行为习惯；

（3）努力学习，完成规定的学习任务；

（4）遵守所在学校或者其他教育机构的管理制度。

四、学生在教育过程中的地位

（一）学生是教育的对象

在学校教育中，学生是教育的对象。学生是未成熟的个体，具有发展的"未完成性"。学生作为社会中的人有自身发展的需要，需要由一个未成熟的自然人成长为一个成熟的社会人，只有这样，才能在社会中生存与发展。然而，人又不能不学而能，人的遗传的"未完成性"决定了人需要后天的学习。但人类社会的文化遗产丰富，人的生命有限，仅靠个人的自学远远适应不了社会的要求，教育成为促进个体成长发展的重要途径。学生作为教育对象，既是学生自身发展的需要，也是人类社会的要求。学生发展是教育活动的最终归宿，学校教育活动要始终围绕着学生发展这个中心开展。

（二）学生是学习、发展的主体

教师、学生和教育内容是教育活动的三个核心要素，对于三者间关系的不同理解会形成对学生在教育中所处地位的不同认识。德国存在主义哲学家雅斯贝尔斯（1883—1969）在他的著作《什么是教育》中将教育分为三种类型：经院式教育、师徒式教育和苏格拉底式教育。在经院式教育中，教材拥有至高无上的权威，教师和学生都屈服于固定的知识体系而泯灭师生鲜活的个性。在师徒式教育中，教师是中心，学生对教师的尊敬和爱戴带有绝对服从的特点，教师的权威具有神奇的力量，这种力量满足了人类不愿自己负责而愿依附别人的需要。在苏格拉底式教育中，教师和学生处于平等地位，教学双方均可自由地思索，没有固定的教学方式，通过无止境的追问来探寻真理，教师要激发学生对探索求知的责任感。不难看出，在经院式教育和师徒式教育中，学生的地位是相同的，那就是无条件地服从教学内容或教师，而在苏格拉底式教育中，师生之间处于平等的地位。

教育是教师和学生以主体间关系为纽带共同作用于教育内容这一客体，以认识客观世界和提升主观世界为目的的实践活动，是教师和学生借助教育内容进行的对话、理解和共享的交往活动。学生作为学习、发展的主体，具有自主性、能动性和超越性。学生与教师具有平等的地位，教师负有引导和帮助学生的责任，但教师不能以命令、控制、灌输的方式来要求学生。教师应帮助学生学会理性地选择与判断，进行批判性反思，实现自主发展。

学生与教师在教育过程中处于平等地位，教师是平等中的首席，要发挥对学生的引领和帮助的作用，但不能因此影响学生的主体性。教师是学生学习、生活、心理健康的主要引导者。强调学生的主体地位的同时，不能否定教师的主导作用。教师主导不等于教师专制，真正的教师主导应是在教育教学中从学生的身心特点出发，充分发挥学生的主动性和积极性，对学生加以恰当的、必要的引导，培养学生的主体性，而不是在教育教学中"目中无人"，忽略学生的身心特点，压制学生的个性和创造性。教师在教育活动中的主导作用和学生在发展过程中的主体地位是相辅相成、和谐统一的关系。

思考题

一、名词解释题

教师的角色　教师专业发展　班主任　学生的权利

二、简答题

1. 结合自身体验，说说你对教师职业意义的理解。

2. 你认为班主任应如何加强班集体建设？

3. 结合相关法律规定，谈谈你对学生的权利与义务的理解。

4. 你认为应如何建立良好的师生关系？

三、论述题

1. 基于对教师职业特点的理解，论述如何更好地促进教师专业发展。

2. 结合实际，谈谈怎样才能成为一名"四有"好老师。

四、材料分析题

陶行知在《师范生应有之观念》一文中有这样的论述："教育者，乃为教养学生而设，全以学生为中心，故开办学校、聘请教师，无一非为学生也。若无学生，焉有学校？既无学校，焉有教师？然则教师与学生，焉可无同情耶？同情谓何？即以学生之乐为乐，以学生之忧为忧；学生之休戚即我之休戚，学生之苦恼即我之苦恼是也。"①

请结合上述材料，谈谈你对教师与学生关系的思考。

---

① 《陶行知教育文集》第2版，胡晓风等编，四川教育出版社2007年版，第37页。

第十章 教育科学研究

教育科学研究，简称教育科研，是指研究者以教育现象和教育问题为研究对象，运用科学的研究路径和方法，有目的、有计划、系统、深入地认识教育现象和教育问题、探索教育规律、建构教育理论或改进教育实践。教育科学研究是社会科学研究的一个组成部分。

第一节 教师与教育科研

教师[①]所开展的教育科学研究，是指教师以改进教育实践为目的，通过科研认识并解决自己或他人在教育教学中的问题的活动。这是一种由教育实践者实施、在教育实践中开展、以教育实践问题为对象，旨在改进教育实践的科研活动。这种以教育实践为中心的研究是教师的教育科研区别于专业研究者的教育科研的根本之处。

在过去，教师仅被视为传授既有知识的"教书匠"。人们并不要求教师从事科学研究来探究与发现新的知识。因为人们认为，科学研究是专业研究者（如高校和科研机构的研究者）的专属活动。不过，随着"教师即研究者"[②]这一教育理念的引入和传播，特别是伴随着我国第八次基础教育课程改革的实施，"研究型教师"的角色定位获得了广泛的认可。教师开展教育科研不仅成为社会发展和教育改革对教师提出的要求，也被视为教师专业发展的重要途径。如今，教育科研能力已成为新时代教师必备的专业素养之一，被列入师范院校教师教育的培养目标。2021年，教育部印发了《学前教育专业师范生教师职业能力标准（试行）》《小学教育专业师范生教师职业能力标准（试行）》《中学教育专业师范生教师职业能力标准（试行）》等五个文件，要求师范生掌握基本研究方法，具备撰写教育教学研究论文的基本能力。

一、教师开展教育科研的意义

教师开展教育科研具有重要的意义，主要表现在以下五个方面：

---

① 这里的教师主要指的是学前教育、义务教育和高中教育阶段的教师。
② 人们通常认为，"教师即研究者"最早由英国课程专家斯滕豪斯（1926—1982）明确提出。这一理念受"专业人员即研究者"的启示，其基本假设是教师有能力对自己的教育实践进行反思、研究和改进，由教师来研究和改进自己的实践是教育改革最直接、最有效的方式。

（一）回应社会发展和教育改革对教师提出的新要求

21世纪的社会是一个快速发展、充满不可预知性的知识经济社会。新的科技、观念乃至新的生活方式不断出现，并在全球化的条件下迅速从其诞生之地扩散至全球，影响并改变着人们的生活。随着社会的发展与转型，教育理念、方式和内容也处在不断的发展和变革之中。教师在教育教学中不断遇到新的情况、问题和挑战，没有现成的经验和方法可以借鉴和依赖。教师只有亲自参加科研，针对自己所遇到的问题开展研究，才能找到适合自己和本地情况的解决方案。1999年，中共中央、国务院颁布的《关于深化教育改革全面推进素质教育的决定》明确提出，教师"要遵循教育规律，积极参与教学科研，在工作中勇于探索创新"。2011年，教育部颁布的《教师教育课程标准（试行）》要求职前教师"具有研究教育实践的经历与体验"，并将"教育研究方法"课程列入建议课程模块。我国基础教育课程改革也要求教师成为具有教育科研意识与研究能力的研究型教师。

（二）促进教师的专业成长与发展

开展教育科研要求教师具备相应的科研素质。教师的科研素质一般包括科研意识、科研知识、科研能力和科研精神。[1] 科研意识是指教师重视和认同科研的意义，具有对科研问题的敏觉性。科研知识是教师开展教育科研所需要的有关理论和方法方面的知识。科研能力是教师把教育科研知识和方法运用于实践的能力，包括发现问题、完成研究设计、实施研究过程和表述研究结果等方面的能力。科研精神是指教师勇于探索、乐于创新、实事求是的精神。

为了开展教育科研，教师要先具备科研素质。这一过程也是教师专业成长与发展的过程。在开展教育科研的过程中，教师会不断地学习新的教育理论和方法，并将其用于解决自己教育教学中的问题，由此获得新的知识和能力，在专业上得到进一步成长与发展。此外，通过开展教育科研，教师可以更好地了解学生和自己的特点，既有助于发现适合学生特点的教学方式，也有助于形成自己的教学风格。

（三）提升教师的自我价值感和工作满意度

在不开展教育科研的情况下，教师的任务主要是将已有的知识传授给学生。教师这样长期重复做同样的事情，工作缺少挑战性和创新性，容易出现职业倦怠的问题。通过开展教育科研，教师可以不断学习和掌握新的知识，在解决问题的过程中不断发展和超越自己，充分发挥自己的潜力和价值。此外，研究型教师更倾向于用一种新的眼光，带着批判和反思的意识来看待自己的教育教学实践，将

---

① 潘海燕：《教师的教育科研与专业发展》，中国轻工业出版社2006年版，第11页。

问题和困难当作研究的起点，不断提升自己的教学能力和水平，由此获得学生的认可，工作满意度也会随之上升。苏霍姆林斯基曾表示："如果你①想让教师的劳动能够给教师一些乐趣，使天天上课不致变成一种单调乏味的义务，那你就应当引导每一位教师走上从事一些研究的这条幸福的道路上来。"②

（四）促进学生和学校的发展

教师开展教育科研不但有益于自身的专业发展，而且有利于促进学生和学校的发展。一个好的研究型教师通常也是一个善于观察和反思的教师，可以更好地注意到学生的特点和需求，采取更符合学生特点和需求的教学方式，从而更有效地促进学生的成长和发展。此外，研究型教师所具备的科研意识和科研精神对于学生也具有激励作用，可以起到潜移默化的影响。教师质量是决定学校教育质量的核心要素之一。教师通过开展教育科研所获得的专业发展对学校而言，也意味着一种质量上的改进和提升。通过鼓励教师开展教育科研，学校不仅可以不断提升其教育教学质量，还会因为汇集了一批研究型教师而形成一种新的、积极向上的学校氛围，更容易形成自己的办学特色，获得更高的社会声望。

（五）促进教育科学的发展

教师因为工作在教育教学的第一线，更容易及时了解教育教学中的新困难、新问题和新需求，更早地发现值得研究的问题。同时，因为就在现场工作，教师更容易从现场收集第一手的资料（如观察记录，教学反思，学生的考卷、作业、作文、周记等文档），并且不会因为外来研究者的介入而破坏教学情境的自然性。此外，教师可以根据研究发现及时采取教育干预措施，检验研究发现及用于解决教育问题的措施是否有效。这些优势都是外部研究者所不具备的。因此，作为沟通教育理论和教育实践的桥梁，教师应该积极开展教育科研，利用自己独特的认知优势和研究视角，通过研究提供科学的、实践性的知识，拓宽教育科学知识的生产渠道，促进教育科学的发展。

二、教师开展教育科研的类型

教师所开展的教育科研有不同的类型。尽管不同的类型之间会有部分重叠，但每种类型都各有侧重。

根据研究范围与视角不同，教育科研可以分为宏观研究、中观研究和微观研究。教育科学的宏观研究是指对国家、社会层面上的重大教育问题进行综合性、

①　"你"指校长。
②　［苏］瓦·阿·苏霍姆林斯基：《给教师的建议》全一册，杜殿坤编译，教育科学出版社1984年版，第494页。

系统性研究。教育科学的微观研究是对某个教育问题进行细微的研究。教育科学的中观研究介于宏观和微观之间，是在特定范围内开展的综合性教育研究。中小学教师大多是在微观层面开展教育科研。

根据研究内容和取向不同，教育科研可以分为基础研究和应用研究。教育科学的基础研究是指通过认识教育现象和揭示教育规律，从而产生关于教育活动的新知识或新方法的研究，它不以具体的应用或使用为直接目的。教育科学的应用研究是为解决实际教育问题而进行的研究，多为探索教育科学基础研究成果在教育实践中可能的用途，或者是探寻运用基础研究成果在教育实践中解决问题的新方法和新途径。基础研究的主要目的是扩展科学知识、发现基本规律或原理，建立新的理论。应用研究的主要目的是解决当前实践中的具体问题，如评估研究和行动研究都属于应用研究。一般来说，中小学教师所从事的教育科学研究多属于应用研究。

根据研究的范式不同，教育科研可以分为定量研究、定性研究和混合研究。定量研究又称量化研究，侧重和依赖对研究对象的测量和计算。教育科学的定量研究是一种以数量来表示教育问题和教育现象，运用科学的方法对这些数量进行整理和分析，从而以教育现象在数量上的规定性为基本依据来揭示教育规律的研究。定性研究是相对于定量研究而言的，也称质性研究或质的研究，侧重和依赖对研究对象的意义和特征的描述和理解。在教育科学的定性研究中，研究者在自然的教育情境中用科学的方法采集、整理和分析研究资料，并运用一定的科学理论对资料进行解释，从而形成对教育现象的新认识，如教育叙事研究。混合研究又叫混合方法研究，即将定量研究与定性研究结合起来，以充分利用两类研究的优势。

根据研究目标不同，教育科研可以分为探索性研究、描述性研究、解释性研究和预测性研究。探索性研究，也称先导性研究，旨在初步探究尚未被研究过的问题，获得对其初步的认识和了解。描述性研究旨在对研究对象的状况做出全面的描述，回答"是什么"或"怎么样"的问题。解释性研究旨在对研究对象做出解释和说明，回答"为什么"的问题。预测性研究旨在探究未来的发展趋势，回答"将会怎样"的问题。

根据研究的时间跨度不同，教育科研可以分为横向研究和纵向研究。横向研究，也称横断研究，指研究者对研究对象在某一时间点的横截面进行的研究。纵向研究也称追踪研究或趋势研究，指研究者对研究对象在不同时间点重复进行研究，观察和比较研究对象随着时间的推移而发生的变化。

根据研究方法和策略不同，教育科研可以分为文献研究、历史研究、调查研究、实验研究、理论研究、行动研究、叙事研究、案例研究等。教育科学的文献研究主要通过对文献资料的研究来形成对教育现象的科学认识，即通过收集、整理、鉴别相关文献资料，以文献资料反映的事实为依据，以相关理论为基础，通过教育科学的分析研究来认识教育现象。教育科学的历史研究就是运用有关教育现象的历史资料，通过对教育现象发展的历史过程进行分析，从而得出新的科学认识。教育科学的调查研究是指有目的、有计划、有组织地运用各种科学的方法进入教育现场收集、整理和分析有关数据和资料，从而获得对教育现象的新认识。教育科学的实验研究是以一定的理论为基础，在实验性的教育过程中有目的地控制某些教育因素或条件，观察和分析教育措施和教育效果之间的联系，从而揭示教育规律的研究。教育科学的理论研究则是指以一定的教育理论和教育事实为基础和依据，通过理论论证来证明和获得关于教育现象的科学认识。行动研究是指实践者为了改进自己的实践而在自己的行动中亲自开展的研究。叙事研究是通过叙事进行研究或者对叙事的研究。案例研究是对被称为个案的特定现象进行深入的研究。中小学教师进行教育科学理论研究相对较少。中小学教师常用的研究方法主要有文献研究、调查研究、实验研究、实地研究、行动研究、叙事研究、案例研究等。

三、教师开展教育科研的导向

教师开展教育科研虽然有诸多益处，但如果定位不清、导向不明，就难以达到原本希望实现的目标，既不能改变教师和学生的行为，也不会真正为学校带来变化，难以实现科研促教、科研强师、科研惠生、科研兴校等目标。具体说来，教师开展教育科研应该至少关注以下四个导向：

（一）以教师专业成长与发展为导向

开展教育科研的一个最重要的导向就是要转变教师的教学理念和行为，帮助教师获得专业上的成长和发展。因此，教育科研必须紧紧围绕这一目标来进行。这就意味着所选择的教育科研要能够在师德修养、知识、能力等方面促进教师的发展，提升教师的专业水平，让教师逐步成长为一名专家型教师。这也意味着有必要对教师所从事的科研主题进行合理的聚焦。此外，评价一所学校开展教育科研的效果，也要看这些教育科研在多大程度上改变了教师，在多大程度上提升了教师的专业素养。

（二）以解决教育教学实践中的问题为导向

党的二十大报告提出，"必须坚持问题导向"，"增强问题意识，聚焦实践遇到的新问题"。这也是教师开展教育科研需要注意的导向。教师开展教育科研要有清晰的问题意识，即明确知道通过教育科研想要解决教育教学实践中的哪些问题以及怎样研究才能达到这一目的。如果研究的问题并非学校自身的问题，而是来自书本理论或专家建议，未能与学校真正的问题和矛盾结合在一起，那么，这种研究就很难直接改进学校的教育教学实践，违背了教师开展科研的初衷。因此，教师有必要把解决教育教学中的问题作为教育科研的出发点和归宿，避免开展缺少问题针对性的教育科研。

（三）以促进学校的持续发展为导向

教师的教育科研要有助于学校的持续发展，注意在解决学校当前问题的同时，服务于学校未来的发展。在评价教育科研的效果时，既要看它是否解决了当前的问题，同时还要看它在多大程度上有助于促进学校的未来发展。这意味着，教师的教育科研要有长远的规划、全局性的统筹，不要盲目跟风、追逐热点和潮流，也不要急于求成、妄图一蹴而就。随着社会的发展和变革，新的理念、潮流和问题会不断涌现。旧的问题解决之后，新的问题又会出现。所以，教师需要持续不断地开展教育科研，将教育科研作为学校持续发展的推动力。

（四）以理论与实践的结合为导向

理论与实践的结合意味着既要注重利用理论指导教育实践，也要注重从教育实践的需求出发，在教育教学实践中发现问题、解决问题，将实践经验上升到理论的高度。通常来说，因为教师可供支配的研究时间少，而且常常缺少系统的、规范的理论和方法方面的训练，所以，教师不适合从事纯粹的基础理论研究。对于那些对理论研究感兴趣的教师来说，最适合他们的科研方式是在研究中将相关的教育教学理论与自己的工作实际结合起来，利用理论指导解决实际问题，同时也通过实践来检验或拓展现有的理论。

第二节　教育科研过程

作为一种有目的、有意识、科学系统的认知活动，教育科研需要遵循规范化的研究程序。通常来说，一个完整的、规范的研究过程至少包括五个步骤或阶段：选择研究课题、研究设计、资料搜集与数据采集、资料和数据的处理与分析、论文撰写和成果发表。

一、选择研究课题

选择研究课题，也称选题，指经过选择来确定研究主题和问题。通常来说，研究者会首先选择一个研究主题，然后在这一主题领域内明确和细化出具体的研究问题。选题是开展教育科研的第一步，也是至关重要的一步。因为它决定着研究的目标和方向，影响到研究方法的选择，关系到研究结果的意义和价值。此外，选题还是衡量和体现研究者水平的一个重要标志。因此，研究者应该高度重视选题阶段的工作，不宜操之过急、草草决定。不要觉得在选题阶段投入时间和精力是浪费，因为确定选题的过程也是研究者获得专业成长的过程。

教育研究课题的来源，即研究课题产生的途径是多元的。选择研究课题的途径主要有五种。①

（一）通过分析现有文献确定选题

规范的研究文献通常都会在结尾部分指出自己研究的局限和值得进一步研究的问题，而为了检验这些问题是否以及在多大程度上已经得到研究，研究者还需要检索和分析新的文献，这就可以帮助研究者通过分析现有文献确定选题。

（二）从现有的理论推导出自己想要研究的问题

从现有的理论可以推导出自己想要研究的问题，这种以理论为指导的选题方式的好处是：因为有理论框架的限定，研究者会关注主要的和重要的问题，而不会纠缠细枝末节的问题。此外，理论会给研究者解释或阐释研究结果提供方向和导向。这种研究的结果会促进理论知识的递进式积累。

（三）重复或拓展前人的研究

研究者可以通过五种不同的方式开展重复性研究：（1）研究者可以针对某一新的，特别是那些引起轰动的"突破性发现"进行重复性研究，通过自己的研究数据来检验这一发现的可靠性。（2）研究者可以使用不同的样本来重复前人的研究，以检验其研究结果的推广度，看看是否可以推广至其他人群。（3）研究者可以重复以前的研究，以检验当时的研究在当前是否还有效，或者发生了哪些变化。（4）研究者可以采用不同的方法来重复他人的研究，以检验重大研究发现是否可以得到用这种方法所收集数据的支持。（5）研究者可以通过重复性研究，查明某种新提出的教学方式、方法和手段是否更加有效，是否更有助于提高教学效果。

（四）通过参加集体研究项目而确定选题

参加别人主持的集体研究项目，承担其中的某个子课题，从而确定选题。这种选题方式有好处也有弊端。好处是在研究上已有一定的基础，在经费上也有一定保障，可以利用集体合作的科研方式，学习课题组其他成员的长处，积累参加大型研究项目的经验，对日后自己主持类似项目大有裨益。弊端在于研究题目已被设定，自由发挥的空间受到限制。

（五）从教育实践中发现研究问题

教育研究的一个重要目的就是要解决教育实践中的问题，进而改进教育实

---

① ［美］梅雷迪斯·D. 高尔、沃尔特·R. 博格、乔伊斯·P. 高尔：《教育研究方法导论》第六版，许庆豫等译，江苏教育出版社 2002 年版，第 43—50 页。

践。教育实践中蕴藏着丰富的、有研究价值的问题，因此也是重要的研究选题来源。特别是对于在一线工作的教师来说，日常教学活动中出现的问题可以成为其研究的优先选题。例如，针对班级中部分学生学习动力不足的问题，教师开展一项研究，了解学生学习动力不足的原因，并探索有效解决这一问题的教学策略。

除此之外，研究者还可以根据学科发展的需要或者国家和社会发展的需要为自己的研究确定选题。研究者可以参考全国教育科学规划办发布的课题指南或省、市的相关机构出台的相关政策文件并结合自己的研究专长和兴趣，确定选题。

二、研究设计

研究设计是指为了实现研究目的而对研究的方法、程序、步骤、实施策略和操作方式所做出的选择和整体规划。研究设计对研究的顺利实施和研究结果的可靠性有着重要的影响。因此，要想达到预期的研究目标，必须认真完成研究设计。通常来说，研究设计主要包括七个方面的内容。[①]

（一）明确研究的目的和意义

研究的目的是指通过研究想要达到的预期结果。研究的意义通常指该研究的理论价值和实践价值。完成研究设计首先要明确研究的目的和意义，为此需要重点回答下列问题：为什么要完成这项研究？通过这项研究想要实现什么目的？有哪些具体的研究问题？开展这项研究有哪些理论和实践方面的意义？

（二）选择研究类型与研究方法

教育科学研究者首先要根据自己的研究目的和需要选择研究的类型（如基础研究或应用研究，探索性研究、描述性研究、解释性研究或预测性研究，横向研究或纵向研究等），然后选择研究方式（实地研究、调查研究、实验研究或文献研究等），并说明计划使用何种收集资料的方法（观察、问卷、访谈、内容分析等），最后还需确定分析资料所用的方法（定量分析或定性分析）和手段（如借助各种数据分析软件）。

（三）确定分析单位和研究内容

分析单位即研究中要分析和描述的对象，是研究的基本单位。分析单位可以是个体（如学生、教师、校长等），群体（如男生、少数民族学生、公费师范生等）或者组织机构（如学校、校外教育机构等），也可以是社会活动、社会关系、社会制度和社会产品等社会产物（如教育教学改革，家庭、学校与社会的关系，教师聘用制度，教科书等）。研究内容是指分析单位的属性和特征，

---

① 袁方主编：《社会研究方法教程》，北京大学出版社 1997 年版，第 157—159 页。

即研究者想要分析和描述的具体项目或指标。研究者需要明确想要研究分析单位的哪些方面，如分析单位的状况（如年龄、性别、受教育程度等），意向性（如动机、态度、观念、偏好等），行为活动（如师生互动、择校、辍学等），等等。

（四）制订抽样方案，选择代表性的研究对象

选择具有代表性的研究对象是研究设计中的一个重要环节。如果是采用实证性调查研究，研究者需要在做研究设计时确定采用何种抽样方式。抽样，也称取样，是按照一定规则从总体中抽取一定数量的有代表性的个体进行研究的过程。其目的是通过对样本的分析推断总体的特征。抽样分为概率抽样和非概率抽样。概率抽样是依据概率论的基本原理，按照随机原则进行的抽样。它能够较好地避免抽样过程中的人为误差，保证样本的代表性。概率抽样的方法主要有：简单随机抽样、系统抽样、分层抽样、整群抽样、多段抽样、概率比例抽样。非概率抽样是指依据研究者的主观判断或者是否方便等因素来抽取样本，它不考虑抽样中的等概率原则，因此有可能产生较大误差。非概率抽样的方法主要有：偶遇抽样/方便抽样、判断抽样/目的抽样、定额抽样、滚雪球抽样。

抽样

在制订抽样方案时，研究者除了要确定抽样的方式之外，还要考虑抽样时的各种具体问题，如是否有学生名单，如何保证样本具有代表性，等等。

（五）开发和设计研究工具

研究者选定收集资料的方法后，需要设计和开发相应的研究工具，例如，用于问卷调查的问卷，用于观察的观察表，用于访谈的访谈提纲等。研究者既可以借鉴他人的研究工具，也可以独立开发研究工具。借鉴他人的研究工具省时省力，便于进行研究结果的对比，但未必完全符合自己的需要。自己独立设计研究工具虽然费时费力，但可以更好地满足自己的研究需要。研究者在进行研究设计时需要谨慎取舍，并对此做出说明。设计研究工具是对研究内容的具体化和操作化，如将研究内容系统地融入调查问卷、观察表或访谈提纲中。

（六）确定研究的场所和时间计划

研究者需要明确在哪里、在什么时间进行研究。此外，还要对研究者的任务和工作进度做出安排。

（七）计划和安排研究经费和物质手段

研究经费主要包括研究人员的差旅费、协作人员的劳务费、课题资料费、研究工具的印刷费、研究资料的处理费，等等。物质手段主要指调查工具、技术手段以及资料整理与分析的手段，如录音设备、录像设备、实验仪器、计算机程序

等。研究者需要在研究设计中说明经费的分配和物质手段的使用情况。

如果有多人参加研究课题，还需要在研究设计中指出课题组成员及其分工。

研究设计的最终结果是形成一份书面研究计划或方案。

三、资料搜集与数据采集

资料搜集与数据采集是通过对教育研究对象的观察、量度与探究来获取研究者感兴趣的信息的过程。

（一）调查研究中的资料搜集

调查研究指的是有目的、有计划、系统、直接地从被调查者那里搜集资料，并通过对资料的分析来认识教育现象及其发展规律的研究方式。调查研究中的资料搜集方法主要有两种基本类型：一是调查者将调查问卷发送给被调查者，由被调查者自己填答并返回（自填问卷法）；二是调查者根据调查问卷向被调查者逐一提问，并根据其回答代其填答问卷（结构式访问法）。这两类资料搜集方法各有优缺点，分别适用于不同的调查对象。

自填问卷法的主要优点是：节省时间、经费和人力，具有很好的匿名性，可更好地避免人为因素对调查的干扰。其主要缺点是：问卷的回收率难以保证，对被调查者的文化水平和识字能力有一定的要求，调查资料的质量常常得不到保证。结构式访问法的主要优点是：调查的回答率高，调查资料的质量较好，调查对象的适用范围广。其主要缺点是：访问员与被访者之间的互动会影响到调查的结果，调查的匿名性比较差，当面访问调查的费用高，时间长，访问法对调查员的要求相对较高，等等。

（二）实验研究中的数据采集

实验研究是一种通过有目的地控制和操纵某些教育影响因素来认识特定教育变量的变化及教育变量之间相关关系或因果关系的研究方式。通过比较前后不同测量及其数据处理的结果，进行相应的科学分析，便可从变量的变化及其相互关系中总结出研究结论。实验研究中采集的数据是在实验实施的各个阶段（实验前、实验中、实验后）观察、测量和记录有关研究对象（自变量、因变量和控制变量）的数据资料。

（三）实地研究中的资料搜集

实地研究是一种深入研究对象所处的现场，以观察和非结构访谈的方式搜集资料，并通过对这些资料的分析来理解和解释教育现象的研究方式。研究者可以选择不同的观察形式（如参与观察或非参与观察、结构观察或无结构观察、静态观察或动态观察等），研究者还可以通过访谈（正式访谈和非正式访谈）搜集资料，从研究对象口中获取信息。[①] 研究者要注意及时记录和整理所搜集的资料，以免在离开现场后因遗忘而影响所搜集数据的质量。

（四）文献研究中的资料搜集

文献研究是一种通过搜集和分析文献资料（以文字、数字、符号、图像等信息形式存在）来形成有关教育现象和问题的科学认识的研究方式。因文献研究具有间接性和无反应性的特征，所以，也常被称作非介入性研究。根据研究的具体方法和所用文献类型的不同，可以将文献研究划分为不同的类型，比较常见的有内容分析、二次分析和现存统计资料分析。此外，文献综述也是文献研究的一种形式。

根据文献研究类型的不同，搜集资料的方式也有所差异。用于内容分析的资料大多都是公开发表的文献，研究者可以通过图书馆、档案馆和网络等获取。用于二次分析的资料，研究者可以通过向公众开放的网络数据库直接获取，或向原始调查者索取或购买。现存统计资料也都是公开发表的资料，研究者可以通过图书馆和网络等获得。

四、资料和数据的处理与分析

对资料和数据的处理与分析是要将研究所得的原始资料按研究目的进行审视、汇总、分类、补充和评价，从而使资料能系统地反映研究对象的质的规定性或量的特征。根据数据资料本身的特点，对资料和数据的处理与分析可以分为定量资料分析与定性资料分析。

（一）定量资料的处理与分析

定量资料的处理与分析包括整理、录入、分析等工作，其中分析包括单变量统计分析、双变量统计分析和多变量统计分析等多种方式。

1. 定量资料的整理与录入

研究者在整理资料时，首先要对所搜集的原始资料进行检查，找出存在错漏的资料。对资料的审核可以在调查的过程中（实地审核）或在调查结束之后（系统审核）进行。

在问卷调查中，如果研究者在设计问卷时没有设计编码，那么，对资料的整理工作也包括编码，即给每个问题及答案一个数字或其他有可读性的字符作为代码。完成编码之后，就可以将数据录入计算机。完成录入后，可以借助数据统计分析软件（如 SPSS）完成数据清理工作，如数据有效范围清理、数据逻辑一致性清理、数据质量抽查等，确保录入的数据准确无误。

---

① 风笑天：《社会研究方法》，中国人民大学出版社 2022 年版，第 293—315 页。

2. 定量资料的分析

根据所分析的变量的数量，对定量资料的统计分析可以分为单变量统计分析、双变量统计分析、多变量统计分析。

单变量统计分析是对某一个变量的数量特征所做的分析，包括统计描述和统计推论。统计描述的主要目的在于用简单概括的形式反映出大量数据资料所容纳的基本信息，其基本方法包括集中趋势分析、离散趋势分析等。统计推论的主要目的是用从样本中所得到的数据资料来推断总体的情况，主要包括区间估计和假设检验。

双变量统计分析主要探讨两个变量之间的关系。根据变量层次的不同，这种分析所采取的具体形式也不一样。常见的分析方法有交互分类（列联表）、方差分析、卡方检验、相关分析、回归分析。

多变量统计分析是对多个变量之间关系的分析，方法有很多，如阐释模式、多元相关分析、多元方差分析、多元回归分析、路径分析、因素分析、聚类分析、判别分析、对数线性模型，等等。

（二）定性资料的整理与分析

定性资料是指研究者从实地研究中所得到的各种文字、符号表示的观察记录、访谈笔记以及其他类似的记录材料。对定性资料的分析实际上从资料搜集之初便已经开始，贯穿整个研究过程。

1. 定性资料的整理

对定性资料的整理会经历三个阶段：审查、分类和汇编。审查资料的目的是消除原始资料中的错误、矛盾和遗漏等问题，确保原始资料的真实性、准确性和适用性，为进一步的整理分析打下基础。资料整理的第二步是分类，即将资料分门别类，使繁杂的资料条理化、系统化，为找出规律性的联系提供依据。在确定分类标准时，研究者要注意保证：分类符合研究目的的需要，具有针对性（有效性原则）；分类标准互相排斥不重叠（互斥性原则）；每一类资料都可归入相应的类别（完备性原则）；各类别必须处于同一分类层次，不能混淆其逻辑层次（层次一致性原则）。在分类标准选出后，就要将资料归类，并按照一定的逻辑结构进行汇总和编辑，确保做到系统、完整、简明和集中。

2. 定性资料的分析

对于定性资料的分析，并没有固定的、标准化的程序和方法。研究者可以根据研究目的、所收集资料的特点以及自己的理论偏好在多种不同的分析方法和策略中进行选择，或者提出自己的分析方法。

编码是定性资料分析的一个核心部分。扎根理论的创建者斯特劳斯（1916—1996）提出了三种编码类型：开放式编码、轴心式编码和选择式编码。开放式编码旨在用概念标签来标示资料中呈现出来的各种主题和现象，完成对资料的初步整理和分类。轴心式编码旨在发现和建立主题之间的各种联系，如因果关系，并寻找可以将这种联系聚合在一起的核心概念。选择式编码旨在在主题中找到一个可以统领其他相关主题的核心主题，将所有的研究结果统一在这个核心主题的范围之内。在编码过程中，研究者要注意撰写分析型备忘录，记下关于编码程序的想法和思路。[1]

关于定性资料分析的方法和策略，研究者提出了不同的建议。纽曼总结了理想类型、连续逼近法、例证法、主题和图示法、分析性比较、叙事分析、负面个案法等分析方法。[2] 弗里克介绍了主题编码、质性内容分析、总体分析、会话分析、话语分析、体裁分析、叙事分析、注释学分析等分析方法。[3] 库卡茨总结了三种主要的定性资料分析形式：主题式文本分析、评价式文本分析、类型建构式文本分析。[4]

定性资料分析法

五、论文撰写和成果发表

总结与展示研究成果是教育科研工作的最后阶段。在这个阶段，研究者要选择恰当的方式将自己的研究成果展现出来。这既是对研究过程和结果的总结和提炼，也便于他人使用和检验，达到促进学术交流和成果推广的效果。教育科研成果有多种表现形式。这里介绍三种主要的形式，即教育调查报告、教育实验报告、教育学术论文。

（一）教育调查报告

教育调查报告是用来展示教育调查研究成果的，一般由题目、前言、正文、结论与建议、附录五部分组成。题目是整个调查报告的名称，要能简明扼要地反映研究的内容和主要研究问题。如果需要的话，研究者可以通过添加副标题，对主标题的范围加以限定或提供更具体的说明。前言应该简要地说明调查研究的目的、意义和价值、背景、问题，交代清楚调查研究的基本情况，如调查的时间、地点、对象、范围、方法等。正文是调查报告的主体部分，分层次展示调查研究

① 风笑天：《社会研究方法》，中国人民大学出版社 2022 年版，第 346—348 页。

② ［美］劳伦斯·纽曼：《社会研究方法：定性和定量的取向》第 7 版，郝大海等译，中国人民大学出版社 2021 年版，第 462—475 页。

③ ［德］伍威·弗里克：《质性研究导引》，孙进译，重庆大学出版社 2011 年版，第 256—287 页。

④ ［德］伍多·库卡茨：《质性文本分析：方法、实践与软件使用指南》，朱志勇、范晓慧译，重庆大学出版社 2017 年版，第 68—118 页。

的内容。在结论与建议部分，要在对调查资料进行定量分析和定性分析的基础上，查明问题的原因，提出解决问题的方法和建议，或提出新的解释理论。附录中收录的是调查工具或部分原始资料，附在报告后面，为读者提供更详细的信息，以便于他们更好地认识和评价该调查研究。

（二）教育实验报告

教育实验报告是对整个教育实验过程和结果的总结和分析。教育实验报告的基本框架结构包括题目、前言、方法、结果、讨论、参考文献、附录。题目要体现实验报告的主题思想，要能够准确地呈现研究的主要问题。前言也称引言、导语，是实验报告的正文开头部分，要简洁明了，主要包括问题提出、研究目的、选题依据、研究意义、研究现状、拟解决的问题及研究的理论框架等内容。方法部分要阐明实验所用的研究方法，基本内容包括：概念定义，被试的条件、数量、取样方法，实验设计，实验组和控制组的情况，实验操作程序，时间安排，资料的处理方式等。结果部分则是将实验结果客观地呈现给读者，包括所收集的原始数据、观察资料以及分析的结果，只展现作者本人实验研究的结果，以陈述事实为主，不夹杂个人评论和推断。在对所收集的资料的客观分析、比较、综合、归纳的基础之上得出结论，结论必须是严谨的、科学的，且符合逻辑。讨论部分是研究者对研究结果的评价和推断，内容包括：对实验结果进行理论上的分析和论证，将自己的研究与前人的研究或理论分析进行比较；对本实验方法的科学性和局限性的探讨，例如，对误差、显著性的分析和反思，对研究成果可靠性和适用范围的说明；提出本实验研究新发现的问题或尚未解决的问题，为未来的研究指出方向。报告的末尾，应注明研究报告中直接引用或参考的文献。有关实验研究的相关资料（如实验工具、实验数据），如果不适合放入正文，可以作为补充信息放入附录。①

（三）教育学术论文

教育学术论文是展现教育科研成果的一种重要形式，有学位论文、学期论文、期刊论文等多种不同的形式。教育学术论文具有科学性（符合科学研究的规范），创新性（提出了新的理论、方法、观点或问题解决方案等）和实践性（有改进社会实践的现实意义和可行性）等特点。通常来说，规范的教育学术论文由标题、内容摘要、序言、正文、结论、讨论、注释与参考文献等部分组成。

教育学术论文格式范例

标题是对论文内容的精要概括。好的标题能够准确反映研究的内容和主题，

---

① 裴娣娜：《教育研究方法导论》，安徽教育出版社1995年版，第363—367页。

文字简练、明确，便于读者根据题目判断该研究所属的方向和学科领域。当主标题的内容范围过大时，可以用副标题进一步加以限定。内容摘要是对研究目的、内容、方法和核心结论的简要概括，其作用是让读者知道该研究的主要内容，以决定是否要阅读全文。因此，内容摘要一定要有实质性的、具体的内容，而不能只是简单地罗列论文的二级标题。序言写在正文之前，用于说明研究的背景、目的、研究方法和意义等。正文是学术论文的主体部分。研究者按照一定的逻辑结构展示论文的内容，力求做到条理清晰、结构合理。结论是研究者通过对所收集的资料进行逻辑分析之后得出的判断和评价。研究者需要在结论部分对研究问题做出总结性的回答。讨论是将研究结果置于相关研究的脉络中，结合他人已有的研究对研究结果的含义和意义进行分析解释和评价，同时指出研究的局限性以及进一步研究的需要。研究所引用或参考的文献需要在论文中列出，便于读者查证。注释有脚注、尾注、夹注等多种不同的方式。参考文献大多是在论文结尾部分列出，包括：作者姓名、文献标题、书刊名称或出版单位、卷册期数、出版时间、页码等。具体要求要看论文收录机构的规定。除了上述组成部分之外，较大型的研究论文（如学位论文）通常会包括附录，将那些不宜放在正文中的调查工具、调查数据、图表等收录进去，供读者查阅。[①]

研究者在完成研究报告或学术论文的撰写之后，可以通过图书、期刊、报纸等媒介发表其研究成果，也可以通过学术会议或网络与他人分享研究成果。这属于对教育研究成果的推广，也是教育科研中的一个重要环节。

第三节 常用的教育研究方法

在教育科研中，研究者会根据自己的研究目的和问题选择使用不同的研究方法。本节重点介绍在实践中经常用到的几种教育研究方法：文献研究、调查研究、实验研究、实地研究、行动研究、叙事研究、案例研究和历史研究。

一、文献研究

文献研究是一种通过收集和分析文献资料来回答研究问题的研究方式。文献法是文献研究中使用的方法，即通过搜集、整理、分析和综合现有文献来开展研究的方法。需要注意的是，作为研究方法的文献法不同于作为研究的前提和基础的一般文献查阅。几乎所有的科学研究都要先行查阅相关文献，但这种文献查阅

---

① 裴娣娜：《教育研究方法导论》，安徽教育出版社 1995 年版，第 367—369 页。

并不是研究方法，而是研究的前提和基础。只有通过对搜集来的文献进行整理和分析，从而发现问题，或得出支持研究结论的具体证据等，这样的研究方法才能叫作文献法。作为研究方法的文献法，有很多具体的研究技术和工具，下面首先介绍内容分析和二次分析①这两种常见的文献研究的类型及其方法程序，然后介绍文献综述这种利用文献开展研究的方式和方法，最后阐述文献研究的优缺点。

（一）内容分析

内容分析是一种收集和分析文本内容的方法。文本是指任何书面的、可读的或者口头的作为交流媒介的东西，如图书、报纸、期刊、广告、演讲、官方文件、影片或录像带、乐谱或艺术作品等。内容是指文字、意义、图片、符号、构思、主题或任何用来交流的信息。

内容分析可分为定量内容分析和质性内容分析。长期以来，定量内容分析一直占主导地位。后来人们日益重视质性内容分析，即不仅重视分析频次，而且重视诠释文本信息的潜在意义及读者对文本的不同解读。虽然两者分析的侧重点不同，但其遵循的程序基本相同，通常包括以下六个步骤：（1）通过阅读文献，确定与研究目的相关的待分析的文本。（2）根据自己的研究目的，提出具体的研究问题、研究假设或研究目标。（3）确定研究对象总体，然后选择总体或从总体中抽取样本。（4）形成类目编码程序。内容分析的本质是将文献信息编码归入类目，每一类目应该体现与研究目标相关的一个独立变量。研究者可以采用或借鉴前人开发和使用过的编码系统，这样既省时省力，也便于进行比较。（5）进行内容分析。这时要根据所做的是定量内容分析还是质性内容分析而采取相应的分析方式。定量内容分析通常会在完成编码之后计算各个编码出现的频率，并对其进行总结和分析。常见的形式有频率分析、评价分析、强度分析和关联性分析。质性内容分析则更侧重对文本内容和意义的分析，可以采用不同的分析程序，如概括总结性内容分析、解释说明性内容分析和结构化内容分析。② 研究者可以借助相关分析软件来辅助完成内容分析。（6）诠释研究结果。内容分析的最后阶段是解释研究

---

① 除了以上两种类型以外，人们还将现存统计资料分析列为第三种文献研究类型。现存统计资料分析与二次分析的相同点是：它们都是分析别人已经收集好的数据资料。不过，两者的区别是：二次分析所用的是原始数据资料，而现存统计资料分析所用的是以频数、百分比等统计形式出现的聚集资料。现存统计资料分析可以被视为二次分析的一个特殊类型。因篇幅所限，这里不再对其单独介绍。详细内容可参考风笑天：《社会研究方法》，中国人民大学出版社 2022 年版，第 209—213 页。

② ［德］伍威·弗里克：《质性研究导引》，孙进译，重庆大学出版社 2011 年版，第 261 页。

结果。对研究结果的诠释要结合研究目的及其理论背景和概念框架进行。①

（二）二次分析

二次分析也称二手分析，指对那些由其他人收集和分析过的资料所进行的新分析。在进行二次分析时，研究者既可以把原来的资料（即别人为研究某一问题而收集的资料）用于分析新提出的问题，也可以用新的方法来分析原来的资料，看看是否会得出同样的结论。

二次分析一般分为四个步骤②：（1）选择研究的主题。（2）寻找合适的资料。研究者确定了自己的研究主题后，可以有针对性地查找可用的数据资料。（3）加工和处理资料。得到所需要的数据资料后，需要对这些资料进行加工和处理。首先，必须从资料中寻找或重新定义所要研究的变量。其次，仔细地研究这些变量。最后，选取样本中的一个部分作为分析的对象，如年龄、性别、家庭环境等。总的来说，研究者可以根据自己的研究需要对资料进行不同的再创造，但要注意的是，所有的资料处理都必须符合实际，实事求是。（4）分析资料。分析资料是二次分析中最主要、最核心的工作。分析资料可以运用前面提到的各种数据资料的分析技术和方法。

（三）文献综述

文献综述，也称文献回顾、文献考察或文献评论，是指研究者对有关某一主题的各种文献进行系统地收集、批判性地分析、评估和综合，以对当前的研究现状有一个全面的、准确的了解，或者在综合现有知识的基础上回答一个新的研究问题。③

文献综述的目的和意义在于帮助研究者达到以下目的：了解相关领域的研究进展，避免开展重复性的研究；明确自己的研究主题和问题；了解和选择合适的理论视角和框架；设计和完善自己研究的方法和工具；指出现有研究中的不足；将自己的研究置于现有研究的学术脉络中，协助解释其研究发现；说明自己研究的意义和对于拓展现有认识的贡献；指出未来研究的重点和方向；等等。

文献综述有不同的形式与类型。从形式上说，文献综述可以分为独立式和嵌入式两种形式。独立式文献综述是一种独立的、完整的、自成一体的研究，可以作为综述性研究独立出版或发表。嵌入式文献综述是某一项研究（如学位论文、

---

① ［美］梅雷迪斯·D. 高尔、沃尔特·R. 博格、乔伊斯·P. 高尔：《教育研究方法导论》第六版，许庆豫等译，江苏教育出版社 2002 年版，第 301 页。

② 袁方主编：《社会研究方法教程》，北京大学出版社 1997 年版，第 398—400 页。

③ Efron S E, Ravid R, *Writing the Literature Review: A Practical Guide*, New York: The Guilford Press, 2018, p. 2.

期刊论文、著作、研究计划书）的一个组成部分，依附并服务于该主要研究。[1]
从类型上说，文献综述可以分为叙述性和系统性两类。叙述性文献综述通常提供
有关某一研究主题的概括性和总结性的叙述，包括一般性文献综述、理论性文献
综述、方法论文献综述和历史性文献综述四种主要子类型。叙述性文献综述的特
点是：它可以系统地展示有关某一研究主题的各类相关文献，所用的分析方法灵
活而多元，覆盖范围广泛，适用于探索复杂的研究问题。不过，与系统性文献综
述相比，它通常缺少预先定义的检索和筛选文献的标准，往往是根据研究者的判
断进行文献的选取和分析，具有一定的主观性。系统性文献综述是对有关某一研
究问题的文献进行科学的、系统性和批判性的评估与总结。它有四个特征：明确
的纳入或排除的标准；透明的文献检索策略；对纳入文献的系统编码和分析；某
种形式的结论综合。系统性文献综述包括元分析、快速回顾、元总结和元综合四
种主要子类型。叙述性文献综述是最常见的文献综述，适用于许多不同的社科领
域，而系统性的文献综述多用于医学领域。[2] 研究者可以根据需要结合使用不同
类型的文献综述。

　　文献综述的形式和类型不同，所采取的操作步骤也有所不同。通常来说，叙
述性文献综述包括以下六个步骤：（1）确定文献综述的主题。该主题需要对研究
者个人及其所研究的领域都具有重要的意义。（2）查询、收集和存储相关的文献
资源。研究者通过使用恰当的关键词和文献检索策略在相关的图书馆、网站、数
据库等平台检索、收集并储存各类文献。阅读前人撰写的文献综述、权威学者发
表的研究论文以及征求相关领域专家的建议可以帮助研究者找到该领域重要的相
关文献。（3）分析和评估文献资源。研究者根据明确的标准评价所收集的文献的
相关性和质量，判断文献所提供的信息是否值得信任、有效和符合逻辑。研究者
不需要将所有的相关文献都纳入综述，而是要选出包含高质量信息的文献。之
后，研究者要将这些文献的信息逐一进行分析。（4）汇总对文献分析的结果。研
究者将对单个文献的分析组合和汇总为一个结构清晰且有说服力的整体性论述。
研究者可以提出一个论点并用文献中的证据对其进行论证。（5）在写作中发出
研究者的声音并遵守学术写作的规范。（6）编辑、完善并最终完成文献综述的
报告。[3]

---

[1]　Efron S E, Ravid R, *Writing the Literature Review: A Practical Guide*, New York: The Guilford Press, 2018, pp. 2-3.

[2]　［美］安东尼·J. 安伍布奇、瑞贝卡·弗雷尔斯：《如何进行文献回顾》，李静译，中国人民大学出版社 2022 年版，第 28—35 页。

[3]　Efron S E, Ravid R, *Writing the Literature Review: A Practical Guide*, New York: The Guilford Press, 2018, pp. 6-14.

系统性文献综述通常包括以下七个步骤：（1）明确定义通过文献综述想要回答的问题或待检验的假设。（2）确定需要何种类型的文献来回答自己的研究问题，并为选取文献确定明确的纳入与排除标准。（3）进行全面的文献检索以找出这些文献。（4）筛选文献检索的结果，即决定哪些文献符合纳入标准，需要得到更详细的分析，而哪些不符合，需要被排除在外。（5）批判性地分析和评价被纳入的文献。（6）汇总这些文献的研究结果。（7）发表和传播文献综述的结果。①

（四）文献研究的优缺点

文献研究的主要优点是：（1）经济高效，节省成本。相比于其他研究方式（如实地研究或调查研究），文献研究通常更为经济高效。研究者可以利用大量已有文献资源，快速获取有价值的资料。（2）作为一种非反应性的研究方式，文献研究不会干扰和影响研究对象，且易于重复。

文献研究的主要缺点是：（1）文献中的信息质量和可靠性存在差异。有些文献可能存在偏见、错误或不准确的问题，研究者需要进行谨慎的筛选和评估。（2）存在可用性和访问限制。某些文献资源可能存在可用性和访问限制，需要购买或通过特定渠道获取，这可能使研究者受到限制。（3）文献研究主要依赖现有的文献资源，缺乏研究者的亲身观察和实证调查。这可能限制研究者对研究对象的深入理解和详细描述，以及对复杂关系和现象的全面分析。

二、调查研究

调查研究是一种采用自填式问卷或结构式访问直接从调查对象那里收集资料的研究方式。依据实施的方式，调查研究分为问卷调查和访问调查两种基本类型。

调查问卷设计
示例

（一）问卷调查

问卷是调查研究中用来收集资料的主要工具，它在形式上是一份精心设计的问题表格，用于询问人们的经历、意见、观念、态度、行为和社会特征等。问卷调查就是以问卷为工具所实施的调查。问卷调查的主要步骤包括：（1）确定研究目标；（2）选择调查对象（样本）；（3）设计问卷；（4）预先测试问卷；（5）提前同调查对象联系；（6）发放问卷；（7）回收问卷和跟踪调查不回答问卷者；（8）分析问卷的数据资料。② 下面重点介绍问卷的设计、发放和回收三个核心环节以及问卷的信度和

① Petticrew M, Roberts H, *Systematic Reviews in the Social Sciences：A Practical Guide*, Malden, MA：Blackwell Publishing, 2006, p.27.

② ［美］梅雷迪斯·D. 高尔、沃尔特·R. 博格、乔伊斯·P. 高尔：《教育研究方法导论》第六版，许庆豫等译，江苏教育出版社 2002 年版，第 245 页。

效度检验。

1. 问卷的设计

从结构上来说，问卷通常由五个部分组成：（1）问卷标题。问卷标题应简明扼要地说明调查的主题。（2）封面信。封面信的作用在于向被调查者说明调查的目的、内容，调查单位或调查者的身份及联系方式，被调查者的选取方法，回复日期等，还包括调查单位或调查者对数据保密的承诺、征求被调查者知情同意、向接受调查者致谢等内容。（3）指导语。指导语即填写说明，是用来指导被调查者填写问卷的各种解释和说明。（4）问题与备选项。这是问卷的主体部分。从形式上看，问题可以分为开放式问题和封闭式问题。开放式问题是指那些只提出问题，不提供备选项，让回答者自由回答的问题。封闭式问题是指在提出问题的同时，还给出若干个备选项，要求回答者根据实际情况进行选择的问题。问卷中的问题主要有填空题、是非题、多项选择题、多项排序题、矩阵式/表格式问题等多种题型。（5）编码及其他内容。如问卷编号、调查员编号、审核员标号、调查日期、被调查者地址、被调查者合作情况等有关内容。

问卷问题的表述要注意以下原则：（1）问题要尽量通俗易懂，避免使用抽象的概念和专业术语、俚语和简写。（2）问题应尽可能简短。（3）避免问题模棱两可和模糊不清。（4）问题不应带有双重或多重含义，即在一个问题中同时询问了两件（或多件）事情，或者在一句话中同时问了两个（或多个）问题。（5）问题不应带有倾向性，不能对被调查者产生某种诱导。（6）避免情绪化的语言和声望偏见。带有强烈情绪含义的字眼，以及社会地位高的人在相关的议题上所持有的立场，会影响被调查者听取与回答问题的方式。（7）尽量不要用否定形式提问，尤其要避免双重否定。（8）不要问被调查者不知道、不确定和没有能力回答的问题。[①]

问卷问题的备选项要符合以下三个要求：第一，穷尽性。备选项的分类应该穷尽所有的可能性，包括所有可能的回答。为了避免遗漏答案，可以在所列举的主要答案之后，加上一个"其他"类。第二，互斥性。答案的分类必须是互斥的，答案之间不能相互包含或交叉。第三，平衡性。要使所设计答案的选项（正负两方面）保持平衡和对称。

2. 问卷的发放

问卷调查可以采用自填式问卷的方式发放。发放方式包括个别发送法、集中填答法、邮寄填答法和网络调查法四种形式。

---

① ［美］劳伦斯·纽曼：《社会研究方法：定性和定量的取向》第 7 版，郝大海等译，中国人民大学出版社 2021 年版，第 280—284 页。

3. 问卷的回收

问卷的回收情况用回收率、有效回收率来表示。回收率的计算方法是：回收率＝总回收量/总发放量（样本容量）×100%。有效回收率的计算方法是：有效回收率＝有效回收量/总发放量（样本容量）×100%，其中有效回收量＝总回收量－废卷量。废卷一般指填答不完整、回答缺乏一致性或自相矛盾、回答模式具有明显的规律性（如全部问题选择同一答案选项）、由非目标群体填答的问卷。

4. 问卷的信度和效度检验

信度和效度是用来衡量研究质量的重要指标。采用问卷的调查研究需要明确说明其测量的信度和效度。信度衡量的是测量的可靠性和稳定性程度，所关注的问题是：测量工具能否稳定地测量所测量的事物或变量。大部分信度指标都以相关系数（r）来表示，有重测信度、复本信度、评分者信度、分半信度、内部一致性信度等不同的计算形式。效度指的是测量的有效度或准确度，即测量工具（问卷）能够准确测出所要测量的变量/事物属性的程度。它所关注的问题是：所测量的是想要测量的吗？效度也分为不同的类型，如表面效度、内容效度、效标关联效度、结构效度等。具体选择哪种信度和效度取决于研究设计、问卷结构和测量目的等因素。[①]

（二）访问调查

访问调查是指采用结构式访问完成的调查。结构式访问是指调查者根据调查问卷向被调查者逐一提出问题，并根据被调查者的回答在问卷上选择合适的答案的访问方法。

结构式访问和质性研究中的访谈有根本的区别。结构式访问是一种标准化的访问。这种访问的对象按照统一的标准和方法选取，一般采用概率抽样。访问的过程也是高度标准化的，即对所有被调查者提出的问题、提问的次序和方式，以及对被调查者回答的记录方式等是完全统一的。为了使这种统一性得到保证，通常采用事

访谈提纲示例

先统一设计、有一定结构的问卷进行访问。访问中所有的调查者都必须严格按照问卷上的问题发问，不能随意对问题进行解释，当被调查者表示不明白时，只能重复一遍问题或者按照统一的口径进行解释。

根据实施的方式，访问调查分为当面访问和电话访问两种方式。当面访问的程序是：（1）进入和自我介绍。（2）提问与记录答案。调查者完全根据问卷上的文字提问，不增减文字，也不改变说法，按照固定的顺序，以令人舒适的节奏

---

① 叶映华主编：《教育研究方法》，高等教育出版社 2023 年版，第 18 页。

进行访问，并给予非指导性的回应，以维持被调查者回答问题的兴趣。同时，调查者要准确地记下答案。（3）答谢和离开。电话访问的程序是：（1）根据调查目的的要求设计好电话访问的问卷表，并将问卷表按照计算机辅助电话访问系统的格式录入计算机。（2）在系统中设计好随机抽取电话号码的计算机程序。（3）挑选和培训一组调查者，这是电话访问中十分关键的一个环节，对电话访问的成功有至关重要的影响。（4）调查者开展电话访问，包括给被调查者打电话、提问题和记录答案。

（三）调查研究的优缺点

调查研究的主要优点是：（1）调查研究既可以用来描述研究对象的概况和特征，也可以用来解释不同变量之间的关系。（2）调查研究具有严格规范的操作程序和质量标准，研究结果具有较高的信度。（3）调查研究是一种经济实用的研究方式，可以迅速高效地提供有关研究对象的丰富信息。（4）调查研究具有十分广泛的应用范围。

调查研究的主要缺点是：（1）调查研究通常难以提供因果关系的明确证据。（2）调查研究过于依赖被调查者提供的信息，致使研究结果受到被调查者主观认知、回忆偏差、社会期望等因素的影响。（3）调查研究所选取的样本可能存在偏倚，无法完全代表整个目标人群，致使对总体情况产生错误的推断。

三、实验研究

实验研究是研究者根据研究目的，在精心创设或选择的条件下，通过操控某些实验变量来研究变量之间因果关系的一种研究方式。

实验研究的基本逻辑是：首先，对尚未受到自变量影响的因变量进行前测；接着，引入被看作自变量和原因的实验刺激（实验干预）；然后，对接受过实验刺激的因变量进行测量；最后，通过比较前后两次测量的结果来判断两变量之间是否存在因果关系。为了将因变量的变化明确地归因于自变量的影响，实验研究往往需要有实验组和对照组（控制组）。实验组是在实验中被施以刺激的那一组对象。对照组在各方面都与实验组类似，但在实验中没有被施以刺激。[①]

（一）实验研究的类型

实验研究的类型是由研究者所选择的实验类型以及实验设计类型所决定的。

根据不同的标准，实验可分为不同的类型。（1）实验室实验与自然实验（实地实验）：实验室实验是指在人工高度控制的环境中进行的实验；自然实验是指在自然情境中进行的实验，也称实地实验。（2）探索性实验与验证性实验：

---

① 风笑天：《社会研究方法》，中国人民大学出版社 2022 年版，第 135—137 页。

探索性实验的目的是了解所要研究的某个问题的状况；验证性实验是对已经取得的实验结果进行重复实验，目的是验证某些研究成果是否可以推广。（3）单因素实验与多因素实验：单因素实验是指仅操纵一个自变量的实验，自变量与因变量的关系是一因一果或一因多果的关系；多因素实验是指需要操纵两个或两个以上自变量的实验。自变量与因变量之间的关系往往是多因一果或多因多果。（4）真实验和准实验：真实验是能随机分派被试，能系统地操纵自变量，能有效控制无关变量影响的实验；准实验不能按照随机原则选择和分派被试，无法像真实验那样完全控制无关变量，只是尽可能予以控制。教育领域的实验大多数都属于准实验，因为教育研究中被试的选择往往很难做到完全随机分配，达不到真实验的要求。①

实验设计也分为不同的类型。真实验设计主要有以下三种：（1）双组前后测设计。这种设计是最基本和最标准的实验设计，也称经典实验设计或古典实验设计。实验有随机分派的实验组和对照组，有对两组的前测和后测，可通过对比两组前后测的结果差异确定实验刺激的影响。（2）双组后测设计。这种实验设计有随机分派的实验组和对照组，但仅有后测，没有前测，是经典实验设计的一种变体。（3）所罗门设计。这种设计是在原来的实验组和对照组之外再增加一个或两个对照组，有两种形式，即所罗门三组设计和所罗门四组设计。所罗门三组设计是在经典实验设计的基础上，再增加一个对照组，即有两个对照组，其中新增的对照组没有前测，只有实验刺激和后测。这种设计有助于排除由前测及其与实验刺激的交互作用所产生的影响，因为新增的第二个对照组只接受了实验刺激，而无前测，因而这个组中的因变量的变化只能归因于实验刺激。所罗门四组设计是在三组设计的基础上再增加一个对照组，该对照组既无前测也无实验刺激，只有一个后测。四组设计有助于排除前测和实验刺激之外的其他外部因素的影响，因为第三个对照组既无前测也无实验刺激，所以其因变量的变化只能归因于实验以外的因素的影响。所罗门四组设计是最为理想的一种实验设计，但受现实条件的限制，并不容易在教育研究中得到落实。

准实验设计主要有以下四种：（1）非对等双组前后测设计。这种实验有实验组和对照组，两组均有前测和后测，但两个组并非随机分派的，因此是不等同的。这种实验设计在教育研究中应用较多。研究者通常直接采用自然教学班，而不是随机取样分组。（2）非对等双组后测设计。这种实验有实验组和对照组，但

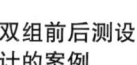

双组前后测设计的案例

① 陈向明主编：《教育研究方法》，教育科学出版社 2013 年版，第 144—145 页。

都不是随机分派产生的，并且两组均无前测，只有后测。这两种准实验设计与前述两种真实验的设计思路一致，区别仅在于被试并非随机分配入组的。（3）时间序列设计。这种实验是对非随机分派的实验组（和对照组）重复进行多次测量，并在这一过程中引入实验干预，然后将引入实验干预后的一系列测量值与引入前的一系列测量值进行比较，由此推断实验刺激是否产生了效果。时间序列设计可分为单组和多组时间序列设计。单组时间序列设计仅包括一个实验组，而多组时间序列设计则包括两个或两个以上的组，其中一组可作为对照组。（4）单一被试设计。在这种实验中研究者仅对单一被试在引入实验刺激前后分别进行多次观测。这一设计适用于探究特定干预措施对个体特定行为的影响效果。单一被试设计的一种典型形式是 ABAB 设计，其中 A 指在初始条件下观测个体的行为，B 指在进行实验干预后观测个体行为。如果在进行实验干预后，个体的行为发生了改变，在取消实验干预后，个体的行为又恢复正常，再度干预后又发生改变的话，那么，说明该实验干预发挥了影响。[1]

（二）实验研究的过程

实验研究的过程可以分为准备阶段、实施阶段和总结阶段。

准备阶段是实验研究的规划阶段，包括以下三个步骤：（1）确定实验研究的选题和目的。（2）提出实验研究假设。通常是用文字或数学模型将自变量与因变量的关系展示出来。（3）完成实验设计。实验设计是实验的实施方案，须对实验的目的、假设、内容、被试的选取和分组、实验设计、测量工具和手段、数据的收集和分析方式、实验的组织管理等相关问题做出明确的说明和安排。

实施阶段是实验研究的实质阶段。在开始正式的实验之前，最好能完成一项预实验，以检查现有的实验设计是否符合预期的效果。根据预实验的结果，可以对实验设计做出优化调整。正式的实验包括三个核心的步骤：（1）前测。在引入实验干预前，对被试在因变量方面的情况进行测量。不过，并非所有的实验都有前测。（2）实验干预。实验干预即引入实验刺激，具体来说，就是有计划地操纵自变量，同时要注意对无关变量进行控制，尽量避免其造成干扰。（3）后测。后测是在实验干预后对被试在因变量方面的情况进行测量。后测在所有的实验设计中都是必不可少的。

总结阶段是实验研究的结束阶段。在这一阶段需要完成以下三项工作：（1）整理和分析实验数据。对实验数据进行整理和归类，使用合适的分析技术进行分析。（2）得出实验结论并评价实验研究的质量。这包括对实验假设检验的结果的呈现以及对实验信度和效度的评价和反思。（3）撰写实验报告。按照前述的

---

[1] 温忠麟主编：《教育研究方法基础》第 3 版，高等教育出版社 2017 年版，第 197 页。

实验报告的基本框架结构系统地呈现实验研究的目的、过程和结果。

这里的实施程序并非一成不变的，具体的实施程序可能因研究目的和实验设计的不同而有所变化。

（三）实验研究的优缺点

实验研究的优点是：（1）它能够帮助研究者确定变量之间的因果关系。这是实验研究相对于其他研究方式的一大优势。（2）实验研究具有科学性和规范性，体现在严格周密的实验设计以及可重复性等方面。（3）在教育领域，实验研究能够验证新的教育教学方式的育人效果，有助于科学地推动教育教学实践的改进。

实验研究的缺点是：（1）对变量的高度控制和人工干预导致在实验环境下得出的结论有可能难以推广至现实世界。（2）教育现象往往非常复杂，涉及多个变量和因素及其相互作用。实验研究因为难以完全模拟和控制这种复杂性，在适用范围上受到限制，仅适用于自变量数量较少且容易加以操控的问题。（3）参与实验的研究者和被研究者都是人，其态度和动机容易影响实验结果，带来实验偏差。（4）因为实验研究常以人为实验对象，会人为地将被试置于不同的干预措施下，所以，实验研究受研究伦理方面的限制比较大。

四、实地研究

实地研究是一种深入研究现象的生活背景，主要以参与观察和非结构式访谈的方法收集资料，并通过对这些资料的分析来理解和解释研究现象的研究方式。下面介绍实地研究的两种主要方法：观察法和访谈法。[①]

（一）观察法

观察法是指研究者根据研究目的，运用自己的感觉器官或借助科学仪器，有目的、有计划地对研究对象进行观察，以获取研究所需资料的一种研究方法。[②]在教育领域，观察法比较适用于研究微观的教育问题，如：教师和学生在课堂教学中的行为表现。观察者既可以是研究者本人，也可以是其他经过培训的辅助人员。

1. 观察法的类型

根据观察的目的和实施方式，观察法可以分为多种类型。其中，比较常见的类型有：（1）自然观察与实验室观察。自然观察是研究者在自然情境下对研究对象进行观察，即研究者没有对观察的环境进行人工干预；实验室观察是研究者在自己事先所创建的或加以控制的环境中对研究对象进行观察，如在备有单向透视

---

① 风笑天：《社会研究方法》，中国人民大学出版社 2022 年版，第 293 页。
② 孙杰远主编：《教育研究方法》，高等教育出版社 2016 年版，第 71—72 页。

镜、摄录设备的实验室内观察学生的行为表现。（2）直接观察与间接观察。从观察者的角度来说，直接观察是指观察者不借助仪器工具，仅凭借自己的感官所进行的观察；间接观察是指观察者借助观察仪器等外部中介所进行的观察。从观察对象的角度来说，直接观察是指研究者直接对那些正在发生的教育活动进行观察；间接观察指的是研究者通过对物化了的教育现象进行查看，依此来认识研究对象，如观察物质痕迹（书刊的磨损程度）和累积物测量（如书架上的灰尘）推断书籍的受欢迎程度。（3）结构式观察与非结构式观察。结构式观察是指研究者事先设计了统一的观察单位和记录标准（观察表），对所有的观察对象都使用同样的观察方式和记录规格，这种观察通常是为了获得可以量化的观察数据，对观察到的内容进行统计分析；非结构式观察是一种开放式的观察活动，允许研究者根据当时当地的具体情境调整自己的观察视角和内容。（4）参与观察与非参与观察。参与观察是指研究者进入研究场域，对研究对象进行观察，收集所需的资料；非参与观察不要求研究者参加观察对象的日常活动，研究者通常置身于被观察的世界之外，作为旁观者了解事态的发展。（5）隐蔽观察与公开观察。隐蔽观察是指研究者在观察对象不知道的情况下进行观察，这种观察的优点是不影响或破坏观察对象原有的社会结构和关系，能够获得比较真实和自然的信息。但其缺点是违背了研究中自愿参加的伦理原则；公开观察是指观察对象知道研究者在对自己进行观察，这种观察符合伦理规则，但容易造成"观察者效应"，观察对象可能会因此改变自己的行为方式。[①]

　　这里的分类是根据观察法的不同实施方式和侧重点所做的区分。在实际的应用中，观察活动往往同时覆盖几个不同的类型。此外，定量研究与定性研究对观察法的使用也各有偏重，定量研究偏重实验室观察和结构式观察，而定性研究则偏重自然观察和非结构式观察。

　　2. 观察法的实施过程

　　观察法的实施过程包括如下五个关键步骤：（1）根据研究目的和问题确定观察的目的和问题。（2）制订观察计划，确定观察的对象、内容、范围、时间、地点、方式和手段等。（3）设计观察工具，如观察提纲或观察记录表。观察提纲或观察记录表是对观察内容的进一步细化，其作用类似于访谈法中的访谈提纲或问卷调查中的问卷。观察提纲通常包括"谁""什么""何时""何地""如何""为什么"这六个方面的问题。观察记录表可分为结构式观察记录表和非结构式观察记录表两种类型。结构式观察记录表有明确的观察条目和细致的记录规则。非结构式观察记录表相对比较简单，在内容和实施上都具有开放性和灵活变通

---

① 陈向明：《质的研究方法与社会科学研究》，教育科学出版社 2000 年版，第 228—232 页。

性。（4）进入实地，实施观察并做好记录。观察者首先要与有关部门和单位取得联系，获准后进入实地，按照观察计划实施观察。进行观察时应做好记录，记录应尽可能准确、详细、具体。如果条件允许，在不违背研究伦理的前提下，观察者可以使用录音笔、照相机、录像机等工具辅助记录。如果实施观察的并非研究者本人，研究者需要挑选和培训观察者。实施观察时，研究者应注意减少观察者效应，即减少观察者对其所收集的数据的效度或信度所产生的负面影响。（5）整理和分析观察记录，撰写观察报告。在完成观察后，研究者需对观察记录进行整理和分类。不同的观察方式会产生不同的观察记录。对于定性的记录资料，可采用编码的方式进行分析；对于定量的记录资料，可根据情况采用相应的统计方法进行统计分析。最后的步骤为撰写观察报告。观察报告包括标题、关键词、报告正文、参考文献等。[①]

3. 观察法的优缺点

观察法与使用自我报告方法的问卷调查和访谈不同，它不是由被研究者来陈述其看法、偏好和经验的，而是由研究者通过观察来收集有关研究对象的第一手资料的。因此，观察法的优点是：更容易让研究者看到研究对象的真实的行为，可以作为自我报告方法的有益补充。特别是在怀疑自我报告的价值时，观察法可充当收集资料的主要方式。此外，观察法也适合被用来对研究对象进行长时间的跟踪研究。

观察法的缺点是：（1）因为只是从外部进行观察，观察法只能回答"是什么"的问题，不能回答"为什么"之类的问题。（2）在观察对象较多且分散的情况下难以保证观察的准确性。（3）观察到的现象可能具有偶然性，不具有普遍代表性，另外，不同的观察者对同一现象的观察，会因为视角不同或判断标准的差异，得到不同的观察结果。（4）观察者的在场或多或少会影响观察对象的正常表现，产生观察者效应。[②]

观察记录表是根据研究目的所确定的观察内容，即那些研究者想要了解的行为或现象，其作用类似问卷调查中的问卷。

学生课堂行为观察记录表样例

（二）访谈法

访谈法是一种访谈者通过和被研究者交谈来收集资料的方法。质性研究访谈所获得的结果不是访谈者单独从受访者那里"收集"来的，而是交谈双方在访谈这一特定社会情境下相互

---

① 叶映华主编：《教育研究方法》，高等教育出版社 2023 年版，第 38 页。

② 温忠麟主编：《教育研究方法基础》第 3 版，高等教育出版社 2017 年版，第 92 页。

"建构"出来的。①

1. 访谈法的类型

根据不同的分类方法,访谈法可以分为不同的类型:(1)结构式访谈、半结构式访谈和无结构式访谈。结构式访谈也称标准化访谈,主要为定量研究所使用,研究者在访谈中按照预先设计好的问题进行访谈,所有的受访者都会以相同的顺序被问到同样的问题;半结构式访谈也称半标准化访谈,研究者在访谈前会设计一份访谈提纲,但在访谈中并不受此限制,会根据实际情况对访谈问题及其提问顺序做灵活处理;无结构式访谈也称非标准化访谈或开放式访谈,研究者不预先设定具体的访谈问题,而是鼓励受访者用自己的语言表达自己对某一议题的看法,旨在发现受访者自己认为重要的问题、他们的看法、意义解释以及偏好的概念和表述方式。实地研究中所用的访谈主要是半结构式访谈或无结构式访谈。(2)正式访谈与非正式访谈。正式访谈是指访谈者和受访者在事先约好的时间和地点进行正式的交谈;非正式访谈是指访谈者随机与受访者进行交谈。(3)直接访谈与间接访谈。直接访谈是指访谈者和受访者进行面对面的交谈;间接访谈是指访谈者和受访者通过电话、手机、网络等媒介进行交谈。(4)个体访谈和集体访谈。个体访谈通常只有一名访谈者和一名受访者;集体访谈可以由1~3名访谈者和多名受访者组成,访谈者主要协调谈话的方向和节奏,参与者自己相互之间就有关的问题进行讨论。(5)一次性访谈和多次性访谈。一次性访谈仅进行一次。多次性访谈通常用于追踪调查,或深入探究某些问题。②

2. 访谈法的实施过程

访谈的实施过程通常来说包括以下六个核心步骤:(1)确定研究选题。包括确定研究的理论基础、总体目标、研究价值及访谈方法的选择,也包括将研究目标细化为不同的子目标,从而具有更好的可操作性。(2)设计访谈提纲。虽然开放式访谈和半结构式访谈要求给受访者较大的自由表述空间,但是,研究者在开始访谈前通常也会准备一个访谈提纲,包括访谈中主要想了解的问题。访谈提纲的内容需要根据研究目的、问题、访谈形式、受访者的情况来确定,包括问题、提问方式及提问顺序的安排。(3)实施访谈。包括寻找和联系受访者,与受访者建立并保持融洽的关系,进行访谈的预测试,进行正式访谈(提问、追问、倾听、回应),做好记录(现场笔记、录音或录像等),结束访谈等环节。(4)整理访谈资料。包括整理现场笔记以及将录音或录像的内容转录为文字稿,以便于下一步的分析。(5)分析访谈资料。研究者可以采用不同的形式对资料进行分

---

① 陈向明:《质的研究方法与社会科学研究》,教育科学出版社2000年版,第168页。
② 陈向明:《质的研究方法与社会科学研究》,教育科学出版社2000年版,第171—173页。

析，可分为几个不同的阶段，例如，辨别自然的意义单位，对这些意义单位进行归类和排序，用结构化的叙事来呈现访谈内容，解释访谈资料。（6）得出结论，撰写研究报告。结论需对研究问题做出回应。研究报告的性质和形式取决于访谈的性质，通常包含引言、方法、结果、讨论四个关键组成部分。①

3. 访谈法的优缺点

访谈法的主要优点是：（1）与观察法相比，访谈可以洞察受访者的内心世界，了解他们的心理活动和思想观念。而观察只能看到被研究者的外显行为，难以准确地探查他们的内心世界。（2）与问卷法相比，访谈法直接询问受访者自己对问题的看法，并让他们用自己的语言和概念来进行表达，给予受访者更多的意义解释空间。此外，当受访者因为误解了问题而答非所问时，访谈者可以及时提供解释。（3）使用访谈法时，研究者具有较高的灵活性，可以根据研究进展调整研究的重点、方法和问题，以更好地满足研究目的和需求。

访谈法的主要缺点是：（1）访谈有时会触及受访者的隐私，带来研究伦理问题，并可能导致受访者拒绝参与或拒绝回答。（2）访谈的准备、实施和后期对访谈资料的整理和分析需要花费研究者较多的时间，不适合用于大规模的研究。（3）访谈对访谈者的能力要求比较高，需要访谈者掌握一定的技巧（如倾听技巧、追问技巧等）。

五、行动研究

行动研究是指实践者为了改进自己的实践而在自己的行动中亲自开展的研究。教育行动研究是指教育工作者（包括教师、行政管理人员）在教育实践中按照一定的操作程序，综合运用多种研究方法与技术，以解决教育实际问题和改进教育实践为首要目标的一种研究方式。行动研究通常具有四个特点：由行动者研究、在行动中研究、为行动而研究、对行动的研究。

（一）行动研究的类型

根据不同的标准，行动研究可以分为不同的类型。根据行动研究的理论基础，可将行动研究分为批判性行动研究和实践性行动研究。批判性行动研究的理论基础是批判理论和后现代主义理论，其关注点是"知识获得"的解放，鼓励教师批判性地反思那些习以为常的日常教学实践，通过行动研究获得的知识应有助于解放学生、教师和管理者。因此，这种行动研究也被称作解放性行动研究。与其相比，实践性行动研究没有明显的理论基础或哲学倾向，主要强调"怎么

---

① ［英］刘易斯·科恩、劳伦斯·马尼恩、基思·莫里森：《教育科学方法》第 6 版下册，程亮等译，华东师范大学出版社 2013 年版，第 519—544 页。

做"，关注的是教师用什么方法完成行动研究，以解决其教学实践中的问题。①

此外，从行动研究参与者的角度，可以将行动研究划分为：（1）个体教师行动研究，即单个教师为了解决自己教育教学中出现的问题所开展的行动研究。（2）合作式行动研究，即由校内的行动者和校外研究者合作开展的行动研究。（3）学校行动研究，即学校组织本校教师组成研究小组，在校外研究者的支持下所开展的行动研究。②

（二）行动研究的实施过程

目前，研究者对行动研究的实施过程有不同的设计，尚未达成共识。美国心理学家勒温（1890—1947）将行动研究的过程分为计划—执行—勘查（或观察）三个呈现出螺旋循环特征的步骤。凯米斯对勒温的螺旋循环做了进一步的发展，提出了包括计划、行动、观察、反思四个环节在内的循环递进的行动研究过程。③ 计划是行动研究的第一个环节，包括发现问题、分析问题、制订行动计划等内容。行动即实施计划，按照目的和计划采取相应的行动。观察是指收集有关行动背景、过程、结果以及行动者的资料。反思是指对行动的实施过程和效果进行全面的总结和评价，撰写研究报告，并在此基础上计划下一步的行动。反思环节是这一轮行动研究循环的结束，也是开启下一轮行动研究循环的基点。

米尔斯提出了一种"辩证的行动研究螺旋"，包括四个步骤：确定研究问题、收集数据、分析和解释数据、制订行动计划。④ 这四个步骤同样具有螺旋递进的特征，这也是所有行动研究实施过程的一个共性。

（三）行动研究的优缺点

行动研究的主要优点是：（1）行动研究具有实践性和实用性，有助于解决实际教育问题和改进教学实践。（2）行动研究重视参与者的平等合作，容易调动参与者的积极性和主动性。（3）有助于提高教师解决实际教育问题的能力，促进教师专业发展和教学质量的提升。

行动研究的主要缺点是：（1）行动研究需要研究者投入较多的时间和精力，资料的记录、整理和分析也比较复杂，相应地需要更多的人力、物力支持。（2）由于行动研究强调特定环境和特定实践的问题解决，其研究结果在推广到其他环境或情境时可能受到限制。（3）行动研究以变革为导向，有时会遇到来自

---

① ［美］杰夫·米尔斯：《教师行动研究指南》，王本陆等译，重庆大学出版社 2010 年版，第 7—10 页。
② 王攀峰：《行动研究的理论与方法》，首都师范大学出版社 2013 年版，第 78—79 页。
③ 陈向明主编：《教育研究方法》，教育科学出版社 2013 年版，第 368 页。
④ ［美］杰夫·米尔斯：《教师行动研究指南》，王本陆等译，重庆大学出版社 2010 年版，第 21 页。

不愿意变革的学校领导者或教师的阻力。

六、叙事研究

叙事是以故事的形式详细陈述个体的经历，说明个体所经历的事情是如何开始、如何发展以及如何结束的。叙事研究是指通过叙事所完成的研究或对叙事所进行的研究。教育叙事研究是指研究者通过收集和分析研究对象的日常教育经历和体验，在解构并重构个体教育故事的过程中获得对个体经历的解释性理解。

教育叙事研究有五个比较突出的特点：第一，聚焦于个体在教育情境中的亲身经历和体验，旨在形成对个体经验及其意义的深入理解。第二，按照时间顺序重构个体的教育经验。第三，详尽地了解研究对象获得相关经验的情境或背景。第四，以故事为载体和核心，通过收集和重组研究对象的故事，挖掘潜藏在日常经验中的教育意义，并以故事的形式加以呈现。第五，重视并依赖与研究对象的合作，取得研究对象的信任是研究者获得高质量叙事的前提。

（一）叙事研究的类型

从叙述主体看，教育叙事研究分为两种类型。一是叙事的教育行动研究，主要是指中小学教师自己开展的研究，或者是中小学教师在校外研究者指导下进行的研究。因为中小学教师既是叙事者，又是记叙者，而且研究旨在认识、反思进而改进自己的教育实践，所以，这种叙事研究实质上是教师的一种行动研究。二是叙事的人类学研究，主要是指大学的研究者以中小学教师为研究对象，通过实地观察、叙事访谈、文本分析等方法，收集教师在教育教学实践中的经历和体验，即收集他们在教学实践中的故事。[①] 这种研究类似一种教育领域的人类学研究。

（二）叙事研究的实施过程

教育叙事研究尚未形成统一的、标准化的实施程序。综合现有的研究，教育叙事研究的实施过程大体包括以下步骤：（1）找到一个有意义的研究问题。教育叙事研究的问题应来自日常教育实践，对被研究者具有实际意义，且适合以叙事的形式进行研究。（2）根据研究问题的需要选择合适的研究对象。在此，要确保研究对象那里有研究者感兴趣的"故事"。（3）从研究对象那里收集"故事"，即与研究问题相关的经历和体验，形成叙事文本。这里可以采取叙事访谈、观察、文本分析等多种方法。（4）整理和分析所收集的资料，包括编码、解构及重组研究对象的故事。（5）撰写教育叙事研究报告。报告内容一般包括研究的背景、目的、意义，研究对象的选择，研究实施过程，研究的结果与分析。重组的

[①]　陈向明主编：《教育研究方法》，教育科学出版社 2013 年版，第 273 页。

故事要置于研究结果与分析的中心。（6）评估教育叙事研究报告的效度。这里可以采取如让研究对象审核、与其他方式收集的资料进行互证、请专家评价等多种不同的方式。①

以上介绍的只是教育叙事研究的一般过程。研究者可在遵守学术研究规范的前提下创造性地设计自己的研究，不一定拘泥于上述过程。

（三）叙事研究的优缺点

教育叙事研究的主要优点是：（1）教育叙事研究能够获得对教育经验的深入理解：通过收集个体和群体的故事和叙述，研究者可以了解他们在各种教育情境中的体验、挑战和心路历程。（2）教育叙事研究通过让教育参与者讲述他们的故事，发出他们的声音，提升教育参与者的话语权。（3）教育叙事研究有助于教师反思和改进自己的实践，获得专业上的发展。

教育叙事研究的主要缺点是：（1）叙述者对故事的"美化"可能影响研究结果的真实性。（2）由于教育叙事研究多选取小样本，强调个体和群体的独特性，所获得的结论缺乏普遍的解释力和可推广性。（3）教育叙事研究常带有研究者的个人色彩，研究的信度受到质疑。

七、案例研究

案例研究又称个案研究②，是指研究者在自然情境下对单个或多个案例进行全面的、深入的和综合性的研究。案例是一个有时空边界的现象，是某一类现象的一部分。它可以是身份明确的实体（如个人、团体或组织），也可以是事件（如学生辍学事件）、活动（如课外活动）或过程（如在教学的第一年里如何成为一名专业教师）。

案例研究具有以下特点：（1）聚焦于特定现象中的具体事例。研究者通常通过聚焦具体的事例或案例来研究其所代表的某一更广泛的现象。（2）对案例进行全面、深入、细致的分析。为此，研究者会通过多种方式收集与案例相关的各种信息。（3）侧重全面阐释事件发生的情境和过程。（4）具有高度的启发性，因此常被用来探究不同因素之间的关系，识别因果机制和建构新的理论。③

（一）案例研究的类型

案例研究有多种分类方式，常见的是将之分为探索性案例研究、描述性案例

---

① 张希希：《教育叙事研究是什么》，《教育研究》2006 年第 2 期，第 54—59 页；傅敏、田慧生：《教育叙事研究：本质、特征与方法》，《教育研究》2008 年第 5 期，第 36—40 页。

② 本节引用的文献，有些使用的是"个案研究"的翻译方法。为了保持一致，本节将所有的表述统一为"案例研究"。

③ ［美］劳伦斯·纽曼：《社会研究方法：定性和定量的取向》第 7 版，郝大海等译，中国人民大学出版社 2021 年版，第 39—40 页。

研究、解释性案例研究和评价性案例研究。（1）探索性案例研究是为了获得对研究问题的深入了解而开展的一种先导性研究，旨在提出研究命题并在后续研究中进行检验。（2）描述性案例研究是为了清楚地描绘某个教育现象，通常会对教育现象进行深入描述。（3）解释性案例研究的目的是解释某些特定的现象。研究者试图从某个案例或某些案例中寻找因果模式或关系模式。（4）评价性案例研究的目的是对特定的现象作出评价。

（二）案例研究的实施过程

关于案例研究的过程，没有统一的规定。通常来说，案例研究包括以下基本步骤：（1）明确研究目的，提出研究问题。（2）根据研究目的和研究问题来选择案例。（3）搜集案例资料。研究者在此可以根据需要选择一种合适的方法或结合使用多种不同的资料搜集方法。（4）分析案例资料。案例研究会产生大量的资料，如现场笔记、访谈转录稿和其他资料。对这些资料的分析是案例研究的核心工作，可以根据资料类型采取相应的分析方式。（5）撰写案例研究报告。研究者可以在此选择不同的报告体裁，如反思性报告或分析性报告。以反思性分析为目的的研究者通常选择反思性报告体裁。研究者把案例研究的数据组织成一个故事，向读者生动地描述案例，并且在报告中明确表达自己的观点。进行解释性分析和结构性分析的研究者则大多会选择分析性报告体裁，遵循传统的规范模式（引言、文献综述、研究方法、研究结果、讨论）撰写报告，注重客观描述，回避或低调处理研究者个人的观点。这两种报告体裁各有优缺点，研究者也可将两者结合起来。此外，研究者除了要在报告中展示研究目的、过程和结果之外，还要对自己研究的质量进行评价。

（三）案例研究的优缺点

案例研究的优点：案例研究可以通过详细的描述，让读者获得有关案例的丰富信息。研究者可以结合使用多种不同的资料搜集方法，比较适合用于分析复杂的现象和问题，特别是有助于回答"怎么样"和"为什么"的问题。[①] 此外，案例研究在研究设计方面比较灵活，允许研究者在搜集资料的过程中根据新的情况调整研究的重点和资料搜集方法，甚至提出新的研究问题。这都是使用统计方法的定量研究难以做到的。

案例研究的缺点：一是研究成果的推广受到限制。当然，并非所有案例研究都以推广为目的，有些案例研究仅关注案例内部的复杂性和过程的来龙去脉。二是案例研究因为涉及复杂的情境而不容易得到重复验证。三是在报告案例研究

[①] Yin R K, *Case Study Research and Applications*: *Design and Methods*, Thousand Oaks, CA: Sage Publications, 2018, p. 44.

时，有时难以将被研究者或组织完全匿名，由此带来研究伦理方面的问题。

八、历史研究

历史研究是社会科学研究的一种重要方式。习近平指出："历史研究是一切社会科学的基础。"① 总体来说，历史研究是通过系统地收集、整理和分析历史资料来认识和理解研究对象的性质、特征和发展历程的一种研究方式。教育历史研究就是通过对教育理论和教育实践及相关教育史料进行系统分析，揭示教育发生、发展规律和趋势的一种研究方法。②

（一）历史研究的类型

根据研究的对象和话题，历史研究可以分为思想史研究、制度史研究和学术史研究。思想史研究侧重研究教育家或教育学派的思想和学说；制度史研究侧重研究教育制度及其改革和发展的历史；学术史研究侧重研究教育思想、学说、教育制度的发生、发展及其谱系和传统的历史。③

根据研究的方式与方法，历史研究可以分为历史的考证研究、历史的叙事研究和历史的解释学研究。（1）历史的考证研究侧重运用校勘学的方法和多重证据法对历史资料进行考证，可为思想史研究和制度史研究提供可靠的史料。（2）历史的叙事研究侧重以纪传体、编年体和纲目体等叙事形式叙述或评价教育思想、制度和学术传播的历史。根据所采用的研究方法，历史的叙事研究包括历史发生学研究、历史的话语分析和历史的人类学研究。历史的发生学研究重点考察某个历史现象的由来、发生、原因以及各种现象之间的关系（源流关系、因果关系、对立统一关系等）。历史的话语分析重点从话语与权力的关系视角分析某个教育思想或教育制度的发生与发展的历史。历史的人类学研究既重视深入教育现场进行观察和访谈，也注重通过档案法和口述史的方式收集与教育现场相关的历史资料。（3）历史的解释学研究侧重对历史事实和资料的解读、诠释和解释，既包括常见的传统解释学对于教育思想或教育制度核心内容的历史评介研究，也包括现代解释学对历史文本中的隐含意义或言外之意的"破译"。④

（二）历史研究的实施过程

历史研究的程序因研究问题和研究方法的不同而不同，通常包括以下四个核心步骤：（1）确定研究问题。这里需要注意选择那些适合采用历史研究方法来回答的问题，并须对问题进行明确的界定，有时也需提出明确的研究假设，为资料

---

① 习近平：《论教育》，中央文献出版社 2024 年版，第 110 页。
② 陈向明主编：《教育研究方法》，教育科学出版社 2013 年版，第 347 页。
③ 刘良华：《教育研究方法》第三版，华东师范大学出版社 2021 年版，第 134 页。
④ 刘良华：《教育研究方法》第三版，华东师范大学出版社 2021 年版，第 134—163 页。

的收集和分析提供明确的指导。（2）收集、鉴别和评价史料。史料是历史研究的出发点，收集、鉴别和评价史料是历史研究的基础层次。史料是指人们对历史事件发生经过的记述或与历史事件有关的实物或遗迹。教育史料非常丰富，既包括文字史料，也包括实物史料和口述史料。历史研究的基本准则是尽量使用第一手资料（原始资料），但也不能忽视第二手资料（间接资料）的价值。完成对资料的收集之后，需要对资料进行考证，即鉴别和评价。这既包括确定资料的真伪（外部考证），也包括确定资料本身的准确性和可用性（内部考证）。（3）分析史料。通过分析、综合、比较、概括、总结等方式对所收集的史料进行分类和整合，比如按照时间顺序或不同主题。这里常用的方法有：历史分析法、逻辑分析法、比较分析法、内容分析法等。（4）得出结论，撰写研究报告。这是历史研究的最后一个步骤。结论要在对资料的逻辑分析和合理解释的基础上提出，对研究问题做出回答。研究报告是对整个研究目的、过程和结果的一个系统性的总结和呈现。历史研究报告的写作没有标准格式，通常根据研究问题、方法和研究者的偏好来确定。①

（三）历史研究的优缺点

历史研究的优点有：（1）历史研究属于非反应性研究，不会像观察研究和实验研究那样影响研究对象，且具有可重复实施的优点。（2）历史研究可以通过对各种史料的收集、鉴别和分析提供有关历史事件的可靠证据，帮助研究者准确地认识历史情境和过程，为人们理解历史事实提供更全面的视角。（3）历史研究有助于提高研究者的洞察力。基于对历史经验和规律的研究，研究者可以更好地理解教育现状和判断教育发展的趋势，由此为教育改革与发展提供导向。

历史研究的缺点有：（1）历史研究面临史料的可获得性、可靠性和完整性的挑战。由于事件发生在过去，相关的记录和资料可能已经丢失、损坏或被篡改。（2）历史研究不具备调查研究和实验研究的认知优势。研究者通常无法直接观察或干预历史事件的发展，在推断和解释历史事件时必须依赖有限的证据和间接推断，因此结论存在一定的不确定性。（3）历史研究常受限于现有的知识和理论框架。随着时间的推移和新史料的发现，人们对历史事件的解释和理解也在不断演变。因此，历史研究需要不断根据新的证据更新和修正以往的认识。

综上所述，在开展教育科研时，可供研究者选择的方法有很多。研究者需要根据研究目的、研究问题、数据性质、可行性、自身的能力、兴趣和资源等因素对各种方法的优缺点和适用性进行综合的评估，科学地做出方法上的选择。

最后还需要指出的是，教育科研需要遵守学术规范，符合研究伦理要求。这

---

① 陈时见主编：《教育研究方法》第 2 版，高等教育出版社 2016 年版，第 81 页。

包括尊重和保护研究对象的隐私和权益，确保其自愿参与研究且随时可以退出，避免让其因参与研究而受到伤害，同时也要避免各种形式的学术不端行为。

思考题

一、名词解释题

文献研究　调查研究　实验研究　实地研究　行动研究　叙事研究　案例研究
历史研究

二、简答题

1. 教师为什么要开展教育科研？

2. 教师开展教育科研需要注意哪些问题？

3. 设计一份规范的调查问卷需要注意哪些事项？

三、论述题

1. 请按照教育科研过程的规范步骤，结合自己感兴趣的某一研究问题，完成一项研究课题设计。

2. 结合实际教育教学工作，谈谈如何才能完成一项好的行动研究。

四、材料分析题

1. 郑金洲教授对中小学教师做科研给出了以下十条建议：①

（1）平常心态使研究成为一种教育生活。

（2）好奇心是研究的基本动力。

（3）相信研究的价值与能力。

（4）把科研当作一种教育责任。

（5）宽容他人就是支持自己。

（6）"小学问"需要细心来"大"做。

（7）先当好学生，后做好先生。

（8）持之以恒才能有所突破。

（9）让自己处于主动状态。

（10）教育科研最终是为了实践的改造。

请结合本章的学习，谈谈你对上述建议的理解。

2. 一名初中二年级的数学教师计划在自己任教的四个平行班中引入一种新的教学方法，即项目式学习。为了验证这种新的教学方法是否能够有效提升学生的数学成绩，她计划开展一项实验研究。

如果你是这名教师，你会选择哪一种实验设计呢？

----

① 郑金洲：《教师做科研的十条建议》，《人民教育》2008年第5期，第45—49页。

阅 读 文 献

■ 人民教育出版社教育室编：《马克思　恩格斯　列宁论教育》，人民教育出版社 1993 年版。

■ 中华人民共和国教育部、中共中央文献研究室编：《毛泽东　邓小平　江泽民论教育》，中央文献出版社、人民教育出版社、北京师范大学出版社 2002 年版。

■ 胡锦涛：《在全国教育工作会议上的讲话（2010 年 7 月 13 日）》，人民出版社 2010 年版。

■ 习近平：《高举中国特色社会主义伟大旗帜　为全面建设社会主义现代化国家而团结奋斗——在中国共产党第二十次全国代表大会上的报告（2022 年 10 月 16 日）》，人民出版社 2022 年版。

■ 习近平：《论教育》，中央文献出版社 2024 年版。

■ 瞿葆奎主编：《教育学文集》"教育与教育学"卷、"教育目的"卷、"教育与人的发展"卷、"教育与社会发展"卷，人民教育出版社 1989—1993 年版。

■ 华东师范大学教育系编：《中国现代教育文选》，人民教育出版社 1998 年版。

■ 陈学恂主编：《中国近代教育文选》，人民教育出版社 2001 年版。

■ 华东师范大学教育系、浙江大学教育系选编：《西方古代教育论著选》，人民教育出版社 2001 年版。

■ 任钟印主编：《西方近代教育论著选》，人民教育出版社 2001 年版。

■ 王承绪、赵祥麟编译：《西方现代教育论著选》，人民教育出版社 2001 年版。

■ 孟宪承选编：《中国古代教育文选》，人民教育出版社 2003 年版。

■ 素质教育调研组编著：《共同的关注——素质教育系统调研》，教育科学出版社 2006 年版。

■ ［苏］Л. В. 赞科夫：《和教师的谈话》，杜殿坤译，教育科学出版社 1980 年版。

■ ［美］拉尔夫·泰勒：《课程与教学的基本原理》，施良方译，人民教育出版社 1994 年版。

■ 联合国教科文组织国际教育发展委员会编著：《学会生存——教育世界的今天和明天》，华东师范大学比较教育研究所译，教育科学出版社 1996 年版。

■［美］约翰·杜威：《民主主义与教育》，王承绪译，人民教育出版社 2001 年版。

■［瑞士］皮亚杰：《发生认识论原理》，王宪钿等译，商务印书馆 2017 年版。

■［德］雅斯贝尔斯：《什么是教育》，童可依译，生活·读书·新知三联书店 2021 年版。

人名译名对照表

[美]	爱因斯坦，阿尔伯特	Albert Einstein
[美]	奥利沃，彼得	Peter F. Oliva
[苏]	巴班斯基，尤里·康斯坦丁诺维奇	Yuri Konstantinovich Babansky
[古希腊]	柏拉图	Plato
[美]	博比特，约翰·富兰克林	John Franklin Bobbitt
[美]	布卢姆，本杰明·萨缪尔	Benjamin Samuel Bloom
[美]	布鲁纳，杰罗姆·西摩	Jerome Seymour Bruner
[美]	查特斯，威瑞特·华莱士	Werrett Wallace Charters
[美]	杜威，约翰	John Dewey
[德]	费尔巴哈，路德维希·安德列斯	Ludwig Andreas Feuerbach
[德]	弗里克，伍威	Uwe Flick
[法]	傅立叶，夏尔	Charles Fourier
[法]	富尔，埃德加	Edgar Faure
[美]	格塞尔，阿诺德·卢修斯	Arnold Lucius Gessell
[美]	古德莱德，约翰	John I. Goodlad
[英]	汉密尔顿，大卫	David Hamilton
[德]	赫尔巴特，约翰·弗里德里希	Johann Friedrich Herbart
[美]	加德纳，霍华德	Howard Gardner
[法]	加尔文，约翰	Jean Calvin
[美]	卡斯威尔，霍利斯	Hollis L. Caswell
[苏]	凯洛夫，伊凡·安德烈耶维奇	Ivan Andreyevich Kairov
[美]	凯米斯，斯蒂芬	Stephen de Camois Kemmis
[美]	坎贝尔，多克·谢里丹	Doak Sheridan Campbell
[德]	康德，伊曼努尔	Immanuel Kant
[意]	康帕内拉，托马索	Tommaso Campanella
[德]	库卡茨，乌多	Udo Kuckartz
[美]	库姆斯，菲利普·霍尔	Philips H. Coombs
[捷]	夸美纽斯，约翰·阿姆斯	Johann Amos Comenius
[法]	拉伯雷，弗朗索瓦	François Rabelais
[意]	拉莫斯，彼得	Peter Ramus
[德]	赖因，威廉	Wilhelm Rein

[法]	朗格朗，保尔（保罗）	Paul Lengrand
[美]	勒温，库尔特	Kurt Lewin
[苏]	列昂节夫，阿列克谢·尼古拉耶夫	Aleksei Nikolaevich Leontyev
[法]	卢梭，让-雅克	Jean-Jacques Rousseau
[德]	路德，马丁	Martin Luther
[美]	罗杰斯，卡尔·兰塞姆	Carl Ransom Rogers
[英]	洛克，约翰	John Locke
[苏]	马卡连柯，安东·谢苗诺维奇	Anton Semyonovich Makarenko
[澳]	马什，科林	Colin J. Marsh
[美]	马斯洛，亚伯拉罕·哈罗德	Abraham Harold Maslow
[德]	梅林，弗兰茨	Franz Mehring
[法]	蒙田，米歇尔·德	Michel Eyquem de Montaigne
[美]	孟禄，保罗	Paul Monroe
[美]	米尔斯，杰夫	Geoffrey E. Mills
[英]	莫尔，托马斯	Thomas More
[德]	纳托尔普，保罗	Paul Natorp
[英]	能，托马斯·沛西	Thomas Percy Nunn
[英]	欧文，罗伯特	Robert Owen
[美]	派纳，威廉	William F. Pinar
[瑞士]	裴斯泰洛齐，约翰·亨利希	Johann Heinrich Pestalozzi
[瑞士]	皮亚杰，让	Jean Piaget
[苏]	平克微支，阿尔伯特·彼得罗维奇	Albert Petrovich Pinkevich
[德]	齐勒尔，图伊斯昆	Tuiskon Ziller
[美]	桑代克，爱德华·李	Edward Lee Thorndike
[美]	舍恩，唐纳德·阿兰	Donald Alan Schön
[法]	圣西门，克劳德-昂利·德卢伏洛阿	Claude-Henri de Rouvroy, Comte de Saint-Simon
[英]	斯宾塞，赫伯特	Herbert Spencer
[美]	斯克瑞文，迈克尔	Michael Scriven
[英]	斯密，亚当	Adam Smith
[美]	斯特劳斯，安塞尔姆·莱昂纳德	Anselm Leonard Strauss
[古希腊]	苏格拉底	Socrates
[苏]	苏霍姆林斯基，瓦西里·亚历山德罗维奇	Vasyl Olexandrovych Sukhomlynsky
[美]	塔巴，希尔达	Hilda Taba

［美］	泰勒，拉尔夫	Ralph W. Tyler
［法］	涂尔干（迪尔凯姆），埃米尔	Émile Durkheim
［德］	瓦根舍因，马丁	Martin Wagenschein
［意］	维多里诺	Vittorino da Feltre
［苏］	维果茨基，列夫·谢苗诺维奇	Lev Semyonovich Vygotsky
［古罗马］	西塞罗，马尔库斯·图留斯	Marcus Tullius Cicero
［德］	席勒，约翰·克利斯托夫· 弗里德里希·冯	Johann Christoph Friedrich von Schiller
［德］	雅斯贝尔斯，卡尔·西奥多	Karl Theodor Jaspers
［古希腊］	亚里士多德	Aristotle
［荷］	伊拉斯谟，德西德里乌斯	Desiderius Erasmus
［奥地利］	伊里奇，伊凡	Ivan Illich

后　记

《教育学原理》是马克思主义理论研究和建设工程重点教材，由教育部组织编写，经国家教材委员会审核通过。在编写过程中，得到了国家教材委员会高校哲学社会科学（马工程）专家委员会、思想政治审议专家委员会以及教育部原马工程重点教材审议委员会的指导。同时，广泛听取了高校教师和学生的意见建议。

本教材 2019 年出版，由项贤明主持编写，冯建军、柳海民任副主编。绪论，项贤明撰写；第一章，柳海民撰写；第二章，林丹撰写；第三章、第四章，冯建军撰写；第五章，周兴国撰写；第六章，张乐天撰写；第七章，李雁冰撰写；第八章，陈旭远撰写；第九章，王嘉毅撰写；第十章，孙进撰写。

为及时、深入贯彻党的理论创新成果和党的代表大会精神，扎实推动习近平新时代中国特色社会主义思想进教材、进课堂、进头脑，充分反映马克思主义中国化时代化最新成果、中国特色社会主义丰富实践和本学科领域最新进展，党的二十大召开后，教育部组建了修订组，组织了集中修订，形成了本教材第二版。

第二版由项贤明主持修订工作，冯建军、柳海民、林丹、周兴国、张乐天、李雁冰、陈旭远、王嘉毅、张晋、孙进参加了具体的修订工作。

2025 年 7 月

读者意见反馈

为收集对教材的意见建议，进一步完善教材编写并做好服务工作，读者可将对本教材的意见建议通过如下渠道反馈至我社。

咨询电话　400-810-0598

读者服务邮箱　gjdzfwb@pub.hep.cn

通信地址　北京市朝阳区惠新东街 4 号富盛大厦 1 座
　　　　　高等教育出版社总编辑办公室

邮政编码　100029

防伪查询说明

用户购书后刮开封底防伪涂层，使用手机微信等软件扫描二维码，会跳转至防伪查询网页，获得所购图书详细信息。

防伪客服电话　（010）58582300